U0036293

歷史學
青年學者
論壇

序

近年來經濟不景氣，願意就讀研究所學生的數目一再下滑，而報考歷史學門的學生亦在減少之中。與同行交談時，常有不復當年盛況之嘆。

但是換個角度來說，在這個時候來報考與就讀歷史研究所的同學，應是能夠堅持理想、敢於圓夢的一群。面對這樣的青年，歷史所的老師自然樂於教學，也願意創造更多的平台，讓他們有更多發揮的空間。

國立中央大學與香港中文大學過去一直有很多的互動，兩校主管也力促雙方學術的交流。兩年前，中央大學推出了「中央大學文學院與香港中文大學合作計畫案」，鼓勵文學院系所提出合作方案，我想這是開拓學生視野，促進學術交流的好機會，所以提出合作計畫案，得到校方與中文大學歷史系的同意。「歷史學青年學者論壇」就是這項合作計畫案的重要部分。

2012年3月2日，中文大學歷史系的八位碩博士生，在蒲慕州教授帶領下，來到中央大學。他們與中央歷史所推薦的八位研究生舉行了兩天研討會。很高興看到這些歷史學的高材生在會中發表論文，能夠各闡論點、互相切磋。更有意義的是，一些與會同學結成朋友，能夠彼此交換心得，相互協助，或提供史料、導覽史蹟。香港中文大學的博士生有多位來自大陸，所以這次的會議實際上是兩岸三地的史學新秀的論學。

在籌備這項論壇時，就已經考慮將論文擇優出版。經過與蒲慕州教授的協商，決定由兩校老師來把關，對論文做學術審核。所以在本書中的文章，都是經過嚴格的審核及修改。這些文章是這些年輕歷史研究者的心血，也可以說是兩校歷史教學的成果，相信兩校系所都樂見這些文章能結集成冊，就教於歷史學界。這批年輕學者對於歷史學是有熱愛、有使命的。本書出版之際，當初與會者有些人已經畢業，也有些人已經投入歷史教學的工作，他們反映出歷史教育的代代承續，希望他們都有美好的未來。

出書之時同時要特別感謝兩校對歷史系所交流的肯定與贊助，特別是中央大學李誠副校長倡導的兩校合作案。中央大學文學院衛友賢（David Wible）院長對此項交流的支持，以及人文研究中心主任汪榮祖教授在論壇開幕時的專題演講，對於參與論壇的同學是很大的鼓勵。香港中文大學方面，文學院梁元生院長與歷史系葉漢明主任對兩校合作計畫的參與和協助，都是要特別感謝的。最後，這次論壇的事務工作，則是歸功於中央歷史所的助理和同學的熱情參與。

王成勉　誌於中央大學歷史研究所

2012.7.25

目次

社會與經濟

思想與宗教

人物與群體

晚清進士留日史事考述

——以東京法政大學留學進士群體為中心（1904-1911）

李林*

摘要

晚清十年，中國官紳負笈東渡，絡繹於道，乃近代中日文化交流史上之盛舉。對留日大潮中進士這一傳統文化精英群體，前賢鮮有特予關注者，故迄今尚無專文論及此議題。鑒於此，筆者擬以晚清留學進士最為集中的東京法政大學進士群體為中心，對晚清進士留日史事稍加鉤沉。拙文在晚清新政展開、派遣留學之背景下，首先考述東京法政大學清國留學生法政速成科之創設始末；繼而對該校留學進士群體詳加考證；再就留日進士之教學活動、師資陣容、學科程度分節詳解；對進士遊學之經費問題，尤加意探析；最後深入一層，試探進士留日學員的政治傾向。拙文亦冀望藉此個案，檢討晚清速成法政留學之成效。

關鍵詞：晚清進士；留日；法政大學；法政速成科；速成教育

* 香港中文大學歷史系博士生

一、前言：進士飄蓬渡海東[1]

位於今東京都千代田區的法政大學，乃創始於1880年的一所私立學校。晚清十年留東大潮中，有近2000名中國留學生先後就讀於此。[2]更不可思議者，這批學生中竟有150餘人留學前已獲進士出身，且不乏身列三甲的狀元、榜眼、探花。述及這批進士留學之緣起，應提及晚清政府為新科進士再教育專設的進士館。1904年清政府設進士館，令新科進士之留京者入館接受三年法政再教育。然1905年廢科後，該館生源不濟，故將未及畢業之學員派赴法政大學，同時將新科進士未入館學習者一併咨送遊學，遂有進士群體集體東渡之盛況。政府將其文化精英、候任官員群體的再教育，委諸東鄰日本，這在中國選官史及留學史上，無疑是空前之舉。拙文擬在晚清新政展開、興派留學的語境中，考察進士留學的緣起，及其在日本的學習、生活與社會活動實況，並嘗試探討其學科程度。對留學進士之人數、經費，以及進士留日學員的政治傾向，尤加意考述，最後對晚清速成法政留學教育略作檢討。

[1] 「飄蓬渡海東」出自〈東京雜事詩〉，原詩曰：「學界悲沉鬱，飄蓬渡海東；登科憑法政，致富學農工；鳳樂征歌舞，龍濤泣困窮；金錢奔走急，飲恨可憐蟲」。轉引自嚴安生：《日本留學精神史：近代中国知識人の軌跡》（東京：岩波書店，1991年），頁338。

[2] 笔者依據《法政大學清國留學生法政速成科特集》及遊學生監督處《官報》，統計出1904年5月至1908年6月間，就讀於法政速成科（含補修科）的學生為1905人，畢業1220人。參考法政大學大學史資料委員會（編）：《法政大學清国留學生法政速成科特集》（東京：法政大學，1988年。以下簡稱《特集》），頁26-32，42-44，51-53，66-67，79-80，82-83，136-159，263-264。遊學生監督處：《官報》，光緒33年（1907）6月，第7期〈文牘〉，頁8-13，總頁5226-5227；光緒33年（1907）11月，第11期〈文牘〉，頁1-3，總頁5327。

二、法政大學清國留學生法政速成科之開辦及旨趣

法政大學之前身，為1880年薩埵正邦（1856-1897）等人成立的東京法學社，1882年改稱東京法學校，1889年5月合併東京佛學校，更名為和佛法律學校，翌年7月於麴町區富士見町築新校舍，成而遷入；1903年據《專門學校令》進行改組，8月獲文部省批准升為大學，正式改稱法政大學。其時之法政大學，在校學生數僅1248人。[3]

設立法政速成科一事，在1903年已有動議。此前法政留學方興未艾，留學生習普通科者居多，習法政者尚少。1903年留日的669名中國學生中，修讀法政者計有東京法學院9人，東京帝國大學法科5人，日本法律學校4人，僅佔總數的2.69%。[4]面對晚清新政展開對新型法政人才的需求，東亞同文會會長近衛篤麿（1863-1904）、副會長長崗護美（1842-1906）與當時留日學生總監督汪大燮（1860-1929）商議，擬仿日本明治維新初期經驗，在東京為中國遊歷官紳設速成法政學院，然學章甫擬就而汪大燮已卸任，近衛篤麿旋身故，事遂終止。[5]速成科的正式開辦，實得益於當時留學日本的曹汝霖（1877-1966）及范源濂（1876-1927）從中聯絡調和。

1904年，范源濂來與曹霖汝商議，擬在日本辦一速成法政班。同年3月，范源濂前往拜訪梅謙次郎（1860-1910），陳說為中國官紳設立法政速成學校之必要，並請梅謙次郎擔當此事。開辦速成科的提議，得外務大臣小村壽太郎（1855-1911）的贊同，小村介紹梅謙次郎

---

3 法政大學：《私立法政大學一覽》（東京：法政大學，1907年），頁7-13。源自日本國立國會圖書館近代デジタルライブラリー（http://kindai.ndl.go.jp/）。法政大學：《法政大學八十年史》（東京：法政大學，1961年），〈法政大學八十年史年表〉，頁31。

4 永井道雄，原芳男，田中宏：《アジア留學生と日本》（東京：日本放送出版協，1973年），頁76。

5 〈奏為特設法政速成科學教授遊學官紳以急先務而求實效摺〉，中國第一歷史檔案館藏：軍機處錄副光緒宣統朝（881），原檔號：03-7213-119，縮微號：003427-003431。

與清朝駐日公使楊樞（1844-1917）會面，楊樞亦極為贊同，並向長崗護美取得前擬學章作為稿本，與梅謙次郎酌中改定章程，於1904年4月30日得文部省認可，遂成此事。[6]速成科附設於法政大學，其設立之旨趣，校長梅謙次郎述之曰：

> 今清國銳意維新，知新學之不可緩，爰遣學生來學我邦，數年以來數以千計，洵盛事也。顧目下之來於我邦者雖多，而修業於法律、政治之學者尚少。誠以我邦之官私立學校之授斯學者，其講述皆以邦語，其課程皆須三四年而畢。清國學子之有志於斯者，不得不先從事於本邦語言，從而入專門各學校，綜計先後須得六七年。夫以六七年歲月之久，是非立志堅定者，鮮克見厥成功。即成矣，而其數必又居於最少，是可惜也……本大學有見於此，特設法政速成科，授以法律、政治、經濟必要之學科，以華語通譯教授。俾清國朝野有志之士，連袂而來，不習邦語，即可進講專門之學。歸而見諸施行，以扶成清國釐革之事業。夫以清國時事之亹、需才之亟，有若今日，欲養成多數新人物，舍斯科其奚由哉？[7]

1904年5月7日，速成科舉行開學典禮，來賓、講師、校友及中國留學生凡一千餘人參加，禮甚隆重。到場者包括日本司法大臣波多野敬直（1850-1922），清政府駐日公使（欽差大臣監管遊學生總監督）楊樞等中日官紳。典禮上梅謙次郎、波多野敬直、楊樞分別致辭演

---

[6] 曹汝霖：《一生之回憶》（臺北：傳記文學出版社，1970年），頁19-20。〈和昜法律學校の學則改正・清国留學生法政速成科設置認可〉，梅謙次郎：〈法政速成科ノ冤ヲ雪グ〉，載《特集》，頁1-2，頁99-100。〈奏為特設法政速成科學教授遊學官紳以急先務而求實效摺〉，中國第一歷史檔案館藏：軍機處錄副光緒宣統朝（881），原檔號：03-7213-119，縮微號：003427-003431。

[7] 梅謙次郎：〈清國留學生法政速成科設置趣意書〉，載《特集》，頁2。

說，曹汝霖代表中國留學生發言。[8]速成科首班共招學生94人，其中官費48人，自費46人。艾時赴京上任的王士性而言，更是影響其政治立場的關鍵因素之一。

三、法政速成科進士學員群體考辨

晚清最早呈請留學的進士，為戊戌科進士施愚，他申請留學時已獲授翰林院編修，但其留學詳情則未知。現能掌握遊學詳情的進士，最早為1904年5月進入速成科第一期的戊戌科狀元夏同龢。夏氏呈請遊學時，《東方雜誌》特別刊文報導稱讚：

> 夏雲卿修撰同龢，具呈翰林院掌院，請准自備資斧，遵照奏定新章赴日本遊學，……按京外各官，均經奏准出洋遊歷遊學，免扣資俸，而呈請者究不多見。前有施編修愚請赴日本遊學，曾蒙學務大臣嘉許……茲夏修撰復能以第一人之清望，而入他國學校為學生，其志量洵加人一等矣。[9]

此後，學部陸續批准進士出國遊學，1904年11月10日批准癸卯科進士靳志赴法國遊學，王世澂、卓寶謀派赴英國遊學。[10]1905年批准進士館學員、工部主事饒孟任遊學英國，內閣中書陳煥章遊學美國。[11]至此，由學部咨送進士館學員遊學者，計有郭崇熙、邵章、陳

8 〈清國留學生法政速成科開講式〉，載《特集》，頁16-22。

9 《東方雜誌》，1904年6月第6期，〈教育・遊學匯誌〉，總頁1403。

10 〈學務處為請發給譯學館學員靳志出國遊學護照事致外務部咨呈（附履歷）〉，載北京大學、中國第一歷史檔案館（編）：《京師大學堂檔案選編》（北京：北京大學出版社，2001年），頁255-256。

11 〈學部為譯學館〔進士館〕學員饒孟任遊學英國請發護照事致外務部咨呈〉，載北京大學、中國第一歷史檔案館（編）：《京師大學堂檔案選編》，頁293-294。

敬第、解榮輅、荊育瓚、卓寶謀、袁嘉穀、李維鈺、俞樹棠、王世征、袁永慶、靳志等十二人。[12]此外，晚清政府出於新政展開的需要，決定派現任職官分批出洋遊歷遊學，其中也包括進士出身的翰林院官員。1907年8月，乙未科（1895）狀元駱成驤等10人奏請留學，與進士館外班一併送入法政大學速成科第五期。[13]

但以上提及的遊學進士，主要憑自願呈請，故人數較少，也較分散。晚清進士遊學的大規模展開，是以進士館名義公費派遣、主要進入法政大學速成科、補修科的進士群體。其實1904年擬定《進士館章程》時，已明定進士館畢業人員「如有自覺學力不足，仍願深造以底大成者，准其呈明學務大臣、監督暨本衙門堂官，留學肄業，年限由其自認。」[14]至1906年底進士館首班學員已畢業，但由於科舉廢止，進士館將面臨生源短缺之虞，故光緒三十二年（1906）七月初七日，學部奏請：

> 除癸卯進士畢業期近仍留本館肄習，俟畢業後再行遣派出洋遊歷外，所有甲辰進士現在館肄業之內班，均送入法政大學補修科，其外班之分部各員有志遊學者，分別選擇送入法政大學速成科。至因有事故未經到館之翰林、中書，擬由臣部電咨各省，催取各員趕緊來京，與外班各員一體送入速成科肄業。查日本法政大學補修科系一年畢業，速成科一年半畢業，此次內外兩班及未經到館人員分別遣送，其入學程度大致相當。將來入補修科各員，以在館日期並算，適足三年。其入速成科各

12 《東方雜誌》，1905年4月第4期，〈教育・各省遊學匯誌・京師〉，總頁3754。

13 〈咨駐日本楊大臣修撰駱成驤等送入日本法政速成科肄業文〉，載《學部官報》（臺北：國立故宮博物院，1980年影印本），第6期〈文牘〉，第1冊，總頁129。

14 張之洞等（纂）：〈進士館章程〉，見《奏定學堂章程》（臺北：文海出版社，1972年影印1903年湖北學務處本），頁50。

員，雖未滿三年，而所習學科較多，視本館章程較為完備，應准其於畢業回京時一律考驗，按照定章分別獎勵。[15]

因此，同年七月初十日，學部電令各省，飭兩科翰林、中書未來京者，限八月十五日前赴日本留學。七月二十六日，電令各省墊付每名學員川資120兩，學費每年400兩則由學部匯交出使日本大臣轉發。[16]八月初四日，學部致駐日大臣電文，開列甲辰進士內班進士館學員（在館兩學期及以上），應入法政大學補修科者38人；內班（在館僅一學期）、外班及未經到館應入法政大學速成科第五期者54人，凡92人。[17]但若以當時法政大學方面的記載，進入補修科者37人，入讀速成科第五期者58人，實為95人。[18]

晚清留學日本的進士，到底有多少人？據光緒33年（1907）5月留日學生監督處的官費學生學費預算表，進士館派出之留學生為145人，按每人每年銀400兩的標準，應支出58000兩。[19]這批進士館學員在學情況統計如下。

[15] 〈變通進士館辦法派遣學員出洋遊學摺〉，載《學部官報》，第3期〈本部章奏〉，第1冊，總頁72-73。

[16] 〈通行各省遣派癸甲兩科學員遊學電〉，〈致駐日本楊大臣進士館內外班學員分別送學電〉，〈通行各省墊發進士館人員遊學川資學費由本部匯交出使日本大臣給發電〉，載《學部官報》，第4期〈文牘〉，第1冊，總頁92-93。

[17] 〈咨駐日本楊大臣進士館學員遊學請照清單分別送學文〉，載《學部官報》，第5期〈文牘〉，第1冊，總頁109-110。

[18] 〈法政速成科と北京進士館〉，載《特集》,頁148。

[19] 遊學生監督處：《官報》，光緒33年（1907）5月，第6期〈文牘〉，頁3，總頁5196。

表1　光緒三十三（1907）年五月進士館留日學生統計表[20]

學校班級	人數	預計畢業時間	備註
法政大學專門部二年級	4	1908.7	
早稻田大學專門部二年級	2	1908.7	
中央大學預科	1	1911.秋	預科畢業再入大學部
大阪高等預備學校	1	1910/1913	若入專門學校／若入高等學校再入大學
物理學校	1		已由農工商部派往札幌農學校考察
早稻田大學專門部一年級	2	1909.7	
早稻田大學清國留學生部預科	2	1910.7	預科畢業再入專門部
法政大學補修科	50	1907.10	
法政大學速成科	54	1908.4	
警監學校第一組	1	1908.秋	
法政大學速成科	24	已畢業	
高等警務學堂	1	已畢業	
其他	5		3人回京供職，1人回籍辦理學務，1人病故。
總計	148（有3人次重複統計）		

然而，此處列出的145名進士館留日學員，僅為1907年5月統計時仍然在讀者，並不包括此前已畢業及之後才派遣留學者。筆者將《法政大學清國留學生法政速成科特集》所載歷屆留學生名單與《清代進士題名錄》逐個對照，再結合《官報》所列進士館留學人員名錄，整理出晚清留日進士共175人。其中見於法政大學歷屆畢業名單者134人，包括速成科第一期2人，第二期20人，第三期5人，第四期27人，第五期43人（法律部21人、政治部22人），補習科37人（據名單統計有51人，但其中14人系速成科前四期畢業轉入）；確知留學法政大學但畢業生名單未見者24人。留學早稻田大學、中央大學等校進士共17人。換言之，留學法

[20] 遊學生監督處：《官報》，光緒33年（1907）6月，第7期〈文牘〉，頁8-13，總頁5226-5227。

政大學的進士共158人，佔晚清留日進士總數的90.29%。除此175人外，留學歐美院校者4人，故晚清進士留學者凡179名。175名留日進士中，有庚寅科（1890）進士1人，甲午科（1894）2人，乙未科（1895）1人，戊戌科（1898）10人，癸卯科（1903）52人，甲辰科（1904）102人；另有翻譯進士2人，遊學進士2人，科次不明者3人。這些進士中，有狀元3人：駱成驤（乙未科），夏同龢（戊戌科），劉春霖（甲辰科）；榜眼1人：朱汝珍（甲辰科）；探花2人：楊兆麟（癸卯科），商衍鎏（甲辰科）。若以籍貫論，則直隸、江蘇、浙江籍留日進士居前三名。[21]

四、進士留日之教學活動及師資陣容考述

（一）速成科章程變更與課程改革

1904年5月第一期開學時，擬定學習年限為一年，分兩學期，共開設法學通論及民法、國法學、刑法、國際公法、裁判所構成法、經濟學、商法、行政法、民刑訴訟法、國際私法、財政學、監獄學12門課程，每週授課25小時。[22]

第一學期結束後，大學管理層認為以一年修畢全科頗有困難，同時亦應增設二三科目。故1904年11月改正《速成科規則》，以一年半為修業年限，分為三學期。此外，將原有裁判所構成法、民刑訴訟法並作一科；將警察學加入監獄學，作警察監獄學；另新增政治學、西洋史、政治地理三科。此次增訂後，開設科目增至18科，每周授業24小時，基礎課《法學通論及民法》所佔比重進一步增加。[23]

---

[21] 晚清進士留學詳細題名錄，詳參李林《晚清進士的考選與教育——以進士館為中心的研究（1898-1911）》（香港：香港中文大學碩士論文，2011年），附錄二〈晚清進士留學題名錄〉，頁211-215。

[22] 〈清國留學生法政速成科規則〉，載《特集》，頁5-6。

[23] 詳細課程表見〈法政速成科規則の改正〉，載《特集》，頁6-7。

表2　明治三十八年（1905）擬定法政速成科法律部、政治部課程表[24]

法律部課程				政治部課程			
第一學期		第二學期		第一學期		第二學期	
科目	每週時數	科目	每週時數	科目	每週時數	科目	每週時數
法學通論	二	民法	二	法學通論	二	民法	二
民法	七	商法	五	民法	七	比較憲法	二
憲法汎論	四	行政法	五	憲法汎論	四	行政法	五
刑法	四	國際私法	二	國際公法	四	地方制度	一
國際公法	四	裁判所構成法，民事訴訟法	五	經濟學原理	三	刑法	四
經濟學原理	三	破產法	二	近世政治史	三	政治學	三
		刑事訴訟法	二	政治地理	一	應用經濟學	三
		監獄學	一			財政學	三
						警察學	一
計	二四	計	二四	計	二四	計	二四

1905年12月，因學生漸多，速成科分為法律、政治兩部。法政大學再次改定《速成科規則》，修業年限仍為一年半，但只分兩學期，每學期九個月。此即進士學員較為集中的第五期所開課程，詳下表。

法政大學速成科對其課程設置的不斷調整，體現出該校主政者對速成科辦學目標、經營現狀及學生需求的不斷檢討和回應。總體而言，速成科修業年限從最初一年延長至一年半，並增設補修科、銀行講習科等為輔助，表明速成科在求「速」的同時，也注重其教學質量的提升。此外，將速成科第五班分作法律及政治兩部，說明該科的培養目標由起初籠統的法政教育，開始向分別培養專門行政人才和法律人才過渡。

[24] 〈法政速成科規則中〔の〕改正〉，載《特集》，頁8-9。

表3　法政大學清國留學生法政速成科任課講師表（1905年後）[25]

學科	擔任講師	學歷	主要職銜
法學通論	梅謙次郎	法學博士、法國法律博士	東京帝國大學法科大學教授
民法	梅謙次郎	法學博士、法國法律博士	東京帝國大學法科大學教授
	乾政彥	法學士	東京高等商業學校教授
商法	松波仁一郎	法學博士	東京帝國大學法科大學教授
	志田鉀太郎	法學博士	東京帝國大學法科大學教授
東京高等商業學校教授			
憲法	筧克彥	法學博士	東京帝國大學法科大學教授
	美濃部達吉	法學博士	東京帝國大學法科大學教授
行政法	清水澄	法學博士	學習院主事、內務書記官
	吉村源太郎	法學士	法制局參事官
刑法	岡田朝太郎	法學博士	東京帝國大學法科大學教授
國際公法	中村進午	法學博士	東京高等商業學校教授
國際私法	山田三良	法學博士	東京帝國大學法科大學教授
裁判所構法	岩田一郎	法學士	東京控訴院判事
民事訴訟法			
刑事訴訟法	板倉松太郎	法學士	大審院判事
政治學	小野塚喜平次	法學博士	東京帝國大學法科大學教授
經濟學	金井延	法學博士	東京帝國大學法科大學教授
	河津暹	法學士	東京帝國大學法科大學教授
	山崎覺次郎	法學博士	東京帝國大學法科大學教授
財政學	岡實	法學士	農商務省參事官
	高野岩三郎	法學博士	東京帝國大學法科大學教授
警察學	久保田政周	法學士	內務書記官
監獄學	小河滋次郎	法學博士	監獄事務官
近世政治史	立作太郎	法學博士	東京帝國大學法科大學教授
	野村浩一	法學士	
	阿部秀助	法學士	
政治地理	野村浩一	法學士	
	阿部秀助	法學士	
殖民政策（科外）	山內正瞭	法學士	東京帝國大學大學院學生
論理學（科外）	西河龍治	法學士	
警察事務（科外）	藤井秀雄		警視廳警部

25　〈清国留學生法政速成科擔任講師〉，載《特集》，頁91。

（二）速成科講師陣容分析

904年5月速成科初開時，共設12科，任課講師12名。以校長梅謙次郎為首，有法學博士8人，法學學士4人。其講師包括東京帝國大學等高等院校教授、法院判事、監獄事務官及其他政府職員。[26]速成科講師中絕大多數為兼職，因為速成科系暫設性質，學生數量變動較大；同時法政大學出於財政考慮，儘量減少全職講師的徵聘。1905年12月改定規則，分法律、政治兩部後，講師隊伍進一步擴大，但多數亦為兼職，其講師陣容表解如下。

上表所示，速成科講師確如《規則》所稱，均「深於學術而富於經驗者。」[27]表中所列講師，大多擔任進士學員較為集中的速成科第四期、第五期和補修科教學。當然，由於速成科講師多為兼職，故其人事時有變動。

（三）速成科漢文講義、教科書的刊發

因速成科學生大多不通日語，故其教學採取日本講師以日語講授，通譯以漢語即場傳譯的形式進行。1905年速成科初辦時，曹汝霖、范源濂即曾任此傳譯工作。[28]此外，為使中國留學生進一步吸收、研習課堂講授內容，法政大學另請中國留日學生之曉悉法政、文理優長者，將課堂筆記譯為中文定期刊發。1905年2月5日，刊發第一期《法政速成科講義錄》。首期講義內容有：梅謙次郎《法學通論及民法》，筧克彥《國法學》，岡田朝太郎《刑法總論》，中村進午《國際公法》，山崎覺次郎《經濟學》，野村法一郎《政治地理》。該講義每月發行兩次，每冊零售價三十錢，法政大學校外

26　〈法政速成科擔任講師〉，載《特集》，頁115-116。

27　〈法政速成科規則〉，載吉田左一郎（編輯）：《法政速成科講義錄》，第1號。

28　曹汝霖：《一生之回憶》，頁19-20。

生每月定價五十錢。除法政大學之有斐閣外，上海廣智書局亦代售該講義。[29]至明治三十九年（1906）1月21日，速成科漢文講義已發行至第十五期。

此外，法政大學亦為速成科學生直接刊行漢譯法律教科書。[30]筆者在日本國會圖書館近代電子館中，尋得明治38年（1905）年法政大學所刊《漢譯刑法講義案》。而且，留日進士沈鈞儒（1875-1963）在其家書中亦稱曾郵寄《法政講義》回浙江，包括《刑法》、《經濟講義》等，令其妻送人閱覽。[31]因此，速成科學生除有每月發行兩次的《講義錄》，還有漢譯教科書可供研習。

（四）速成科學術類課外活動簡析

法政速成科初擬《規則》時，即稱「本科教師於課堂教授外，更時率本科學生，實踐日本司法及行政各官衙及其他官私之設營物，為實地教授。」[32]以今日得見之史料，亦可看出速成科學生課外活動甚為豐富，此處特將有關學習的實地考察及講談會情況，匯總如下。

[29] 吉田左一郎（編輯）：《法政速成科講義錄》，第1號。

[30] 白田亞浪（卯一郎）著：《最近學校評論》（東京：秋霜館，1906年），頁114。源自日本國立國會圖書館近代デジタルライブラリー（http://kindai.ndl.go.jp/）。

[31] 沈鈞儒紀念館（編）：《沈鈞儒家書》（北京：群言出版社，2008年），頁42。

[32] 〈法政速成科規則〉，載吉田左一郎（編輯）：《法政速成科講義錄》，第1號。

表4　法政大學清國留學生法政速成科學術類課外活動一覽表[33]

活動名稱	時間	活動目的／主題	參與人／主講	地點	活動簡況
實業視察	1904.5.31	實地見聞日本實業界公司及工廠之組織規模	校長梅謙次郎及師生，清國公使楊樞及使館官員。	吾妻橋畔札幌麥酒株式會社	該公司職員帶領參觀、介紹釀造場、機械場、儲存庫等。
參觀監獄	1905.1.19-2.2	《監獄學》課程之實地研究	該科講師小河滋次郎博士，速成科第二學期學生。	巢鴨監獄，東京監獄，市谷監獄等。	實地考察監房、勞役場，並見習其它事務處理。
參觀懲治場	1905.4.9	《監獄學》課程之實地研究	講師小河滋次郎博士，速成科第二學期學生70餘人。	浦和監獄川越分監懲治場	得典獄、分監長等之接待，並詳細介紹。
參觀官廳公署	1905.5.29-6.8	畢業實地考察，參證所學。	速成科畢業生60餘名。	東京市役所，內務省，司法省，農商務省，小菅監獄，日本銀行，警視廳等。	得各部門長官及職員接待，詳細介紹諸事務。另將參觀大藏省及印刷局。
講談會(1)	1905.9.24	《國民思想之變遷》	法學博士寺尾亨主講	法政大學第一講堂	聽衆600餘人
		《條約之改正與法典》	法學博士梅謙次郎主講		聽衆甚多，滿堂無立錐之地。
講談會(2)	1905.10.15	《日本法制之沿革》	法學博士富井政章法律學士古賀廉造主講	法政大學第一講堂	聽衆甚多，滿堂無立錐之地。

33 〈清国留學生に對する寺尾博士の演説〉，〈課外活動〉，載《特集》，頁97-99，頁129-135。

講談會(3)	1906.2.11	《國家有機體說》	法學博士一木喜德郎主講		
		《日支兩國交際之回顧》	文學博士三上參次主講		
講談會(4)	1906.3.25	《清國政體之將來》	法學博士有賀長雄主講	法政大學第一講堂	
		《我國的法典事業》	法學博士梅謙次郎主講		
講談會(5)	1906.5.6	《理學及其應用》	理學博士菊池大麓主講	法政大學第一講堂	聽衆400餘人
		《行為與目的之關係》	文學博士井上哲次郎主講		
講談會(6)	1907.2.3	《清國旅行談》	法學博士秋山雅之介主講	法政大學第一講堂	滿堂學生肅然傾聽
		《戰俘之待遇》			

上述活動，對拓展速成科學員視野、增進課堂教學之外的實地考察經驗甚有裨益，尤其是對該科旨在培養的法律、政治兩類實踐性較強的人才而言，實地考察日本公司、銀行、監獄、政府機關更屬必要。通過留學、遊歷、考察，晚清士紳有較多機會切身瞭解他們所要學習的榜樣——明治日本社會各方面的運作實況。

五、進士留日之考試檢驗及學科程度試探

（一）速成科考題及其特點簡析

法政速成科的考試，主要有學期考試及畢業考試兩種。學期考試落第者，可參與補考，但若補考仍不合格，則不能參與畢業考試。又或畢業考試未能全科參與、雖參與而未能合格者，亦不能按時畢業，

須待全科合格後再行追認補授畢業。下文以進士學員較為集中的第四、第五期1907年的考題為例，對速成科考題及其特點略作申述。

透過明治四十年（1907）考試問題集可以發現，[34]在實際開設和考試的課程上，速成科並未照搬所擬課程，而是有所變通和細化，如開設應用經濟學（農業經濟）、應用經濟學（商業經濟）、地方制度、比較憲法等課程。其次，速成科講師陣容時有變化，出題講師中，小原學士、牧野學士、泉二學士、菱谷學士4人均不在表3所列講師名單中。速成科教席的兼職性質，是其講師不斷變更的主要原因。

就命題角度而言，速成科考題題面簡短，直指考點，深入明晰。其主要題型為名詞解釋、簡答及論述，尤重比較分析。速成科考試，考察內容均為具體制度、律法條文、經濟規律等更具針對性的知識點，更傾向於客觀題。相較之下，速成科考題在命題方式、考察知識點的深度及廣度上，均較進士館所考有質的提升。考生若不對相關知識點有所掌握記誦，難以靠敷衍陳述或訴諸聖賢經傳的方式解答。可見，這些傳統文化精英從為應付科舉研習經史到出國修讀法政，其西學知識的進步頗為明顯。

從考試內容來看，速成科試題除涉及政治、法律、經濟之普通學識，尤其注重國際交涉、立憲及地方自治、警政這些急於實用的議題。考試所涉制度，多以日本現行制度為藍本，但第四、第五期學員中，包括進士館學員在內的在任官員較多，其考試尤其注重結合中國現狀，解決現實問題。如探討中國應實行何種農業制度，比較中國與普魯士的政治革新，討論中國在國際法上屬何種國家等。

（二）速成科學科程度及學生水平試探

對速成科學員畢業考試成績及合格率，法政大學校長梅謙次郎及其他講師向來稱讚有加，均認為以速成科短暫教學能獲此佳績，實屬

[34] 考試問題見〈法政速成科試驗問題〉，載《特集》，頁116-119。

不易。在1905年第一期（僅學一年）畢業典禮上，梅謙次郎致辭稱：

> 學年結束，依照規則進行考試。吾料此次試驗成績，必不理想，原以將有半數、至少三分之一學生落榜。然考試成績出人意料，參與全科考試之學生，合共七十三名，其中僅六人落榜。本校考試，向稱極難，即迄今對日本學生之試驗，如此低的落榜率，亦屬罕有。動輒兩成、少亦一成半學生落榜，為本校常例。故雖有上述諸多不足，諸生考試終獲如此成績，始料未及，實乃意外之喜。此外，今日獲授獎品者凡十一人，其前六名成績誠屬優異。或即便對日本學生進行同一考試，其果能獲同樣之成績乎？吾以其少數能得此佳績，亦非易事。[35]

速成科學員考試成績較佳，說明多數學員較為努力，也證明了該科講師的總體水平和敬業精神。因第一期修業年限僅為一年，1904年8月《法學志林》報導稱學生暑假無休，每日冒著暑熱上學，熱心學習；講師也中止休假避暑，專念教學。[36]當然，對法政速成科畢業考試的高合格率也應稍加申述。因為法政大學計算畢業率時只考慮最終參與畢業考試的學生數，[37]此前已退學者不計在內，這本身就已排除了一部分成績不佳者；而且第一、二學期考試未能通過者，亦不能參加畢業考試，再淘汰一批成績不佳者。因此若只以最終參與畢業考試的人數和合格人數進行計算，畢業率自然很高。此外，速成科考試試題、考點的重複，可能也是學生能保持高分的原因之一。有趣的是，作為校長的梅謙次郎，他所擔任的《民法》及《法學通論》兩科，考

35 〈梅総理告別の辭〉，載《特集》，頁30。

36 〈法政速成科の無休暇〉，載《特集》，頁4。

37 林學忠亦依此法計算，參林學忠：〈法政速成科與留日法政教育〉，載丁新豹，周佳榮，黃嫣梨（主編）：《近代中國留學生論文集》（香港：香港歷史博物館，2006年），頁352-387。

題的重複率最高。[38]

關於法政速成科的學科程度，誠如論者所稱，「無論就課程編排還是師資而言，速成科較之日本的正規法政教育，毫無遜色之處，至於考試程度之深淺，亦與本科相差不大。」[39]若橫向比較速成科試題，其在出題形式、考察要點和深度廣度上，不僅與法政大學內大學部考試相埒，還與當時日本文官高等考試、判檢事考試、律師考試，以及其它公私立大學如東京帝國大學、京都帝國大學、明治大學、早稻田大學、慶應義塾大學等的考題相當，部分考題甚至完全一樣。[40]其原因之一，在速成科講師幾乎都是其它大學專任教授或政府、法院、監獄官員，其講義和考題在不同學校、不同考試中反復使用。就此而言，速成科學生所學習和考試的法政知識，在單科深度上的確能與同一時期日本普通大學相當。不同之處在於，由於速成科學習時間較短，所涉科目的廣度較為有限。而且，速成科授課、考試均以中文譯述、答題，若考量整體的專業水準和語言能力，他們與同時期中國留日學生進入普通科、大學部者相比，仍有一定差距。

對於速成科的功效，應分而言之。該科初設時，述其宗旨為「教授清國現代應用必要之學科，速成法律、行政、理財、外交之有用人才。」[41]因此，若從培養專門法學研究人才的角度來講，速成教育確有不足，這類人才還得靠專門法學教育來培養。但從培養政治人才的角度而言，速成科基本達致其目標，尤其在晚清需才孔亟、法政教育缺乏的境況下，速成教育所發揮的作用，不應小覷。

---

38 詳參《特集》，頁94-119法政速成科歷次考試問題集。

39 林學忠：〈法政速成科與留日法政教育〉，載丁新豹，周佳榮，黄嫣梨（主編）：《近代中國留學生論文集，頁352-387。

40 詳細考題可參清水書店（編）：《最新試驗問題全集》（東京：清水書店編，1906年），日本國立國會圖書館近代デジタルライブラリー（http://kindai.ndl.go.jp/）。

41 〈法政速成科規則〉，載吉田左一郎（編輯）：《法政速成科講義錄》，第1號。

六、經費乃遊學之母：晚清進士留日經費問題考察

（一）晚清留日費用試探

1900年前後留學東京帝國大學的章宗祥，稱「經費者，遊學之母也。欲計遊學，以籌經費為第一義。」章宗祥認為若一切從儉，每年需常費150-200元。此外還有一時之費如考試費、制服費、來往盤費，約10元可足。[42]1906年崇文書局出版的《日本留學指掌》，經費預算有所增加，按每月學費1-4元，食宿10-15元，書籍費1-1.5元，筆墨費1-2元，雜費2-3元計算，每年約需180-306日元，與章宗祥的預算相較，這尚在合理的通脹範圍內。[43]1908年，就讀於早稻田大學的湖南官費學生黃尊三，亦列出〈學生生活表〉，其每月支出預算為每月28元10錢。黃尊三每月能領33元公費，他的預算除學費、書本筆墨支出外，還涵蓋留學生活衣、食、住、行方方面面的開支，甚至包括抽煙喝茶、招待客人、捐贈等等。此外，黃氏此時大概身體欠恙，其預算中每月竟有高達5元的醫藥費，比學費支出還高。[44]總體來說，晚清政府或各省發給留日學生的官費，完全能支應他們在日本的學習、生活。當時日本中等家庭，三口之家每月生活費也僅需20餘元。[45]以此來看，官費留日學生的經濟狀況，普遍較為寬裕。

---

[42] 章宗祥：《日本遊學指南》，1901年刊本，頁14-18。（中國國家圖書館藏）

[43] 崇文書局（編）：《日本留學指掌》（東京：崇文書局，1905年），頁10-11。源自日本國立國會圖書館近代デジタルライブラリー（http://kindai.ndl.go.jp/）。

[44] 黃尊三（著），さねとうけいしゅう，佐藤三郎（訳）：《清国人日本留學日記：1905-1912年》（東京：東方書店，1986年），頁159-160。

[45] 嚴安生：《日本留學精神史：近代中国知識人の軌跡》，頁336。

（二）進士館學員留學經費及經濟狀況

晚清中央各部及各省派出的留日學生，多數每年領取官費400日元，每月約合33元，即黃尊三所領之數。但進士館派出的留學人員，政府更為優待。進士館學員赴日前，即能領取白銀120兩作為車旅費、治裝費，在日學習期間每年領取白銀400兩。部分學員更有畢業遊學川資，每人300兩。進士館畢業參觀日本公私機構，翻譯費用亦由官給。此外，所有官費學生生病入院，凡入指定醫院者，醫藥費由公費支付，但住院期間停發學費，學生畢業歸國亦發川資。甚至如果學生病故，亦由官費辦理喪葬。如湖北進士夏道煇入讀法政速成科第四班，1907年6月病故，遊學生監督處支給200日元作為棺殮運柩費。[46]自費生經濟拮据時也可向監督處借款，但每人至多借支50元，限兩月還清，且須有公費生3人作擔保。若借款人逾期不還，則於擔保人公費內扣除。依據1907年8月留日學生監督處的調查，有36名進士館公費學員為留日同鄉作擔保人，涉及25筆借款，共1250元。[47]

由於進士館學員每年所領留學官費，是白銀而非日元，故其實際所得與白銀兌換日元的匯率變化密切關聯。1904-1910年間，白銀兌日元匯率在1：1.1－1：1.7之間浮動。[48]換言之，進士館學員每年所領

46 遊學生監督處：《官報》，光緒32年（1906）12月，第1期〈章奏〉，頁8，總頁5088；光緒33年（1907）10月，第10期〈經費報銷〉，頁135-136，總頁5317。

47 遊學生監督處：《官報》，光緒33年（1907）7、8月，第8、9合期〈學界紀事〉，頁41-87，總頁5259-5270。

48 匯率計算資料，源自劉錦藻：《清朝續文獻通考》（臺北：新興書店，1963年據上海商務印書館1935萬有文庫本影印），卷107〈學校十四〉，總頁8667。遊學生監督處：《官報》，光緒33年（1907）10月，第10期〈經費報銷〉，頁135-136，總頁5317。光緒33年（1907）12月，第13期〈經費報銷〉，頁129-131，總頁5467-5468。光緒34年（1908）7月，第20期〈經費報銷〉，頁103，總頁5650。光緒34年（1908）8月，第21期〈經費報銷〉，頁127，總頁5693。宣統元年（1909）6月，第32期〈經費報銷〉，頁5-6，總頁6321。宣統二年（1910）8月，第46期〈經費報銷〉，頁123，總頁7036。

400兩白銀，其購買力一直高於普通留學生所領的400日元。在留日進士最多的1906至1908年，400兩白銀一般可兌換480-600日元，頂峰時甚至達680元。普通留學人員每年400日元的官費，已足夠他們在日學習生活，且保持日本中流社會的生活水準，進士館學員每年得到400兩白銀的資助，他們的經濟狀況更為寬裕。

法政大學雖於1906年10月啟用清國留學生新建宿舍（地址為麹町區富士見町六丁目三番地），[49]但該宿舍似乎不能滿足眾多速成科學生之需，故速成科學生多借住於學校周邊的飯田町、市谷的民居，並僱日本女僕。[50]如沈鈞儒初到日本時，租住鳳陽館，費用每月9元，茶飯洗浴全包，牛奶另加1元。[51]學費方面，1904年5月速成科初設時，入學費2元，學費為「學生不滿80人時，每月6日元；滿80人以上時，每月3日元。」[52]1905年2月改為「學生不滿80人時，每月4日元」。[53]1906年設立補修科，其學費為：不滿80人時，全體學生每月共繳240元，80人以上則每人每月3元，翻譯費每月1元。[54]1907年開設普通科，入學費2元，學費每月4元；宿費每月6.9元，食費每月8元。[55]

綜上可見，法政大學學費及東京的生活開銷，在1904-1908年間並無太大變化。其間白銀兌換日元的匯率雖有波動，但總體上白銀勝於日元，故進士館學員每年400兩白銀的遊學津貼，足夠他們在日本較為舒適地學習生活，亦足見晚清政府對留學生之優待。留日進士沈鈞儒，在家書中稱每年可得學費五百元，認為若將其妻及兩個兒子接

49 〈法政大學寄宿舍開舍式〉，載《特集》，頁51。

50 法政大學百年史編纂委員會（編）：《法政大學の100年〈1880-1980〉》（東京：法政大學，1980年），頁45。

51 沈鈞儒紀念館（編）：《沈鈞儒家書》，頁18-19。

52 〈清国留學生法政速成科規則〉，載《特集》，頁5-7。

53 〈學則の改正〉，載《特集》，頁7。

54 〈補修科規則〉，載《特集》，頁13。

55 法政大學：《法政大學清國留學生普通科規程》（東京：法政大學，1907年），頁1。（早稻田大學圖書館藏）

去日本，每月至多用五十元，必無不夠。沈鈞儒留日期間，長子沈謙隨行，並在相當有名的富家子弟學校慶應學堂上學，每月學費二十元，亦能支應。[56]

七、進士留日學員的政治傾向

對留日學生界的革命傾向，未可一概論之。留學生中雖有不少積極投身革命者，但不少「心中雖同情革命，然自己仍以學業為重。亦有官費學生及官吏為保障前途起見，對革命活動敬而遠之。」[57]大致而言，年紀越大、出身越高的留日學生，其政治傾向就越保守，「年齡較小與功名較低或沒有傳統功名者轉向反清革命較易，有較高功名與地位者加入革命者甚少。」[58]

而已獲最高功名並經授職的留日進士群體，本來就是現有秩序的受益者，很難走上革命反滿的道路。甲辰進士沈鈞儒赴日留學後，即剪去髮辮，今人多以沈氏從此自新、與舊制度訣別。而據沈氏致妻家書所言，其剪辮「實為便當起見，外國到學堂聽講時及見客會食等，無戴帽子者，留辮實在難看，又常為人所笑，一切皆因之不便，故不得已而去之」。而他本人自知作為政府職官公費派出遊學，數年後必定再回京任職，故將剪下之發放好，並稱「此間有買假辮子者，極好，歸時擬購，戴上竟看不出也。」此外，家書還談及沈氏參觀上野公園中的油畫院，稱「中畫的系日俄攻守旅順情形，天光日色，人影炮煙，無不逼真」，但信後叮囑妻子「此信千萬焚去為要！」[59]

---

[56] 沈鈞儒紀念館（編）：《沈鈞儒家書》，頁25，34。

[57] 上垣外憲一：《日本留學と革命運動》（東京：東京大學出版會，1982年），頁118。

[58] 賀躍夫：〈清末士大夫留學日本熱透視——論法政大學中國留學生速成科〉，載（北京）《近代史研究》，1993年第1期，頁41-62。

[59] 沈鈞儒紀念館（編）：《沈鈞儒家書》，頁21，24。

此外，1905年7月，東京《法律新聞》對已畢業於速成科第一期的戊戌科狀元夏同龢進行專訪。訪者問及歸國後如何謀祖國之改良進步，夏氏答曰將興法政學校，使國民皆有法律知識。訪者曰中國將來修正國典，希望與日本聯合，夏氏謂一切法律以憲法為基本，中國派大臣出洋考察以定憲法，希望考察日本地方自治、公共團體之制度。而訪者問及武力推翻清政府與平穩改良的問題，夏同龢謂「當此二十世紀中，歐西強國皆將以東亞為食場，譬如虎狼在門室中，人相與同心協力以拒之可也，鬩牆之事，不暇及也。」[60]夏氏之見，大致能代表其時留日進士學員群體的政治傾向，即希望以所學法政啟蒙國民、推行憲政，而對武力革命，則難於認同。

八、結語：晚清速成法政留學檢討

清末十年留日大潮中，中國官紳負笈東渡、絡繹於道，而其中多數所習科目僅為預備或速成性質。章宗祥1901年撰《日本遊學指南》時，對速成留學論曰：

〔速成法〕專為吾國所謂成材之士，年紀已長、急於用世者而設。速成云者，非有他術，習其大略，或其一部之謂也。天下事均有一定程度，必經幾多階段，然後可以達到，故無速成之法。所謂速成者，不過就目前所急，擇其一二端以應吾用而已……是故速成者，即小成之謂，非如縮地法然，可以越千里如一尺也。[61]

1906年學部舉行第二次遊學生畢業考試，與試100人多為留日畢業生，及第者32人，然考列最優等之9人均留學英美，遂引發中日學界、輿論對速成教育的爭論、批判與反省。[62]同年，出使日本大臣楊

60 〈夏同龢の筆談〉，載《特集》，頁143-144。

61 章宗祥：《日本遊學指南》，頁12-13。（中國國家圖書館藏）

62 詳參實藤惠秀（著）；譚汝謙，林啟彥（譯）：《中國人留學日本史》（香港：中文大學出版社，1982年），頁38-39。黃福慶：《清末留日學生》（臺

樞稱遊學日本人數已逾八千，而遊學生良莠不齊，日本學校亦程度不一。為收實效，建議嚴定出洋遊學章程。[63]最後，由學部正式下令，停派速成留學：

> 嗣後京外派遣遊學生，無論官費私費，皆應切實考驗性行純謹、具有中學堂畢業程度、通習外國文字、能直入高等專門學堂者，始予給咨。其習法政、師範速成科者，除日本法政大學現設之速成科第五班業經出使日本大臣楊樞電明臣部，暫准送學外，嗣後概不咨送。非由各部暨各省將軍、督撫給有諮文者，出使大臣概不送學。其既經給咨而本人請改速成者，概不准行。[64]

至此，晚清速成法政留學落下帷幕。派遣職官出洋遊學，是晚清「開官智」之一環；而晚清留日大軍，又以速成法政教育為其主流。究其原因，有如下數端：首先，新政改革亟需人才，來不及循序漸進派遣留學；其次，因科舉廢除，傳統士子需另尋晉身之階，而速成教育一則耗時不多，再則修習法政歸國有利入仕；再次，晚清各級政府鼓勵資助，對自願留學者給予公費，並賜予出身官爵；最後，速成教育也得益於日本政府及教育界的配合，在政策上給予支持，並設立諸多學校接納中國學生。[65]因此，晚清留日大潮至少涉及中日四方的利

北：中央研究院近代史研究所，1975年），頁71。

[63] 〈出使日本大臣楊密陳遊學生在東情形並籌擬辦法摺〉，載《東方雜誌》，1906年6月第6期，〈教育〉，總頁6865-6866。

[64] 學部總務司（編）：《學部奏諮輯要》（臺北：文海出版社，1986年影印宣統元年刊本），卷2〈附奏非具中學程度之學生概不諮送出洋片〉，頁115-116。

[65] 李曉東：〈近代中国における日本留學と日本の教育者たち——「速成教育」をめぐる論爭を中心にして——〉，載大里浩秋，孫安石（編）：《中国人日本留學史研究の現段階》（東京：御茶の水書房，2002年），頁29-52。法政大學百年史編纂委員會（編）：《法政大學百年史》（東京：法政大學，1980年），頁167-168。

益：晚清政府、留日學生、日本政府、日本學校。而這四方的動機並不完全一致，晚清政府希望籍派遣官紳出洋而培養新政人才；留日學生雖不乏潛心學問者，然多數還是想借助留學獲取功名職位；日本政府希望通過培養中國學生而擴大其在東亞大陸的影響；日本學校則多著眼於生源數量及學校收入。

法政速成科學生所學，在單科程度上與普通科學生相當，但由於速成科修業時間較短，且講授、考試均以漢語譯述，故其廣度又不及普通科。其時早稻田大學教授、清國留學生部主事青柳篤恒（1877-1951），雖亦認為有必要對中國學生進行「短期教育」，但他稱短期教育乃三至四年，若僅有半年至一二年，則「速是能速，成是不能成。」[66]因此早稻田大學不設速成科。晚清速成留學的總體水平，誠如中國實藤惠秀所稱：「中國學生赴日，只是借助鄰邦去接受暫時性的普通教育；在學業水平上，尚未達到真正留學的要求」。但他同時亦強調「速成教育對促進中國發展新文化，絕不是沒有功勞的」。[67]

對進士學員而言，他們已在國內取得最高功名，且多數已授官職（雖多為實習或候補）。他們之所以赴日，主要是由於北京進士館因生源不濟而關閉，政府將這些預備官員派赴日本，完成在進士館未竟之學業。這些傳統文化精英走出國門，修習法政，本身就有極為重要的象徵意涵：一則象徵著士紳教育的轉型，從為科舉制度所制度化的傳統儒學教育，轉向以傳授西學為主的近代教育；[68]同時也是中國傳統文化精英的轉型，由研習經史的傳統士大夫，逐漸向掌握新興法政之學的近代知識份子過渡。

[66] 青柳篤恒：〈清国国民教育の方針〉，轉自李曉東：〈近代中国における日本留學と日本の教育者たち——「速成教育」をめぐる論爭を中心にして——〉，載大里浩秋，孫安石（編）：《中国人日本留學史研究の現段階》（東京：御茶の水書房，2002年），頁29-52。

[67] 實藤惠秀（著）；譚汝謙，林啟彥（譯）：《中國人留學日本史》，頁40。

[68] 賀躍夫：〈清末士大夫留學日本熱透視——論法政大學中國留學生速成科〉，載（北京）《近代史研究》，1993年第1期，頁41-62。

清代廣東的科舉・族群・社會

——以《新安客籍例案錄》為中心

黃展樑[*]

摘要

有關科舉和社會之間關係的研究，自上世紀潘光旦等人已經展開，然而有關的研究均集中在江南等科舉重地和科舉與社會流動的關係，對於中國其他地方在明、清時期的科舉情況研究不多。清王朝治下的中國，各地社會都有其獨特的形態，故此本文將以新安縣科舉學額作為切入點，以此了解新安縣在清初遷界後「客家」族群的發展。

本文以為清代新安縣的「客家人」也好、「土人」也好，都不是建基於種族、文化、血統、膚色差異的概念，而是清朝科舉制度運作、地方利益衝突的產物。所以，要理解誰是「客家人」、誰是「土人」，不應從衣食住行的特色入手，而應進入具體的歷史過程，探討王朝的戶籍制度、科舉制度，如何「創造」出「客家人」和「土人」，這些群體，又如何互相衝突，爭取自己的利益。

關鍵詞：新安、客家、科舉、族群

* 香港中文大學歷史系碩士生

一、前言

「族群」（ethnicity）的研究方面，挪威人類學家費里德里克·巴斯（Fredrik Barth）提出了「族群邊界」（ethnic boundaries），他認為族群邊界的組成並不是由語言、文化、血統等作為組成的因素，而且族群邊界並不是具體的地理邊界。事實上在生態性的因素（ecologic factors）下，族群為了增加對資源的競爭力，他們往往會改變族群邊界以排除「邊界」以外的人，以保護自身利益。[1]而奧蘭朵·彼得遜（Orlando Patterson）提出了文化群（cultural group）和族群（ethnic group）之間的分野，他認為一群有共同文化、傳統的群體只能被視為文化群，只有當文化群與其他人產生競爭時，這些共同的文化特點便被選擇成為團結和動員有關文化群內的人，由此而成族群，而族群的功能在於加強對社會資源的控制和對增加其生存的機會。[2]此種族群作為工具來為族群爭取利益的性質，王明珂對於此種說法歸納為「工具論」。他認為「工具論」是「將族群視為一政治、社會或經濟現象，以政治與經濟資源的競爭與分配，來解釋族群的形成、維持與變遷」。[3]而「根基論」則是相對「工具論」而言，王明珂認為「根基論」是「一個人生長在一個群體中，他因此得到一些既定的血緣、語言、宗教風俗習慣，因此他與群體；其他成員由一種根本性的聯繫（primordial ties）」，[4]由是「根基論」和「工具論」組成了族群形成的兩大成因。

---

1 Fredrik Barth, *Ethnic groups and boundaries,* Boston : Little, Brown, 1969, introduction, pp9-37

2 Patterson, Orlando. "Context and Choice in Ethnic Allegiance: A Theoretical Framework and Caribbean Case Study." In Nathan Glazer and Daniel P. Moynihan, eds., *Ethnicity: Theory and Experience,* pp.305-306. Cambridge, Mass. : Harvard University Press, 1975.

3 王明珂，《華夏邊緣：歷史記憶與族群認同》，（台北市：允晨文化事業股份有限公司，1997），頁38。

4 王明珂，《華夏邊緣：歷史記憶與族群認同》，頁38。

這些族群研究的理論對於了解「客家」族群有很重要的幫助，現時社會上普遍單一地以文化、語言等去劃分族群，然而如Barth所言，我們不可以假定文化差異與族群單位有一對一的直接關係，[5]而王明珂亦認為「說同樣語言的可能是不同族群，同一族群可能說不同語言」，[6]故此我們在了解一個族群發展時不可只集中在文化、語言等表徵，更要了解族群的社會、經濟等方面的歷史。誠如梁肇庭教授（Sow-Theng Leong）所說，「就客家來說，集團意識的高潮是經濟蕭條、科舉競爭的加劇和地方勢力集團的出現等因素相應的」。[7]就經濟方面的問題已有不少學者作出研究，[8]然就科舉競爭方面暫未有豐富的研究，故本文嘗以有關角度說明科舉競爭與客家概念的關係。

二、新安縣背景

新安縣於清代屬廣州府，[9]本屬東莞縣一部份，其置縣可上溯至明陸慶六年與萬歷元年之間（1572-1573）。隆慶六年（1572），時任巡按廣東御史趙焞在上書兵部「嶺海多盜，陷城池，殺吏民甚眾。」，而兵部回書「廣東無日不警，無地無賊，誠有可慮」。[10]為了解決東南沿海海盜問題，朝廷調派劉穩任海道副使，在廣東一帶打擊海盜如林

5 Fredrik Barth, *Ethnic groups and boundaries*, Boston : Little, Brown, 1969, p.14.

6 王明珂，《華夏邊緣：歷史記憶與族群認同》，頁30。

7 梁肇庭：〈客家歷史新探〉收《中國社會經濟史研究》，1982年第一期，頁101。

8 有關經濟上的研究，如梁肇庭教授採用了施堅雅（G. Wiliam Skinner）的區域經濟模式來解讀清代經濟與客家、棚民之間的關係，詳見Sow-Theng Leong, *Migration and ethnicity in Chinese history : Hakkas, Pengmin, and their neighbors*, Stanford, Calif. : Stanford University Press, 1997.

9 趙爾巽，《清史稿》，〈卷七十二・地理志〉，（北京：中華書局，1986），頁2270。

10 《明實錄・穆宗實錄》，〈卷六十六〉，（南港：中央研究院歷史語言研究，1962-1968），頁2。

道乾等。[11]當時南頭士紳吳祚向劉穩陳情海盜問題，並請求盡快在新安置縣，以加強地方的防衛實力。據嘉慶年間的《新安縣志》所載，

> 隆慶六年，海道劉公穩按臨經略，（吳）祚泣曰：辛酉之變，闔郡皆然，雖由天變，實亦人事，為海濱萬年計，久安不如立縣，便公深然之，遂分立今治。[12]

吳祚在文中提到辛酉之變，雖然其前文後理均無提及亂事，然最接近當時的辛酉為嘉靖四十年（1561），加上《明通鑑》中有「（嘉靖四十年）廣東惠、潮山賊作亂，賊首黃啟薦等擁眾數千，流刼海豐、碣石、歸善等縣，攻破甲子門巡撿司，殺百戶魏祚」一條，[13]加上新安縣與歸善縣相連，故在時、地吻合下，筆者推斷「辛酉之變」應指黃啟薦之亂。

海道副使劉穩到廣東上任後，面對地方上活躍的海盜下，最終便向朝廷上奏請求置縣，並於萬歷元年（1573）正式「於寶安故址，別立新安縣，分編戶五十六里」，並「以東莞千戶為縣治」。[14]清代新安縣縣界基本上承明代的範圍，按《嘉慶新安縣志》中的紀錄，

> 邑地廣二百七十里袤三百八十里，東至三管筆海面二百二十里與歸善縣碧甲司分界，西至磐石海面五十里與香山縣淇澳司分界，南至擔杆山海面三百里外黑水大洋杳無邊際，北至羊凹山八十里與東莞縣缺口司分界。[15]

---

11 郭棐，《粵大記》，（廣州市：中山大學出版社，1998），頁246。

12 舒懋官，《嘉慶新安縣志》，〈卷十九・人物志〉，（上海：上海書店，2003），頁16b-17a。

13 夏燮，《明通鑒》，卷六十二，（上海：上海古籍出版社，1987），頁25B。

14 陳伯陶，《民國東莞縣志》，〈卷一・沿革〉，（臺北：成文出版社，1967），頁11b-12a。

15 舒懋官，《嘉慶新安縣志》，〈卷二・輿地略〉，頁3a-3b。

新安縣主要是和東莞、香山、歸善三縣相連，其範圍即今深圳和香港一帶。而清代新安縣地方官制同樣是上承明制，按嘉靖年間的《籌海圖編》的〈廣東兵防官考〉載，當時廣東衛所已設有南海衛，大鵬所，廣州府中亦設有官富、福永等二十八處沿海巡檢司，[16]而清之新安縣大部份地區亦由官富、福永巡檢司管理。《嘉慶新安縣志》的記載，新安縣由典史管屬村莊、縣丞管屬村莊、官富巡檢司巡檢管屬村莊和福永巡檢司巡檢管屬村莊四個部份組成（見圖一），而這四個主要部份則又各有其土、客籍村落。

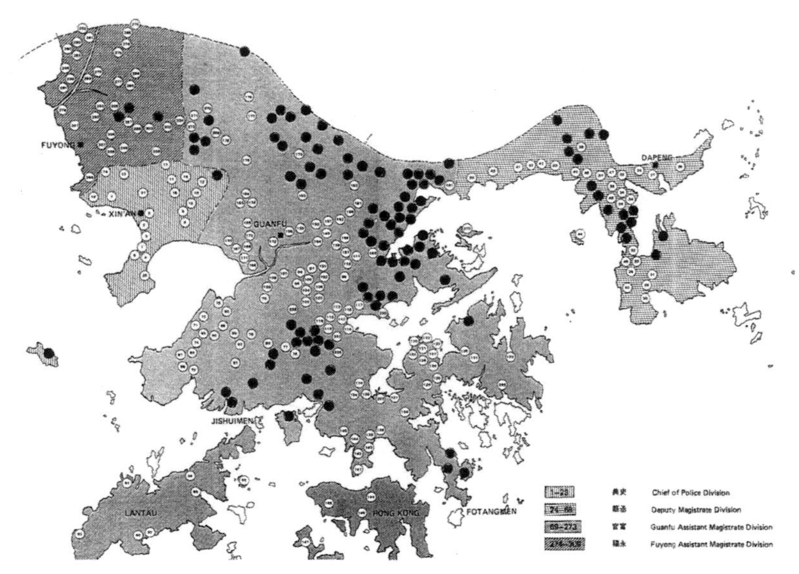

圖1　清代新安縣客家村落分佈圖[17]

資料來源：Ng, Peter Y.L. *New Peace County : a Chinese gazetteer of the Hong Kong region*

---

[16] 胡宗憲，《籌海圖編》，〈卷三・廣東兵防官考〉，（上海：上海古籍出版社，1987），頁13

[17] 圖中黑點為客籍村落

三、遷界

（一）遷界背景

在康熙年間，清室對於明末的反抗勢力尚未完全平定，明代宗室在南方更建立南明政權，以圖對抗清室。其中以退守台灣的鄭氏勢力對清室帶來最大威脅，按杜臻的《粵閩巡視紀略》所載：「……海寇鄭成功盤踞金門、廈門諸島，遊船入犯，飄忽靡定，並海諸省，鹹罹其患，而粵閩為尤甚……」[18]可見當時鄭成功等反清勢力仍活躍於中國東面的沿海地區。為了解決清初東南沿海地區的威脅，清初曾下禁海令，「寸板不可下海」，藉此斷絕沿海地區對台灣鄭氏之援助，以圖削弱其反抗能力。惟此政策對於鄭氏之威脅，仍未有大規模之打擊。

直到順治十三年（1656），駐守海澄的黃梧叛鄭降清，被封為海澄公。[19]次年黃梧上奏朝廷：

> 鄭成功未及剿滅者，以有福（州）、興（化）等郡為伊接濟淵藪也，南取米於惠（州）、潮（州），賊糧不可勝食矣；中取貨於興（化）、泉（州），賊餉不可勝食矣；北取材於福（州）、溫（州），賊舟不可勝載矣。今雖止沿海接濟，而不得其要領，猶弗禁也。[20]

他指出當時沿海地區為退守台灣的鄭氏集團提供了大量資源，雖然朝廷已經下了「禁海令」，但由於東面沿海的百姓私下接濟，令「禁海令」未竟全功。於是黃梧在順治十八年（1661）再上平海五策，其中一條為：

[18] 杜臻，《粵閩巡視紀略》，卷一，（上海：上海古籍出版社，1987），頁1a。
[19] 趙爾巽，《清史稿》，〈卷二百六十一‧列傳四十八〉，頁9879。
[20] 蔣良騏，《東華錄》，卷八，（北京：中華書局，1983），頁122。

金（門）、廈（門）兩島，彈丸之區，得延至今日，而抗拒者，實由沿海人民赴險，糧餉油鐵桅船之物，靡不振濟。若從山東、江、浙、閩、粵沿海居民，盡入內地，設立邊界，佈置防守，則不攻自滅。[21]

自黃梧上平海五策後，沿海一帶的遷界行動亦同時展開。

（二）遷界經過

就遷界一事，當時康熙帝多次派遣不同的官員南下巡視，早在順治十八年十二月已有官員負責沿海看界。[22]而香山小欖何姓〈復建祠記〉所載，「康熙元年，總督王國光，巡撫董應魁，會奏令虎門以西，厓門以東沿海居民，遷徙內地五十里」，[23]虎門、厓門（今江門一帶）都在廣東內。另《新安縣志》中亦記載「康熙元年二月，大人科、介行邊立界，邑地遷三之二。三月差總鎮曹、總統馬督同營兵折界驅民遷入內地」。[24]按《新安縣志》〈再遷〉一條所錄：

> （康熙）二年八月，大憲伊、石，再看粵疆，擬續立界，邑地將盡遷焉。總督盧以邑地初遷，人民困苦，會疏乞免盡遷，止遷東西二路共二十四鄉⋯⋯（康熙）三年三月，城守蔣宏閏，知縣張璞，逐東西二路二十四鄉入界。以後每年，大憲四季巡界。[25]

---

21 江日昇，《台灣外紀》，卷五，（臺北：世界書局，1959），頁201。

22 靳文謨，《康熙新安縣志》，〈卷十一・防省志〉，康熙廿七年版，藏國立北京圖書館，頁12。

23 《復建祠記》，收麥應榮，〈廣州五縣遷海事略〉，《廣州文物・卷六》，（香港：中國文化協進會，1941），頁80。

24 靳文謨，《康熙新安縣志》，〈卷十一・防省志〉，頁12-13。

25 靳文謨，《康熙新安縣志》，〈卷十一・防省志〉，頁13。

從以上各條所見，新安縣之遷界由順治十八年開始，到康熙元年正式開始進行遷界，但地方官員考慮到遷界對百姓生活帶來影響，遂於康熙二年把新安縣東西二路二十四鄉納於遷界以外，但後來進一步擴大遷界範圍，最終「康熙五年裁廣州府屬之新安縣，歸併東莞」。[26]

清初遷界令縣內大部份居民都被迫離鄉別井，《新安縣志》中對這些當地流離失所的百姓作出了記錄，反映地方人士對遷界的不滿

> 先是初遷，民多望歸，尚不忍離妻子，及流離日久，養生無計，爰有夫棄其妻，父別其子，兄別其弟……至於壯年之民，散投各營，以圖養口。其餘乞食於異鄉者，沿途皆是；輾轉於道旁者，何處蔑有。又間有重廉恥者，行乞不忍，而又計無復出，遂自取毒草斫水，舉家同飲而沒……遷民多而界內地少，卒莫能救。[27]

面對百姓的困苦，不少官員都上奏陳情，希望收回遷界之令。時任廣東巡撫王來任不忍新安縣等地的百姓生活困苦，於是上奏希望復界，

> 如謂所遷之地丁踵小，而御海之患甚大，臣思設兵原以捍衛封疆，而資戰守，今被海寇侵掠，累百姓而資盜糧，不思安攘上策，乃縮地遷民，棄其門戶，而守其堂奧，臣未之前聞也。臣撫粵二年有餘，亦未聞海寇大逆侵略之事，所有者，仍是內地被遷逃海之民，相聚為盜，今若展其邊界，此盜亦賣力買犢矣。舍此不講，徙聚議以求民瘼，皆泛言也……[28]

[26] 陳伯陶，《民國東莞縣志》，〈卷一・沿革〉，頁12a。
[27] 靳文謨，《康熙新安縣志》，〈卷十一・防省志〉，頁13-14。
[28] 舒懋官，《嘉慶新安縣志》，〈卷二十二・奏疏〉，〈展界復鄉疏〉，頁13b。

他指出遷界不但未能有效打擊鄭氏之徒，相反遷界令人民生活困苦，相聚為盜。當時王來任於康熙七年（1668）上奏請求復界，雖然康熙曾派員來粵勘界，然而王來任未及復界便已逝世，繼位的周有德亦上奏請求復界。最終在康熙八年（1669）朝廷下令取消遷界令，新安縣亦重新置縣。

（三）遷界的範圍

有關清初新安縣的遷界範圍，官方文獻的記載並不十分仔細，可幸工部尚書杜臻於康熙二十二年（1683）被派往粵閩地區劃定疆里，並寫了《粵閩巡視紀略》，當中對於新安縣遷界範圍提供了詳細的記錄。按《粵閩巡視紀略》所載，

> （康熙）元年畫界，自三角山，歷馬鞍山等境……至大鵬所為新安邊遷界，以外距海二十五里，洪田。二十里，嶺下、鮎魚溪、螺湖、玉勒、上寮、白沙、燕村。十五里，粉壁嶺、龍躍頭、穀豐嶺、石岡、田寮、白水、鄧家蓢。十三里，黎峒。十二里，上水。十里，半天雲、小坑、上下屯門、漢塘、高莆、錦田、豐園蓢、阿媽田、幹山園、山下村、大井、田心、綱井、石祖廟、新橋、丙岡，及附海六七里至一二里河上鄉等……並續遷共豁田地一千三百五十九頃有奇。[29]

新安縣遷界的地方並不完全根據黃梧的〈平海五策〉中一律「遷徙內地五十里」，當時最多只是距海二十五里，這或許構成了日後兩次的再遷。無論如何，我們根據所遷地的地方觀之，我們大概可發現當年遷界的地方即約今港、深邊界，約東起大鵬灣（南澳鎮、大鵬鎮），

[29] 杜臻，《粵閩巡視紀》，頁48a-49a。

經鹽田、沙頭角、上水，西至南山區（南頭），反映出幾乎整個香港被列為遷界的範圍內。[30]

（四）「客家人」的出現

經歷長達八年的遷界後，新安縣的人口急速下降。到康熙八年重新置縣時，當時人口更只餘下二千二百多丁口，是原來的三份一。[31]除了因為部份人已遷居他方不復歸外，有更多的居民在遷界時因生活困難而死去，凡此種種因素，均令新安縣丁口數量在遷界後大量下降。以新界屯門陶氏為例，此族「紫桑侯六十八世孫，及元末宦遊廣東到潮洲，次歸善，又其次到寶安，擇居屯門焉，終明代入清初，傳世十餘代……傳世十餘代，茲我孫子五百餘人，而人文昌熾」，[32]可見屯門陶氏在明代時發展頗為昌盛。「康熙初年移村流離八載，復村時僅得百有餘人耳。後至乾隆年間，雲仍復濟美，則四百有餘丁耳」，[33]可見遷界對陶氏影響之大，到了乾隆年間仍未回復。另按《新界林氏族譜》所載，「康熙元年，移遷內地，棄畊就移，當時迫於流離失所，父子兄弟夫婦離散就生者，少致死者，多至八年復村者，十存五六而己」，[34]可見當時本土家族在遷界令下大受打擊。

本土居民的數量大量下降，令新安縣的經濟生產大受破壞。由於招回原居民的辦法成效甚低，當時新安縣的官員便對外招墾，以恢復地方經濟。按《皇清奏議》所載粵東勸墾之條屢頒，報墾之數無幾，……勸導之方有五：一、定疆界以絕爭端，一、禁需索以寬民力，一、借籽種以助農工，一、輕升科以示優恤，一、廣招徠以盡地

[30] 蕭國健：《清初遷海前後香港之社會變遷》，（臺北市：臺灣商務印書館發行，1986），頁144。

[31] 舒懋官，《嘉慶新安縣志》，〈卷二十二・奏疏〉，〈展界復鄉疏〉，頁2b。

[32] 《新界屯門陶松友祖家譜》，藏香港中文大學圖書館縮微膠捲部，編號mic 1945 no.1148422。

[33] 《新界屯門陶松友祖家譜》

[34] 《新界林氏族譜》，藏香港中文大學圖書館縮微膠捲部，編號mic1226。

利……今宜明示勸懲，如州縣官能勸墾十頃以上者，紀錄一次，多者計算加級。見任官能捐籽種牛具，墾荒至三頃以上者，紀錄一次，多者計算加級。倘勸墾不力，廢厥職守，即據實參處，則官知勸懲矣。[35]

為了吸引更多各地的農民來新安縣，官員在招墾時往往集中在農業方面，如提供耕具、種籽等，而朝廷又對招墾成績顯著的官員作出升遷。官方積極招墾令江西、福建，及惠、潮、嘉定等地的人來到新安縣定居。故此，遷界一事對於新安縣最大的影響莫過於引致大量客籍居民湧入，如羅香林教授在《客家源流考》一書中曾提到今日香港九龍新界等沿海地區居住的客家人士，其最先成批移入的，也是因為清初遷海復界而引致的。蓋這些地帶，原為新安縣屬，正是順治十八年到康熙元年曾一次二次為滿清政府所迫遷的。[36]

四、新安縣的「客家人」

本文強調清朝新安縣的「客家人」也好、「土人」也好，都不是建基於種族、文化、血統、膚色差異的概念，而是清朝科舉制度運作、地方利益衝突的產物。所以，要理解誰是「客家人」、誰是「土人」，不應從衣食住行的特色入手，而應進入具體的歷史過程，探討王朝的戶籍制度、科舉制度，如何「創造」出「客家人」和「土人」，這些群體，又如何互相衝突，爭取自己的利益。

（一）清代新安客籍家族的發展

清人徐旭曾以「土與客之風俗語言不能同，則土自土，客自客」[37]說明土、客之差異，但正如本節開首時強調，我們不應把所謂

[35] 琴川居士，《皇清奏議》，卷二十七，（臺北：文海出版社，1967），頁22a-23a。

[36] 羅香林，《客家源流考》，（香港：中國華僑出版公司，1989），頁29。

[37] 徐旭，《豐湖雜記》，收羅香林：《客家史料彙編》，（香港：中國學社，1965），頁299。

「文化差異」視為土客矛盾的原因，而應把所謂「文化差異」視為土客矛盾的結果。而當時新安縣土客矛盾的焦點，是爭奪土地和經濟利益。事實上當時的客籍人士居住的地方均非常集中，這與團結客家人的實力與本地人爭奪資源有關。以沙頭角十約為例，夏思義便指十約

> 父老們使他們的地區免於深圳附近地區的大族的干預，得到實際上的自由……所以十約的村落形成了一個有凝聚力和自信的社區，由一群有高度同構型的當地父老有力地自行運作。[38]

事實上沙頭角十約由當地十一個「約」組成，而每個由不同的自然村組成，如慶春約由荔枝窩、小灘、鎖羅盤、牛屎湖、三椏、梅子林和蛤塘七村組成。這些約相互結盟，形成了地方上的一大勢力，如在沙頭角進行填海工作，以增加耕地面積，並控制地方上的墟市，另又會以約的名義向官府發表對地方事務上的意見。[39]對於一般在遷界時才來新安的客籍人士而言，他們根本沒有能力控制地方上的經濟資本和向官府發表意見，故如圖一所見，客家村落密集分佈在一起是可以理解，因其可與附近的客家村落締結聯盟，以加強開發地方資源的能力。

除了集中居住外，新安客籍居民對於功名的追求也十分熱切。以坑梓黃氏為例，其始遷祖黃朝軒本居於惠州府歸善縣白馬碗窰，後來定居在江邊仔。康熙三十年（1691），其長子遷居新安坑梓。[40]坪山黃氏對功名極為重視，根據蕭國健對坪山黃氏其中兩個支房（「新橋圍黃氏」及「龍田圍黃氏」）族譜的記錄，[41]這兩房在功名上有一定的成就。

---

[38] 夏思義，〈十約：沙頭角地區的定居與政治〉，收劉義章：《香港客家》，（廣西師範大學出版社，2005），頁98。

[39] 夏思義，〈十約：沙頭角地區的定居與政治〉，收劉義章：《香港客家》，頁72-98。

[40] 蕭國健，《深圳地區之家族發展》，（香港：顯朝書室，1992），頁83。

[41] 蕭國健，《深圳地區之家族發展》，頁87-91。

表 1　坪山黃氏（「新橋圍黃氏」及「龍田圍黃氏」）三世至十世功名職官一覽表[42]

世系	功名	職官
三世	／	例贈儒林郎一名
四世	捐監生一名	／
五世	貢生二名 國學生一名	／
六世	貢生一名 國學生六名 武生一名 武舉人一名	／
七世	國學生十二名	直隸州司馬一名 貤贈登仕郎一名
八世	例貢生三名 國學生二名 增生一名 附生一名 文庠生一名	府京廳一名 誥封縣丞銜一名 貤贈儒林郎一名
九世	例貢生一名 國學生五名 文庠生一名	翰林院待待詔銜一名 誥封武德佐騎一名尉 誥封布政使司理問銜一名
十世	國學生四名 文庠生一名	中書科中書一名

除了坪山黃氏，鹿頸陳氏亦是重視儒學的客族。鹿頸陳氏本來居於福建汀州府寧化縣，然而在十一世時「我伯祖萬泰公，仝弟榮泰、際泰統子姓十餘人，於康熙五十八年正月初九日，由歸善上坡村遷來新安吉地羅芳村居」。[43]他們在初來新安時生活困難，「人丁兩敗，一貧如洗」，[44]但後來「公禮儀傳家，耕讀為本，一經聚會，不帝風

[42] 蕭國健，《深圳地區之家族發展》，頁87-91。

[43] 《新界鹿頸村陳氏族譜》，藏香港中文大學圖書館縮微膠捲部，編號mic1518。

[44] 《新界鹿頸村陳氏族譜》

至」。[45]鹿頸陳氏對子弟強調了「耕讀為本」的概念，反映出家族對於科舉巧名上的重視。事實上族譜中對三名始遷祖的兒子的記錄為

> 「祖舜德公，邑庠生，萬泰公長子，生於康熙三十一年……公原宿儒，在歸善上坡村居住時，仍考本籍龍川試，因文場考畢，即考武場，蒙取入龍川縣學。」
> 「祖伯德公，宿儒，萬泰公四子，生於康熙四十三年……精通書史，歷年教學。」
> 「祖季德公，際泰公次子也，業儒，生康熙四十二年」
> 「祖潤德公，業儒，榮泰公之子，生於康熙三十八年」[46]

鹿頸陳氏三名始遷祖的下一代中有四人在遷來新安之前已經是從事舉業，故他們對於族內教育的重視是可以理解。由於剛遷來時陳氏家道中落，以致他們在舉業上的發展受到很大影響。十四世時族譜對於家族讀書事業的記錄較少，只有陳萬泰的孫陳仕才是宿儒。到了十五世時，此時陳氏在讀書事業踏入了黃金期，大房中有五人是業儒，而陳健常更是欽賜鄉飲大賓，另有兩人為庠生，四人是國學生，一人是例貢。但到了十六世時只有兩名族人是業儒。[47]事實上陳氏極重科名，以致他們在新安客籍居民的教學當中佔一重要席位，當中以陳彬常（又名陳鳳光）的生平最值得注意。陳鳳光對於家族讀書方面具有積極的影響，族譜謂其「守祖父殷實，品學兼優嚴慈並濟，訓課家塾，子姪多所栽成，破族天荒，實由此公始也」，[48]可見當時陳氏已為族人提供私塾等宗族內的教學，為族內子弟日後業儒打好基礎。此外，陳鳳光亦積極參與新安縣內有關客籍人士的組織，對於新安客民

45 《新界鹿頸村陳氏族譜》
46 《新界鹿頸村陳氏族譜》
47 《新界鹿頸村陳氏族譜》
48 《新界鹿頸村陳氏族譜》

在科舉士途上有很大影響。鹿頸陳氏的族譜記陳鳳光是郡庠生，然而清沒有郡，故此陳鳳光應為廣州府學生員。作為新安客籍居民，他們要在嘉慶七年（1802）才可到廣州府學「入泮」。顯然，他是嘉慶初年新安客民爭開學額下的受益者，事實上《新安客籍例案錄》中便記載了陳鳳光約為嘉慶十八年（1813）至道光五年（1825）之間與何鳳喈一起撥府進庠，[49]而他亦為公舉建文館中「中東西北路附理首事」，[50]可見作會新安的少數族群，客籍的讀書人不但只為族內子弟提供援助，亦會聯同其他客籍士人合作，為客籍士人爭取更多的利益。

從以上幾個新安縣客籍家族的發展當中，我們不難發現新安縣的客籍人對功名的追十分重視，以圖獲得更高的社會地位。然而在學額有限的情況下，客籍人士的加入卻令本來緊張的學額競爭更為激烈，最終促成了困擾了數十年的土、客學額之爭。

五、《新安客籍例案錄》所反映的土客學額之爭

（一）《新安客籍例案錄》介紹

《新安客籍例案錄》（下稱《例案錄》）收錄於陳瑞章編纂民國十七年（1928）的《鹿頸村陳氏族譜》附錄之中。《例案錄》記錄了廣東新安縣客籍居民在清一朝爭開客籍學額的過程，其序撰於嘉慶十五年（1810），可知其成書年份應不晚於此。《例案錄》共收錄了十六份文書，為方便讀者檢索，筆者將《例案錄》十六份文書的有關文書的標題、日期和內容簡介開列於下表：

[49] 卜永堅，〈史料介紹——《新安客籍例案錄》〉，收《華南研究資料中心通訊》，第58期，頁34。

[50] 卜永堅，〈史料介紹——《新安客籍例案錄》〉，頁35。

表2　《新安客籍例案錄》目錄

編號	標題	日期	內容簡介
1	文童梁德恭呈九門提督大人詞	嘉慶六年七月廿三日呈	●新安客童梁德恭撰 ●客童先祖由惠州、潮州、福建等地方遷入 ●康熙五十五年設軍籍 ●雍正十三年併軍民同考 ●乾隆十六、七年，土廩鄭觀成等人指客籍童生應回原籍報考 ●乾隆五十二年梁國勳上書增開客籍學額，查得當時童生有472人
2	九門提督大人移次文		●梁德恭祖籍長樂 ●送兩廣總督處理
3	文童陳文鳳呈總督大人詞	嘉慶六年十一月廿三日呈 廿七日批	●新安客童陳文鳳、江滋生撰 ●與文書1內容相約，補充了梁德恭在嘉慶六年上奏九門提督的事件，但較為簡略 ●兩廣總督批示由廣東布政司處理
4	文童江滋生等呈布政司大人詞	嘉慶六年十一月二十九日呈 十二月初三日批	●新安客童江滋生、陳文鳳等撰 ●與文書2內容相約，補充了當時新安縣客民約5000戶，軍民糧米千餘石 ●廣東布政司批示由行催委員會審
5	廣州府福府大人詳文	嘉慶六年十二月十一日	●與首4份文書內容相約，補充了梁德恭在康熙十三年來新安的資料、新安應試客民約三四百名至五百餘名 ●補充乾隆三十四年，廣東官員對客童爭開學額失敗一事 ●解釋乾隆五十四年駁飭客童爭開學額一事因「未據取結造冊詳繳」 ●經調查烟冊後，新安寄籍客民大多符合入籍之法 ●建議按康熙舊額置客籍學額、撥入府學、客民自相互保
6	布政司常大人詳文	嘉慶六年十二月十一日 廿七日	●內容與文書5建議相同 ●補充客民戶口資料，3935戶無契照，不合資格應考，而472戶有契照，合資格應考

7	總督覺羅大人咨覆全文	嘉慶七年	●內容為文書5和6的合併 ●兩廣總督向送兵部兵科、禮部禮科、戶部戶科、九門提督、通政司，會稿送東撫院、東提督學院
8	禮部覺羅大人奏章	嘉慶七年九月初一日	●調整了客民戶口資料，3935戶無契照，有契照可考者457戶，客童求考者533人 ●奉旨：廣東新安縣客籍童生，准其歲科兩考，文武各取進二名
9	學院大人姚宗師行文	嘉慶七年十一月二十二日到府	●重錄文書8聖旨內容
10	呈姚學臺請考詞	嘉慶八年正月二十一日	●由於歲試已過，拒絕客童要求補考之請
11	附錄客籍各村鄉名冊 議定歲科兩試保資一覽表		●記新安縣內東路村、大鵬村、西路村、北路村和中路村等299條客籍村落名稱 ●記錄新安客童文、武生應考縣、府、院試的保資銀
12	附錄廣州府學軍籍諸生姓氏		●康熙五十五年至雍正十三年以軍籍進東莞、大鵬兩所庠臚者，共26名
13	附錄新安學民籍諸生姓氏		●乾隆元年軍民歸併同考後，由民籍進庠諸生，共3名
14	新安客籍撥府進庠諸生題名錄		●嘉慶九年至道光九年新安客民進廣州府學者，共32名
15	建立文館序		●記在廣州城內建文館一事 ●公舉建文館總理首事和中東西北四路附理首事共33名
16	同德試館圖		

（二）新安客童爭開學額的經過

《例案錄》記錄的事件緣於嘉慶六年七月廿三日（1801），當年新安客童梁德恭赴京至九門提督遞交稟狀，請求增開新安客籍學額。事實上梁德恭原籍長樂縣，其祖梁自宏於康熙十五年（1676）攜眷來新安，在草莆子居住並耕種軍田。其父梁國勳在乾隆五十二年

（1787）亦曾向地方官員遞交稟狀，請求增開新安客籍學額，可見新安客童爭取客籍學額之事並不始自嘉慶年間，而是可上溯乾隆十六、十七年間（1751-1752）。

按梁德恭所記，大部份新安縣客童的先祖本居於江西、福建、惠州府、潮州府、嘉應州等處，後來因新安復界而相繼遷入並開墾軍田。面對大量的外來人口，當時的清政府在科舉制度上亦有相應的配合。新安縣在康熙五十五年（1716）開設軍籍，設文、武學額四名。〈附錄廣州府學軍籍諸生姓氏〉中反映了開設軍籍後，共有廿六名新安縣童生得以進庠，[51]但雍正十三年（1735）裁新安縣軍籍，令軍、民同考後，只有三名童生成功入泮，可見其晉升機會因競爭激烈下而急速下降。[52]隨著遷入時間漸久，應考的客籍童生數量亦增，加上軍、民同考後，土著居民開始擔心本來已不足的學額會比客民佔去。於是在乾隆十六、七等年（1750-1751），土廪（即本地廪生）鄭觀成、文蔚等人指客籍童生按清代律法應回原籍報考，否則是為冒籍。官方調查後確定大部份客童是無原籍可返，又經過縣政府多年詳議後，但仍容許客民於新安考試。[53]

然而土著生員對於維護學額一事並未有放棄，反而積極留意各地案例，以便打擊新安客童。事實上客籍士人爭取學額的情況並不只是出現在新安縣，乾隆二十九年（1764）發生了新寧客童曾光太之例，「學臣邊繼祖奏請入籍加額，經部臣駁查，當將各客童等照例撥回原籍」。[54]曾光太之例為土人排斥客民提供了一大有利案例。事實上新寧縣即今之台山，並位於本地的西面，當中更有一段頗長的路程，但從新安土、客居民對新寧客籍學額資訊的掌握和反應來看，可以反映

[51] 〈文童梁德恭呈九門提督大人詞〉中指有二十七名。

[52] 卜永堅，〈史料介紹——《新安客籍例案錄》〉，頁33。

[53] 卜永堅，〈史料介紹——《新安客籍例案錄》〉，頁26。

[54] 何福海，《光緒新寧縣志》，〈卷十二‧經政略下〉，（上海：上海書店，2003），頁10b。

出他們對於週遭客民爭取開客籍應考之事消息傳播的廣泛和敏感程度之高，這些因素都令地方官員在增開客籍學額一事上顯得小心翼翼，以防開了一個壞先例。乾隆二十九年（1764），土廩吳廷玉等更鼓動地方土廩阻塞客人於新安應考，新安縣知縣鄭尚桂以客童來新安居住就耕，雖均在二十年以上並有田糧廬墓，但參照新寧客童曾光太之例後，加上獲兩廣總督的批准，在乾隆三十三、四等年（1768-1769）要求縣內客民一併返回原籍應考，並將以前在新安縣入學及捐監之生員如張昌賢等改歸原籍。此後客童葉維幹等，分詞疊赴各憲翻控，而土著生童，復行上控爭阻，自後十餘年間，新安客童屢次呈考依舊沒有得到批准。[55]

對廣東各地的客民來說，乾隆三十至五十年間（1765-1785）在爭取客籍學額一事上無疑是一個艱難時期，然而他們沒有因此停止爭取。新寧客童廖洪親身到都察院請開客籍學額，

> 茲客童廖洪復以乞請開籍赴都察院具控欽奉　諭旨查辨當即委員前赴新寗清查現在客戶共二千二百零四戶，內有田糧廬墓已符年例，難以回歸原籍共四百零四名，以文藝粗通者百布餘名。請增坿籍新寗應試……酌加文童二名，武童一名，另編客籍字號。[56]

最終新寧客童在乾隆五十二年（1787）成功爭取另編客籍考試。[57]此突破性的發展對新安縣的童生無疑帶來了新的希望，乾隆五十三、四年（1787-1788），梁德恭之父梁國勳聯同葉喬桂、張有容等人，先後赴兩廣總督呈請開籍收考，並以新寧客童廖洪作主要案例。有經查核各戶戶籍、地契等後，証新安縣內「客民四千餘戶，應考客童四百餘

---

[55] 卜永堅，〈史料介紹——《新安客籍例案錄》〉，頁29。

[56] 何福海，《光緒新寧縣志》，〈卷十二・經政略下〉，頁10b-11a。

[57] 何福海，《光緒新寧縣志》，〈卷十二・經政略下〉，頁11a。

名，悉已遷居年久，無籍可歸」，依律可入籍新安應考。然廣州府知府張道遠查核後，仍令各客童返回原籍應考。結果事件再次糾纏了十多年，即使客童期間曾五次上書要求詳查，但官府始終維持原判。[58] 對於事件被拖延經年，新安客民認為是土著詭計百出，擺弄府衙書吏，令詳文屢到屢駁。然而官方對案件了拖延數十年卻作出另一個解釋。嘉慶六年（1801）廣州知府，會仝南雄府審查此案時指乾隆五十九年（1794），

> 前縣胡（傳書）令，移取各童原籍博羅、陸豊等縣印結，造具客童名冊，詳請編籍開考等由，具詳前府朱（楨）守。關查各原籍，尚有豊順、永安等縣，及福建江西有所屬之平和、晉江等縣，未據移取印結附送。當經行回，飭令按名移查取結，到日另行議詳。并將原籍福建江西省所屬各客童，列冊詳請咨查。嗣奉前藩憲，以冊內並未開明各客童原籍住址都圖甲戶村名，原籍無憑查報，駁飭，查明造冊另詳。當經前府轉飭遵照，去後屢催，未據取結造冊詳繳，致未詳辦。[59]

官方以未能收到豊順、永安、福建、江西等縣的印結附，以致無法追查到各客童原籍住址的都圖、甲戶村名，故駁飭增開客籍之要求並命地方另造新冊查明，故撥回原籍應考亦屬遵例辦理。然而官方的解釋亦帶有不合理的地方，即使後來負責調查此案的官員亦指出

> 總因原籍有無可歸，未據取齊印結，輒轉駁飭行查，因屬遵例辦理。惟是該客童等，自其高曾挈眷來安，無論當時未必盡有嫡親伯叔兄弟，留住在籍。即使當時原有嫡屬，而數傳之後，

[58] 卜永堅，〈史料介紹——《新安客籍例案錄》〉，頁29。
[59] 卜永堅，〈史料介紹——《新安客籍例案錄》〉，頁28。

亦已漸成疎遠。與在新生長之弟姪子孫，亦何從記其原籍里居，係何都圖甲戶，並疎遠族黨姓名，逐一開報，以憑移查？[60]

新安的官員常以客籍人士有原籍可返，然而在經歷數年後，大部份寄籍客民在原籍之地未必有嫡親，甚至亦漸成遠親，故當地的居民亦不可能記其原籍里居、都圖、甲戶等資料，令官員亦有「是雖駁查之名，終無結覆之寔」之嘆。[61]

無論如何，清代客籍學額一事多年未能解決，梁德恭繼承其父之志，仍舊為增開客籍學額一事不斷奔走。最終在嘉慶六年（1801）赴京至九門提督呈遞稟狀，令一件地方事件驚動了中央。九門提督收到梁德恭呈遞的稟狀後，立即指令地方政府調查，經布政司常齡等重新查核新安縣內的煙戶冊、及田產廬墓契照，發現新安縣內

有四千三百九十二戶，內有契照可憑者四百五十七戶。原報客童梁國勳等四百七十二名，又續報梁任達等六十一名。契照內已滿二十年之限者一百七十七張；未滿二十年者一十六張，烟冊契照俱符。其餘三千九百三十五戶，並無田產契照，等情，本司等逐加確核。除無契照之三千九百三十五戶毋庸置議外，其有契照之四百五十七戶，計舊報有名客童四百七十二名，連續報有名六十一名。[62]

故此行催委員參考新寧客童廖洪、東莞客童黃周瑞呈請入籍案例，准其附籍新安。至於餘下三千九百三十五戶的無田產契照者和十六張未滿二十年的契照者，

[60] 卜永堅，〈史料介紹——《新安客籍例案錄》〉，頁28。
[61] 卜永堅，〈史料介紹——《新安客籍例案錄》〉，頁29。
[62] 卜永堅，〈史料介紹——《新安客籍例案錄》〉，頁31。

應令照依定例，扣足年限，方准入于客籍應考。年限未滿，並無田產契照之戶，概不准其冒考……至契照未滿年限，及尚無契照之三千九百三十五戶，仍照例扣足年限。並置有產據後，另行詳明立案，一並歸入客籍考試。[63]

雖然官方已經承認客民入籍應考的資格，然官方考慮到客民與土著因學額之爭已對簿公堂數十年，彼此關係本已非佳，加上新安每年應試童生約三、四百名至五百餘名，但學額只有八名，本非寬裕，若客民得以入籍同考，土著生童必不甘心其學額被佔，新一輪的訴訟必定再起。故此官方試圖分開土、客雙方，免起爭端。就學額方面，官方為免土民感到學額被佔，於是援引福建屏南縣學分為「正屏」、「寄屏」之例，在考試卷面上註明「客童」字樣，以分別土、客身份。另又仿東莞縣和新寧縣設客籍學額，學額數目則參考康熙年間軍籍舊額，即取文童二名，武童二名。此外，官方又考慮新安縣距廣州府只有三百餘里，故把新安縣客籍童生撥入廣州府學，使之與土著得以生童分開。[64]至於取進生員，三年歲、科兩試，名額四名。廩生、增生、拔貢等名額則與廣州府各縣撥府生員一體應考，由學政按成績取錄，並不因此另添廩生、增生等額。新安客籍居民捐貢、監等，仍容許他們以新安縣籍報捐，但仍需於卷面註明「客籍」，以防藉報捐之名，混入土籍。[65]

最終在嘉慶七年十一月二十二日（1802年12月16日），禮部批文終到廣州府。而新安縣的客籍家族為了配合客童要到廣州府學入泮，於是新安縣的客籍居民更趨向合作，更議定向應考歲、科兩試的客籍士子提供資助。除此之外，為方便客籍士子於廣州生活，新安縣的客籍居民於是在道光九年（1829）於廣州城內建「同德試館」供新安

[63] 卜永堅，〈史料介紹——《新安客籍例案錄》〉，頁31。
[64] 卜永堅，〈史料介紹——《新安客籍例案錄》〉，頁32。
[65] 卜永堅，〈史料介紹——《新安客籍例案錄》〉，頁32。

客童於廣州入泮時居住。[66]至此，新安縣學額亦成永制，根據《例案錄》附件的記錄，嘉慶九年至道光九年（1804-1829年）共有32名新安客民成功進廣州府，新安縣的土、客學額之爭亦告一段落。

六、結論：族群的形成

清代新安縣有縣志兩本，一為康熙年間成書，另一本在嘉慶年間成書，兩本縣志在劃分地方時有很大分野，前者只以都里劃分村落，而後者則以本土和客籍村莊劃分。此劃分反映出新安縣內「本土」和「客籍」兩個族群概念大約在康熙至嘉慶年間形成，並在縣內有重要的族群衝突，以至有需要在縣志中標示主、客之分。但為何主、客的矛盾在清初並未浮現，一直到康熙以後才爆發出來？這與清初實行遷海後大量原居民家道中落、人口銳減，地方上有大量荒地有關。大量荒地令初遷來的客戶可開墾荒地，土、客之間並未有正面衝突。不過，地方資源並不單指土地資源，科舉學額亦是地方人士爭奪的資源之一。由於康熙五十五年（1716）開設軍籍，設文、武學額四名，讓清初來新安開墾軍田的客民仍可應考科舉，加上學額與本地人分開，故學額問題一直未引起本地人的關注。直到雍正年間令軍、民同考，土著居民要直接與客民爭奪學額，土、客之間的矛盾日益增加。土人為了把這群外來的競爭者擠出學額的爭奪行列之外，於是他們便訴諸於法律，透過王朝的戶籍登記制度來區分所謂的土、客，從而令客民被趕回原籍應考。在王朝制度下，居住一地不多於六十年或於當地置田產不足二十年者均要回原籍應考，結果「客民」便被定義出來。[67]土人利用了王朝的戶籍登記制度令本來模糊的族群邊界浮現出來，並清晰地劃分出土、客兩者之間的分野。在王朝科舉制度和戶籍制度

[66] 卜永堅，〈史料介紹——《新安客籍例案錄》〉，頁35。

[67] 杜受田，《欽定科場條例》，〈卷三十五‧冒籍〉，（上海，上海古籍出版社，1995），頁1b-2a。

下，新遷來的人被標籤成客籍，而作為被歧視的一群，他們並未有抗拒「土人」對他們身份的標籤，反而亦樂於以客籍自居，以圖透過客籍的身份而獲得更多的利益，如爭開客籍學額。

除了王朝的戶籍制度令模糊的族群邊界浮現，官方的處理方式亦加強了族群意識在地方上滋生。清代地方官員面對土、客矛盾，往往以增設客籍學額作為穩定地方的政策。新安縣客籍學額的解決方法參考了福建屏南縣，而《乾隆屏南縣志》正指出行客籍學額的原因，

> 且如新闢苗疆，猶且特設一學，就其地之人才，不論高下，每次取進數人，此豈為搜羅人才起見？不過加意作興籍以化導耳……學校之設原所以收拾人心，馴其桀驁之性，攝其強悍之氣，潛移默化，全在於此。[68]

由此可見，新安縣增設客籍學額一事「豈為搜羅人才起見」，不過是「收拾人心」之舉，客籍學額是否推行，很大程度視乎當地土、客之間的數目。開平縣於嘉慶十二年（1807）增開客籍學額，禮部發下的奏摺提到處理客籍學額時的考慮因素

> 查各省州縣額例有一定，只准奏請通驗酌撥，不得輕議加增。乾隆五十二年議准新寧縣另設客籍學額一案，緣學額十二名，土著應考者一千八九百名至二千名不等，客童四百餘名，實係額少人多，土客勢難合併，是以斟酌增設以杜訟端。本年議高明縣客籍學額一案，該縣學額亦係十二名，而土著應考者只數百多名，客童六百餘名，土家人數相等，是以不照新寧舊案添設。[69]

[68] 沈鍾：《乾隆屏南縣志》，〈卷二，學校〉，（海口市：海南出版社，2001），頁4a。

[69] 禮部（嘉慶12年9月）。〔題名：禮部為議添開平縣客籍學額事〕。《數位典

《高明縣志》對於爭開客籍學額記錄甚詳，然其所載之內容與奏摺有出入。縣志謂之當地客童生因不符合入籍資格，而要撥回原籍應考，更有人因此被革去功名，[70]但奏摺卻說土、客應考者數目相近，因而不另開學額。事實上參考新安縣的例子，我們可發現客童是否符合入籍資格，往往取決於官員個人判斷，[71]亦即是說，客童不符合入籍資格可能是官員推諉的籍口，實際上地方開放學額的主要因素是土、客應考人數之多寡，從而衡量土客合併的可行性。結果地方官員以增開客籍作為穩定地方的策略，但此舉不但未能解決土、客問題，相反卻令族群問題更為加深。葛劍雄透過研究棚民[72]並指出

> 棚民入籍需要財產作為依據，入籍之後，還要有二十年的經歷才可以應試，這表明入籍棚民的土著身份仍不完整。更為重要的是，入籍棚民參加考試，「於額外酌量取進」，就將入籍棚民與土著作了明確的區別，使得移民的身份始終與土著有別。[73]

事實上新安縣客民在爭開學額一事上與葛劍雄對棚民應考以致「入籍移民的土著身份不完整」有相似之處。由於新安客童最後獲得重開客籍的機會，而客籍只容許客人應考，結果就科舉應考的身份上而言，

藏與數位學習聯合目錄》。http://catalog.digitalarchives.tw/item/00/33/c8/95.html（2012/06/19瀏覽）。

[70] 鄒兆麟修：《光緒高明縣志》，〈卷七‧學校〉，（臺北：成文出版社，1974），頁39b-40a。

[71] 乾隆五十三、四年，新安縣官員查核戶籍、地契後，証新安縣內客民四千餘戶悉已遷居年久，無籍可歸，依律可入籍新安應考，但仍被撥回原籍應考。

[72] 「棚民」是指於明末清初遷入江西一帶的移民。乾隆二十八年，棚籍學額取消，土客一體考試，引起長到四十五年土、客學額之爭。有關資料可見於呂小鮮：〈嘉慶朝江西萬載縣土棚學額紛爭案〉，收《歷史檔案》1994年01期。另謝宏雄：〈棚民、土著與國家－以清中期江西省萬載縣土棚學額紛爭案為例〉，收《中國史研究》，2004年第2期，對棚民爭開學額一事亦有詳細研究。

[73] 葛劍雄：《中國移民史‧第六冊》，（福州：福建人民出版社，1997），頁251-252。

王朝制度其實不斷深化土、客身份，因為無論客童往後在新安縣居住多年，他的身份也是客。

土、客的概念就客籍學額的爭奪下而展開，而族群邊界亦隨著時間和事件而伸縮。事實上新安縣的族群邊界並不一定只局限在新安縣境內，在爭開客籍學額一事上，新安的客民和土民都建構出彼此的民族邊界，他們對於各地爭開客籍學額一事上也顯得十分重視，如新安縣土人以新寧縣土人成功否定客童曾光太申請增開客籍為案例，而新安縣客人則以新寧縣客童廖洪案例作支持增開學額等事例都成為他們效法的對象。地理上新安縣與新寧縣相距甚遠，彼此之間在文化、方言上也有一些差異，然而因為政治與經濟資源的競爭與分配，令民族邊界由新安縣擴大至廣州其他地方。除了向縣外擴展外，族群邊界亦可收縮至以縣、甚至以約為單位。以圖一所見，清代新安縣客民的居住地多集中起來，同時他們又在新安縣各地的客籍村落分成東路村、大鵬村、西路村、北路村和中路村五部份，當中遇有「客籍」利益問題時，各部份均會派出成員支援。以增開客籍學額一事為例，當文童梁德恭赴京上訴九門提督後，留在新安縣內的客童陳文鳳、江滋生等立即上書兩廣總督，而新安客民在爭取客籍學額成功後，新安縣的客童更共同捐建「同德試館」供新安客童於廣州入泮時居住，有份參與建「同德試館」的人主要是來自中、東、西、北四路的客籍家族。這四路的家族本來從不同地方遷居來新，彼此之間亦沒有聯繫，然而同樣作為新遷來的招墾者，為了保障自身在科舉等政治、經濟利益，他們便建立了族群邊界，把邊界外的土人排除出他們的資源之外，建立了只供客童使用的「同德試館」。從梁德恭赴九門提督上書，到「同德試館」的落成，整個增開客籍學額的過程都反映出新安縣的「客民」的團結性和制度化。

誠如科大偉教授所言，要進入中國傳統社會並不是一件簡單的事，外來者往往要利用祖先的土地繼承權或透過婚姻、提供社會福利等方式以換取原居民的同意方可進入地方社會。[74]而清初新安縣遷界問題令大量外來人口進入當地。從而為日後土客矛盾埋下伏線，特別在清中葉人口流動令地方資源緊張，各地人民為了爭取更多的利益，各自築起了族群邊界，由是形成了土、客之間的矛盾。加上官府在處理土、客紛爭時，多以增開客籍學額作為調和地方矛盾的手段，殊不知客籍學額卻形成了移民者不完整的身分，令地方兩大族群無法併合。新安縣的事件正說明王朝的戶籍和科舉制度令土、客意識更深刻。

[74] David Faure，*The structure of Chinese rural society : lineage and village in the eastern New Territories, Hong Kong*, Hong Kong: Oxford University Press, 1986 pp.30-44

在學術與政治的互動中

——梅貽琦校長的治校實踐（1937-1946）

劉宇*

摘要

梅貽琦是秉持「學術獨立」、「兼容並包」、「民主自由」教育主張的大學校長，他堅持在中國傳統儒家文化中找到中國人自己的「大學之道」，找到與西方教育思想中相同的內核，即對知識份子品格的塑造及其對社會秩序和民族文化所樹風氣之良性影響。梅貽琦校長的教育主張與自由主義、愛國情懷、教育使命感、民族責任感和知識份子的操守相融合。在抗戰的時局中，在「黨化教育」的干擾下，在國共鬥爭中，在抗日從軍的號召下，在愛國學潮中，在「李聞慘案」陰影下，聯大時期的學術不可避免地與政治發生互動。本文以梅貽琦校長的治校實踐為切入點，探討聯大時期學術與政治的關係，解析西南聯大戰時教育成功的原因，希望由此構築一幅以梅貽琦校長治校實踐為基點的聯大教育史圖景。

關鍵詞：梅貽琦、西南聯大、學術、政治、治校實踐

* 香港中文大學歷史系博士生

一、前言

「中國現代高等教育的發展，主要是向西方學習的產物。」[1]自1872年容閎力促的幼童留美、1905年廢科舉後的新科進士東渡日本、1909年唐國安帶領的第一批庚款留美學生，以及其他官費和自費的留學生學成歸來，他們帶回先進的工業技術、西方的自由民主思想、現代的高等教育理念和救國圖強的途徑，成為中國現代高等教育萌芽期的見證者、參與者和引領者。中國現代高等教育的起點很高，這與長校的大學校長的教育主張和治校實踐密不可分。

關於「梅貽琦的教育思想」，清華大學黃延復教授出版於1994年的《梅貽琦教育思想研究》是目前學界唯一一部以此為研究對象的學術論著。這部論著存在以下幾點不足之處：其一，使用了大量溢美之辭，而非歷史語言，譬如，「創建了非凡的業績」、「超人的毅力」[2]；其二，廣而不深，這部論著的書寫方式類似於人物傳記，以時間為線索，從梅貽琦的家世一直寫到梅貽琦校長逝世。黃延復認為「梅貽琦教育思想的『三大支柱』」是「通識教育」、「教授治校」、「學術自由」[3]，然而並沒有闡述清晰何以認為上述三點為「梅貽琦教育思想的『三大支柱』」；其三，主觀傾向嚴重，缺乏客觀的論述和評析。同時，值得注意的是，書中大量引用梅貽琦的講演稿及親友同事的回憶文章，方便讀者追查資料。

最先研究梅貽琦生平的學者是臺灣的趙賡颺教授。1960年5月，他編寫的《梅校長月涵博士七秩年譜紀要及其與清華有關事蹟》年表在臺灣發表。他的《梅貽琦傳稿》一書於1989年在臺出版。[4]趙賡颺

---

1 蔡元培、胡適等著，楊東平編：《大學精神》，臺北：立緒文化事業有限公司，2001年，第6頁。

2 黃延復：《梅貽琦教育思想研究》，瀋陽：遼寧教育出版社，1994年，《民族的與現代的》（代自序），第1-2頁。

3 黃延復：《梅貽琦教育思想研究》，瀋陽：遼寧教育出版社，1994年，第159頁。

4 趙賡颺：《梅校長月涵博士七秩年譜紀要及其與清華有關事蹟》，載於《清

既是梅貽琦的學生又是其在臺時的助理，見證了梅校長在臺為籌備清華復校、原子科學研究所籌建和臺灣教育的振興所做的工作。他以對師長的仰視的角度，溫和謙卑的語境來書寫。在書中，凡是提及梅貽琦之處，皆只尊稱為「先生」，如：「先生雖然實至名歸」[5]。此書的關注點是人物生平及其貢獻，而非「學術與政治」。

迄今為止，難以找到一部學術論著，結合「昔日之所謂新舊，今日之所謂左右」[6]，結合國共鬥爭，結合三青團與群社間的較量，結合學術救國與抗日從軍的兩難，結合「黨化教育」與「學術自由」的相悖，結合中央與地方的矛盾，結合白色恐怖與學生運動，從學術與政治互動的角度，深入論析梅貽琦校長在聯大時期的治校實踐。本文嘗試審視在1937年至1946年學術與政治的互動中，梅貽琦如何堅持「學術獨立」、「民主自由」的治校舉措及其成效。

二、國立西南聯合大學的校內管理體制

國立西南聯合大學（The National South-west Associated University）成立於抗戰初期，由北方三所知名大學聯合組成，於抗戰結束后解散，三校北歸，各自復校。1937年7月7日「盧溝橋事變」發生，日本發動全面侵華戰爭，不久，北平、天津相繼淪陷，國立北京大學、國立清華大學和私立南開大學，奉教育部命令，南下遷往湖南，三校聯合組成「國立長沙臨時大學」。1937年年底，南京失守，武漢告急。1938年2月長沙臨大師生西遷入滇，於4月奉教育部命令，更名為「國立西南聯合大學」。

華學報》新二卷第一期，臺灣：清華學報社出版，1960年5月；趙賡颺：《梅貽琦傳稿》，臺北：邦信文化資訊公司，1989年。

5 趙賡颺：《梅貽琦傳稿》，臺北：邦信文化資訊公司，1989年，第56頁。

6 請參見〈梅貽琦日記〉（1945年11月5日），載於黃延復、王小寧整理：《梅貽琦日記（1941-1946）》，北京：清華大學出版社，2001年，第184頁。

西南聯大的常務委員會是校內管理體制中最高的權力機構。自長沙臨大起，由三校校長北大蔣夢麟、南開張伯苓和清華梅貽琦共同長校，不設校長，三校校長皆為常委會委員。聯大時期，由於張伯苓常駐重慶，蔣夢麟往來於昆明和重慶之間，較少過問校務，實際長校者是梅貽琦。陳岱孫先生回憶，「張、蔣二校長間似有一種默契，讓三人中年齡最輕，為人謙仲、誠篤，公正的梅校長統管全部學校行政工作。他們公推梅校長為聯大常委會主席。所以梅先生在昆明實際上既是清華大學校長又是聯大校長。」[7]鄭天挺先生回憶，「蔣夢麟對梅貽琦校長說：『聯大校務還請月涵先生多負責』」，「蔣夢麟校長常說，在聯大我不管就是管」。[8]其實，三十年代中期，蔣夢麟校長與梅貽琦校長在治校理念上存在分歧。陳岱孫先生回憶，「三十年代中期，蔣夢麟從教育部長下臺來北京大學任校長時，就曾針對當時正在清華形成的體制宣稱他主張『校長治校，教授治學』」[9]，而梅貽琦則支持「教授治校」。聯大常委會每週舉行一次，「1938年10月18日第91次常委會決議：『本大學各院、處長此后得列席常務委員會會議』」。[10]1939年，常委會下設三處總務處、教務處、訓導處，分管校務。

西南聯大的決策機構是校務會議，由「常委、教務長、總務長、訓導長、各院院長及教授代表組成」[11]，每學年召開一次，負責處理

7 黃延復主編：《梅貽琦先生紀念集》，長春：吉林文史出版社，1995年，陳岱孫序，第4頁。

8 鄭天挺：《梅貽琦先生和西南聯大》，引自黃延復、馬相武主編：《梅貽琦與清華大學》，太原：山西教育出版社，第161頁。

9 陳岱孫：《三、四十年代清華大學校務領導體制和前校長梅貽琦》，引自黃延復主編：《梅貽琦先生紀念集》，長春：吉林文史出版社，第293頁。

10 西南聯合大學北京校友會編：《國立西南聯合大學校史（修訂版）——一九三七至一九四六年的北大、清華、南開》，北京：北京大學出版社，2006年，第27頁；第一版請參見西南聯合大學北京校友會編：《國立西南聯合大學校史——一九三七至一九四六年的北大、清華、南開》，北京：北京大學出版社，1996年。

11 梅祖彥：《梅貽琦校長與西南聯大》，引自西南聯大北京校友會編：《我心中的西南聯大》，北京：清華大學出版社，2008年，第52頁。

校務。西南聯大的教授會是諮詢機構，由全體教授和副教授組成，職能是「聽取常委會主席報告工作，討論學校的重大問題，向常務委員會或校務會議提出建議，或討論他們交議的事項，選舉參加校務會議的代表」，「教授會不定期舉行，但每學年至少一次，開會時由常委會主席主持」，「如遇與政府規定發生矛盾而常委會與校務會議又難於解決的問題時，才增加開會次數」，「如『一二・一』運動期間，教授會即多次開會，聲援學生的罷課鬥爭」。[12]每學年聯大教授會民主推選參加校務會議的教授和副教授代表和候補代表。

由此可見，西南聯大的教授會雖然是諮詢機構，但由於教授會民主推選出來的代表可以通過西南聯大校務會議來參與聯大的決策，同時校務會議的全體代表又皆為聯大教授，因此，西南聯大的校內管理體制實際是「教授治校」的體現，這與梅貽琦校長的教育主張和態度密不可分。

三、梅貽琦生平和時代背景

梅貽琦的教育主張和態度源於他所接受的教育軌跡以及他所處的時代。梅貽琦在幼年和童年時接受了中國傳統儒家文化的良好訓練，在少年形成世界觀之際受益於國家政治、社會和思想的巨變所帶來的啟蒙，在青年時期得以庚款放洋留美，學習西方最先進的科學技術，擴展視野，感受別國民族的性格和文化，跳出原有的思維框架，來重新思考中國的問題和通往現代化的途徑，而這其中還夾雜著愛國情懷和救國圖存的使命感和責任感。學成歸國，經歷了新文化運動，這場中國史無前例的思想、文化和社會的變革。梅貽琦身上可說融合了中國傳統儒家文化和西方自由主義思想。

[12] 西南聯合大學北京校友會編：《國立西南聯合大學校史（修訂版）——一九三七至一九四六年的北大、清華、南開》，北京：北京大學出版社，2006年，第27頁，第29頁。

梅貽琦，字月涵，民國前23年（公元1889年）12月29日誕生於天津。[13]「梅氏歷代均為詩書人家，琦父伯忱亦曾中過鄉試，對其子女均以詩書為第一要求。梅貽琦說：『家境非甚寬裕，但對於吾兄弟五人之教育必盡力成全』。」[14]梅貽琦是家中長子，在其弟梅貽寶教授的回憶文章《五月十九念「五哥」》、梅貽琦夫人韓咏華女士的兩篇回憶文章《同甘共苦四十年——記我所瞭解的梅貽琦》和《我與梅貽琦》[15]中可見，梅貽琦自幼所受的薰陶，帶有傳統儒家思想的烙印，體現在他的孝道、他對兄弟姊妹的盡責和他的人格操守。

1904年入南開學校，師從張伯苓，第一次接觸張伯苓校長的教育主張。這一年，日俄戰爭爆發。張伯苓「有感於日本強國端賴教育」，「偕嚴修專程赴日考察教育三個月」[16]。此時的中國學人已在思想上漸漸地拋棄掉將受教育看作進入仕途、光宗耀祖的門徑，而是將教育視為救國圖強的途徑。張伯苓校長於1944年指出，「南開學校係因國難而產生，故其辦學目的旨在痛矯時弊，育才救國。」[17]1912年7月12日張伯苓校長在演說中講到，「教育之大方針約有三：一、須培養少年人之習慣；二、一國中立若干大學出其風尚，以感化社

13 請參見趙賡颺：《梅貽琦傳》，載於黃家瑩、張瓊如：《梅校長百齡誕辰紀念特輯》，臺灣新竹：清華大學校史館，1989年，第2頁。

14 黃延復：《梅貽琦教育思想研究》，瀋陽：遼寧教育出版社，1994年，第7頁。

15 請參見梅貽寶：《五月十九念“五哥”》，1965年3月於臺北，載於臺灣新竹清華校友通訊社編印：《梅校長月涵先生逝世三周年紀念刊》，臺灣新竹：清華校友通訊社，1965年5月，第11-15頁；韓詠華：《同甘共苦四十年——記我所瞭解的梅貽琦》，載於中國人民政治協商會議北京市委員會文史資料研究委員會：《文史資料選編》第18輯，北京：北京出版社，1983年，第54-69頁；韓詠華：《我與梅貽琦》，1982年4月27日於北京，引自黃延復、馬相武主編：《梅貽琦與清華大學》，太原：山西教育出版社，1995年，第268-273頁。

16 崔國良編：《張伯苓教育論著選》，北京：人民教育出版社，1997年，第3頁。

17 張伯苓：《四十年南開學校之回顧》，載於《南開四十年紀念校慶特刊》，1944年10月17日，引自楊東平編：《大學精神》，臺北：立緒文化事業有限公司，2001年，第290-291頁。

會；三、教育與宗教相輔而行。」[18]1914年4月29日在演說稿《德智體三育並進而不偏廢》中，張伯苓強調：「教育一事非獨使學生讀書習字而已，尤要在造成完全人格，三育並進而不偏廢。」[19]張伯苓校長的教育主張對梅貽琦的直接影響雖鮮見於與二人有關的一手史料中，但是張伯苓教育主張中的「育才救國」、「感化社會」、「教育與宗教相輔而行」、「完全人格」、「三育並進」的觀點在梅貽琦日後的教育實踐中都有所呈現。

1909年，梅貽琦考取第一批庚款留美學生，放洋留美。[20]和梅貽琦一同留美的同學徐君陶回憶其看榜時，「看見一位不慌不忙、不喜不憂的也在那兒看榜，我當時看他那種從容不迫的態度，覺察不出他是否考取。……梅先生不喜說話，但談話時卻和藹可親，人稱之為Gentleman of few words，現在相隔三十多年了，他的性情還是這樣沉默，態度依舊這樣從容。」[21]可見，梅貽琦在日後擔任校長時所呈現的「沉穩寡言、性情溫和、處事從容」的性格在其青年時即已形成。

梅貽琦接受西方的自由主義教育思想得益於其放洋留美的經歷。他於1910年進入美國吳士脫工科大學（Worcester Polytechnic Institute），學習電機工程（Electrical Engineering）。選擇學習實用科學是當時留美學子的共識。美國學者賈祖麟（Jerome B. Grieder）就留美學子選擇專業的考慮有這樣的描述，1910年「當時在中國盛行的觀念，中國學生必須學習一些有用的實用科學，文學和哲學都不在其

18 張伯苓：《教育家之機會》（1912年7月12日），載於南開《青年》第1期，1916年10月，引自崔國良編：《張伯苓教育論著選》，北京：人民教育出版社，1997年，第7頁。

19 張伯苓：《德智體三育並進而不偏廢》，載於《敬業》第1期，1914年10月，引自崔國良編：《張伯苓教育論著選》，北京：人民教育出版社，1997年，第8-9頁。

20 請參見趙賡颺：《梅校長月涵博士七秩年譜紀要及其與清華有關事蹟》，載於黃延復主編：《梅貽琦先生紀念集》，長春：吉林文史出版社，1995年，第436頁。

21 黃延復：《梅貽琦教育思想研究》，瀋陽：遼寧教育出版社，1994年，第9頁。

列」[22]。梅貽琦校長和潘光旦先生於1943年指出，「工業化是建國大計中一個最大的節目。維新以來，對國家前途有正確認識的人士，一向作此主張」。[23]可見，梅貽琦留美學習時選擇工科有其時代的因素。

據吳士脫工科大學1914年年鑒顯示，梅貽琦在美期間，課外長期為中國大學生基督教協會服務，並兼任英文秘書長一職，他實踐的成效受到校方高度評價。在這一過程中，梅貽琦的組織、協調和領導能力得到鍛煉。此外，他還服務於中國大學生聯盟，並被推選為學院「骷髏會」（the「Skull」Society）成員，於1913年12月代表學院到堪城（Kansas City）參加學生志願者大會。梅貽琦給他的母校留下的印象是性格好，交友廣泛，有禮貌，處理事情方式溫和，有愛心，積極，令人尊敬，熱愛生活。[24]這些品性是在參加大學活動中得到培養的，這些人生體驗使梅貽琦在其日後的治校實踐中，著重強調大學對青年品性塑造的重要作用。

1914年梅貽琦學成歸國之時，中國傳統思想正經歷著新文化運動的巨大衝擊，西方自由主義的教育理念逐漸被引入中國早期的高等教育。梅貽琦於1915年回清華任教。二十年代初，清華早期的留美學子陸續回到母校任教，「他們回校后不滿清華的落後狀態，以『改革清華、提高清華的學術地位、反對官僚政客控制學校、實行教授治校』等主張相號召」，「反對由少數行政寡頭治校」[25]。因此，1926

[22] Grieder, Jerome B. (1970) *Hu Shih and the Chinese Renaissance: Liberalism in the Chinese Revolution, 1917-1937,* Harvard University Press，p.41.

[23] 梅貽琦、潘光旦：《工業教育與工業人才》，此文成於1943年，載於潘光旦：《自由之路》，上海：商務印書館，1946年9月初版；載於《周論》一卷十期，1948年；引自北京大學、清華大學、南開大學、雲南師範大學編：《國立西南聯合大學史料》（總覽卷），昆明：雲南教育出版社，1998年，第29頁。

[24] 請參見美國吳士脫工科大學1914年年鑒。吳士脫工科大學1914年年鑒中關於梅貽琦的資料，由該校George C. Gordon圖書館檔案與特藏組工作人員Margaret F. Anderson女士提供。

[25] 黃延復、馬相武主編：《梅貽琦與清華大學》，太原：山西教育出版社，1995年，第9頁。

年清華大學教務長改由教授會推薦，梅貽琦由教授會選出兼任教務長一職。1928年任清華留美學生監督，這一年國民政府推翻北京政府，校名改為「國立清華大學」。[26]由教育部長李書華推薦，1931年12月梅貽琦被任命為清華大學校長。此前一段時間，隨著時局的變化，清華大學校長一度更換頻繁，或來自軍界、或來自政界，與清華的校風相左，不被師生接受。梅貽琦臨危受命擔任清華大學校長，至1948年底，其間包括聯大九年（含長沙臨大時期）。

聯大時期是梅貽琦校長治校實踐中壓力最大的時期，也是其教育方針在學術與政治的互動中顯現成效的時期。梅祖彥教授曾就《梅貽琦日記（1941-1946）》指出，「今天我們研究這本日記，很希望知道當時針對那些困難的局面是怎樣考慮的，最後怎樣作出決定。這方面，可惜他留給我們的太少了。……這本日記包括的時間正是西南聯大在昆明八年的關鍵時期，也是先父一生經歷中最艱難的時期。從日記中可以看出當時國家的形勢和學校事務對他精神上的重大壓力。」[27]。

1948年12月14日梅貽琦校長因公進城，15日北京市區與清華的交通斷絕，校長職務由校務委員會暫代，21日飛赴南京，至此離開了北京的清華園，但沒有辭去清華校長的職務。隨後，在美保管清華基金，兼顧在美留學的清華學子，並做與教育文化有關的事宜。1955年11月奉召到臺籌辦清華原子科學研究所（又稱「清華復校」）。1958年7月任臺灣教育部部長，至1961年2月辭去部長職務。1962年5月19日病逝於台北醫院，卒年七十四歲，11月遺體安葬於臺灣新竹國立清

[26] 關於梅貽琦生平，主要依據趙賡颺：《梅校長月涵博士七秩年譜紀要及其與清華有關事跡》，引自黃延復主編：《梅貽琦先生紀念集》，長春：吉林文史出版社，1995年，第435-446頁；趙賡颺：《梅貽琦傳》，引自黃家瑩、張瓊如編：《梅校長百齡誕辰紀念特輯》，臺灣新竹：清華大學校史館，1989年12月29日，第2-15頁。

[27] 黃延復、王小寧整理：《梅貽琦日記（1941-1946）》，北京：清華大學出版社，2001年，第Ⅲ-Ⅴ頁。

華大學「梅園」。[28]

簡言之，梅貽琦校長的教育軌跡中既包含中國傳統儒家文化，又帶有西方自由主義思想。梅貽琦兒時家裡重視教育，在少年時代接受新學的時期，亦在一個「兼容並包」的學習環境中，青年時代放洋留美，得以開拓視野、塑造品性，這些積極的因素都在梅貽琦校長日後治校實踐中呈現。誠然，戰時局勢、國共之爭使梅貽琦校長的治校實踐不可避免地在學術與政治的互動中磨礪。

四、學術與政治的互動：梅貽琦校長的治校實踐

西南聯大教育是一種戰時的教育，與政治緊密相連。馮友蘭先生說，「在風雨飄搖、驚濤駭浪的環境中，聯大保存了原來三校的教學班子，維持了『學術第一、講學自由、兼容並包』的學風。」[29]用「風雨飄搖、驚濤駭浪」來形容西南聯大所處的環境，足見其辦學的艱難。梅貽琦校長治校實踐的特點之一，即在聯大艱難的辦學條件下，堅持「學術第一、講學自由、兼容並包」的學風。

梅貽琦校長在1945年11月5日的日記中說，「晚六點余應一多、家駟昆仲及叔偉、辰伯飯約於昆南宿舍潘家，他客只孟真、今甫，飲酒據報有九斤之多。飯后談政局及校局問題頗久，至十二點始散。余對政治無深研究，於共產主義亦無大認識，但頗懷疑；對於校局則以為應追隨蔡孑民先生兼容並包之態度，以克盡學術自由之使命。昔日之所謂新舊，今日之所謂左右，其在學校應均予自由探討之機會，情況正同。此昔日北大之所以為北大，而將來清華之為清華，正應於此

[28] 請參見趙賡颺：《梅校長月涵博士七秩年譜紀要及其與清華有關事跡》，引自黃延復主編：《梅貽琦先生紀念集》，長春：吉林文史出版社，1995年，第435-446頁。

[29] 馮友蘭：《在梅貽琦先生誕辰一百周年紀念會上的講話》，引自黃延復主編：《梅貽琦先生紀念集》，長春：吉林文史出版社，1995年，第16頁。

注意也」[30]。由日記可見，梅貽琦校長雖然對共產主義持懷疑態度，但是他堅持蔡元培先生的「兼容並包」的治校方針，他將不同政見言論的存在看作是「學術自由」的體現。因此，他支持校園內多種政治聲音的存在，儘管這與國民政府所倡導的「黨化教育」是相悖的。

多種聲音並存在學生中體現在「社團」和張貼壁報的「民主墻」上。在聯大，學生有結社自由。國共鬥爭在學生中呈現為國民黨領導的「三青團」和中共南方局領導的「群社」之間的較量。三青團的社團組織出版了《微鏡》、《照妖鏡》、《大學論壇》、《南針》等壁報，群社出版了《群聲》、《大家看》、《冬青》等壁報，雙方應國共之爭、抗戰及國際局勢的發展，在校園內展開論戰。比如：三青團的壁報攻擊八路軍「游而不擊」，要求取消八路軍和新四軍，配合國民政府宣揚「一個政黨、一個政府、一個主義、一個領袖」；群社的壁報予以反駁，「列舉八路軍、新四軍和敵佔區人民英勇抗戰的大量事實，並且指出，他們這些言論有悖於國民黨公佈的團結抗日國策，不利於抗戰大業」。[31]聯大對壁報文章使用真名還是筆名，不作硬性規定，這保護了學生的安全，免去當局的滋擾，使學生在「民主墻」上可以暢所欲言。

在聯大，學術與政治是互動的，這不僅僅表現在民主墻上，還表現在課堂上。據聯大學子李曦沐回憶，「在當時的反共政治陰影之下，教社會科學的教授竟然可以指定馬克思主義的必讀書，在課堂上講社會主義」，「不但如此，張奚若教授在給學生的講演中，公開指斥國民黨反動派為『強盜』、『白匪』、『黑匪』；趙迺摶教授公開批評國民黨政府的財政是『買辦政治的財政』，經濟是『官僚資本的

[30] 黃延復、王小寧整理：《梅貽琦日記（1941-1946）》，北京：清華大學出版社，2001年，第184頁。

[31] 西南聯大黨史編寫組：《中共西南聯大地下組織和群眾革命活動簡史》，昆明：雲南人民出版社，1994年，第28頁。

經濟』。」[32]可見，教授的個人的政治見解在講授知識的同時也傳遞給學生。校方對此未做任何干預，這是「學術第一、講學自由、兼容並包」的學風的具體呈現。

梅貽琦校長主張「學術自由」，在其於1941年4月發表的《大學一解》一文中指出，「所謂無所不思，無所不言，以今語釋之，即學術自由（Academic, Freedom）而已矣。」[33]當「學術自由」與當局的「黨化教育」相悖時，梅貽琦校長採取較為靈活的方式化解。比如，出於「黨化教育」的考慮，教育部將「黨義」課規定為必修課，而聯大對黨義課要求不嚴，後來把黨義課的講座也取消，以讀書報告代替，不設學分，「實際上有些學生從未聽過課，也未交過讀書報告，但所有學生成績單上這門課程都列為及格」[34]。

當教育部訓令違背聯大的「學術自由」的教育方針時，梅貽琦校長既堅決抵制政治干預，又盡力避免激烈的措辭。1939年和1940年教育部頒佈訓令，硬性規定大學各學院的必修科目和各系的必修課程，「各課程教材亦須呈部核示」[35]，引起教授們的強烈反對。1940年6月的一次教務會議上，全體教授通過了一封致聯大常委會的信，表示對教育部干預「學術自由」的強烈不滿，措辭嚴厲：「若大學內部甚至一課程之興廢亦須聽命於教部，則必將受部中當局進退之影響，朝令夕改，其何以策研究之進行，肅學生之視聽，而堅其心志。」「教部

[32] 李曦沐：《西南聯大——中國教育史上的一座豐碑》，引自西南聯大北京校友會編：《我心中的西南聯大》，北京：清華大學出版社，2008年，第19-20頁。

[33] 梅貽琦：《大學一解》，載於《清華學報》第十三卷第一期，1941年4月，引自劉述禮、黃延復編：《梅貽琦教育論著選》，北京：人民教育出版社，1993年，第109頁。

[34] 西南聯合大學北京校友會編：《國立西南聯合大學校史（修訂版）——一九三七至一九四六年的北大、清華、南開》，北京：北京大學出版社，2006年，第34頁。

[35] 西南聯合大學北京校友會編：《國立西南聯合大學校史（修訂版）——一九三七至一九四六年的北大、清華、南開》，北京：北京大學出版社，2006年，第35頁。

今日之員司多為昨日之教授，在學校則一籌不准其自展，在部中則忽然智周於萬物，人非至聖，何能如此」。[36]教授會將矛頭直指教育部次長、原清華大學教授顧毓琇先生和高教司司長、原北京大學教授吳俊升先生，二人亦都在長沙臨大時擔任教授。「梅貽琦看到此信後，在『教部今日之員司』處加批：『此段不抄入呈部文中』。」[37]梅貽琦校長處理校務的方式是溫和中帶有剛毅，他將呈遞給教育部的信中針對教育部次長顧毓琇和高教司司長吳俊升個人的激烈言辭刪除，以就事論事的方式堅持「學術自由」，在實踐中奏效了，教育部亦採取了變通的方式，默許了聯大教授的要求。

「教授治校」是梅貽琦校長治校實踐的特點之二。如下三點保證其得以實現：

第一，校內行政管理制度保證了聯大教授可以通過教授會、校務會議和專門委員會參與決策。據聯大學子李曦沐回憶，學校的專門委員會有七十多個，如防空委員會，皆聘請教授參加並擔任主席[38]；第二，雖然國民政府「以黨治國」[39]，但是在聯大並非「以黨治校」。聯大學子李凌回憶，「學校也有國民黨區黨部（書記長姚從吾）和三青團分團部（主任陳雪屏），但其領導人都只是以普通教授身份參加教授會議，並無特權。學校的工作也未受他們的牽制和影響」[40]；第

[36] 西南聯合大學北京校友會編：《國立西南聯合大學校史（修訂版）——一九三七至一九四六年的北大、清華、南開》，北京：北京大學出版社，2006年，第35頁。

[37] 由於梅校長看到此信後的批註和反應的原始資料，如1940年梅貽琦日記、教務會議紀要、常委會記錄等，至今沒有出版，因此目前筆者只能依據《國立西南聯合大學校史（修訂版）——一九三七至一九四六年的北大、清華、南開》這本校史的簡短記載來分析梅校長對此信的處理方式。請參見西南聯合大學北京校友會編：《國立西南聯合大學校史（修訂版）——一九三七至一九四六年的北大、清華、南開》，北京：北京大學出版社，2006年，第35頁。

[38] 李曦沐：《西南聯大——中國教育史上的一座豐碑》，載於西南聯大北京校友會編：《我心中的西南聯大》，北京：清華大學出版社，2008年，第12頁。

[39] 請參見張玉法：《中華民國史稿》，臺北：聯經出版事業公司，1998年，第7頁。

[40] 李凌：《略述西南聯大的學術自由和兼容並包》，載於西南聯大北京校友會

三，梅貽琦尊重教授，在校內樹立教授威信。梅貽琦校長「在校務會議、評議會和教授開會，常常在討論問題被人問及校長意見時，說『吾從眾』」[41]，以尊重教授發表各自意見。他將自己在校內的位置比喻成京劇中的「王帽」一角，即表面上看著很好看，但實際上是配角，真正的主角是教授群體。[42]梅校長的這種心胸是「教授治校」的教育方針得以實踐的保障。對於此，朱自清先生在聯大時期發表的《清華的民主制度》一文中指出，大學的民主制度「究竟還是很脆弱的，若是沒有一位同情的校長支持的話」，「梅貽琦校長便是難得的這樣一位同情的校長」[43]。陳岱孫先生回憶說，「師資人才的嚴格遴選和延聘」和「推行一種集體領導的民主制度」，「這兩件，在清華大學迅速發展起了關鍵作用的事，都和梅先生的偉識、宏量分不開的」[44]。

梅貽琦校長治校實踐的特點之三是強調「大師」的重要性。梅貽琦校長在1931年12月4日清華大學「就職演說」中指出，「一個大學之所以為大學，全在於有沒有好教授」，「所謂大學者，非謂有大樓之謂也，有大師之謂也」。[45]梅貽琦出任清華大學校長后，先後從全國羅致了數十位有才識的教授，其中「還有幾位外籍教授如溫德（Robert Winter）等」。[46]梅貽琦校長認為「凡能領學生做學問的教

編：《我心中的西南聯大》，北京：清華大學出版社，2008年，第35頁

41 趙賡颺編著：《梅貽琦傳稿》，臺北：邦信文化資訊公司，1989年，第42頁。

42 梅貽琦：《在昆明公祝會上的答辭》，載於《清華校友通訊》第六卷第九期，1940年9月，引自劉述禮、黃延復編：《梅貽琦教育論著選》，北京：人民教育出版社，1993年，第91-92頁。

43 朱自清：《清華的民主制度》，載於《清華校友通訊》1940年第6卷9期（校內刊物），引自黃延復、馬相武主編：《梅貽琦與清華大學》，太原：山西教育出版社，1995年，第183頁。

44 黃延復主編：《梅貽琦先生紀念集》，長春：吉林文史出版社，1995年，陳岱孫序，第2-3頁。

45 梅貽琦：《就職演說》，載於《清華校刊》第341號，1931年12月4日，引自楊東平編：《大學精神》，臺北：立緒文化事業有限公司，2001年，第286頁。

46 西南聯合大學北京校友會編：《國立西南聯合大學校史（修訂版）——一

授，必能指導學生如何做人，因為求學與做人是兩相關聯的。」[47]梅貽琦校長的「大師」觀點和他的塑造「新民」的觀點相輔相成。

追求「明明德」，塑造「新民」是梅貽琦校長治校實踐的特點之四。梅貽琦在《大學一解》一文中指出，「大學之道，在明明德，在新民，在止於至善」，「今日中國之大學教育，溯其源流，實自西洋移植而來」，就精神而言，人類文明有共通之處，西洋治學為「一己之修明」（Know thyself），而儒家思想更進一步，曰「修己以安百姓」。「大學新民之效，厥有二端。一為大學生新民工作之準備；二為大學校對社會秩序與民族文化所能樹之風氣」，「明德功夫即為新民功夫之最根本之準備」。[48]梅貽琦將大學課程、生活和團體活動、師長的言行舉措等對學生的「品性的培養」有影響的途徑都視為「明明德」，而由此塑造的「新民」，「一旦學成離校，而於社會有所貢獻」，此乃「大學教育『新民』之效也」。[49]簡言之，梅貽琦校長堅持在中國傳統儒家文化中找到中國人自己的「大學之道」，找到與西方大學教育思想中相同的內核，即對年輕的知識份子品格的塑造及其對社會秩序和民族文化所樹風氣之良性影響。

梅貽琦校長治校實踐的特點之五是主張「通識教育」，重視「工科發展」。梅貽琦校長曾多次表示應「從速研究實用科學，以供國家需要」，國民政府亦宣傳「提倡理工、限制文法」，由此，清華擴充

九三七至一九四六年的北大、清華、南開》，北京：北京大學出版社，2006年，第6頁。

47 梅貽琦：《教授的責任——在廿一年度開學典禮上的講話》，載於《清華校刊》432號（1932年9月16日），引自劉述禮、黃延復編：《梅貽琦教育論著選》，北京：人民教育出版社，第24頁。

48 梅貽琦：《大學一解》，載於《清華學報》第十三卷第一期，1941年4月，引自劉述禮、黃延復編：《梅貽琦教育論著選》，北京：人民教育出版社，1993年，第99-100頁，第105頁。

49 梅貽琦：《大學一解》，載於《清華學報》第十三卷第一期，1941年4月，引自劉述禮、黃延復編：《梅貽琦教育論著選》，北京：人民教育出版社，1993年，第100頁。

了土木工程學系，增設了電機工程和機械工程兩系，成立工學院。[50]梅貽琦校長的教育主張和國民政府的政策在「發展工科」上是契合的，但是梅貽琦主張「通識教育」，在工科上也不例外。他強調工學院「應當注意基本的知識」，「訓練不能太狹太專」[51]，認為「大學應有之任務」為「造就通才」，「應在通而不在專，換言之，即須一反目前重視專科之傾向」，應「通識為本，而專識為末」。[52]

提倡「學術救國」是梅貽琦校長治校實踐特點之六。梅貽琦校長在1931年12月的《就職演說》中強調，「救國的方法極多」，「我們做教師做學生的，最好最切實的救國方法，就是致力學術，造成有用人材，將來為國家服務。」[53]梅貽琦校長在聯大校內提倡「學術救國」的學習氛圍，是被大多數學生所認同的。參加中共地下黨外圍組織的學生，想要贏得多數同學的支持，首先要使自己的學習成績提高，以樹立威信。皖南事變后，中共西南聯大地下黨對「群社」下達了南方局書記周恩來制定的「三勤」政策[54]，其中主要一點即「勤學」。

然而「學術救國」的治校實踐也需隨著局勢的發展而發生變化，當國家需要的時候，梅貽琦校長動員聯大學生從軍，報效國家，並且在學校制度上予以配合。教育部下令，「1943-1944學年度春季，將徵調幾所大學所有應屆四年級身體合格的男生為美軍翻譯員」[55]。聯大

---

50 趙賡颺編著：《梅貽琦傳稿》，臺北：邦信文化資訊公司，1989年，第47頁。

51 梅貽琦：《關於組建工學院等問題》，載於《清華校刊》379號，1932年3月9日，引自劉述禮、黃延復編：《梅貽琦教育論著選》，北京：人民教育出版社，1993年，第15頁。

52 梅貽琦：《大學一解》，載於《清華學報》第十三卷第一期，1941年4月，引自劉述禮、黃延復編：《梅貽琦教育論著選》，北京：人民教育出版社，1993年，第105-106頁。

53 梅貽琦：《就職演說》，載於《清華校刊》第341號，1931年12月4日，引自楊東平編：《大學精神》，臺北：立緒文化事業有限公司，2001年，第287頁。

54 “三勤政策”即“勤業、勤學、勤交友”，參見西南聯大黨史編寫組：《中共西南聯大地下組織和群眾革命活動簡史》，昆明：雲南人民出版社，1994年，第44頁。

55 西南聯合大學北京校友會編：《國立西南聯合大學校史（修訂版）——一

學子程耀德於1943年11月9日寫下日記，詳細記錄了梅校長的講話：「國家急切地需要著你們，希望同學們能踴躍參加通譯工作。……服務期為兩年……服務期滿，交上服務報告書，由校方審核，可免修24-32個學分，大學四年級生寒假結業后參加通譯工作，可准予畢業」。「我希望同學參加，但我不得不對同學們說，這工作是艱苦的，而且是有危險的。如果同學經過仔細考慮后，認為自己的身體可以，不怕危險，那麼到教務處去報名。我認為你是聯大的好學生。」[56]即便是動員學生從軍之時，梅貽琦校長仍然秉持著「民主」和「自由」的教育理念，將決定權交給學生，把所有可能的情況都告知學生。1943年，梅校長唯一的兒子、十九歲的聯大學生梅祖彥也報名參軍了。韓咏華女士對此的回憶是，「祖彥參軍和別的學生完全一樣，是自願去的。月涵既未主動提出，也未攔阻」。[57]

梅貽琦校長治校實踐特點之七是不屈服於政治壓力，盡最大可能保護師生。據雲南省檔案館檔案顯示，「1940年9月，國民黨政府軍事委員會辦公廳密電雲南省政府：『茲抄送雲南中共份子調查報告一份，請查照參考為荷！』所附黑名單一份，上列聯大師生約20人。第一名為曾昭掄教授（並非共產黨員）。內列聯大共產黨員有袁永熙、池際尚、周綿鈞、繆景湖等人。」[58]可見，聯大左派師生的安全在皖南事變前夕就已受到威脅。儘管雲南省省主席龍雲明令規定，「昆明市區治安由地

九三七至一九四六年的北大、清華、南開》，北京：北京大學出版社，2006年，第65頁。

[56] 程耀德：《一篇日記——梅校長動員我們當通譯》，載於國立西南聯合大學1944級：《西南聯合大學：八百學子從軍回憶》，內部刊印，北京，2003年11月，第25-26頁。

[57] 韓咏華：《同甘共苦四十年——記我所瞭解的梅貽琦》，引自黃延復主編：《梅貽琦先生紀念集》，長春：吉林文史出版社，第275-276頁。

[58] 雲南省檔案館檔案，全宗號1號，卷號187，引自西南聯大黨史編寫組：《中共西南聯大地下組織和群眾革命活動簡史》，昆明：雲南人民出版社，1994年，第23頁。

方憲警負責」[59]，限制中央憲兵在昆明市區搜查和逮捕，客觀上保護了聯大師生的人身安全，然而皖南事變後，形勢更加惡化。梅貽琦校長態度明確，保護師生，同意左翼學生休學一年，甚至可以找同學代為申請休學，如有特殊情況，亦可休學兩年。校方的這一政策使得已疏散的學生無後顧之憂，既保證了學生的安全，也避免與國府發生正面衝突。

國民政府向梅先生「施加重壓」，「要求他解聘聞一多、張奚若等人，梅先生卻從不理睬」[60]，保持「學術獨立於政治」。然而學校的小環境是受大環境影響的，抗戰勝利后，龍雲被迫下臺，雲南的政治空氣驟變，局勢緊張。國民政府新委任的代主席李宗黃、警備總司令關麟征對中共地下黨員、左翼人士和愛國學生，實行高壓。聯大不可避免地受到巨大的衝擊。自1945年11月，發生一系列當局針對校園的暴力事件。梅貽琦校長竭盡全力與教授們一起，保護師生的安全。

1945年11月25日，聯大校園內，學生自治會舉行「反內戰時事晚會」，費孝通等左派教授出席並演講，前來聽演講的學生逾6000人。「晚會進行中，第五軍武裝士兵在聯大牆外鳴槍威脅。」[61]11月27日，昆明學聯決議全市總罷課，「由聯大罷委會主席為召集人」，李宗黃、關麟征組織「以邱清泉為總指揮的反罷課委員會，揚言將以武力解決」。[62]1945年12月1日，「一二・一」慘案發生，武裝軍人和暴徒襲擊聯大，一名中學教員和三名學生遇難，兩位聯大教授被毆

[59] 雲南省檔案館檔案，全宗號1號，卷號187，引自西南聯大黨史編寫組：《中共西南聯大地下組織和群眾革命活動簡史》，昆明：雲南人民出版社，1994年，第22頁。

[60] 吳澤霖：《記教育家梅月涵先生》，引自黃延復、馬相武主編：《梅貽琦與清華大學》，太原：山西教育出版社，1995年，第141頁。

[61] 西南聯合大學北京校友會編：《國立西南聯合大學校史（修訂版）——一九三七至一九四六年的北大、清華、南開》，北京：北京大學出版社，2006年，第420頁。

[62] 西南聯合大學北京校友會編：《國立西南聯合大學校史（修訂版）——一九三七至一九四六年的北大、清華、南開》，北京：北京大學出版社，2006年，第421頁。

打，事態愈演愈烈！12月4日教授會議決議「自即日起停課七天，表示抗議」。[63]

昆明學潮之時，梅貽琦校長正在北平，12月11日由北平經重慶返回昆明。梅召集學生代表談話，勸說學生復課；到靈堂弔唁四烈士；同教授一起，發表教授會書面談話，「重申請求政府將李宗黃先予撤職處分的前議」；約見對學生有影響力的聞一多教授；與雲南大學校長熊慶來一起召開記者會，「報告『一二・一』慘案真相，指出地方黨政軍當局『處置大錯』，『應負激起罷課風潮之責任』，並保證學校根據法律控告殺人兇犯」。[64]12月27日，「罷聯宣佈『停靈復課』」，「全市44所大中學校學生一律復課」。[65]

1946年7月15日，在聯大即將結束其歷史使命之時，聞一多先生遇害，在日記中梅貽琦校長記下了他的驚愕和痛惜：「夕五點余潘太太忽跑入告一多被槍殺，其子重傷消息，驚愕不知所謂。蓋日來情形極不佳，此類事可能繼李後再出現，而一多近來之行動又最有招致之可能，但一旦果竟實現；而察其當時情形，以多人圍擊，必欲致之於死，此何等仇恨，何等陰謀，殊使人痛惜而更為來日懼爾。」[66]梅貽琦校長第一時間聯繫美國領事館副領事Roser[67]，將可能成為被迫害目標的聯大教授潘光旦夫婦、費孝通一家和張奚若等送到美國駐昆明領

[63] 西南聯合大學北京校友會編：《國立西南聯合大學校史（修訂版）——一九三七至一九四六年的北大、清華、南開》，北京：北京大學出版社，2006年，第420-422頁。

[64] 西南聯合大學北京校友會編：《國立西南聯合大學校史（修訂版）——一九三七至一九四六年的北大、清華、南開》，北京：北京大學出版社，2006年，第424頁。

[65] 西南聯合大學北京校友會編：《國立西南聯合大學校史（修訂版）——一九三七至一九四六年的北大、清華、南開》，北京：北京大學出版社，2006年，第424頁。

[66] 黃延復、王小寧整理：《梅貽琦日記（1941-1946）》，北京：清華大學出版社，2001年，第236-237頁。

[67] 黃延復、王小寧整理：《梅貽琦日記（1941-1946）》，北京：清華大學出版社，2001年，第237頁。

事館，予以保護。

西南聯大面對的「政治」是複雜的，外部：一要面對抗戰的時局，二要面對「黨國教育」的干預，三要面對白色恐怖的威脅；內部：面對持不同政見的教授間的分歧，面對學生中三青團與群社之間的論戰和敵對情緒。梅貽琦校長的治校實踐在學術與政治的互動中經歷磨練。梅貽琦校長曾於1940年9月在「昆明公祝會上的答辭」中講到：「不過在這風雨飄搖之秋，清華正好像一個船，飄流在驚濤駭浪之中，有人正趕上負駕駛他的責任，此人必不應退卻，必不應畏縮，只有鼓起勇氣堅忍前進，雖然此時使人有長夜漫漫之感，但我們相信不久就要天明風停，到那時我們把這船好好的開回清華園，到那時他才能向清華的同人校友『敢告無罪』。」[68]他有這番感言的時間，恰是國民政府軍事委員會開出列有聯大師生黑名單的時候。這番感言既使人感受到在抗戰時期，物質極度匱乏的條件下辦學的不易，也可體會到在局勢尚不明朗，在各種政治力量角逐的校園裡，在國民政府「黨化教育」的壓力下，堅持「學術獨立」和「民主自由」的治校實踐，實屬艱難。

五、結語

1949年，周恩來總理在協和大禮堂對北京高校的校長和教務長談話時說，「梅貽琦先生可以回來」，「梅先生沒有做過對共產黨不利的事」[69]；與此同時，國民黨方面曾兩次委任梅貽琦擔任教育部長，前一次被梅貽琦婉拒。梅貽琦校長1962年5月辭世時，蔣中正先生題寫挽聯「月涵先生千古——勳昭作育」[70]，蔣經國先生到靈堂行禮獻

68 梅貽琦：《在昆明公祝會上的答辭》，載於《清華校友通訊》第六卷第九期，1940年9月；引自劉述禮、黃延復編：《梅貽琦教育論著選》，北京：人民教育出版社，1993年，第92頁。

69 黃延復、馬相武主編：《梅貽琦與清華大學》，太原：山西教育出版社，1995年，第229頁。

70 請參見黃延復主編：《梅貽琦先生紀念集》，長春：吉林文史出版社，1995

花、瞻仰遺容。梅貽琦校長墓園就設在臺灣新竹清華校園內。究竟梅貽琦為什麼可以贏得國共雙方的尊重？

梅貽琦校長的治校實踐一直在學術和政治的互動中進行，他的「兼容並包」和「學術自由」的教育主張受到民主人士歡迎；他全力保護師生的努力使得皖南事變后的左翼學生得以安全疏散；他從不干預師生的言論自由和政治主張，使西南聯大成為「民主堡壘」；他贊同將「一二・一」慘案中犧牲的師生和被當局暗殺的聞一多教授安葬於聯大校園內，這些舉措均本乎知識份子的良知。他雖然「沒有做過對共產黨不利的事，」[71]但據其日記顯示，他對共產主義持懷疑態度。他在1948年12月選擇離開大陸，1955年奉召到臺，這些舉措無疑對國民黨政權有利。

不過，科研和教育始終是梅貽琦的關注重點。他保管「清華基金」，設法將它用於中國人的科研和教育上。葉公超先生在《憶梅校長》一文中提到1950年後寓美期間他與梅校長的談話，當中包括了梅校長將清華基金用在「長期發展科學」上的計劃。[72]1955年梅貽琦遷臺後，籌辦「清華原子科學研究所」。這是他在聯大「發展工科」的教育主張的延續。梅校長臨終時，唯一帶到身邊的手提包裝著的是「清華基金」的詳細帳目[73]，可見他在病危時惦念的仍是他的科研教育計劃。如今，兩岸清華都已成為理工科的重鎮，這當是梅貽琦校長所樂見的。這位科研教育家給我們的啟示，還有他在西南聯大的治校實踐中所表現的知識份子的胸襟和良知。

年，第147頁。

[71] 黃延復、馬相武主編：《梅貽琦與清華大學》，太原：山西教育出版社，1995年，第229頁。

[72] 葉公超：《憶梅校長》，載於清華校友通訊社：《梅校長月涵先生逝世三周年紀念刊》，臺灣新竹：清華校友通訊社，1965年，第1-2頁。

[73] 韓咏華：《我與梅貽琦》，1982年4月27日於北京，引自黃延復、馬相武主編：《梅貽琦與清華大學》，太原：山西教育出版社，1995年，第272頁。

政治與外交

蔡秉修／1971年中華民國、美國與雙重代表權

一、前言

二、「雙重代表權」出爐：墨菲來華協商

三、安理會中國代表權歸屬爭議

四、尼克森、季辛吉的亞洲政策

五、中美定調：複雜雙重代表權

六、結語

萬曆初年的政爭（1582-1585）與科臣

——以王士性為中心的觀察

吳柏岳*

摘要

活躍於明末萬曆時期的士人王士性（1547-1598）生平以好游著稱，其人遊蹤、游記文學和地理學思想，一向是學界所關注的部份。然而與此相對的是，以「宦遊」形式游遍天下的王士性在仕宦歷程與內容學界方面卻少有關注。本文將透過奏疏、書信等材料探討王士性於萬曆十一年至十三年期間擔任禮科給事中期間的政治作為。值得注意的是，王士性任職期間正逢權傾一時的內閣首輔張居正新喪，在萬曆親政下的政局，不僅環繞著對張清算的氣氛，更充斥著資歷豐富的內閣重臣與少壯派言官之間的尖銳對立。故本文將試圖透過王士性的角度，觀察一位給事中官員，如何以自身的方式參與這場政爭。其中所包含的，交際、政治考量、職責內容等構成政治生活內容的要素，也是理解明末政治運作模式另一種可能的角度。

關鍵詞：王士性、萬曆、張居正、給事中、丁此呂

* 國立中央大學歷史研究所碩士

一、前言

萬曆十年（1582），掌握了明帝國行政大權的首輔張居正（1525-1582）因病過世。失去強人領導的政局，也開始出現波瀾。首先失勢的是與張居正合作密切的馮保（？-1583）。馮保作為內庭宦官的領導者，不僅是張居正生前重要的政治盟友，更在替張居正博取神宗及孝定太后的信任方面，有著無可取代的影響力。

因此張居正病故後，馮保便成為張居正在世時蟄伏已久的不滿情緒的首要宣洩對象。萬曆十年十二月，江西道御史李植（萬曆五年進士）首先公開攻擊馮保。[1]對於李植的彈劾，神宗則迅速將馮保罷黜處分。頃刻之間，堪稱張居正生前最重要的政治靠山已然徹底失勢，神宗本身意向的明朗，對於其他同樣不滿張居正而觀望此案的官員而言，不啻是一個再明顯不過的政治信號。因此，繼李植之後，山東道監察御史江東之（萬曆五年進士）、陝西道道御史揚四知（萬曆五年進士）等眾多官員，也紛紛開始對張居正以及其生前仰仗的其他重要官員展開了攻擊，情勢發展至此，「禍發身後」的前任首輔張居正，縱然已是朝中千夫所指的對象，但這樣的「身死之辱」，卻也在日後成為朝臣互相傾軋角力的現成藉口。

這段期間不論是對張居正身後政治資產的討繳、檢討過去與其合作的官員，甚至是日後演變為對朝中重臣，尤其是內閣官員的攻伐，一班擔任政治監察任務的科道官員以及御史都扮演了重要的角色。其中李植、江東之、羊可立三位聲討張居正最力的御史更是長久以來被認為是神宗所倚重之「少壯派言官」中最具代表性之人物。然而本文將關心在這段歷時將近三年的政爭中另外一組同屬監察系統的官員

[1] 〔明〕李植，〈大臣傾陷言官乞洞察以定國是疏〉，〔明〕吳亮，《萬曆疏鈔》，頁310-313，收於續修四庫全書編纂委員會編，《續修四庫全書》（上海：上海古籍出版社，1995年），冊468-469。

——六科給事中的參與情況，並以時任禮科給事中的王士性的作為，檢視明末科道官員在這段時期政爭中涉入情形。[2]

活躍於萬曆時期的王士性並不以仕宦的成就聞名於時人和後世。一般而言，對於王士性的關注基本上集中在其人豐富的行旅內容，以及對各地風土民情的思考集結而成的《五嶽游草》與《廣志繹》兩部著作。相較之下。王士性的政治生涯，包含擔任禮科給事中的這段時期並未特別受到關注。然而王士性擔任禮科給事中一職時，適逢自張居正病歿以來政爭最激烈的時期。若考慮到神宗於十四年時，即以稱病無法臨朝為藉口，開始長達四十八年的長期怠政一事。萬曆十一年至十三年萬曆親政期間所遭遇的困難，堪稱造成萬曆逃避政事最為關鍵的因素。故本文擬藉由王士性在旅遊文學之外另一著作《王恒叔近稿》中所收錄的疏文和書信檢視這段時期政爭始末，並試圖勾勒王士性擔任禮科給事中的仕宦經歷，藉著王士性的角度看待六科給事中這一群體的作為，以及日常運作的情形。並以此探討六科給事中這一言官群體在萬曆初年的仕途發展與給事中制度的特點。或可有助於對明末監察制度以及政治文化的演變。

二、王士性生平與宦途

王士性，字恒叔，嘉靖二十六年（1547）生於浙江台州府臨海縣（今浙江省臨海市）。其生活的時代同時也是臨海王氏家族家聲最為彰顯的一段時期。尤其以家族中王宗沐（1523-1591）與其子王士崧

[2] 黨爭堪稱明末政治最顯著的特徵，自謝國禎《明清之際黨社運動考》一書以來，一向是學界關注明末政治的焦點之一，如呂士朋〈明代的黨爭〉、林麗月〈閣部衝突與明萬曆朝的黨爭〉等文，皆相當程度的剖析黨爭的內容及各方面影響。見謝國禎，《明清之際黨社運動考》（北京：中華書局，1982）；呂士朋，〈明代的黨爭〉，《歷史月刊》，期70（1993年11月），頁48-61；林麗月，〈閣部衝突與明萬曆朝的黨爭〉，《歷史學報》，期10（1982年6月），頁123-141。

（1549-1598）、王士琦（1551-1618）、王士昌（1559-1624）以及作為王宗沐從子的王士性四人「一門四進士」的事蹟更為時人傳為美談。[3]但看似顯赫的家世背景，卻無法反映王士性年少時的真實生活情形。如《臨海縣志》中所收錄的王士性傳記中便描述：「性磊落不群，不治生產，家甚貧。」[4]在經濟情況不佳的情況下。族叔王宗沐（1523-1591），對姪子王士性之厚愛，便成為王士性成長環境上重要的助益。《臨海縣志》中對兩人之間的關係也直言「士性幼貧而好學，宗沐愛如己子。」[5]故相較於直系親屬而言，王宗沐在王士性的早年生活中，似有更重要的影響力。

王宗沐，字新甫，號敬所，嘉靖二十三年（1544年）進士。王宗沐在擔任廣西按察僉事以及江西提學副使任內，曾分別於兩地整修了宣成書院和白鹿洞書院以提倡講學風氣。王宗沐之所以會有如此舉措，除興學的考慮外，更重要的因素可能來自於王宗沐早年曾師事名儒歐陽德（1496-1554），往後更被黃宗羲（1610-1695）列入《明儒學案》中兩百一十位學者，並被認為是浙中王學的代表人物之一。[6]王宗沐的學思著重於個人的修行努力，並認為「所謂良知者，在天為不已之命，在人為不息之體，即孔氏之仁也，學以求其不息而已。」[7]這種將王學中所強調的心學落實於實際層面的主張，在《臨海縣志》對其人生平的記述中也有相當正面的評價。[8]但正因

[3] 〔清〕張培仁，〈家運〉，《靜娛亭筆記》。收於《續修四庫全書》（上海：上海古籍出版社，1997年）子部，雜家類，冊1181-1182，卷9，頁85。

[4] 張繒璜等纂，《臨海縣志》。收於《中國方志叢書》華中地方，號218（臺北：成文出版社，1974年），卷9，頁795。

[5] 〔清〕喻長霖等纂，《台州府志》，收於《中國方志叢書》華中地方，號74（臺北：成文出版社，1970年），卷103，頁1445。

[6] 〔清〕黃宗曦，〈侍郎王敬所先生宗沐〉，《明儒學案》，收於《景印文淵閣四庫全書》，史部，冊457，卷15，頁211-213。

[7] 〔清〕黃宗曦，〈侍郎王敬所先生宗沐〉，《明儒學案》，卷15，頁211。

[8] 《臨海縣志》中形容王宗沐「深契文成良知之旨，其學問不立門戶，惟提撕知體，俾有實德實用。至其誨人不執一方，因人而應」。見張繒璜等纂，

為這樣的學術背景，故萬曆七年張居正下令拆毀書院禁止講學時，王宗沐便批判其「懼天下之議」。[9]公開的表示對張居正此一政策的不滿。

陽明學派的祖師王守仁，其人長達二十餘年的講學生涯，不僅為書院講學活動奠定了基礎，而其去世之後，散處各地的王門弟子後學繼承陽明之志，持續創建書院，興辦講會，此舉不僅帶動了許多地方的講學風氣，更使王學獲得了廣泛的社會基礎；而王門弟子中位至公卿者，也在上層社會中傳佈著王學。這些遍佈社會各階層的王門弟子與再傳弟子們的努力，將王學與書院一起推向了發展的高峰，並促使明代中後期的士人以聯講會、開學會、結社為盟等形式聚集，形成頗具時代特色的講會活動。這些講會訂有會約、規章等嚴明的宗旨制度，藉以標舉自身講會的學術特點、學術追求和政治傾向以吸引志同道合人士。[10]此外，講會與書院之間的關係往往是一體共存，藉著「立書院，聯講會，相望於遠近」的方式也是王學傳播的一種重要形式。[11]如王守仁與其弟子錢德洪、王畿等人合作經營的越中書院、姚江書院，江右王門主持的惜陰會便是當時著名的書院講學活動。這種以書院為基地展開的講學活動，正是王宗沐於廣西和江西兩地興建書院的目的。深受王宗沐影響的王士性自然也不自外於王學的書院講會。隆慶三年（1569），時年23歲的王士性便曾前往杭州天真書院游學。在未獲功名之前前往各地著名之書院游學，是明代中後期文人士子的共同經驗。[12]且天真書院是由陽明學派弟子所興建，故由王士性的遊學活動，也不難瞭解其人學術傾向。

《臨海縣志》，卷19，頁1592。

9 〔明〕王宗沐，〈龍溪先生文集序〉，收於〔明〕王畿，《王龍溪全集》（臺北：華文書局，1970年），卷1，頁14。

10 鄧洪波，《中國書院史》（臺北：台大出版中心，2005年），頁443。

11 鄧洪波，《中國書院史》，頁444。

12 鄧洪波，《中國書院史》，頁381-398。

至於王宗沐就毀書院、禁講學一事與張居正公開對立後，自然難以見容於當時權傾一時的內閣首輔。然而事實上二人之間的嫌隙不只於此，早在萬曆三年（1575）王宗沐便曾因為張居正推行的考成法，以工作績效不彰的理由遭到罰俸的處分。隔年御史劉臺以「擅作威福，蔑祖宗法」等理由彈劾張居正而獲罪下獄時，王宗沐也曾上疏為劉臺維護，此舉更是使張、王二人之間形同陌路。以至於萬曆九年（1581）遭張居正授意彈劾，並以解職為代價罷官返鄉。[13]這類來自親族與個人學術志向的內在經驗，或許對於在清算張居正的風氣正方興未艾時赴京上任的王士性而言，更是影響其政治立場的關鍵因素之一。

三、給事中任內之任事

王士性於萬曆十一年（1583）確山縣知縣一職任期結束後，經過吏部考核得到供職禮科給事中的機會。[14]給事中一職的選拔，一直以來均自新進進士以及在外地任職之推官知縣為主要來源，直到嘉靖年間廢除了由新進進士選拔的慣例，只從外地縣官中政績優秀者中挑選，因此王士性也依循此一任職程序供職。

給事中一職設立的年代相當久遠，原只是一附加性質之銜稱，至明代已經發展成具備監察性質的正式官職。明代的給事中一職始設於洪武六年（1373年），分設於六科，即對應於六部的吏科、戶科、禮科、兵科、刑科與工科，每科則設都給事中，下轄從七品官左給事中、右給事中各一員。建文年間雖曾罷止左、右給事中，但在永樂年

13 張緡璜等纂，《臨海縣志》，卷19，頁1591。

14 由徐建春、石在、黃敏輝合著的《俯察大地——王士性傳》一書中提及「王士性乃是朝廷六科（部）之一禮科的給事中」。此處似乎是將職掌監察權的六科，與行使行政權的六部混為一談，事實上六科與六部完全不是同樣性質的官職。見徐建春、石在、黃敏輝，《俯察大地——王士性傳》，頁45。

間再度復制，並明確規定職掌規諫、補闕、拾遺、稽察六部事務。經過明初以來一系列的規劃後，不僅完備了明代六科給事中的職權內容，也正式成為給事中一職的定制，有明一代不曾再就此一官職的設置做出重大變更。

給事中一職不僅多由年輕官員充任，更配合官制的制訂對言官提供了豐厚的報償與升遷機會。[15]這不啻是為了鼓勵言官積極任事，以現實的報酬作為動力鼓勵言官在任內積極表現。同時給事中也掌握對於其他官員的糾察權。這樣的制度設計也體現了明代政治制度中以小制大的特點。[16]一般而言，官職品秩高低固然是決定官員之間統屬關係的依據，但透過制度上刻意的設計，使得給事中雖然在明代文官系統中只是七品的低階官員，實際上則不僅擁有諍諫糾劾、遍覽六部公文，封還駁正奏章的權力。至於大事庭議，監考鄉試、參與殿試試務，甚至是冊封宗藩或出使外國等政務，也往往由給事中出任。[17]因此相較於前代言官與察官之職權，明代給事中的之職掌內容甚至更為擴張。其中與聞國政的權力以及糾舉、封駁的職權，更使得給事中能夠對高級官員的作為形成制肘，成為明代行政模式上一個重要的環節。[18]總而言之，言官在制度上位卑而卻權重，品秩雖低然出路廣闊，且言官多由年輕官員或新科進士充任，因此對於仕途的企圖，可以視為言官在道德之外，往往積極任事的現實原因。

為了實際瞭解王士性以及給事中的的工作內容和行事風格，則必須透過《王恒叔近稿》中〈掖垣稿〉所收錄的奏疏檢視。其中扣除涉入政爭而與監察糾舉有關的部份外，其餘對於主上德行、國政、學術等方面的建言，也足以瞭解給事中一職的工作內容、以及瞭解監察官

---

[15] 蔡明倫，《明代言官群體研究》（北京：中國社會科學出版社，2009年），頁340。

[16] 張治安，《明代監察制度研究》（臺北：五南圖書出版股份有限公司，2000年），頁276。

[17] 張治安，《明代監察制度研究》，頁340。

[18] 張治安，《明代監察制度研究》，頁340。

員如何參與萬曆時期中央政府日常政務運作的情形。以下將歸納一些給事中工作的特點說明。

（一）道德勸諫

背負著監察任務的給事中，在職權的意義上包含著一定程度的道德期待。因此就皇帝的作為提出勸諫，也是給事中核心作用之一。[19]萬曆十二年元宵節時，依照歲時禮俗於宮中設置「鰲山」等大型花燈。然而元月二十二日夜晚，花燈中設置的火燭卻意外引起火災，造成太后所居住的慈寧宮與周圍房屋燒毀。[20]此類災禍是言官發聲的必要場合，勸諫皇帝面對災異示警時必須更加注意自身各方面的言行舉止，這種類似儀式性質的應對方式，一向是由言官主動擔負。因此身為給事中的王士性也在當月上疏「禁地雖閟，理宜預防，似當罷之，以謹宮掖不虞之備。」[21]認為應當停止鰲山燈一類的設施以防止意外發生，並指稱「即鰲山所費，取之內帑，然皇上日者賞賜，業謂內帑缺乏，暫借外庫……可惜傾數千金之費，充一夕之玩而無餘也。古有露臺惜百金者，而此一燈又不啻中人十家之產，似當罷之，以節國家無經之費。」[22]顯見為了慶祝節慶設置花燈所耗去的龐大費用，這種對於國政無實際助益的舖張行為，實是王士性所關注的重點。

除就鰲山燈提出「樽節玩好」的建議之外，王士性也曾就神宗主導宮中宦官進行「內操」一事提出過諫言。所謂內操是指在宮中宦官太監中選擇體魄較為優良者，並授予武器甲冑，於宮中進行軍

19 張治安，《明代監察制度研究》，頁167。

20 《明神宗實錄》（臺北：中央研究院歷史語言研究所，1984年），卷145，〈萬曆十二年正月辛巳〉，頁2。

21 〔明〕王士性，〈題為火災示異懇乞聖明加意樽節玩好以修德弭災疏〉，〔明〕王士性著、周振鶴編校，《王士性地理書三種》頁432

22 〔明〕王士性，〈題為火災示異懇乞聖明加意樽節玩好以修德弭災疏〉，〔明〕王士性著、周振鶴編校，《王士性地理書三種》頁432

事操演。[23]這種清一色以宦官組成的軍隊初設於正德三年，雖然在隆慶年間一度廢止，但在萬曆十二年時，神宗卻又興起擴充宦官營的意圖。[24]一向受到士人輕視的宦官於宮中掌握武力的情形，自然激起了普遍的不滿，在王士性的奏疏中也提及時任兵部尚書的張學顏（？-1598）對於神宗設立宦官營，並親自蒞臨檢閱的鼓勵態度曾一再激烈反對。並以危害皇宮安寧為由，幾度上疏請求廢止內操。[25]

王士性勸諫神宗廢止內操的理由一如張學顏，認為「萬一惡少從恣，統御非人，蕭牆之內，變在不測。」並引述張學顏所稱「譁於內而外臣不敢入，譁於夜而外兵不及知。」[26]除了宮中的安全問題外，王士性更於奏疏中直言「夫內之三大營將士統於勳臣，外之九邊將士統於督府，誰非皇上之兵耶？即有駕幸，一符召之，萬卒立備。彼金璫掃除，不任騎射，披堅執銳，非其所長。故曰：無益當罷。」[27]明確指出宦官不僅不適於充任兵卒，且設置宦官營的政策更是干涉了軍事指揮權的劃分原則。然而面對張學顏以及王士性等言官的抗議，萬曆卻認為群臣的反應只是張學顏出於對兵部自身權力的維護而產生的不滿所衍生，故下令張學顏致仕，且並未就內操問題做出任何處置。[28]

（二）建言國政

除對皇帝勸諫外，對國政提出建議也是給事中一職所擔負的重要責任。故在萬曆十一年九月甫上任之初，王士性便隨即上疏闡述其政治願景。這份建言的內容分為「朝廷之事」、「官場之事」、「戎兵

[23] 蔡石山，《明代宦官》（臺北：聯經出版社，2011年），頁94。

[24] 蔡石山，《明代宦官》，頁94。

[25] 蔡石山，《明代宦官》，頁95。

[26] 〔明〕王士性，〈題為敬尊明旨乞止內操以光聖德疏〉，〔明〕王士性著、周振鶴編校，《王士性地理書三種》，頁441-442。

[27] 〔明〕王士性，〈題為敬尊明旨乞止內操以光聖德疏〉，〔明〕王士性著、周振鶴編校，《王士性地理書三種》，頁441。

[28] 蔡石山，《明代宦官》（臺北：聯經出版社，2011年），頁95。

之事」三大部份，勸諫萬曆應更加致力於親自審閱奏章並節約財務，並加強在朝政與行政方面的考核，並嚴選督學人選，以及授權地方官員更多行政權力，廢除妨礙行政的法律規定以加強行政績效。最後在軍事層面，王士性則建議加強河南與山西的防禦，並就蒙古與遼東兩大外患的應對之道表達了意見。總而言之，就內容而言這是一份相當理想化的疏文。雖然我們可以從這份疏文中看到一位少進官員的政治願景和使命感，然而在傳統中國政治體制中徒有發言權卻不具行政權的監察官員影響力終究有限，使得這類建言也只能流於形式。

至於給事中等監察官員若期望能對國家政策的制定有所影響，在政策頒行前的討論階段，發揮自身職能參與討論似是較為實際的手段。萬曆十二年所發生的王守仁入祀孔廟相關爭論，王士性便以這種形式積極的參與其中。

活躍於正德、嘉靖年間的王守仁，不僅集宋代陸九淵以來心學之大成，其主張更為其學生們繼承並發揚光大，並以講會的形式傳播到民間，對明代中後期思想產生相當重大的影響。因此在隆慶年間，便早已有官員建議將王守仁陪祀於孔廟。[29]然而由於王學所造成的學術爭議，甚至是對王守仁本身人格的再評價，使得入祀一事遭到擱置。[30]而在反對王學的徐階（1503-1583）取代高拱（1513-1578）擔任內閣首輔後，以至於同樣厭惡王學的張居正主政期間，王守仁自然被屏除於入祀孔廟的名單中，直到萬曆十年張居正過世後，方有官員再度提議王守仁入祀一事。[31]

然而萬曆十二年王守仁入祀一事卻又再度於朝堂上掀起波瀾，由於諸多朝臣對於入祀人選各有擁護，且王學所帶來的學術爭議，更再

[29] 〔明〕沈德符，〈四賢從祀〉，《萬曆野獲編》收於《元明史料筆記》（北京：中華書局，2007年），頁362。

[30] 〔明〕沈德符，〈四賢從祀〉，《萬曆野獲編》，頁362。

[31] 〔明〕沈德符，〈四賢從祀〉，《萬曆野獲編》，頁363。

度成為朝堂上互相攻輒的重點。[32]面對此一紛爭局面，王士性也藉上疏表達自身意見，並明言：「我朝崇儒重道，賢哲勃興，如諸臣所稱不減有宋。然臣以為心性之學，超然獨詣羽翼，聖門興起後學，則無如王守仁、陳獻章。」[33]、「故臣謂守仁良知之作用，真得孔氏家法也。」[34]王士性在疏文中將王守仁比擬歷代賢儒，更認為王學中的精隨，也就是所謂「致良知」的心學「真得孔氏家法也」。如此強調王學和傳統儒學之間密切的關聯，甚至將王守仁與諸宋儒並稱，無非是為了應付當時對於王學的質疑聲浪。

王士性的支持態度無非是與其成長和學歷經歷有莫大的關係，王士性自幼即與師從王學名士歐陽德的族叔王宗沐之間有密切的往來，且歐陽德本身也致力於王學之提倡，故王士性極可能因教育環境因素而對王學有相當程度的認識。而在隆慶三年時，當時尚未考取功名的王士性更曾赴浙江杭州天真書院參與書院講學的活動。書院講學一向是王學傳播的重要形式，曾親歷其間的王士性對於王學的支持勢為必然。因此這份疏文所表達的不僅是對入祀一事的支持，更是王士性所秉持的文化價值的論述和展現。至於王守仁入祀一事，最終也在神宗的支持下，於當年和陳憲章、胡居仁等當代學者先後入祀孔廟。[35]

四、丁此呂事件中之角色

在王守仁入祀的相關爭議中，相較於政治動機，身為王學支持者的因素，更是促使王士性積極參與其中的動力，然而同樣發生於萬曆十二年的丁此呂事件，卻是一系列完全以政治為考量的政爭。王士性

---

32 〔明〕沈德符，〈四賢從祀〉，《萬曆野獲編》，頁363。

33 〔明〕王士性，〈題為學術不明羣議未一懇乞宸斷亟採公論以定大典疏〉，〔明〕王士性著、周振鶴編校，《王士性地理書三種》，頁438。

34 〔明〕王士性，〈題為學術不明羣議未一懇乞宸斷亟採公論以定大典疏〉，〔明〕王士性著、周振鶴編校，《王士性地理書三種》，頁439。

35 〔明〕沈德符，〈四賢從祀〉，《萬曆野獲編》，頁364。

參與清算張居正主政時期官員的行動，事實上在萬曆十一年時便可見端倪。當時王士性對擔任應天右僉都御史的郭思極（隆慶2年進士）提出彈劾。[36]指出郭思極在萬曆八年擔任湖廣地區監考時，私相授受錄取了張居正之子張懋修（1555-1634，萬曆八年進士狀元）此外，在郭思極擔任應天巡撫期間，曾公開談論臧否張居正的著名文人何心隱（1517-1579）在應天府治下的祁門縣境內遭到逮捕下獄，最後在武昌受刑處死。面對此案在朝野輿論上所造成的爭議，王士性認為身為當地巡撫的郭思極必須負起責任。

王士性所指控的監察湖廣考場情事以及何心隱一案，都很明顯的是要乘著當下的政治氛圍削弱張居正生前所建構的政治網絡，並促使目前朝中如郭思極等與張居正關係密切的官員——下台。但吏部主事官員卻反對王士性提出的彈劾，並表示郭思極在應天巡撫任內堪稱稱職沒有去職的理由。[37]對此神宗也並未對吏部的意見表示異議，故郭思極仍然照舊供職。[38]雖然王士性並未能達成他的企圖。然而，這場自張居正身沒以來的政治風暴卻遠遠還沒有結束，但已決然踏入暴風圈的王士性，也將在之後紛亂的政治情勢中有更深入的參與。

萬曆十二年，時任山東道御史的丁此呂（萬曆5年進士，1559-1609）的上疏，在朝堂上掀起新一波紛爭。[39]不僅再度使張居正身後所留下的政治問題進一步發酵，更對當下及往後的政局帶來深刻的影響。

丁此呂素來厭惡張居正，王士性甚至稱其「出閘干將」以形容丁此呂在反對張居正一事的積極態度。[40]當年一月，有關於前述皇宮內

[36] 《明神宗實錄》，卷143，〈萬曆十一年十一月壬辰〉，頁6。

[37] 《明神宗實錄》，卷143，〈萬曆十一年十一月壬辰〉，頁6。

[38] 《明神宗實錄》，卷143，〈萬曆十一年十一月壬辰〉，頁6。

[39] 〔明〕丁此呂，〈黨惡羣奸欺君亂政乞賜顯逐以彰國法疏〉，〔明〕吳亮，《萬曆疏抄》，卷34，頁339-340。

[40] 〔明〕王士性，〈寄子行〉，〔明〕王士性著、周振鶴編校，《王士性地理書三種》頁432。

由於設置花燈不當引起火災，造成慈寧宮及周圍房屋燒毀一事時。[41]丁此呂也曾藉此上疏，並在內容中藉著諸多道德性的勸說，間接的指責朝中目前情形是「故相擅權，直臣中禍，言路壅塞，讒諂成風，幾至大壞。」[42]、「故相誤國，逆保明奸。」[43]對於這些控訴，明實錄的紀錄中則是簡扼的指出了丁此呂的企圖是「建言貶竄諸臣如趙用賢、吳中行、鄒元標、沈思孝、艾穆等。立誅逆保朋奸之游七、徐爵等。并去故相居正之黨，勿容充位。」[44]然而丁此呂藉著宮中災禍包裝而成的攻擊，神宗並沒有做出任何指示。這對於丁此呂，甚至是李植、江東之、羊可立等激進派的年輕言官而言，並不能構成有利的局面。畢竟要持續削弱朝中重臣的勢力，則勢必得促使神宗在清算舊臣的動作上更進一步。因此當年三月，丁此呂再度領銜上疏，展開了新一波的政治攻勢。

在這次的攻擊中，丁此呂不再以道德包裝指控或是委婉的隱匿企圖。而是直接指控張居正的兒子張嗣修（1553-？，萬曆五年進士）、張敬修（？-1583，萬曆八年進士）與張懋修。丁此呂指出三人分別應試時，仰仗著當時仍在世的父親張居正的崇高聲勢，進而在科舉此一為國舉才的重要場合上得到包庇。此外，丁此呂更同時羅織了多項罪狀，企圖一次打擊多位張居正同黨舊臣，這個部份的指控，正是在這次事件中引起軒然大波的關鍵，也就是當時擔任應天主試高啟愚（嘉靖44年進士）所決定的考題：「舜亦以命禹」。

「舜亦以命禹」這段文字乍看之下，不過是以以舜和禹之間禪讓的典故作為考題。然而丁此呂卻指出，當時考試時仍是張居正當政的

41 對於這次火災，王士性也上疏規勸萬曆「加意樽節玩好以修德匿災」。關於皇宮在火災中受損的情形，也可見於這則疏文中。見〔明〕王士性著、周振鶴編校，《王士性地理書三種》，頁432。

42 〔明〕丁此呂，〈極陳修省之實以弭天變疏〉，〔明〕吳亮，《萬曆疏鈔》，卷33，頁294。

43 〔明〕丁此呂，〈極陳修省之實以弭天變疏〉，〔明〕吳亮，《萬曆疏鈔》，卷33，頁295。

44 《明神宗實錄》，神宗，卷145，〈萬曆十二年正月辛巳〉，頁2。

時期，而高啟愚以此典故作為考題無非是包藏禍心，希望藉此暗示張居正如禹受禪讓一般取萬曆的帝位而代之。因此「舜亦以命禹」的命題，在在顯示了當時仍在世的張居正反叛謀逆的企圖以及高啟愚阿諛附媚的表現。此外，當時就任於禮部左侍郎一職的何洛文（嘉靖44年進士），也奉張居正之意替張嗣修及張懋修兩人應試時修改對策。[45]對於張居正一黨的謀逆以及在科場舞弊的情形，丁此呂主張不僅張嗣修、張敬修與張懋修三人必須得到應有的處罰，命題失當的高啟愚，以及分別在三人應試時主持考試事務的申時行（1535-1614）、余有丁（1526-1584）、許國（1527-1596）、沈懋學（？-1596，萬曆5年進士）、戴光啟（隆慶5年進士）、嵇應科（萬曆2年進士）、陸檄（萬曆2年進士）等人，也應該為此負起責任。[46]

然而，在丁此呂疏文中被點名的當事人申時行在萬曆十二年的當下，已經是繼張居正及張四維之後的內閣首輔，而余有丁、許國二人也分別身為文淵閣大學士及武英殿大學士。因此，這場藉張居正餘緒而展開的政治攻防，不僅僅只是表面上的對張居正身後所遺留的政治資產的清算，更是對張居正任內提拔栽培的新內閣官員所進行的挑戰。

對於這一次再度因為張居正而引起的事件，神宗初始表現出了不耐煩的態度，並下達指示：

> 科場事情曖昧，前經言官指摘的多已處分了，如何又搜求牽連高啟愚，著照舊供職。嵇應科等，吏部查訪他素行賢否？議處來說。[47]

[45] 〔清〕談遷，《國榷》，卷72，頁3175。

[46] 〔明〕丁此呂，〈黨惡羣奸欺君亂政乞賜顯逐以彰國法疏〉，〔明〕吳亮，《萬曆疏抄》，卷34，頁339-340。

[47] 〔明〕王士性著、周振鶴編校，〔明〕王士性著、周振鶴編校，《王士性地理書三種》，頁452-453。

由此可見神宗在事件此一階段的態度頗為明確，並且責成吏部研究相關官員的處分。然而王士性卻由任職吏部的舊識趙南星（1550-1627）提前得知吏部尚書楊巍傾向於將此事完全歸咎於丁此呂。。[48]得知此事王士性在吏部提出說明前搶先上疏，並指出「彼居正初壞科場之法，以意授人，偶有愕然而避者，其驟試也，猶以為一人之私也」[49]可見這則奏疏的用意，很明顯的是要加強萬曆對於丁此呂此番指控的感受。

迫於朝中洶湧而來的壓力，以申時行為首的內閣團隊也開始向神宗上疏陳情，說明以目前的科舉考試方式而言，並沒有辦法如丁此呂所述般私相授受。[50]直接面對此事的吏部尚書楊巍（1516-1608）也選擇站在了首輔的一邊，其處置也確實如趙南星所告知，楊巍在代表吏部對神宗的回覆中認為丁此呂「變亂經旨，陷人以無。」[51]。面對楊巍的反擊，先前只在一旁靜觀其變的李植等人也開始大舉參與攻擊，並將楊巍也列入了彈劾的行列之中。事態發展至此，已然形成李植為中心的言官一派，與以申時行為首的朝中元老之間的政爭。李植等人無非是希望藉著神宗對張居正清算的決心，將申時行以及其他依附於張居正而獲得今日地位的老臣擊倒。萬曆在張居正身後對這位前朝首輔所表現出的深惡痛絕，以及先前罷黜馮保一事的案例，使言官在這次將申時行作為目標的攻擊中抱持著再度如法炮製的期待。但神宗的考量卻遠不如言官們所願，並下達了不同以往的決定。

48 明史在趙南星的傳記中即述及「吏尚書楊巍挾私意欲糾御史丁此呂，南星洩其謀於給事中王士性」。見〔清〕張廷玉，〈趙南星〉，《明史》（北京：中華書局，1974年），卷343，列傳第194，頁4090。

49 〔明〕王士性著、周振鶴編校，《王士性地理書三種》，頁452-457。

50 〔明〕文秉，《定陵注略》（臺北：偉文圖書出出版社有限公司，1976年），卷2，頁124。

51 〔明〕文秉，《定陵注略》，卷2，頁124。

同年四月，王士性再度上了一則奏疏，在這則〈題為懇乞聖明俯容狂直察邪媚以定國是疏〉[52]之中，王士性首先謄錄了神宗下旨吏部的一則指示，內容是對丁此呂上疏一事的裁示，神宗顯然參考吏部的建議，決定將何洛文以原職致仕、嵇應科調至京外任職、陸檄調職，沈懋學、戴光啟兩人則不予處分原職留任。至於主事者丁此呂則由於無故牽連生事，因此處以貶至外地任官。對於丁此呂的行為更指責道：「再有這等的，你部裡（指吏部）查照前旨，不時議處，以清言路。」[53]此外，神宗也表態認為「言官論列須審視邪正，據實秉公，豈可逞意造言，誣善亂政。」[54]。縱然這次事件與張居正有關，然而神宗的這番言論，顯然並不支持丁此呂所提出的彈劾。

但此番裁示並沒有使這個事件落幕，李植、江東之以及王士性等人，在收到神宗的指示後更是交相上疏，並將矛頭直接對準了楊巍。[55]李植等人的觀點大抵如王士性疏文中所述，認為楊巍為申時行等人辯護的行為，不過是「不過以科場一事深犯時忌，故欲以此阿媚相臣而固其寵位耳。」[56]，對於申時行其人，王士性則指責「大學士申時行身為元輔，當勸陛下從善納諫，以成正大光明之治。而遂聽邪媚之言，妄為票擬，不知輔臣之體，應爾與否？」[57]，而對於神宗的裁示，王士性也提出了不滿，指出萬曆的作法是「則陛下所謂清言路者，且不免乘此而遂塞之矣。」[58]對神宗而言，言官們的不滿也是相當棘手的問題，過去不論是直接或是間接的授意少進敢言，且對仕途富有企圖心的低階官員作為制衡朝中重臣的槓桿自然卓有成效。然而

[52] 〔明〕王士性著、周振鶴編校，《王士性地理書三種》，頁434-436。

[53] 〔明〕王士性著、周振鶴編校，《王士性地理書三種》，頁434

[54] 〔明〕王士性著、周振鶴編校，《王士性地理書三種》，頁434

[55] 關於李植和江東之的奏疏可見〔明〕李植，〈大臣傾陷言官乞洞察以定國是疏〉，〔明〕吳亮《萬曆疏鈔》，卷6，頁310-311；〔明〕江東之，〈大臣巧塞言路乞顯斥以定國是疏〉，〔明〕吳亮，《萬曆疏鈔》，卷6，頁312-313。

[56] 〔明〕王士性著、周振鶴編校，《王士性地理書三種》，頁435

[57] 〔明〕王士性著、周振鶴編校，《王士性地理書三種》，頁436

[58] 〔明〕王士性著、周振鶴編校，《王士性地理書三種》，頁436

丁此呂一案所牽連的不僅僅是對與張居正生前政治網絡的清算，言官的冒進和朝中情勢動盪的程度，顯然已超出其預料。

言官們的反對行徑，也引起了內閣大學士們激烈的反應。余有丁及許國首先表達了不滿，分別上疏替楊巍和申時行辯護，並指出楊巍性格剛正廉潔早已廣為人所知，就任吏部尚書一職也堪稱頗得人望。[59]且楊巍對於此案中有爭議人物，如何洛文、嵇應科等人已經給予適當的處分，而將丁此呂貶官外放的決定，更是由於楊巍憂心此例一開，將會發生「恐失是非之實，開告訐之門。」[60]的情形。此外，兩人也在奏疏中提醒神宗，先前將丁此呂外調的決定是「蒙皇上允行」之後才加以實行，間接的表達了對萬曆迫於壓力言行反覆的不滿。

繼余有丁與許國之後，當事人申時行也上疏陳情，對於言官們的交相攻擊，申時行只解釋了自己無意也無法專擅權位。並進而表示自己「則臣不能上贊優容之德，下昌敢言之風，罪不得辭矣。」[61]並將此引為失職，認為「仍准臣休致，以為失職之戒報。」[62]決定提出辭呈，致仕還鄉。申時行的辭職顯然是一種以退為進的表態和抗議，而在申時行的發難之後，言官們另一攻擊對象吏部尚書楊巍，以及另外兩位內閣大學士余有丁和許國也接著跟進，交相遞出了辭呈。[63]一時之間，情況轉變為整個內閣幾乎掛冠求去的狀況。

面對朝中重臣集體辭職的情形，也開始有朝臣向神宗提出建言。如都察院左都御史趙錦（正德十二年進士）便建議「優慰大臣，申飭言官，以正人心，以定國是。」[64]，而在趙錦之後，山東道御史劉懷恕（萬曆五年舉人）等官員也向提出了類似的建議。這些朝臣的舉措無非是神宗的下台階。於是在接到眾臣的建言後，神宗便宣稱「大臣

59 《明神宗實錄》，卷148，〈萬曆十二年四月丁未朔〉，頁1。

60 《明神宗實錄》，卷148，〈萬曆十二年四月丁未朔〉，頁1。

61 《明神宗實錄》，卷148，〈萬曆十二年四月丁未朔〉，頁1。

62 《明神宗實錄》，卷148，〈萬曆十二年四月丁未朔〉，頁1。

63 《明神宗實錄》，卷148，〈萬曆十二年四月丁未朔〉，頁1。

64 《明神宗實錄》，卷148，〈萬曆十二年四月辛亥〉，頁2。

為羣寮表率，且其人品邪正論定已久，何可輒指正為邪，極言誣詆，卿等其宣諭諸臣共持公論，無得再肆瀆擾，失朕優重大臣之體。」[65]這番言論不僅肯定了申時行等人，同時也訓誡了言官的作風。對於先前提出的辭職也——給予慰留，如對申時行的辭呈，神宗便表示「卿持正奉公，朕所素信，宜遵旨亟出輔理，以慰眷懷。」[66]除了重新肯定對閣臣的信任及能力，神宗更藉兵科給事中張維新（萬曆五年進士）上疏的機會，[67]公開表示「大臣虛已，言官秉公，共圖國是。得旨人臣當各秉公心，若因言疑，阻挾私排擊，皆非純臣之義。」[68]，最後在慰留了申時行等人，並安撫了朝臣的議論之後，這場波及朝野上下的紛爭才算是落幕。

丁此呂一案堪稱神宗親政以來所面對的第一次朝臣政爭。面對這樣的局面，掌握著皇權足以作為評斷朝政最終依據的神宗，卻暴露出在意志和決斷能力方面的不足。甚至對於駕馭臣下經驗的薄弱，也使得丁此呂這次事件的影響程度超過了事件本身。

五、政爭的後續影響

萬曆12年丁此呂一案，在明末清初許多史學家回顧明末的歷史時，均將定位為明末朋黨樹立亂象的開始。[69]就此一時期的政治景況而言，如文秉（1609-1669）便認為：

65 《明神宗實錄》，卷148，〈萬曆十二年四月辛亥〉，頁2-3。

66 《明神宗實錄》，卷148，〈萬曆十二年四月丁未朔〉，頁1。

67 張維新的奏疏內容大抵是指出丁此呂一案以來朝政紛亂的情形，並希望萬曆制止朝臣互相非議。見〔明〕張維新，〈祗承德意敬獻朴忠以裨修省疏〉，〔明〕吳亮，《萬曆疏鈔》，卷33，頁296-298。

68 《明神宗實錄》，卷148，〈萬曆十二年四月甲寅〉，頁3。

69 如明末清初的史學家文秉（1609-1669）便在其著作中指出「大臣黨比」的情形是「以丁御史起……」。見〔清〕文秉，《定陵注略》，卷2，頁123。

江陵在位，大小臣公咸以獻媚為事，直謂朝無人焉可也。迨江陵歿，而後來之權勢遠不相及，於是氣節自負者，咸欲以建白自建，顧九列大老由仍向前陋習，措為躍冶合喙以攻之，而大臣與小臣水火矣。辛海兩中丞挺然獨立，南北兩院之席俱不暇暖，是大臣與大臣水火矣。又有奔走權門甘心吠堯者，小臣與小臣水火矣，遂至分門角戶而黨以成。[70]

文秉所描述的「分門角戶」現象，是晚明政治混亂局面中一項明顯特徵。而在被視為朋黨樹立現象發端的丁此呂一案中，也可以發現朝臣彼此互通聲氣以為奧援的情形。

已此案中王士性參與的情形而言，與趙南星之間的關係便是其中重要的一環。在神宗指示加以議處丁此呂及疏文中提及的相關官員後，在吏部供職並與王士性交好的趙南星便將尚書楊巍反擊丁此呂的計畫洩漏與王士性。並使王士性得以在楊巍提出答覆之前再度上疏維護丁此呂。[71]

趙南星字拱极，一字夢白，號儕鶴。在萬曆二年（1574）考取進士後，就任汝寧推官，並在任內與萬曆五年起任職於汝寧府境內確山縣知縣的王士性相識。其後趙南星遷任戶部主事和吏部考功等職務，丁此呂一案便發生於任吏部考功時期。而在趙南星洩密與王士性一事為朝間所知後，便因為與吏部主事楊巍之間的反目，遂藉口稱疾棄官返鄉，直至光宗時才再度得到起用，並在天啟三年（1623）官拜吏部尚書。[72]期間趙南星與權傾一時的魏忠賢（1568-1627）交惡，並成為東林黨主要成員之一。

70 〔清〕文秉，《定陵注略》，頁123。

71 見本章前述及註17。

72 〔清〕張廷玉，〈趙南星〉，《明史》（北京：中華書局，1974年），卷343，列傳第194，頁4090。

除趙南星這類與王士性早已建立相當的交情的案例外，在丁此呂一案中涉入程度最為深入，且人數最為廣泛的則當屬與王士性同樣任職言官的李植、江東之、羊可立、魏允禎等人。這些曾分別上疏攻擊楊巍與申時行的官員，在政治立場上無疑的是與王士性站在同樣的陣線上。但除了同樣身為言官的身份之外，這些官員的出身則包涵了更深一層的意義。

王士性之所以得到任職禮科給事中的機會，是由於在萬曆五年進士及第後，獲派至河南確山縣任知縣，於六年任期屆滿後，因為任內治縣成果優異的關係，在萬曆十一年時得到禮科給事中一職的派任。而參與丁此呂一案的言官如李植、江東之、羊可立、魏允禎等人，在獲得萬曆十二年時的職位之前的升遷過程縱然不盡相同，但這些官員——甚至是引發此案的丁此呂，彼此之間卻有一項共通點：皆為萬曆五年進士及第的同榜。就同榜之間的關係而言，歷經明末衰亡過程，且對此有切身觀察的顧炎武（1613-1682）便曾描述同榜進士彼此間裙帶關係之緊密。[73]並舉出這種關係對於政治層面的影響：

> 朋比膠固，牢不可解。書牘交於道路，請託徧於官曹。其小者，足以蠹政害民，而其大者，至於立黨傾軋，取人主太阿之柄而顛倒之，皆此之繇也。[74]

這段評論固然是顧炎武歷經明亡的刺激後，帶著沉痛與反省的心情評斷。但同時也指出了明代官員彼此之間依附著同榜關係交往之密切，並進而謀求於仕途的情形。顧炎武甚至在文中提出，明末朋黨樹立的原因，與同榜之間交相維護的情形有莫大關聯。

---

[73] 對於同榜進士之間緊密的裙帶關係，顧炎武描述之間互稱「同榜之士謂之同年，同年之子謂之年姪。」見〔清〕顧炎武，《亭林詩文集》（臺北：世界書局，1963年）卷1，頁24。

[74] 〔清〕顧炎武，《亭林詩文集》，卷1，頁24。

除顧炎武外，身涉丁此呂一案的許國，也就言官的習氣作風方面提出了他的看法：

> 昔之專恣在權貴，今之專恣乃在下僚。昔之顛倒是非。肆言無忌在小人。今之顛倒是非，肆言無忌乃在號為君子者。彼以其發於感激，動於意氣，干冒刑謫，摶擊權豪偶成一二事，自負以不世之節，非常之功，持此以立赤幟，號召一等浮薄輕進好言喜事之人，黨同伐異，誣上行私，公卿大臣動見掣肘，一不快意便攘臂而起，每詫於眾曰，某所建白，上所聽信，不必下部也。或又曰，某嘗進言於首相，渠不見聽，將乞歸也，以此挾制六卿，決裂紀綱，臣之聞有此風久矣。[75]

在這段評述中，許國對於言官號召同黨誹議朝政，如遇挫折便訴諸於輿論掛冠求去以謀求道德名望的作法相當不以為然。固然對於許國的評論勢必需考慮其人與與言官之間在政爭中彼此交惡的情形，但透過這段評述，不僅反映了當時閣臣對言官的看法與評價，言官的作風以及對朝政造成的制肘也躍然於文字上。

然而追究一系列的紛爭，仍然必須對手握權力核心的神宗本身態度有所理解。自張居正身歿以來，一連串對張居正生前政治資產的清算如罷黜馮保、遼府案，以及張居正三子的遭遇，都顯示了神宗對張居正本身，以及和這位前任首輔有關的一切進行清算的決心。然而在丁此呂一案中，萬曆卻一反過去的堅決，不僅對申時行、楊巍、許國、余有丁等與張居正生前共事的重臣百般慰留，甚至數次公開斥責言官無故牽連非議的行為。但神宗對於此案的真實態度，在明實錄的紀錄中仍然可以發現其中端倪。

[75] 〔明〕王士貞，〈閣臣與庶僚相訐〉，《弇州史料》，收於四庫禁燬書叢刊編纂委員會編，《四庫禁燬書叢刊》（北京：北京出版社，1995年），史部，冊49，頁665。

明實錄的紀錄中指出，縱然朝政的紛爭因為李植等人而起，但是「上雖屢旨切責，然尚未有意去之也。」[76]且在事件平息之後，神宗卻仍藉南京吏科給事中劉一相（萬曆五年進士）的彈劾，[77]認定高啟愚「出題謬妄，附媚干進。」[78]，一改先前只對其貶官謫外的處分，而將高啟愚「革職為民，追奪誥命。」[79]。這次的彈劾或許因為未如丁此呂般將彈劾的層級波及朝中重臣，故未在朝中引起風波。且透過神宗此番對高啟愚嚴厲的裁罰，不難推測其對此次事件的真實心態。然而不論最終目的為何，神宗在這次事件中的表現卻也顯現出對於言官和閣臣兩方對立的官僚團體皆缺乏有效馭下的能力。就言官而言，透過這批少壯派的官員以傳達並遂行身為皇帝的意志，並藉此壓抑過去張居正所培植的閣老重臣當是神宗最主要的目的。若以結果而言，神宗堪稱徹底完成清算了張居正，但當言官更進一步的謀求自身政治利益時，神宗便暴露出對少進官員控制力不足，容易受到各方壓力而朝令夕改的情形，並使自身落入不斷與雙方妥協尋求諒解的政治泥沼。在眾言官對丁此呂處份的指責和萬曆朝令夕改的心態中，可以清楚的看到上述情形。

綜觀萬曆十二年丁此呂一案所引起的紛爭，固然神宗本身對張居正的態度是最根本的原因，然而朝中失去如張居正般強勢的領導者後，繼任的首輔申時行，以及政治歷練尚淺的神宗，都無法在強人政治後解構的的政治氣氛下主導朝中情勢，也是致使此次事件發展成朝臣互相惡鬥，並進而演變成日後朋黨樹立的重要因素。

[76] 《明神宗實錄》，卷164，〈萬曆十三年八月己酉〉，頁2。。

[77] 《明神宗實錄》，卷148，〈萬曆十二年四月乙丑〉，頁7。

[78] 《明神宗實錄》，卷148，〈萬曆十二年四月乙丑〉，頁7。

[79] 《明神宗實錄》，卷148，〈萬曆十二年四月乙丑〉，頁7。

六、餘論

萬曆十二年丁此呂一案，言官們雖然沒有成功的讓申時行及楊巍等人去職，但這場政爭結果對言官們仍堪稱得利。整體而言，以李植為首的少進言官在此一事件後，更是在相當程度上掌握了朝政的風向。然而與此同時，王士性卻接獲母喪的消息，必須依規制輟官返鄉守喪。此一突如其來的消息，對正處於意氣風發當下的王士性而言，想必是一個相當突然的衝擊。但被迫遠離官場的王士性，卻也此番仕途的段落而避開了另一次可能捲入的政治風波。

萬曆十三年，以李植為首的一派言官再度藉萬曆陵寢興建過程中的風水事宜對申時行展開攻擊。但這一次的政爭，卻使李植等人徹底在朝中失勢，並遭到謫官外放處分。而在李植等人遭貶隔年（萬曆14年，1586），神宗開始經常宣稱身體不適，並以此為藉口，進入了一段長期不視朝政的時期，最終出現了長達三十年未上朝的怠政現象。因此，在萬曆十年開始親政以至於十四年出現怠政的四年期間，閣臣與言官彼此對立並分別與神宗的意志抗衡的情形，尤為神宗最終怠政的重要因素之一。而朝中的激烈對立，也演變成朋黨樹立互相爭鬥的混亂局面。

綜觀王士性在萬曆十一年至十三年期間擔任禮科給事中的作為，以客觀的情況而言，捲入張居正死後的政治風暴似乎是無可避免。然而對王士性而言，踏入暴風圈更可以說是出自於自身的抉擇。就萬曆十一年彈劾郭思極一案，王士性便以表現出參與其中的積極態度和實際作為。而丁此呂一案中，王士性在趙南星洩密之後積極上疏維護丁此呂的行為，以致於之後涉入朝政的紛爭，都是王士性出於主動的作為。這樣的抉擇，或許來自家庭因素的影響，甚至是更實際的因素——對仕途的企圖心，這正是如王士性般少進言官之所以敢言的基本心態。透過對王士性擔任科道官員時期的觀察，不僅可以得知品秩雖低但卻手握彈劾權利的科道官員，如何參與日常政事的運作，並對國是提出建言，並參與政策的制定，甚至更進一步的參與政爭並於其中發揮科道官員的角色。這樣的觀察，也是審視明代後期政治運作的另一種視野。

戰時軍人從政現象研究
——以陳誠為中心的考察（1941-1943）

林伯瀚*

摘要

因陳誠身兼軍事及地方行政長官，在戰時軍事第一的訴求下，出現所謂「軍人從政」現象。本文以陳誠為考察對象，主要是因為陳誠素為蔣中正所信賴，且其對蔣中正亦是忠心耿耿，可以說是蔣中正的嫡系將領，關係匪淺。陳誠在此段湖北省主席經歷之後，仕途更是青雲直上官拜副總統。是以，若能對這位可說是中央政府第二號軍事強人，進行相關行政經歷的分析，必能對「軍人從政」現象進行更為全面的理解。

對於陳誠來說，1938年出任湖北省府主席，可說是他順遂軍旅生涯中的轉捩點，此後開啟其「軍人從政」時期。如何在省政與軍政之間取得微妙的平衡，在宛如瞎子摸象的地方行政長官經歷中，又是如何將軍人性格與作風灌注其中，這都是本研究所要進一步分析的。

綜上所述，本文將利用臺北國史館、中國國民黨黨史館，以及大陸地區所藏之檔案史料，配合相關論著，試圖建構陳誠在湖北省的施政並加以檢視。再由「軍人從政」的現象，更進一步探討在戰時動亂的中國，能否達到理想的軍政合一目標。

關鍵詞：軍人從政、陳誠、蔣中正、黨政軍一元化

* 國立中央大學歷史研究所碩士

一、前言

對日戰爭時期（1937-1945），國民政府統治區呈現了以省主席為首的地方行政系統、各省黨部為主的黨務系統，以及中央所劃定十二個戰區的軍事系統。在理想狀態下，應該三個系統緊密結合，配合軍事作戰，形成「黨政軍一元化」的態勢。但實際上因作戰需要，軍事凌駕於政治及黨務之上，故當時有所謂「軍人從政」現象，即以各該地軍事長官兼領地方行政長官。而陳誠（1898-1965）以第六戰區司令長官兼任湖北省主席就是顯例。雖說軍人從政現象早在北伐結束，中國形式上完成統一後就已經存在，但戰前的軍人從政現象或可視為蔣中正（1887-1975）要藉此整合中央與地方之間的關係，這與戰時著眼於實際戰爭，講求軍事政治配合，有相當程度的不同。

令人好奇的是，陳誠在出任湖北省主席之前，從未有過地方行政經歷，以一介軍人之姿進行省政運作，其如何銜接軍事強人與地方首長之間的角色，當中又會產生何種問題。再者，當所謂「軍人從政」現象出現後，又有何種後續效應，政策的施行與存續是否又會因為陳誠的軍事強人角色而有所改變。這些耐人尋味的問題，相較於陳誠顯赫軍政生涯，不過是微不足道的一頁，但另一角度來看，陳誠的湖北經驗很大程度被延續運用在日後治理臺灣上，是以若能更深入探討陳誠湖北主政經歷，必能對陳氏在臺灣的治理能有更全面的瞭解。以上這些因素，正是本文撰寫的主要動機與目的。

目前學界對於「陳誠」的研究已有一定成果，但綜觀來說，多數著作屬於陳氏之個案研究，對於其主政湖北之經歷，多以專書中的一個章節帶過，未能探討到上述較為深入的問題。雖說在期刊論文有較多探討陳誠在湖北地區的施政，但多聚焦在政策本身，未能分析陳誠的軍人身份對於施政帶來的影響，甚為可惜。故本文將以臺北國史館所藏之《陳誠副總統檔案》（以下簡稱《陳檔》）相關文電檔案，加上湖北省檔案館中有關戰時湖北施政的史料，輔以當時相關人物之回憶錄與日記等資料。希冀能在此課題上，立基於前人的研究基礎，試圖尋得更全面的論述。

二、出任湖北省府主席的轉折

陳誠自1935年派駐武漢並擔任武漢城防整理委員會主任委員後，為達成任務勢必得與當地人士合作，關係漸趨密切。其後1938年又出任武漢衛戍司令，手握武漢地區軍政要權，與湖北地區的關係自然不在話下，是以後來出任湖北省府主席也不讓人意外。但陳誠從一介軍人到省府主席的過程並不平順，甚至被外界認為有「流放」之意。本章即是要探討陳誠出任省府主席的波折與經過。

（一）迭遭非議

1938年，可說是陳誠如日中天的一年，身兼各方面要員，影響力深入黨、政、軍各領域。眼看陳誠聲望日隆，自然也招致部分耳語議論，其中，來自黨機器的聲音較為明顯。一方面陳誠非以處理黨務出身；二方面陳誠的軍人身分，對於黨務在軍隊中的運作，亦頗有掣肘之處。加上軍委會政治部以及三民主義青年團（以下簡稱「三青團」[1]）的成立，在工作與職權上，均或多或少與黨機器重疊，造成「踩地盤」的印象也不無可能，因而出現反對聲浪可以想見。

1938年3月底所召開的臨時全國代表大會，不但設立了專職訓練的中訓會，同時也決議為訓練青年而設立三青團。[2]三青團的設

[1] 三青團在當時被部分批評人士使用，帶有負面色彩，可參王良卿，〈三民主義青年團與中國國民黨關係研究（1938-1949）〉（台北：國立政治大學歷史研究所碩士論文，1996年），頁1。本文此處與王良卿論文相同，均是方便行文之簡稱，並無帶有特定價值判斷。

[2] 〈第三次會議〉，1938年3月31日，李雲漢編，《中國國民黨臨時全國代表大會史料專輯》（臺北：中國國民黨中央委員會黨史委員會，1983年），上冊，頁265。

立對於蔣中正來說，具有兩個重要的考量。一方面是蔣認為當時國民黨弊病已多，恐會造成年輕一代瞧不起國民黨而不願加入，故設立一全新組織來號招青年。[3]二方面是當時國民黨內部派系之間頗有歧見，是以蔣有把黨內各個重要派系予以整合，並融入一新組織的打算。[4]

1938年6月，陳誠奉派為三民主義青年團書記長。以組織架構來說，團長自是蔣中正無疑，陳誠成為團長之下的主要負責人。然三青團的人事頗不單純，因三青團之設立原先就是要消弭黨內各派系，因此在人事安排上就必須達成各山頭間的妥協，但此種妥協僅是表面。雖說兼顧了國民黨內原有之復興社、C.C.系與親陳誠者，但實際上陳誠向來對於復興社相當反感，甚至不願意接受復興社的社員加入三青團。[5]另一方面，復興社在三青團中央幹事會人數日漸增加，也掌握了負實際組訓責任的組織處與訓練處，[6]當時的組織處代理處長康澤也對陳誠不滿，認為陳要抓三青團的權力。[7]這也不免使陳誠在三青團中難以施展。

此外，軍委會政治部與黨部的職權亦有衝突，政治部派駐在各軍隊中的政工人員，應與部隊密切合作，並服從主官之指揮；而主官則要指揮及考察監督政工人員。[8]但蔣中正的一道手諭，則使軍中政工人員的職權變得複雜起來。蔣表示為省時省事起見，軍隊的黨務皆由政治部單純負責辦理，並且在政治部內附設黨務管理處，而各部隊之

3 王奇生，《黨員、黨權與黨爭：1924-1949年中國國民黨的組織型態》（上海：上海書店出版社，2003年），頁279。

4 王良卿，〈三民主義青年團與中國國民黨關係研究（1938-1949）〉，頁41。

5 鄧元忠，《國民黨核心組織真相》（臺北：聯經出版，2000年），頁515。

6 王良卿，〈三民主義青年團與中國國民黨關係研究（1938-1949）〉，頁57。

7 康澤，《康澤自述及其下場》（台北：傳記文學出版，1998年），頁291。

8 〈手諭擬稿訓令政工人員應受各部隊長指揮監督〉，1939年2月18日，《陳誠先生書信集——與蔣中正先生往來函電》（臺北：國史館，2007年），上冊，頁367。

黨務則由政工兼任黨務人員呈報管理處，管理處再對黨中央組織部每月彙報一次。[9]

上述作法造成了軍隊中黨務系統的二元化，陳誠就對此向蔣中正表示「各級黨務工作人員，因均係政工人員兼任，其工作指導遂亦分由中央組織部與政治部負責，有時不免因分工不確，情形不明，對所指示者發生重複或矛盾」。並提出調整軍隊黨務辦法，在該辦法中，明確表示軍隊黨務應授權政治部承辦，且增設軍隊黨務處，而原先黨中央組織部的軍隊黨務處人員，則一概調政治部軍隊黨務處工作，軍隊黨務經費，亦由政治部統籌開支。[10]這代表著軍隊的黨務工作主控權，從中央黨部完全移轉到了政治部；同時在人事及財政上，也都歸政治部管轄。自不免讓人產生，陳誠亦欲插手軍中黨務系統的想法。

就連政治部內部，也多有派系糾紛與摩擦。前面已提過，政治部主管軍隊政訓的第一廳廳長與主管民眾組訓的第二廳廳長分別為賀衷寒與康澤。此二人為力行社及復興社份子，擔任組織工作多年；而陳誠素無政治工作背景，要指揮兩個老手實有難度。三青團的成立，也使康澤與陳誠之間產生嫌隙，連帶影響陳、賀、康三人在政治部共事的關係。蔣中正曾因此指責陳誠，表示「部內主持乏人，幹部多不一致，且有無人負責之象；各黨派利用政部機構及名義發展其各自組織」。[11]

陳誠對蔣的指責亦頗感委屈，自承「用人不當，互相傾軋，言之殊為痛心」，更表示：

---

9 〈手諭軍隊之黨務皆由政治部負責〉，1939年3月3日，《陳誠先生書信集——與蔣中正先生往來函電》，上冊，頁370。

10 〈函呈擬具調整軍隊黨務辦法十條乞鈞核〉，1938年11月14日，《陳誠先生書信集——與蔣中正先生往來函電》（台北：國史館，2007年），下冊，頁412。

11 〈手諭政治部七點缺失及五項改進辦法〉，1940年3月26日，《陳誠先生書信集——與蔣中正先生往來函電》，下冊，頁437。

> 年來奉命主持政治部，人事方面，自始即未能有主動統一之部署，故步自封，各自為政，加之抗戰方亟，職又奉命時赴前方，個人行動未能一定，部內諸事，更難過問。去年以來糾紛特甚，流長蜚短，上瀆聽聞，至在至三，期於必信。[12]

此番解釋一方面是表達了自己的無奈，二方面是向蔣尋求解決之道。在陳的解釋當中，並未明確點出人事傾軋之主角，但蔣在之後的手諭當中，清楚點明了將會令飭賀衷寒與康澤兩人反省，並希望陳誠打消辭意，勉力為之。[13]陳誠與賀衷寒、康澤等人在政治部之關係，從這些電文往返當中，已是不言可喻。

嚴格說來，陳誠雖掌握三青團與政治部等職務，但卻難以發揮影響力，反倒迭遭非議，這也使陳誠有些力不從心。1940年初，陳誠針對黨政諸元之人事問題上書給蔣中正。當中提及自己身兼各種軍政要職，不免有「一曝十寒，顧此失彼」之感，更讓有心人士以「黨政上之游擊也是黨政上之瘧疾」嘲諷。[14]陳誠對此早萌退意，多次向蔣請辭，均獲挽留。對陳誠而言，以其軍人本色，自難周旋於各種政治人事之角力，此次在政治部等黨政要職走了一遭，更深感動輒得咎，表示不願「以有用之經歷與時間，自陷於無謂之糾紛與摩擦」。[15]

除人事上的糾紛與摩擦之外，軍事部分也開始緊張。日本從南昌、桂林、南寧等地步步進逼，湖北要點如荊門、當陽、宜昌等地也紛紛失陷。陳誠前線軍事任務繁重，對於後方職務更是難以兼顧。在

---

12 〈呈復政治部人事傾軋糾紛特甚謹請另予委用〉，1940年3月29日，《陳誠先生書信集——與蔣中正先生往來函電》，下冊，頁438、440。

13 〈手諭政治部應繼續負責不可遽萌退志〉，1940年4月5日，《陳誠先生書信集——與蔣中正先生往來函電》，下冊，頁441。

14 「陳誠呈蔣中正請調整軍事委員會各部廳機構人事與請辭兼職及調整戰鬥序列」，1940年1月6日，〈特交檔案〉，《蔣檔》，台北國史館藏，典藏號：002-080103-00050-001。

15 〈電呈側身黨政工作動輒得咎請准於軍事方面力圖自贖〉，1940年6月2日，《陳誠先生書信集——與蔣中正先生往來函電》，下冊，頁459。

主客觀條件都難以維持之下，蔣中正遂不再堅持，解除陳誠政治部、中訓團與三青團等職，使陳誠專負軍政責任。[16]康澤事後回憶，認為此舉代表了蔣對陳誠失去信任，[17]但從蔣、陳之間的電文往返可以很清楚的察覺，陳誠的確對於紛擾的人事角力感到厭惡，也為自己未能在軍事場域之外另闢蹊徑而感到遺憾。辭去後方兼職雖頗有一時意氣之感，但對陳誠而言，擺脫了後方的紛紛擾擾，或許也為他打開了另一處可以施展治才的天地。

（二）再任省主席

1938年底，陳誠將湖北省政府主席一職交由嚴重代理之後，基本多在重慶處理其他兼職事務。但嚴重在代理省主席上，頗感困難，並多次向陳誠表達辭意。嚴重所遇到的困難，主要是人事問題，願意擔負實際責任的人很少，光是找人接替或出任官職都極為困難，加上省府中人事也並非合作無間，這些瑣務使嚴重在省政上焦頭爛額。[18]但陳誠前方軍事與後方兼職都自顧不暇，亦無法再分神回頭處理省政。

日軍在武漢會戰後，基本上停頓戰略性的進攻，至1939年10月始進攻長沙，希望能夠打通粵漢路以及奪取湖南省糧倉。[19]為防止日軍進攻湖南，統帥部於第九戰區鄰近，新設立第六戰區，以陳誠為司令長官。[20]第六戰區起初為備戰戰區，主要轄境在鄂西與湘西，作戰地區同第九戰區。長沙會戰之後，陳誠因兼職過多，改以商震為司令長官，但1940年5月便撤銷該戰區。[21]

---

16 〈陳辭修先生言行紀要〉，《陳誠先生回憶錄——抗日戰爭》（臺北：國史館，2004年），下冊，頁486。

17 康澤，《康澤自述及其下場》，頁335。

18 〈函嚴立三對省政略貢一得仍盼勿存去志〉，1940年7月22日，《陳誠先生書信集——與友人書》（台北：國史館，2009年），上冊，頁154-155。

19 〈抗戰〉，《陳誠先生回憶錄——抗日戰爭》，上冊，頁119。

20 〈抗戰〉，《陳誠先生回憶錄——抗日戰爭》，上冊，頁155。

21 劉鳳翰，《抗戰期間國軍擴展與作戰》（臺北：國防部史政編譯室，2004

1940年6月，日軍連撲襄陽、宜城、南漳等地，宜昌情勢亦不樂觀。宜昌為長江咽喉，乃抗戰物資聚集之處，更是戰時陪都之門戶，地位非常重要。[22]在危急之際，陳誠再度奉命前往堅守宜昌，雖是明知不可為而為之，但既已受命便無法拒絕。在種種不利條件之下，宜昌仍於該月失守。[23]宜昌陷落造成後方震動，統帥部因而於7月再度設立第六戰區，仍以陳誠為戰區司令長官，轄境包括湖北省的西、中、南部，以及湖南西部，四川與貴州東部等。主要目的仍是拱衛陪都，[24]蔣中正更提出「軍事第一，六戰區第一」的口號。[25]

第六戰區因要保衛戰時陪都，所負責任艱鉅，正好也給了陳誠辭去後方諸多兼職的理由。[26]未及一個月，陳誠便再度去電蔣中正請辭，在電文中，陳誠剴切表示：

> 職自抗戰以來，東西奔馳，前後靡定，數年經過，本身職務既已荒曠，所負使命，復多挫失。雖承鈞座視猶子侄，曲予寬容，但人言嘖嘖，內省多疚，擬懇此後無論前方或後方，予以專責，稍圖報稱。職之所以一再籲請，喋喋不能自己者，非不

年），頁63。

22 〈棗宜會戰經過概要〉，日期不詳，秦孝儀編，《中華民國重要史料初編——對日抗戰時期》（臺北：中國國民黨中央委員會黨史委員會，1981年），第二編（二），頁478。

23 據陳誠事後回憶，宜昌失守在客觀因素主要是地形有利於日軍之快速部隊推進，但主觀因素才是關鍵。一方面軍隊調往他處，使江防軍力薄弱，再者，最初指揮也未能顧及全局，日攻襄樊，便僅對襄樊準備，其餘地方未能重視。張治中曾告訴陳誠：「你太老實，這是任何人都不願意去的」，且在宜昌失守之後，蔣中正也對陳誠表示：「因為沒有辦法才叫你去」。可參中國第二歷史檔案館編，〈陳誠私人回憶資料（1935-1944）（下）〉，《民國檔案》，期1，頁23。

24 〈中央為拱衛陪都計決恢復六戰區由我負責〉，1940年6月26日，《陳誠先生書信集——家書》（臺北：國史館，2006年），下冊，頁513。

25 〈抗日〉，《陳誠先生回憶錄——抗日戰爭》，上冊，頁159。

26 〈前方軍事不便辭因該戰區今後之主要任務在拱衛陪都〉，1939年7月3日，《陳誠先生書信集——家書》，下冊，頁515。

知仰體鈞座之憂煩，稍存自便之念，實求對事有效，於國有補，以報鈞座，而贖前愆耳。[27]

在此電中，陳誠以「國事為重」為由請辭，已是難以回絕之理由。另一方面，為達戰時軍政合一之目標，並使地方配合且支援戰區，以軍事長官擔任該駐地之行政首長的情況並不少見，因此若再以陳誠回任湖北省政府主席，也是較為合理之作法。

在水到渠成的情況下，未及一個月，蔣中正就批准陳誠解除後方各兼職，[28]並於1940年9月1日到湖北省政府接篆視事，嚴重代理湖北省政府主席一年八個月的時間正式畫下句點。[29]而湖北省政府原在宜昌辦公，在日軍進逼下節節轉進，後遷往山巒綿延的鄂西恩施縣，同時此地也是第六戰區轄境的中心位置，對於陳誠聯繫第六戰區軍政與湖北省省政而言較為方便。

此次回任省主席，有不少回憶資料均暗指或明言，是陳誠硬逼嚴重退位，使嚴重對於陳誠相當氣憤。[30]但從陳誠與嚴重之間的書信往返中可以發現，其實嚴重對於代理省主席感到十分厭倦，甚至在僅上任四個月的時候，就對陳誠表示「我最近自處之道，『投江』、『跑到金亦吾部隊裏去打游擊』等等的辦法，都曾想到。你即此可以知道我的苦悶。相交二十年，何必活活的把一個老朋友逼死呢」。[31]加上嚴重本就僅是代理陳誠省主席一職，時機若到，解除代理職務亦是於

[27] 〈電呈分和之宜並請恩威並用以起沈痾〉，1940年8月7日，《陳誠先生書信集——與蔣中正先生往來函電》，下冊，頁466。

[28] 〈函呈獲准解除兼職敬申感戴之忱〉，1940年8月30日，《陳誠先生書信集——與蔣中正先生往來函電》，下冊，頁467-468。

[29] 〈陳辭修先生言行紀要〉，《陳誠先生回憶錄——抗日戰爭》，下冊，頁488。

[30] 方暾〈我所知道的嚴重〉，《湖北文史資料》，輯2（1981年4月），頁104；師籍，〈記嚴重——立三先生〉，《武漢文史資料》，輯10（1982年11月），頁64-65；劉鳴皋，〈湖北三怪之一——嚴重〉，《武漢文史資料》，頁88。

[31] 〈嚴立三來函〉，1939年4月3日，《陳誠先生書信集——與友人書》，上冊，頁143。

法有據。因此，無論於情於理，要說陳誠奪走了嚴重的省主席職位，實在過於牽強。

陳誠回任省主席後，亦針對省府人事作調整，在此次的人事調整之後，直到1944年陳誠卸任省主席為止，湖北省政府的各部會官員，除了建設廳長陸續更換過兩人外，完全沒有任何更動。[32]這也代表湖北省政建設，進入相形穩定的時期，也避免首長更迭頻繁而造成「人息政亡」的現象，同時代表著另一個湖北的新時代也來臨了。此次陳誠擺脫了後方繁忙的兼職與複雜的人事傾軋，前來湖北省恩施縣親掌鄂省軍政。相較於1938年百花齊放的武漢時期，陳誠來到這個僻靜的鄂西山地，恰好也給予自己沈澱的機會，同時也為自己新開闢了一個可以施展的舞臺。但不可諱言的，這也是陳誠所面臨的嶄新考驗，雖說1938年便已接任省主席，但實際上省政根本無暇管理或是間接透過嚴重處理，直到此時終於直接面臨省府政務。如何達成戰時需求與省政建設間的平衡；施政上如何兼顧合理性與正當性，在在都考驗著陳誠這個軍事強人。

三、軍人作風的展現與施政

陳誠以一軍人之姿進行省政運作，其軍事強人與地方首長之間角色銜接的情況，以及所產生「軍人從政」現象後，又有何種後續效應。本章即是對陳誠的軍人作風加以檢視，先說明「軍人從政」現象的來由，並藉由湖北地區戰時的部份政策，進一步分析陳誠在「軍人從政」的過程中，其軍人性格所帶來的影響。

32 劉壽林等編，《民國職官年表》（北京：中華書局，1995年），頁748-751。

（一）軍人性格的展現

對日戰爭時期，國府統治區的省份，多半呈現三套系統，分別是以省主席為首的地方行政系統、各省黨部為主的黨務系統，以及中央所劃定十二個戰區的軍事系統。為配合軍事作戰，需使黨政軍三方面緊密聯繫與配合，故「黨政軍一元化」成為當時要務。但因作戰緣故，使軍事凌駕於政治及黨務之上，為增加配合效率起見，在當時有所謂「軍人從政」現象，即以各該地軍事長官兼領地方行政長官，如陳誠以第六戰區司令長官兼任湖北省主席就是其中顯例。

必須注意的是，此類軍人兼領省主席的現象並不獨出現於對日戰爭時期，早在北伐結束，中國在形式上完成統一後，就已經存在。與抗戰時期較為不同的是，戰前的軍人從政，很大程度是因為蔣中正的重軍思想。蔣氏對於軍人角色極為肯定，認為是國家興衰的關鍵，且是社會安定的中流砥柱力量。[33]此外對於軍隊組織的優點，蔣更是推崇備至，其表示：

> 軍事組織比其他各種組織來得優勝的特點，就在他能層層節制，就是對於其各級部下各個人，皆有人切實負責，嚴密管理，整然秩然，毫不能有所侵越與推諉的弊端，……軍事組織可以說是一切社會和事業組織的淵源，也是一切組織的最高典範。[34]

故蔣興辦各式各樣的訓練班，均採軍事化的大規模訓練團模式進行。

---

[33] 馮啟宏，〈抗戰時期中國國民黨的幹部訓練：以中央訓練團為中心的探討（1938-1945）〉臺北：國立政治大學歷史系研究部博士論文，2004年，頁48。

[34] 〈軍事訓練基本常識——軍事訓練的要領——對黨政班第三期講〉，1939年6月6、9日，收入於秦孝儀編，《言論總集》（臺北：中國國民黨中央委員會黨史委員會，1983年），卷16「演講」，頁267。

另一方面，蔣中正更進一步將軍事將領以及軍隊組織進到地方政治的前沿，除了在省一級主政外，更要進行政治控制和社會整合。[35]據統計，自1927年到1949年間，各省主席的出身背景中，武人佔了百分之八十七，文人則佔百分之十二，另外在省主席的主政年數上，武人也佔了百分之九十，文人僅佔百分之九。[36]由此來看蔣的重軍思想當是無庸置疑。戰前以軍人出任地方行政長官，政治與經濟上的控制固然是重點，但未嘗不可視為是蔣要藉此整合中央與地方之間的關係。若以中央軍人充任省主席，則代表中央力量的進入；相對的如以地方軍人充之，則又帶有緩和地方派系的目的，這與戰時軍人從政，主要著眼於實際戰爭講求軍事政治配合，是有相當程度的不同。

陳誠受保定軍校教育，又曾在黃埔軍校任職，之後一直擔任帶兵職務，即便曾擔任過軍官訓練團之教育長，但也是著重在軍事化教育的層面。換言之，在陳誠接任湖北省主席之前，是完全沒有地方行政經歷的。在這樣的情況下，陳誠對於擔任地方行政首長，僅能以瞎子摸象的態度，以其所受之軍事訓練，戰戰兢兢的前進。故在1938年初任湖北省主席後，其也自承：「以誠個人歷來的志趣，雅不願參加地方政治，因為自己的專責是在治軍，對於地方行政並無經驗，……當時之所以敢於毅然承攬者，無非是感於『見危授命』的古訓而已」。[37]

面對幾近陌生的職務，直覺以掌理軍隊的模式運作，似乎是再自然不過的事情。毫無疑問的，陳誠在湖北省主席任內的施政風格，確是延續其軍事訓練及作風而來。前已述及，陳誠受其老長官嚴重的影

[35] 王奇生，《黨員、黨權與黨爭：1924-1949年中國國民黨的組織型態》，頁175。

[36] 原數據計算至小數點後一位，為行文方便計，筆者一律無條件取至整數位。參上註，頁171。

[37] 「湖北省政府工作之近狀與今後施政之要領——在招待旅渝湖北人士席上報告」，1938年12月22日，〈文件－石叟叢書－言論〉，《陳檔》，台北國史館藏，典藏號：008-010102-00009-038。

響很深，特別是在軍隊訓練以及軍風紀上，例如強調三大公開，不吃空缺等。陳誠自身也算勤勉，頗能受託重任，在峨嵋軍官訓練時期，曾有蔣的隨從，每每深夜聽見陳誠伏案撰擬文件的書寫聲，認為陳氏能得到蔣中正的賞識絕非偶然。[38]當然陳誠會得到蔣的信任，並不如此簡單，但的確相當程度是奠基在陳誠的軍事才能，這包括了作戰以及訓練方面。

據當時陳誠的心腹將領方靖回憶，其對於陳氏印象頗深的幾點是，對待部下誠懇寬厚，用人上沒有地域觀念，頗能清廉自持，能夠代蔣受過。[39]這頗能符合不少現存之回憶資料當中的敘述，當然事有一體兩面，亦有部分回憶針對上述幾點認為是，太過護短，廣挖各派系人才，博得清譽，曲意迎合蔣等等。[40]筆者在此無意指摘或是幫陳誠辯護，而是要說明這些在戎馬生涯所逐漸塑造的性格，相當程度上，也被融入其主政湖北的方式當中，加上戰時軍事優先，故當時的施政帶有濃厚的軍事意味，也就不那麼令人意外了。

此處以陳誠在第十一師時期強調的「三大公開」為例，三大公開分別是用人公開、財政公開、意見公開。這些要求對當時的軍隊來說頗難做到，因此陳誠頗以十一師能實踐此三個要項為傲，其雖未明言希望湖北省府也能如此，但從處事態度或可略見一二。以省府開會的情況為例，據當時需出席會議的省黨部委員回憶，陳誠是個喜歡把一切事情提到會議上討論的人，因此有各式各樣的會議召開，故當時有人就批評陳誠主持省政是「勵精圖亂」，讓人「疲於奔會」。[41]

---

38 張毓中，《滄海拾筆：追憶侍從蔣介石的特勤生涯》（台北：傳記文學出版，2009年），頁87。

39 方靖，〈追隨陳誠二十年〉，收入於政協浙江省委員會文史編輯部編，《陳誠傳》（北京：藝華出版，1991年），頁45-57。

40 朱茂凡，〈陳誠在湖北的二三事〉，《湖北文史資料》，期2（1981年），頁119-122。

41 陳存恭、潘光哲訪問，潘光哲記錄，《劉象山先生訪問紀錄》（臺北：中央研究院近代史研究所，1998年），頁25。

上述情況可以說是「意見公開」的呈現，這在湖北省年終舉辦的黨政軍檢討會議上更是發揮的淋漓盡致。該會會期長達一個月，會期中陳誠曾被召回重慶，但仍下令會議繼續進行，直至其返回恩施，會議始終沒有間斷。[42]此外出席人士均需發言，即便到了晚上還須召開座談會，時間十分冗長。更有甚者，與會人士編成中隊，同宿同食，完全採軍事化管理。[43]從此就更可看出陳誠延續掌軍時期意見公開的影子了。不過從另一角度來說，軍隊是一個組織較為精簡的團體，且在全軍的任務或是目標也很一致；而省府組織部會龐雜，所負責之業務更是五花八門，在人多嘴雜的情況下，如此大費周章的討論確是難有實效。

陳誠在日常的處事風格也不脫軍人風格，或許是以前收編部隊的手法使然，習慣安插親信到新單位藉以掌控。陳誠在回任省主席後也是如此，除省府部會首長外，許多縣長也一併更換。當然這可視為省主席人事權的運用，不過所接任的縣長人選，據當時恩施縣長劉先雲回憶，都是要懂得軍事的人。[44]各部會首長，如朱懷冰、趙志垚、劉千俊等人，早期也都曾在軍隊服務過。

另外也因軍人性格使然，陳誠非常重視效率，據其副官邱行湘回憶，當時在恩施要修築新路，前任官員空有計畫卻未能實施。陳誠一聲令下，該副官率領兵工隊拆除了兩百多棟民房，該條新路順利完工。[45]此種重視效率的態度倒也不僅限於實際建設上，較為明顯的例子還表現在陳誠懲治貪汙以及嚴禁煙毒兩方面，其認為治亂世用重典，下達若有違令處以極刑的公告。

42 陳存恭、潘光哲訪問，潘光哲紀錄，《劉象山先生訪問紀錄》，頁25。

43 吳先銘，〈湖北省黨政軍年終檢討大會見聞〉，《湖北文史資料》，期15（1986年），頁60。

44 遲景德、陳進金訪問，陳進金紀錄，《劉先雲先生訪談錄》（台北：國史館，1995年），頁81。

45 邱行湘，〈漫憶鄂西〉，《湖北文史資料》，期14（1986年），頁6-7。

這方面陳誠頗不留情面，即便是位階不低者也是如此。當時宜昌縣長武長清是保定同期同學，查確有貪汙事宜後，隨即在省府會議時當眾處決。[46]此外宜昌城防司令兼警備司令蔡繼倫，監利縣長黃向榮等人，都因貪汙而遭槍決。當時不乏有人求情，但陳誠總以「與其一路哭，不如一家哭」，及「當了三年軍需的，拖出去槍斃，不算冤枉」回應。[47]對望治心切的陳誠來說，惟以「霹靂手段」行事才是收效最速的方法。[48]

在日常生活中，陳誠也保持著重迅捷及嚴律己的態度。多年擔任陳誠隨從秘書的郭大風，就曾經細述陳誠一天的生活，以及自己觀察到陳誠的個性。大致上說來，陳誠重效率自是無庸置疑，但也因此處事較為操切，許多口頭吩咐與命令不說第二遍，隨從人員也懼其威嚴而不敢詢問。[49]這雖然表現出陳誠的果決與剛直，但無可否認的，在行事上也就少了彈性；而下屬的懼怕，也使下情難以上達。曾有一次陳誠盛怒之下，要處決一名向百姓敲詐但數額不大的保安團員，並株連另外十餘人，竟沒有任何人敢向陳誠求情，最後全被槍斃。[50]固然此類嚴刑峻法隨即帶來成效，但卻也為陳誠博得「好殺」之名。

此種軍人硬頸性格在陳誠身上表露無遺，在多次以極刑向群眾表示其命令之權威不可侵犯後，促使省府內部各項事務都要由陳誠裁決。事必躬親的個性，使大小會議幾乎都會看見陳誠精悍的身影，聽取各方意見，但又回到之前所說的，耗費大量時間進行各種冗長而無效率的會議。陳誠以軍人性格治政，效率及果斷本為其最大優勢，但

46 〈我與湖北〉，《陳誠先生回憶錄——對日戰爭》，上冊，頁326。

47 梁羽，〈我對恩施的片段回憶〉，《鄂西文史資料》，期16（1995年），頁33。

48 〈我與湖北〉，《陳誠先生回憶錄——對日戰爭》，上冊，序頁16。

49 郭大風，〈陳誠的生活細節〉，收入於湖北省文史研究館編，《楚天筆薈》（北京：中華書局，2005年），頁71-73。

50 陳存恭、潘光哲訪問，潘光哲紀錄，《劉象山先生訪問紀錄》，頁29-30。

從而衍生出的僵硬以及塑造出的權威，使省府趨近於單頭馬車，全憑陳誠馬首是瞻，若陳誠一旦去職，省政運作會出現什麼樣的變化自是不難想像。

（二）帶有軍事作風的施政

陳誠受軍人訓練，致使在任職湖北時相關施政多帶有軍人習氣，顯例是前已述及的肅貪、禁煙等，另外也成立訓練團訓練幹部，此處將針對這些頗有軍事風格的施政略作說明。在禁煙上，陳誠透過死刑樹立禁煙法令的威嚴，但除了這個具有恫嚇性的結果外，在該政策的施行上也帶有相當程度的軍事作風。早在嚴重代理主席之時，湖北省就已有相關的禁煙辦法，不過成效不彰，嚴重曾苦惱的對當時湖北耆老張難先說：「雖苦口已滴杜鵑之血，而說法不能點頑石之頭」。[51]

陳誠上任之後，為改變此種情況，直接以一紙毫無退路的明令，凡是種、運、售、吸、設立煙館，概處極刑。[52]未幾，更擴大查察範圍，連同抗鏟煙苗、輸入或輸出罌粟種子也一律處以死刑。[53]並在報紙上宣告省府決心，言明吸煙者等於漢奸與敵人。[54]在省府雷厲風行的查緝之下，光是1941年就處決了兩百七十一名煙犯，[55]雖說人數不多，但陳誠刻意在每處決一案後，隨即於《新湖北日報》上公告，也頗讓人感到省府毫不寬容的決心。[56]

---

51 談瀛，〈回憶在恩施時的陳誠〉，《湖北文史資料》，期31（1990年），頁186。

52 〈我與湖北〉，《陳誠先生回憶錄——對日戰爭》，上冊，頁322。

53 「禁煙辦法五項」，1941年2月，《湖北省民政廳檔案》，湖北省檔案館藏，典藏號：LS3-1-4582。

54 《新湖北日報》，1941年1月3日，版2。

55 「本省三十年度處決煙犯人數統計表」，1942年，〈文件－湖北省政府－工作報告〉，《陳檔》，台北國史館藏，典藏號：008-010901-00007-001。

56 僅1941年上半年就有8則處決公告。

當中比較值得注意的是，陳誠在其回憶錄中提到凡是破獲相關案件，遞解縣府按法律審訊。不過在報上可以清楚看到，有許多煙犯都是逮捕之後，直接就地處決，[57]從這裡或許可以看見，以往軍事將領在治軍時，動輒就地槍斃的影子。當然並不是說全數未經法律審判，但是陳誠要求立竿見影之效，當中的審訊、移送、執行判決等過程，若有過於輕率或是可再商議之處也不讓人意外。曾經有名煙犯不知何因關押半年之久而未處決，煙癮已經戒除，但陳誠猛然想起後馬上處決。這讓當時知曉此事的中央社記者頗不以為然，認為前方正缺兵，既已無煙癮為何不補充兵員。[58]當然陳誠依法行政無可厚非，但若能多點轉圜餘地或能更為圓滿，特別是在禁煙這樣一個頗富爭議的措施之下。

當時湖北所實施的禁煙法，就陳誠看來，如同軍隊中實施的命令一般，其提到：「軍隊裡的命令，犯者必死，毫無疑義，……若未可盡殺，則命令等於弁髦，將置政府威信於何地」。[59]對照概處極刑的禁煙法令來說，陳誠可說是完全將省府當做是軍隊來治理。另外一方面，湖北省府公告如此雷厲風行的法令，但實際上卻是湖北省自行決定的單行法令。該法令授予縣長兼任軍法官，且審判程序完全按照軍法，但因事前沒有經過軍事委員會批准，且與中央原先公告的禁煙法令有部分牴觸，所以遭到軍法執行總監部與司法部門的反對與壓力。[60]

即便相關司法部門遲遲沒有批准湖北省府的禁煙法令，但陳誠仍是照樣執行。這或許也跟所謂「六戰區第一」以及蔣中正信任陳誠有關，據當時省府參議表示：「軍委會、行政院及各部對六戰區和鄂省

57 《新湖北日報》，1941年1月23日、3月6日，版2。

58 徐怨宇，〈我在鄂西五年的經歷與見聞〉，《湖北文史資料》，期14（1986年），頁21。

59 〈我與湖北〉，《陳誠先生回憶錄——對日戰爭》，上冊，頁297。

60 遲景德、陳進金訪問，陳進金紀錄，《劉先雲先生訪談錄》（臺北：國史館，1995年），頁82。

府相當照顧，……單行法規制定等，常常得到優惠。情況特殊時，陳誠還直接請示最高當局口頭批准，事後補辦手續，因此辦起事來比其他戰區和省方便的多」。[61]關於單行法規的問題，陳誠也曾當面與蔣中正討論，更表示湖北省府的作為有違背中央法令的地方，蔣當下雖有不悅，但也未置可否，這應該也是陳誠敢於在湖北大行鐵腕的重要原因。[62]

對陳誠而言，以治軍的方式處理政務，又要求要有軍事化的成果，其中很重要的就是軍事訓練。以往軍官訓練團的歷練，早使陳誠成為箇中好手，主政湖北之後仍是以相同的模式進行，故很常舉辦各部門各業務的訓練團，其中最具代表性的，就是省幹訓團。該團的興辦無疑的以軍事化為依歸，在其訓練原則上就開宗明義提到，要使受訓人員成為「徹底奉行命令之戰士」；在四個訓練項目中，亦有一項為軍事訓練。[63]這已經說明陳誠希望透過該團的訓練，不僅僅塑造可用之行政人員，更要能懂軍事，配合各項作戰上的要求。

若從省幹訓團的編制來看，或許更能理解。該團大致仿照中央訓練團，團主任由陳誠兼任無庸置疑，負責實際訓練工作的仍是教育長，第一任為韓浚，是黃埔第一期學生，曾當過旅長，[64]而前來受訓的學員則以軍訓隊伍的方式逐層分為大隊、中隊等。學員入團後首要工作就是進行軍事操訓以及思想考核，軍事訓練的內容大致上有步兵操兵、野外勤務、射擊教範等等，此外更要「養成有朝氣、有規律、有秩序之集團生活」。[65]若由此觀之，這幾乎與一般軍隊訓練無異。

[61] 梁羽，〈我對恩施的片段回憶〉，《鄂西文史資料》，期16（1995年），頁31。

[62] 〈我與湖北〉，《陳誠先生回憶錄——抗日戰爭》，上冊，頁4296-297。

[63] 「本省地方行政幹部訓練團訓練大綱」，1940年，〈本省地方行政幹部訓練所案〉，《湖北省訓練團檔案》，湖北省檔案館藏，典藏號：LS9-2-263。

[64] 蔡若水，〈我在鄂西經歷的地方行政幹部訓練工作〉，《湖北文史資料》，期14（1986年），頁151。

[65] 「本省地方行政幹部訓練團訓練大綱」，1940年，〈本省地方行政幹部訓練所案〉，《湖北省訓練團檔案》，湖北省檔案館藏，典藏號：LS9-2-263。

在該團規劃的政治課程當中，主要教授「總理遺教」與「總裁言行」。陳誠對於此類課程非常重視，曾有一段時間是親自講授「總裁言行」，更時常赴團訓話。[66]以精神講話的方式進行軍事訓練，對陳誠來說是再熟悉不過，據其秘書回憶當時聆訓的情景表示：「下面黃橙橙的一片圖案，像木樁，……只有一個人的講話聲音，這是紀律，講完後僚屬的恭謹頌揚，代表著軍人以服從為天責」。[67]而陳誠自己對於類似的精神訓話也頗為熱衷，是以雖然忙碌，但若要有演講之邀約，多半不會拒絕。

陳誠因為一直是純粹的軍人，沒有地方行政的經歷，當其回任省政時，又因推行「建設新湖北」的龐大計畫，需才孔急，但時間上又有急迫性，故以講求速效的軍事訓練團為典範，進行行政幹部的訓練。但若另一角度來觀察，或許有不同的理解，陳誠籌辦如此緊密的軍事訓練團體，無論實際組織或是企圖上，讓人無法不跟戰前的軍官訓練團以及戰時中央訓練團作聯想。加以實質訓練內容與軍隊大同小異，又強調精神訓練，意圖塑造以陳誠為核心的系統，這當是無庸置疑，而在這樣的系統建立之後，的確培養了一批能為省府作事的行政工作人員，在工作成效上，雖如前所述並不令人滿意，但僅以如此短暫的時間，能有此成效，軍事化訓練的凝聚也是關鍵。

四、軍人從政的侷限與影響

「軍人從政」對於陳誠來說是一個全新的嘗試，其試圖運用軍事上的果決與明快來解決省政問題，但實際上所獲得的成效仍待討論。本章即是探討陳誠在湖北的「軍人從政」，為省政建設帶來了何種影響，以及又遭遇到了何種的困境與限制。

[66] 遲景德、陳進金訪問，陳進金紀錄，《劉先雲先生訪談錄》，頁87。

[67] 郭大風，〈在陳誠身邊的日子裡〉，《武漢文史資料》，期28（1987年），頁54。

（一）軍、政之間的擺盪與影響

第六戰區司令長官、湖北省政府主席，這是陳誠在1940年7月之後身上的職務，「軍事第一、六戰區第一」，則是蔣中正寄予第六戰區的厚望。[68]陳誠以一介軍事強人的姿態，入主湖北省政府，不僅僅是面臨與李宗仁之間的軍政摩擦，也要處理自身軍事與政治如何分配的問題。大體說來，在戰爭期間以軍事為優先當是無庸置疑，但若是在戰火若有似無的局勢下，如何達到軍政兩造的平衡就很有難度。

以糧食為例，1941年開始，湖北連年災荒，即便在陳誠的第六戰區與湖北省區內，同樣也面臨糧食不足的問題。但在分配上，軍糧數額減少的情況幾乎不太可能發生，在相關徵實徵購後，首先就是撥配軍糧，倒是民食反而要向鄰省求援。此外，當省民的權益與軍隊的利益相牴觸時，陳誠也非常為難，曾有第五戰區的軍官當面向陳誠表示：「有槍不怕無糧」、「無糧可收錢，無錢可收地」。[69]陳誠最終仍是妥協，其也明白若不以軍隊優先，這些武夫不知會做出什麼事情來，僅以拿破崙（Napoléon Bonaparte 1769-1821）之語無奈的表示：「糧食，糧食，如果無糧食的話，這一群不守紀律的烏合之眾，是什麼可怕的事都可以作的」。[70]

不僅僅是食糧，當時有許多鄂西地區的農民生活非常困苦，除了徵購、徵實以及田租之外，尚需負擔鄰近駐軍的後勤，當中包括了養馬及所需之草料、以及以軍隊需求而強行低價購買的各種物資。[71]

---

68 〈抗日〉，《陳誠先生回憶錄——抗日戰爭》，上冊，頁159。

69 〈陳辭修先生言行紀要〉，《陳誠先生回憶錄——抗日戰爭》，下冊，頁570-571。

70 「軍糧的重要性與行政人員的責任——出席鄂北行政會議開幕典禮講」，1942年11月5日，〈文件－石叟叢書－言論〉，《陳檔》，台北國史館藏，典藏號：008-010102-00018-025。

71 此類物品包括了蔬菜、肉類、豆類、柴火、斗笠、鞋襪、擔架等等，參徐旭陽，《湖北國統區和淪陷區社會研究》（北京：社會科學文獻出版社，2007

此類涉及軍紀的問題，對於地方老百姓來說早就習以為常，希冀高高在上的省主席或是軍事長官，能夠件件知曉並有效處理無異是緣木求魚，即便陳誠身兼軍政又雷厲風行的禁煙及肅貪，但要根除如同上述這些農民生活中時常發生的災難，卻也不是易事。

陳誠長久以來的軍人身分，一定程度上限制其眼界，以及相關政策所能顧及的層面。據當時常參與相關會議的官員表示，湖北省府為求各單位間密切聯繫，會議召開很頻繁，陳誠常在會中疾言厲色指責下屬，並總以「建設新湖北」為念，提出許多很高遠的理想。但在場人士多少也心理明白，軍人出身的陳誠，光靠軍事口令與號召，是否就能將省政帶往坦途，實在令人存疑。[72]

正因為如此，陳誠若要掌握省政，勢必要有周詳的計畫配合方能收效，故才有「新湖北建設計劃大綱」的擬定。但自陳誠上任到該計畫脫稿，花了將近一年的時間，這期間雖也針對公文及行政效率等做了改革措施，但攸關人民的經濟及教育政策卻無重心。而1941年大綱決定之後，卻要在短時間內有效率的執行；大綱中所擬定的五年計畫對湖北省府來說，也超過其執行能力，但面對望治心切、強勢作風的陳誠，似乎也只能硬著頭皮上，是以貫徹程度仍有進步的空間。

用治軍的方式治理省政，幾近於陌生的領域，更應該小心謹慎。但陳誠一定程度把省府當做軍隊，認為從其口中所言之各項命令，都能一條鞭的在全省貫徹。以憑證分配為例，該政策忽視了商人階層，也降低了他們的生產意願，計口授糧則除了恩施縣之外，其他縣份連農民也沒得分配，這些問題，都是在政策研擬時可以更加周全的部份。

另外一方面，陳誠對於經濟、教育等重要施政，均會以政府的力量強勢主導。如戰時經濟政策，物資從生產到分配完全掌握在政府

年），頁239。

[72] 文思主編，《我所知道的陳誠》（北京：中國文史出版社，2004年），頁226。

手中，政府可以任意調高或降低物價，當然這對於戰時資源的節制有所幫助，但對於市場經濟的長遠發展來看是不利的。再如省府力推之「物物交換」，也是運用強勢手段干預經濟的明例。省府利用以物易物的方式減少貨幣之流通，杜絕通貨膨脹的發生，起初進行尚稱順利，但因實施範圍有限，且僅對於農民或手工業者有誘因，一般商人及軍公教人員對此道並不熱衷。類似情況並不少見，強勢圍堵絕不可能滴水不漏，合法的管道既被斷絕，不合法的門路自然出現，加以許多湖北的管制法令有限定區域，更讓走私、黑市等管道漸漸猖獗，這恐怕也是一昧用強制手段禁絕造成的後果。

陳誠身兼第六戰區司令長官與湖北省主席，但對於蔣中正而言，將陳誠運用在軍事方面似乎更勝於地方行政。1942年底，蔣就有將陳誠他調的想法，打算調陳誠接任遠征軍司令長官。[73]此時距離陳誠回任省主席不過兩年餘，而「新湖北建設計劃大綱」也僅實施年餘，如此短暫的時間，又如何希望省政能夠漸上軌道。陳誠對此也頗感無奈，但蔣再三催促，加之服從為軍人天職，只能匆促就任，湖北省政則在雲南遙領。

一面負責遠征軍的整訓，一面又要兼理湖北省政，對陳誠而言負擔實在太大，加之頗懼省政治理不力，故時向蔣中正請辭。蔣對此頗為不滿，去電痛責陳誠，提到：

> 你要不去就可不去，你要如何就可如何，我絕不再來懇求。現在除向你三跪九叩首之外，再無其他禮節可以表示敬意。然此非我所能為也。……須知你此種態度，國家政府命令紀律皆已廢棄，……就是說你的命令、你的意旨，無論上官與政府非絕對服從無條件接受不可，……我再明告一言，我派你往遠征

73 〈手諭擬派任遠征軍司令長官並從事整頓準備反攻〉，1942年12月21日，《陳誠先生書信集——與蔣中正先生往來函電》，下冊，頁539。

> 軍，乃是要希望你立業成名，而絕非限你於死地，我以為一切公私道義都可以棄置不談，然而軍人對於革命作戰命令，即使赴湯蹈火亦不能推辭，此乃軍人之本分。[74]

在此封措辭異常嚴厲的手諭發出之後，等於是蔣對陳誠所下的最後通牒，明確對其宣告了軍人本分就是服從。事已至此，陳誠當然不敢冒蔣之大不諱，其所煩心之軍事與省政間的取捨，也只能暫且拋諸腦後，完全回歸軍人本位。

湖北省主席卻遠在雲南省境，政務的決斷與政令的下達勢必失其時效，事後陳誠自己檢討這段經歷，也感嘆表示：「如無負責的領導，其不陷於停頓或盲動者幾希」。[75]當時陳誠除了兼任遠征軍司令長官外，1943年又被調回湖北主持鄂西會戰，但戰後隨即又被調回雲南，如此頻繁的調動更使省政建設難以為繼，特別是湖北省府完全以陳誠馬首是瞻的情況下。當時湖北省議會議長石瑛就曾語重心長的當面向陳誠說道：「你的辦法都很好，但我是不贊成的，因為你不能當一輩子湖北省主席，一旦他調，將何以為繼」。[76]

石瑛一番話已直指「軍人從政」現象的核心，軍人三年一調五年一輪，如何維持省政不墜，在人事快速更迭的情況下，繼任省主席者是要蕭規曹隨，亦或是另闢新局，也牽動了施政的一貫性，亦是一大隱憂。這個隱憂在陳誠陸續奉派到其他職務後成為事實，在其對減租工作的回憶與檢討中提到了：「可惜，湖北是個戰區，而我不久之後亦奉調他職，無法作徹底的改進」。[77]這寥寥數語，或可作為陳誠在

[74] 〈手諭接獲辭呈不勝感慨望再三思〉，1943年9月15日，《陳誠先生書信集——與蔣中正先生往來函電》，下冊，頁555。

[75] 〈我與湖北〉，《陳誠先生回憶錄——抗日戰爭》，上冊，頁411。

[76] 同上註，頁412。

[77] 「如何實施耕者有其田：第二、湖北的『二五』減租」，1951年，〈文件－專著與講詞－專著〉，《陳檔》，台北國史館藏，典藏號：008-010302-00002-002。

湖北主政的寫照。不得不承認在建設新湖北的計畫大綱中，有不少立意良善，以及若確實執行或有成效的政策，但我們無從得見這些政策的成效，抑或是會為湖北帶來何種改變，因為時間並沒有給予陳誠證明的機會。

五、結語

擔任地方行政首長所要關注的層面，已非單一部會或是軍隊所能比擬，陳誠以一介軍人從政，面對幾近於陌生的省政建設領域，加上又缺乏基層行政幹部，只能如履薄冰，戰戰兢兢的摸索。陳誠對於地方建設並非一無所知，其亦有心中所勾勒的藍圖。由其幕僚協助研擬的「新湖北建設計劃大綱」就是藍圖的具體呈現。在這份大綱中，陳誠與省府團隊鉅細靡遺的規劃了以五年為期的計畫，內容包山包海，涉及層面不可謂不廣。

如此龐大的計畫，實行上就有相當難度，加以陳誠以軍人作風，事事要求速效，望治心切，許多政策的執行往往虎頭蛇尾，未能貫徹。另外，陳誠以強勢作風帶領施政，整個省府事事以陳誠馬首是瞻。即便擔任省主席，陳誠也未辭去軍事兼職，戰爭時期調動頻繁，許多時候遙領省政，時間與效率均不理想，政策也會有不能長久的現象。政府的角色過於強勢，控制大部分的行政資源與物資，卻又無法兼顧各階層省民，致使施政的合理性與正當性打了折扣。

軍人從政無非著眼於效率與果斷，可在戰時快速動員地方資源配合軍事。但令人費解的是，戰時軍務繁忙，地方行政也非簡易之事，長久以來僅受軍事訓練的陳誠，要如何在其中取得平衡。陳誠希望自己能為湖北百姓作事，但蔣在根本上還是視其為軍人，在軍情需要時任意調動，陳誠雖無奈也只能徒呼負負。

當然筆者無意否認陳誠對於省政的勤勉與投入，也贊同其許多為平民百姓所設想之政策，即便是用軍事壓制的方式來進行經濟政策的施行，造成部分不良影響，但相當程度上穩定了湖北的物價水準，使百姓能生活在水平低落但不虞匱乏的環境。若是將視角抽離對於湖北省政的關注，並重新投射在當時內外交逼的情勢上，或許對於帶有軍人堅毅苦幹精神的陳誠，會有相當的同情與敬意。

所謂內外交逼，指除了內部省政建設的千頭萬緒以外，還須面對其他鄰近地方軍人所帶來不甚友善的氛圍。因省區與戰區的劃分並不一致，往往自己的省區卻駐防其他戰區的軍隊，資源的分配與統屬的爭議常會引發衝突，這對於戰時軍政合一的目標絕對是負面效應。或許較為理想的狀態應該是區分文人跟武職，軍人尊重文人政府領導權，合法的參與政治，而非以「暴力的管理與運用者去干預政治」。[78]

[78] 洪陸訓、段復初編，《軍隊與社會關係》（臺北：時英出版，2002年），頁6。

1971年中華民國、美國與雙重代表權

蔡秉修*

摘要

1971年9月第二十六屆聯合國大會於美國紐約召開，10月25日由美國所提出之逆重要問題案取得優先表決的機會，但卻以4票之差未能通過。在中、美等國爭取一切手段失利後，中華民國外交部長周書楷以程序形式上臺發言，宣布中華民國不再參加廿六屆大會任何進一步的議事程序，並隨即率團離席退出議場。

隨後大會主席將「排華納共案」付諸大會表決，結果以41票之差通過，成為二十六屆大會2758號決議案。廿二年來聯合國中國代表權問題，正式畫下句點。

本文透過現今中美兩國所公布之外交檔案，可以探析中華民國退出聯合國過程之三個情景。其一，了解到美國內部如何運作雙重代表權之形成，尼克森、季辛吉、羅傑斯等人的實際態度與作法。其二，了解中美對於此議案的爭議所在，以及1971年中美對於此議案的會商情形，從形成、定案、到實際操作一連貫過程。其三，可從中獲知中華民國內部決策情況，如何在基本國策下，採取彈性的作法。

關鍵詞：聯合國、中國代表權、雙重代表權、重要問題案、中美關係

* 國立中央大學歷史研究所碩士

一、前言

1949年10月中華人民共和國建國，開啟兩岸對於聯合國席位的爭奪戰。1949年起到1971年的22年間，聯合國大會裡幾乎年年提出中國代表權歸屬的議案。1971年第26屆聯大會議中，阿爾巴尼亞再度提出「恢復中華人民共和國在聯合國的合法權利」（以下簡稱排華納共案），且列入當屆議程；同年10月25日「變向重要問題案」[1]經大會表決失勢，中華民國乃宣布退出第26屆聯合國議事，隨後聯合國大會將排華納共案逕付表決，以76票比35票通過，形成大會2758號決議案。[2]結束二十多年來中國代表權歸屬的爭議。中華人民共和國至此取代中華民國成為聯合國中國代表。

學政界回顧此段歷程，隨著中華民國政局演變，出現許多質疑且可議之處：如有些學者認為當時中華民國為著「漢賊不兩立」的意識型態，頑固不可變通的外交政策，導致了中華民國的退出，如不自行退出，中華民國將可繼續留在聯合國。[3]或有學者以自身旅美經驗，認為如果將國名改為臺灣或是福爾摩沙，將可以爭取更多的支持，如此將可持續保有聯合國會員身分。[4]

除了對於當時外交政策的批判外，就議案提出的過程，亦有許多未明之處：譬如1971年中美協商情況為何？是否有共識出現？因1970年25屆聯大會議的投票中，排華納共案已出現51對49票的過半支

---

1 所謂「變向重要問題案」，係指在26屆聯大之前，採用的重要問題案是針對中共入會，需要三分之二多數會員國同意，而此屆則為排除中華民國，需三分之二多數會員國同意，所謂「變向」即為此議，於中華民國外交檔案中，多稱之為「逆重要問題案」。

2 詳見外交部國際組織司編，《中華民國出席聯合國大會第二十六屆常會代表團報告書》（臺北：外交部，1972年4月），頁117。

3 陳隆志，〈臺灣與聯合國——回顧與展望〉，《新世紀智庫論壇》，期14（2001年6月），頁7。

4 陳隆志，〈「臺灣與聯合國」研討會綜合討論紀要〉，《新世紀智庫論壇》，期14（2001年6月），頁50。

持，[5]中美雙方自會後到翌年26屆聯大召開前，到底有哪些應對方式？會談過程至今仍未能完整悉之。

再者，當時美國國家安全顧問季辛吉（Henry A. Kissinger, 1923-）於1971年7月上旬以及聯大投票前夕，連續訪問中共兩次，其用意何在？且此秘密行程，更於日後由總統尼克森公開宣布，美方對此議題的意向究竟為何？會談間是否與中共達成某種程度的默契或承諾？這些都需要有更多的檔案才能了解事實真相。

最後，中美因應26屆聯大中國代表權的方案，是採取所謂「複雜雙重代表權」[6]提案。讓兩岸政權同時入會，這是嚴重違反中華民國的基本國策，議案中甚且明言將安理會的席位讓與中共，當時中華民國是否接受？抑或是美方直接提出，而未與之協商？以上問題，皆有賴新證據、新史料的公開，方能有所解答。本文依照事件發生的先後順序，試圖還原當時的輪廓。

二、「雙重代表權」出爐：墨菲來華協商

1970年底至1971年春，中美雙方對於是否使用雙重代表權一事已有討論，但仍處於美國內部意見且逐步試探中方態度。[7]1971年4月9日季辛吉建議總統尼克森（Richard M. Nixon, 1913-1994）：「關於中國代表權的最主要問題還是在於：不管是否持續保持讓臺北留在聯合國且排除北京於外的現行政策，還是改採新政策來防止或延緩臺灣被

[5] 外交部國際司陶謀權編，〈廿二年來聯合國處理所謂中國代表權之經過節要〉（1973年），《外交部國組司檔案》，外交部北投檔案庫，分類號640，案次號90060。

[6] 所謂「複雜雙重代表權」為將中華民國與中華人民共和國共同納入聯合國會員國，且由中共取代中華民國擁有中國的安理會席位，中美外交文件中通常簡稱DRC.

[7] 談判過程詳見蔡秉修，〈中華民國退出聯合國歷程之研究（1949-1971）〉，中壢：國立中央大學歷史研究所碩士論文，2008年，頁86-122。

排除於外。我認為有必要派遣一位總統私人身分代表：鮑勃墨菲，與蔣介石親自談論整體相關的問題，就此與臺灣當局達成共識，讓他們同意並順從這項決定。」[8]季辛吉期望尼克森指派足以代表總統身分的人，「直接」向中華民國最高決策者的蔣介石對談，趁早確定在中國代表權議題上雙方的共同策略，尼克森表示同意。[9]

4月12日尼克森與即將卸任駐美大使的周書楷（1913-1992）道別，會中澄清美國與中共友好行為，將不影響中美關係，保證美國絕對信守對臺灣的承諾外，[10]關於中國代表權，尼克森表示：「……我們正著手準備一個有效的方式為中華民國奮戰。我們探討了各種各樣的計劃、許多提案，譬如『雙重代表權』。我已決定採用此項提案。……美國沒有改變我們的基本態度，這也許必須是我們需要適應的戰略方式。……為此我決定派遣墨菲特使赴臺為我傳達我方意見……臺灣和聯合國對我們而言都是必須面對的嚴酷現實，我們都不能輕易放棄它，但我們需要理智的去面對」[11]周書楷反對但將代為傳達。[12]

1971年4月23日墨菲特使（Robert Murphy, 1924-1990）正式來華與蔣介石會談，主要討論聯合國席位問題：

---

[8] Memorandum From the President's Assistant for National Security Affairs (Kissinger) to President Nixon, Washington, April 9, 1971, in The U.S. Dept. of State, ed. *FRUS*, 1969-1976, Nixon-Ford Administration vol. V, United Nations, 1969-1972, p. 657.

[9] 墨菲之所以德高望重足以代表總統與蔣介石會談，係因在他四十年的外交官生涯中，擔任過一系列知名且善於處理敏感的外交事務，詳參美國國務院：美國卓越外交官系列紀念郵票網頁：http://tinyurl.com/3gzc4b（擷取日期：2008年4月19日）

[10] Memorandum of Conversation, Washington, April 12, 1971, 11:31 a.m.–12:05 p.m., in The U.S. Dept. of State, ed. *FRUS*, 1969-1976, Nixon-Ford Administration vol. XVII, China, 1969-1972, pp. 290-291; *Congressional Quarterly*, Dec.23(1978), p. 3491.

[11] Memorandum of Conversation, Washington, April 12, 1971, 11:31 a.m.–12:05 p.m., in The U.S. Dept. of State, ed. *FRUS*, 1969-1976, Nixon-Ford Administration vol. XVII, China, 1969-1972, p. 291.

[12] Memorandum of Conversation, Washington, April 12, 1971, 11:31 a.m.–12:05 p.m., in The U.S. Dept. of State, ed. *FRUS*, 1969-1976, Nixon-Ford Administration vol. XVII, China, 1969-1972, p. 291.

(一) 墨菲：雙重代表權方式代替重要問題決議案

墨菲強調儘管美國支持新的步驟，仍將信守對中華民國的條約義務並提供軍援。同時中共也許並不接受新步驟的安排而拒絕進入聯合國。

(二) 爭議點：安理會席位歸屬？

墨菲認為：新的建議將避談此點，以便中華民國保有在安理會的席位。如果尼克森總統能照自己的意思行事，那他對此將不做任何改變。

(三) 蔣介石：「重要問題案」必須執行，安理會由中華民國所有

蔣介石認為，如果美國認為絕對有必要採取新步驟的話，新步驟必須要重申「重要問題案」的實質，而且不能觸及中華民國在安理會中的席位……讓出中華民國在安理會的席位，會危害中華民國生存的法律基礎……如果美國發現它絕對必要採取一種新方案，這樣一種新方法還是必須重提重要問題案，而且不能碰觸到中華民國在安理會的席位。……在不損及中華民國在安理會席位完整的條件下，他準備與尼總統討論新的模式。

(四) 蔣介石要求五項重點：

1. 希望今年仍用「重要問題」的決議辦法；
2. 如美方預見前面有困難，中華民國不會做任何事阻止美國提出新的模式，只要這模式不嚴重損害中華民國的主權；
3. 任何贊成聯合國大會接納北平政權的新模式都足以傷害中華民國，即使是北平不加入聯合國；
4. 新模式須想盡一切辦法保護中華民國在安理會席位，以確保中華民國基本立場與聯合國憲章的完整；
5. 如有修正提案把中華民國在安理會的席位包括進去，美國

須盡力阻止這樣的企圖。[13]

中美雙方在墨菲的到訪後有了明確的共識：就是美國確定會提出新方案來因應26屆的中國代表權問題。且依照蔣介石會談中的5項堅持，可以看出新的方案其中還要包含美國的三項保證：1. 重要問題案須繼續推動；2. 中共不能進入聯合國；3. 絕對不能侵害中華民國在安理會的席位。尤其是第三點，於整個談話過程中，蔣介石不只一次的提到安理會席位的重要，可見得此為中華民國最為注重之處。

三、安理會中國代表權歸屬爭議

（一）美國內部對墨菲來臺的檢討：擱置安理會爭議

墨菲回國後，23日與尼克森會面表示：「蔣表示願接受『兩個中國』，如果這樣的政策不會犧牲中華民國在安理會的席位。」[14]尼克森直言：「鑒於國際面對北京的態度的現實，維護臺灣在安理會的席次是不可能的。」[15]墨菲對於安理會一事表示已與蔣介石說明，但他自身亦希望中華民國能保有安理會一席。尼克森對於墨菲與蔣介石的會談不甚滿意，尤其是對於安理會席位上，認為美國在中國代表權議題上難有彈性空間。另一方面，尼克森也擔心如過份強調「兩個中國」是否會影響美國正在與中共進行的「關係正常化」。[16]季辛吉向尼克森表示：

13 Record of Conversation, Taipei, April 23, 1971, in The U.S. Dept. of State, ed. *FRUS*, 1969-1976, Nixon-Ford Administration vol. V, United Nations, 1969-1972, pp. 666-675.

14 The U.S. Dept. of State, ed. *FRUS*, 1969-1976, Nixon-Ford Administration vol. V, United Nations, 1969-1972, p. 683; 傅建中，〈讀美外交文件拾遺〉，《中國時報》，2005年4月5日，版13。

15 Memorandum for the President's File by the President's Deputy Special Assistant for National Security Affairs (Haig), Washington, May 21, 1971, in The U.S. Dept. of State, ed. *FRUS*, 1969-1976, Nixon-Ford Administration vol. V, United Nations, 1969-1972, p. 683.

16 自4月23日到5月23日近一個月的時間，尼克森才與墨菲見面會談中國代表權一事。原因就在於這段時間內美國與中共的關係出現新的一波發展，尼克森

1. 〔中華民國〕誤解了美國將提出變向重要問題案。我們應該找機會向中華民國方面解釋……墨菲於談話中強調，蔣墨共識將於美國提案中，毫無修改的完全接受，這使我們喪失了在策略上的靈活性……
2. 墨菲再三表示，我們將支持中華民國繼續保留其安理會的席位。這將是重大的難題。一方面蔣介石堅持保留安理會之席位，另一方面，多數的會員國都認為我們採用雙重代表權只是個維持現狀的花招。這種情勢下雙重代表權是無法成功的，我原先希望美國能暫緩對安理會席位做出表態，等情勢逐漸發展足以讓蔣介石意識到，保留安理會席位將自損其聯合國之席位。……然而這一切都於事無補了，因墨菲已向中華民國承諾我們將支持保留其安理會席位。我們必須或者明確的告知蔣介石這是一項錯誤，或者我們將接下現今之提案並履行我們的承諾。[17]

會後尼克森與季辛吉就此事私下表示：「我們最終可能將以雙重代表權方式提案，然而我非常想要持續堅持那原則〔重要問題案〕，並讓此議案被擊敗，然後他們〔中華民國〕被驅除。」[18]季辛吉也表示：「或許我們可以用另一種方式，就是盡量去拖延，暫緩表達我們的立場。拖到一定時間後，再提出兩個中國提案，這樣也一定會失敗。如

與季辛吉都將焦點著眼於中共方面是否同意美國派遣官員赴中共進行會談。See Message From the Premier of the People's Republic of China Chou En-lai to President Nixon, Beijing, April 21, 1971, in The U.S. Dept. of State, ed. *FRUS*, 1969-1976, Nixon-Ford Administration vol. XVII, China, 1969-1972, pp. 300-320

17 陶文釗主編，《美國對華政策文件集（1949-1972）》，卷3下，頁1080-1082。

18 Meeting Among President Nixon, Secretary of State Rogers, and the President's Assistant for National Security Affairs (Kissinger), Washington, May 27, 1971, 2:42–4:26 p.m., in The U.S. Dept. of State, ed. *FRUS*, 1969-1976, Nixon-Ford Administration vol. V, United Nations, 1969-1972, p. 696; 張紹鐸，〈美國與聯合國中國代表權問題〉，頁66-67。

此一來我們就萬事大吉了。」[19]季辛吉接著詢問尼克森對於「變相重要問題」案的看法，尼克森若情勢考量，這很一個很好的方式，他可以用此向國內宣傳仍支持中華民國。至此，尼克森決定擱置安理會爭議，因為先確定是否能改善中共關係，回頭再處理此事也不遲。[20]至此，尼克森的態度已經偏移，中華民國要保留席位可說是相當不容易了。

（二）駐美大使沈劍虹履新：美方擱置議案

5月18日新任駐美大使沈劍虹履新，尼克森再度向沈劍虹保證：「美國在聯合國及其他方面支持中華民國的政策仍然不變，美國將繼續信守中美共同防禦條約內所規定的義務。」[21]翌日沈劍虹與前美國中央情報局駐臺代表克萊恩會談，克萊恩表示：「關於我聯大代表權事，未聞美國政府任何負責人士主張犧牲中華民國遷就共匪者，對如何維護我合法地位之策略，美最高層尚未有所決定……」[22]對於提案方式，克萊恩「個人」表示，可以商請比利時提案以「過半數即可通過准匪入會案」[23]，另由日本「提一確保我席次案」[24]。提案內容為何？克萊恩主張以「變向重要問題案」搭配「雙重代表權」來因

[19] Meeting Among President Nixon, Secretary of State Rogers, and the President's Assistant for National Security Affairs (Kissinger), Washington, May 27, 1971, 2:42–4:26 p.m., in The U.S. Dept. of State, ed. *FRUS*, 1969-1976, Nixon-Ford Administration vol. V, United Nations, 1969-1972, p. 696; 張紹鐸，〈美國與聯合國中國代表權問題〉，頁66-67。

[20] Extract of Memorandum of Conversation, Washington, May 5, 1971, in The U.S. Dept. of State, ed. *FRUS*, 1969-1976, Nixon-Ford Administration vol. XVII, China, 1969-1972, pp. 312-333.

[21] 沈劍虹，《使美八年紀要：沈劍虹回憶錄》，頁51。

[22] 外交部收電總編第5454號，〈中日美會商我代表權問題〉，第3冊，（中華民國60年4月16日至7月30日），《外交部國組司檔案》，外交部北投檔案庫藏，分類號640，卷次號90074。

[23] 外交部收電總編第5454號，〈中日美會商我代表權問題〉，第3冊，（中華民國60年4月16日至7月30日），《外交部國組司檔案》，外交部北投檔案庫藏，分類號640，卷次號90074。

[24] 外交部收電總編第5454號，〈中日美會商我代表權問題〉，第3冊，（中華民國60年4月16日至7月30日），《外交部國組司檔案》，外交部北投檔案庫藏，分類號640，卷次號90074。

應。[25]此為美方首度規劃之提案內容，雖然克萊恩強調此為自擬之草案，祇是這草案卻在數月後竟正式成為提案。

25日沈劍虹與其舊識澳洲駐美大使畢令索（Sir James Plimsoll, 1917-1987）會見於華府，畢令索告知沈劍虹美方立場恐已更動，安理會席位並非如墨菲來華時那般的保證。[26]28日美國國務卿羅傑斯邀約沈劍虹談論代表權案，並表明：「事實上無法提供絕對保證，但決盡最大努力……如有人提出安理會席次問題，美國將以程序反對，認此乃安理會本身權則內（FUNCTIONS）事，與大會無關……」[27]羅傑斯等於在暗示美國無法保證安理會席位是否歸於中華民國，但他給予中方一個錯誤的訊息：就是美國會解決此問題。

坦白的說這不能怪羅傑斯，因為他本身就不是決策圈內的人。果不其然，6月1日尼克森於記者會上正式宣告美國需6週時間確定代表權因應策略，[28]此項宣布完全在白宮的計畫之內，尼克森早已決定擱置本案，直至季辛吉7月中旬訪問中共後再做定奪。心急如焚的中華民國，也只能透過自身的管道，想辦法獲悉美方到底意念如何。[29]

---

[25] 提案內容詳見〈沈劍虹致外交部部次長電八一一號〉，（民國六十年五月二十〇日），《忠勤檔案》，檔號3010.82/5044.01-045，「聯合國」，編號二，《蔣經國總統檔案》，國史館藏。轉引自王正華編，《中華民國與聯合國史料彙編（二）中國代表權》，頁512-514。

[26] 外交部收電總編第5668號，〈中日美會商我代表權問題〉，第3冊，（中華民國60年4月16日至7月30日），《外交部國組司檔案》，外交部北投檔案庫藏，分類號640，卷次號90074。

[27] 外交部收電總編第5839號，〈中日美會商我代表權問題〉，第3冊，（中華民國60年4月16日至7月30日），《外交部國組司檔案》，外交部北投檔案庫藏，分類號640，卷次號90074；〈沈劍虹致外交部電八三四號〉，（民國六十年五月二十八日），《忠勤檔案》，檔號3010.82/5044.01-045，「聯合國」，編號二，《蔣經國總統檔案》，國史館藏。

[28] 外交部收電總編第5993號，〈中日美會商我代表權問題〉，第3冊，（中華民國60年4月16日至7月30日），《外交部國組司檔案》，外交部北投檔案庫藏，分類號640，卷次號90074。

[29] 洽助過程詳見蔡秉修，〈中華民國退出聯合國歷程之研究（1949-1971）〉，頁139-142。

四、尼克森、季辛吉的亞洲政策

（一）季辛吉密訪中共：持續延遲討論議題

正當中華民國外交部期盼著尼克森何時發佈中國代表權問題的最終決定，白宮方面尼克森與季辛吉卻著手處理著對他們而言更為重大的外交事務。6月2日中共總理周恩來透過巴基斯坦駐美國大使希拉利，向尼克森及季辛吉傳達了會面的訊息。[30]尼克森與季辛吉獲得此一消息大喜過望，4日透過希拉利回信：美方將由季辛吉出席，預計於1971年7月9日訪問中國3日。[31]數日後獲得周恩來同意。尼克森、季辛吉喜出望外，積極與相關部會官員開始著手準備各種會談的資料，並與尼克森加緊討論會談的細節與重點。[32]

6月底尼克森要求駐華大使馬康衛安撫中方：「美國絕對支持中華民國聯合國，不希望有任何的提案將之驅除……我們當然能支持他們繼續留在安理會中，然而這是很難成功的任務……」[33]顯然，尼克

[30] National Archives, Nixon Presidential Materials, NSC Files, Box 1031, Files for the President-China Material, Exchanges Leading up to HAK's Trip to China, December 1969–July 1971. No classification marking; The U.S. Dept. of State, ed. *FRUS*, 1969-1976, Nixon-Ford Administration vol. XVII, China, 1969-1972, p. 340；亨利基辛格著、陳瑤華等譯，《白宮歲月：基辛格回憶錄》，第二冊（北京：世界知識出版社，1980年），頁932。

[31] 根據季辛吉的回憶，當天他與尼克森舉杯祝賀已經取得的和即將取得的成就，詳參亨利基辛格著；陳瑤華等譯，《白宮歲月：基辛格回憶錄》，第二冊，頁933。

[32] 相關文件及回憶錄眾多，See Memorandum From the President's Assistant for National Security Affairs (Kissinger) to President Nixon, Washington, June 3, 1971, in The U.S. Dept. of State, ed. *FRUS*, 1969-1976, Nixon-Ford Administration vol. XVII, China, 1969-1972, pp. 334-347, 354-356；亨利基辛格著；陳瑤華等譯，《白宮歲月：基辛格回憶錄》，第二冊，頁916-939。

[33] Conversation Between President Nixon and the Ambassador to the Republic of China (McConaughy), Washington, June 30, 1971, 12:18–12:35 p.m., in The U.S. Dept. of State, ed. *FRUS*, 1969-1976, Nixon-Ford Administration vol. XVII, China, 1969-1972, pp. 348-353.

森正在玩兩面手法，把兩岸都蒙在鼓裡，但他也暗示保留中華民國安理會席位的困難。而另一決策者季辛吉，則在7月1日與沈劍虹見面，並表示：「美方仍將遵照墨氏四月底與我極峰所談路綫進行，為關於我〔中華民國〕在安理會席次經深入研究後，發現問題實較當時想像者為複雜，尼總統所以遲遲不覺者其故在此，尼總統對我〔中華民國〕基本立場甚為清楚，如我〔中華民國〕在安理會席次發生問題，我〔中華民國〕絕對無法容忍，現美方大致已準備與其他友邦連署提出所謂雙重代表權，並將努力為之爭取支持票……」[34]季辛吉也保證如果有涉及安理會的修正案被提出時，美國必定會依程序問題於予否決。然而事實上這一切都只是為了應付中華民國。因為當晚季辛吉搭乘飛機展開他生涯最重要的「孛羅一號」計畫。季辛吉在其回憶錄表示：「一九七一年七月一日會晤中華民國大使沈劍虹，是我任職期間最痛苦的經驗之一，沈大使是為下屆聯合國大會中華民國會籍來看我。我發覺很難集中精神在細節問題上，因為當天我還得啟程前往亞洲，然後密訪北平，安排尼克森總統訪問中國大陸事宜。即將發生的一切對在臺灣的中華民國政府是不公平的，它一直是美國的忠實友邦，對我們的所作所為足為楷式，可是我必須儘可能地依計畫行事。它的代表們，尤其是大使，始終表現了中國人民固有的信賴感與睿智。我發現我對沈大使所扮演的角色尤其痛苦，因為我知道他對聯合國程序策略的機密討論，不久將為更重大的事件所取代；但是我不能告訴他，我盡可能地維持一個正常而冷靜的型態，按照既定的問題與他會談……」[35]

[34] 〈駐美大使沈劍虹電〉（民國六十年七月一日），檔號D2229，「聯合國案」，第一冊，《蔣經國總統檔案》，國史館藏。

[35] 季辛吉（Henry Kissinger）著，時報出版公司譯，《季辛吉回憶錄（中國問題全文）》，頁140。

（二）季辛吉表明美方態度：中共取代中華民國

9日季辛吉已秘密抵達中共釣魚臺國賓館與周恩來會面。除了討論許多中美關係正常化的議題外，關於中國代表權，周恩來直言美國的對華政策充滿很多矛盾，他指出：「在美國國內不少人像您一樣是承認中華人民共和國的，在國際政治的舞臺上我們也獲得越來越多的國家承認。在國際組織上亦越來越多人認可了這項事實，如今美國的策略是甚麼？」[36]或許是季辛吉以為周恩來需要得到保證，於是直接把尼克森私下的策略告知中共：「尼克森希望透過多數表決讓中國取得聯合國席位，並以三分之二多數驅除臺灣，當然，美國只有反對驅除臺灣一途……」[37]，如果美方決策高層真實意向是如此，中華民國想持續保有中國代表權似乎極為困難了。

（三）尼克森震撼

季辛吉達成任務返國的兩天後，7月16日週五晚間7點45分尼克森在未知會中華民國政府的情況下，於加州美國國家廣播公司，向全美國人民發表關於季辛吉訪問北京的事宜：

> ……過去三年中我曾在多種場合所指出的，沒有中華人民共和國及其七億五千萬人民的參與，不可能獲致穩定與持久的和平。這就是我為甚麼曾在多方面採取主動為我們兩國的更正常關係打開門戶的理由。為追求這一目標，我曾派遣我的國家

[36] Memorandum of Conversation, Beijing, July 10, 1971, 12:10–6 p.m., in The U.S. Dept. of State, ed. *FRUS*, 1969-1976, Nixon-Ford Administration vol. XVII, China, 1969-1972, p. 412.

[37] Patrick Tyler, *A Great Wall : Six Presidents and China : An Investigative History*, p. 101; Also can see Meeting Among President Nixon, Secretary of State Rogers, and the President's Assistant for National Security Affairs (Kissinger), Washington, May 27, 1971, 2:42–4:26 p.m., in The U.S. Dept. of State, ed. *FRUS*, 1969-1976, Nixon-Ford Administration vol. V, United Nations, 1969-1972, p. 696.

安全顧問季辛吉博士，在其最近的世界之旅中前往北京，與周恩來總理有所晤談。現在我將宣讀的是準備於北京與美國同時發布的共同聲明：

……周恩來總理代表中華人民共和國政府邀請尼克森總統於1972年5月以前的適當時間訪問中國。尼克森總統業已欣然地接受了這一邀請。中美兩國領袖之會晤，目的在尋求國關係之正常化，同時就有關兩國問題交換意見。[38]

此文告一出，震撼了當時整個國際，更衝擊直接衝擊到中華民國的國際地位，無疑讓中美長久合作關係誠信蕩然無存，是謂「尼克森震撼」。[39]諷刺的是在尼克森發表文告的同日，阿爾巴尼亞等國再度提出排華納共案。[40]面對如此情勢，除表達嚴正抗議外，[41]外交部也祇能持續與美方繼續溝通，要求美方提案能盡速公開，畢竟就外交的現實層面，美方的態度與國際聲望，仍是維繫中華民國能否存留於聯合國最關鍵的因素。

（四）美方建議中方接受安理會席位讓予中共

面對這突如其來的變化，22日中華民國「宣傳外交綜合研究組」[42]常務委員於總統府會商未來的應對策略，[43]嚴家淦（1905-

38 *Public Papers of the Presidents of the United States: Richard Nixon, 1971*, pp. 819-820.

39 陳志奇，《美國對華政策30年（增訂版）》，頁302。

40 外交部國組司，《中華民國出席聯合國大會第二十六屆常會代表團報告書》（臺北：外交部國組司，1972年4月），頁5。

41 蔡秉修，〈中華民國退出聯合國歷程之研究（1949-1971）〉，頁152。

42 1950年國民黨中央成立宣傳、外交小組（簡稱宣外小組），其重要成員包括張群、魏道明、黃少谷、蔣經國、沈昌煥、李國鼎、馬樹禮、沈錡等。1971年因聯合國中國代表權問題案情勢危急，由副總統嚴家淦擔任主席。詳參國史館，《中華民國外交志》（臺北：國史館，2002年12月），頁28-30。

43 根據錢復於「外交老兵談我國退出聯合國真相」座談會中回憶，當時中華民國成立了宣外小組總管其事，1971年原先由總統府秘書長張群擔任召集人，

1993）建議「宜先飭駐美沈大使答覆羅吉斯國務卿，表明我政府峻拒美方最新之建議。」[44]隨後23日晚間周書楷以特急極密級電報沈劍虹，根據會談結果轉達羅傑斯中方聲明：

> 1. 所謂雙重代表權案原係美方先行提出，墨菲先生本年四月二十三日謁　總統時曾再三表示美方無意在新案中已安理會席位畀匪，並願使我仍能保留安理會席位……晤談時亦曾提及美必盡最大努力維護我安理會席位。……對安理會問題美定將盡力以赴。……
> 2. 我曾再三告知美方政府，我在安理會席位如有動搖，則中華民國將不能繼續留在聯合國內。美方對此情形已甚明瞭。茲竟不顧前此承諾，而迫我放棄安理會席位，為我萬萬不能接受者。尼總統及羅卿自本月十五日以來，計在強調對我之友誼，謂不擬犧牲我國。務其彼等奉此精神，尊重以往諾言，勿在新案中將安理會席位畀予共匪。……[45]

而後改由副總統嚴家淦擔任，組內人員皆由外交耆宿所組成。座談會的會談紀錄詳參《中華日報》，2008年2月18日，版4；《聯合報》，2008年2月18日，版9；《中國時報》，2008年2月18日，版4；《民眾日報》，2008年2月18日，版2；或參（962）外交老兵談我國退出聯合國真相臺北市立圖書館網站影音位址：mms://192.83.187.10/asf/001/20080217-957.wmv（擷取日期：2008年2月18日）。

[44] 新編第135909號，〈中日美會商我代表權問題〉，第3冊，（中華民國60年4月16日至7月30日），《外交部國組司檔案》，外交部北投檔案庫藏，分類號640，卷次號90074；〈行政院長嚴家淦上總統蔣中正呈〉（民國六十年七月二十三日），〈外交部長周書楷致駐美大使沈劍虹第七九七號電〉（民國六十年七月二十三日），檔號D2229，「聯合國案」，第一冊，《蔣經國總統檔案》，國史館藏。

[45] 發電專號第797號，〈中日美會商我代表權問題〉，第3冊，（中華民國60年4月16日至7月30日），《外交部國組司檔案》，外交部北投檔案庫藏，分類號640，卷次號90074。

23日沈劍虹與羅傑斯會面，羅卿表示：「美方希望與我一致，惟在探詢若干國家反應後，只有DR〔雙重代表權〕按規定安理會席位界匪，或可保留我〔中華民國〕會籍。」[46]共同討論的美國國務院國際事務部助理國務卿波瑪（Samuel De Palma, 1920-）亦表示，美國評估安理會席位問題即使在大會無法做出決定，到了安理會內部投票時，至少會有八個國家支持安理會中國席位由中共取代。美國即使投票反對，聯大主席也將不會發予中華民國證書；如果經程序問題，則美方就無法動用否決權。不論如何算計，美方皆無能為力，絕非不支持中華民國。[47]同日中華民國行政院副院長蔣經國亦與馬康衛會商，態度亦與羅卿相同。[48]至此美方態度已然明確，就是希望中方能接受所謂「複合雙重代表權」提案。面對此種局面，考驗著中方高層如何因應，是否保持基本國策，將是最困難的抉擇。[49]

（五）中華民國默許安理會歸屬中共：發言反對，投票支持

針對宣傳外交綜合研究組的呈文與對策，以及中美雙方的談判匯報，當時中方的決策核心蔣介石，當下默許中華民國代表團可以在表決時接受雙重代表權，即使安理會席位為中共所取代。[50]此項重大轉折至關重大，因為中華民國的一票可能關係到雙重代表權能否通過，

[46] 外交部收電總編第8465號，〈中日美會商我代表權問題〉，第3冊，（中華民國60年4月16日至7月30日），《外交部國組司檔案》，外交部北投檔案庫藏，分類號640，卷次號90074。

[47] 外交部國際組織司編，〈聯大代表權案因應經過紀要〉，《外交部國組司檔案》，外交部北投檔案庫藏，分類號640，卷次號90038。

[48] 摘自〈蔣副院長與馬康衛大使談話紀錄〉，《忠勤檔案》，檔號3010.82/5044.01-067，「中美」，編號六四，《蔣經國總統檔案》，國史館藏。

[49] 摘自〈蔣副院長與馬康衛大使談話紀錄〉，《忠勤檔案》，檔號3010.82/5044.01-067，「中美」，編號六四，《蔣經國總統檔案》，國史館藏。

[50] 錢復，《錢復回憶錄　卷一：外交風雲動》，頁150-151；《中華日報》，2008年2月18日，版4。對照錢復回憶錄與錢復於座談會的說辭，蔣介石的決定似乎有一天的誤差，根據外交部與美國外交文件，皆無法查證是25日決定亦或26日決定此事。

關係到能否阻擋阿爾巴尼亞提案，蔣介石於此時決定在安理會席位上向美國讓步。[51]但在公開場合中，需發言反對，以及洽助時不自行談及安理會問題，即便洽助國提問，盡可能模糊應對。

中方高層態度確定後，周書楷26日立即與美日兩國的駐華大使會面，告知中方立場。[52]並於翌日晚間電示沈劍虹與劉鍇會見羅傑斯，當面告知：

> 1. 倘各友邦，如美國、日本確認為有提出雙重代表權以擊敗阿案之必要，我可予以瞭解，惟切勿在案中提及我在安理會之常任理事席位。
> 2. 倘其他國家擬對以修正案方式或單獨提案方式剝奪我在安理會之合法席位，務期美日兩國切勿參加連署及勿投票支持。
> 3. 我對任何方式之雙重代表權，均必須發言反對。[53]

羅傑斯表示肯定，並預告將於8月2日公開發表美方對代表權的處理方式：「……唯一能保全中華民國在聯合國之機會，在於美國支持一項議案，使貴國政府與『北平政府』同時在會，並對北平政府應佔有安理會常任理事席位之多數意見，至少加以默認。此項議案可能與另一項預先提出用以認定任何剝奪中華民國代表權之提議係屬憲章第十八條所規定之重要問題之決議案配合使用。此項決議案為獲通過，

---

[51] 張紹鐸，〈美國與聯合國中國代表權問題〉，頁69。

[52] Telegram From the Department of State to the Embassy in the Republic of China, Washington, July 27, 1971, 1643Z, in The U.S. Dept. of State, ed. *FRUS*, 1969-1976, Nixon-Ford Administration vol. V, United Nations, 1969-1972, p. 748；外交部去電總編第7183號，〈中日美會商我代表權問題〉，第3冊，（中華民國60年4月16日至7月30日），《外交部國組司檔案》，外交部北投檔案庫藏，分類號640，卷次號90074。

[53] 〈外交部長周書楷致駐美大使沈劍虹第七九八號電〉（民國六十年七月二十七日），檔號D2229，「聯合國案」，第一冊，《蔣經國總統檔案》，國史館藏。

則可保證阿爾巴尼亞案將不能以簡單多數通過。」[54]沈劍虹及劉鍇表示中方將默許此聲明。至此，中華民國為了代表權，決定做出重大了讓步，也給了美國更多的空間。

五、中美定調：複雜雙重代表權

（一）美方正式提案：中方支持雙重代表權

羅傑斯正式發表聲明後，中美對於提案內容進入了最後的決定階段，8月17日布希正式交付聯合國秘書長宇譚，請將題為「中國在聯合國之代表權」之項目列入廿六屆大會議程。宇譚依其所請，將該項目作為補充項目列為議程草案第一〇五項，正式提出變向重要問題案以及雙重代表權。[55]

為了與美方共同爭取提案國，20日周書楷以極密件通電相關的駐外使館，說明有關代表權案的「因應方案」及英文「洽助要點」均已送達，因時間日益緊迫，要求各使館依照其因應方案盡速洽助。[56]周書楷並且叮嚀，於口頭解釋上需特別注意兩點：「1. DR案〔雙重代表權案〕旨在阻止阿爾巴尼亞案之通過，以達保我之目的。故不論任何形式為何，務請對方投票贊成。如有難為之處，可請其在會中解釋投票，我對DR案〔雙重代表權案〕自不能贊成，故將發言反對。至我為何投票，當視實際情勢決定。因我處境特殊，友邦對我就DR

54 〈駐美大使沈劍虹聯合國常任代表劉鍇致外交部次長第〇四四號電〉（民國六十年七月三十日），檔號D2229，「聯合國案」，第一冊，《蔣經國總統檔案》，國史館藏。

55 詳參外交部國組司，《中華民國出席聯合國大會第二十六屆常會代表團報告書》，頁6。

56 外交部發電總編第8456-8465，〈聯大中國代表權因應策略〉，第二冊，（中華民國60年8月9日至9月14日），《外交部國組司檔案》，外交部北投檔案庫藏，分類號640，卷次號90046。

〔雙重代表權案〕所持態度可以不必介意。2. 倘DR案〔雙重代表權案〕規定以安理會我國席位畀匪，我自將反對。但目前可僅詢明友邦對該項規定將持何立場，請其坦誠相告，及即電部。」[57]周書楷並且要求如果對上述兩項有疑問者，應回電外交部請示，「千萬不可含混進洽」。[58]

到了8月份中美對代表權案終於開始共同向國際間洽商此事，不再如先前那般無所適從，其後中美就等待提案國家的連署完成，以及提案內容的最終確定。然而提案內容中，是否表明安理會席位由中共取代？成為往後一個月內，中美協商的重點。

（二）公開支持單純抑或複雜雙重代表權？

中美洽助行動開展一段時日後，20日美國副常任代表菲利浦（Christopher H. Phillips, 1920-1995）亦向劉鍇表示單純雙重代表權迄今仍無任何一國願意連署，且美方的最新接洽結果估計複雜雙重代表權案僅可勝出兩票，而單純雙重代表權則將無法通過，[59]而中方洽助情形同樣不樂觀。駐美副使來天惠向錢復說明當下最嚴重之困難在於：「絕大多數之國家認為單純之D.R.案無法接受或無法獲得足夠之支持票，而主張用D.R. Complex，即明白規定以安理會席位給予中共……」[60]26日布希與劉鍇會面，當面告知現況對於單純雙重代表權之壓力甚大，現美方已接洽之93國中，其中有32國表示應該要將安理

[57] 外交部國際組織司編，〈聯大代表權案因應經過紀要〉，《外交部國組司檔案》，外交部北投檔案庫藏，分類號640，卷次號90038。

[58] 外交部發電總編第8456-8465，〈聯大中國代表權因應策略〉，第二冊，（中華民國60年8月9日至9月14日），《外交部國組司檔案》，外交部北投檔案庫藏，分類號640，卷次號90046。

[59] 外交部國際組織司編，〈聯大代表權案因應經過紀要〉，《外交部國組司檔案》，外交部北投檔案庫藏，分類號640，卷次號90038。

[60] 〈外交部北美司司長前覆上部長周書楷簽呈〉（民國六十年八月二十二日，秘字第1284號），檔號D2229，「聯合國案」，第一冊，《蔣經國總統檔案》，國史館藏。

會席位讓予中共，布希表示美方將於9月中旬正式將遞出提案，希中方能協助洽助亞太地區之聯署國。[61]

面對此情勢，9月3日羅傑斯電示馬康衛預先知會中方：「〔美國〕必要將安理會席位讓予中共，希望周書楷與中華民國能夠理解且默許美方所作出的結論，理由是因單純雙重代表權案之提案國數量過低，多數國家皆認為安理會席位應該要加入於其中。」[62]5日季辛吉亦向尼克森表示支持羅傑斯的看法，[63]8日羅傑斯再度密函給周書楷，告之美國確定在草擬提出雙重代表權案中，加入中共將擁有安理會席位。[64]

面對美方壓力，要求中華民國公開支持複合雙重代表權，10日錢復電示劉鍇，要他轉達中方的回應是：「……我政府基於海內外中國人民之〇〇，必須有強烈之表示，我對DRC〔複合雙重代表權〕現不擬向各國遊說請其反對，但實無法要求各國積極支持……」[65]表明了中方將無法積極的向友邦國家積極要求支持複雜雙重代表權案，美國恐須自行解釋。事實上公開支持複合雙重代表權確實讓中方十分尷

[61] 外交部國際組織司編，〈聯大代表權案因應經過紀要〉，《外交部國組司檔案》，外交部北投檔案庫藏，分類號640，卷次號90038；〈聯合國第廿六屆常會中國代表權問題洽助會議紀錄及部長大會演說稿〉，《外交部國組司檔案》，外交部北投檔案庫藏，分類號640，卷次號90020。

[62] Telegram From the Department of State to the Embassy in the Republic of China, Washington, September 8, 1971, 0048Z, in The U.S. Dept. of State, ed. *FRUS*, 1969-1976, Nixon-Ford Administration vol. V, United Nations, 1969-1972, pp. 802-807.

[63] Memorandum From the President's Assistant for National Security Affairs (Kissinger) to President Nixon, Washington, undated, in The U.S. Dept. of State, ed. *FRUS*, 1969-1976, Nixon-Ford Administration vol. V, United Nations, 1969-1972, pp. 799-802.

[64] 外交部國際組織司編，〈聯大代表權案因應經過紀要〉，《外交部國組司檔案》，外交部北投檔案庫藏，分類號640，卷次號90038。

[65] 外交部發電總編第9325號，〈聯大中國代表權因應策略〉，第二冊，（中華民國60年8月9日至9月14日），《外交部國組司檔案》，外交部北投檔案庫藏，分類號640，卷次號90046；外交部國際組織司編，〈聯大代表權案因應經過紀要〉，《外交部國組司檔案》，外交部北投檔案庫藏，分類號640，卷次號90038。

尬：要求他國支持自身放棄安理會席位，並讓對立的國家擁有自身席位，自已則退居一般會員國。

11日上午行政院副院長蔣經國召見錢復，對於代表權問題他做出了三點指示：「一、應探明美方是否有助我誠意；二、對於蘇俄動向要密切注意；三、我方的立場是，如美方提案通過，中共因我在聯合國而拒絕前來，我應堅守陣地；倘阿爾巴尼亞提案有通過跡象時，應先主動退會。」[66]表達中方再度默許美國改變提案之內容。同日下午，周書楷發出特急極密級電報告知所有駐外單位，外交部最新的指示為：「美國現與澳、紐等若干國家商定將原擬之單純雙重代表權案（Simple D.R.）改為複合雙重代表權案（D.R. Complex）……該案聞將於聯大開幕前提出。面臨此種新情勢。本部茲指示緊急因應方針如下：『（一）對於複合雙重代表權案，因違反我最後立場，外交部將發表聲明反對，自不宜出面向駐在國政府洽請聯署或支持，故今後此一方面之工作，惟有由美澳諸國出面為之，我駐使自收到本電時○，應即停止就DR案〔雙重代表權案〕向駐在國積極進洽（包括聯署與支持）以遲本部另有指示時為止……我駐使務須注意：對於美澳諸國就複D.R.案對駐在國政府所進行之洽駐工作，我一面不能表示業予默許，但另一方面亦宜避免表是過分堅決之反對或敵視，以免引起駐在國誤解而造成不利我之結果，本部深知此一微妙情勢因應之艱困希望特別審慎。（二）本部前頒因應方案及英文洽助要點……支持IQV案，反對阿爾巴尼亞案，及支持留我方案優先程序等均照舊進行。（三）……上述新情勢及緊急因應方針，我駐使如有意見希即電部，○○○作最高度密件處理』。」[67]周書楷更動了先前積極洽助的指

---

[66] 錢復，《錢復回憶錄　卷一：外交風雲動》，頁152-153。

[67] 外交部去電專號第376號，〈聯大中國代表權因應策略〉，第二冊，（中華民國60年8月9日至9月14日），《外交部國組司檔案》，外交部北投檔案庫藏，分類號640，卷次號90046；〈廿六屆聯合國代表權問題〉，（中華民國60年9月15日至10月27日），《外交部國組司檔案》，外交部北投檔案庫藏，分類號640，卷次號90031；外交部國際組織司編，〈聯大代表權案因應經過紀要〉，

示，顯見國內高層對於是否表明支持複雜雙重代表權，仍未做出最後決定。[68]

更多的空間。

（三）尼克森公開安理會席位讓予中共：中方決定支持複合雙重代表權

6屆聯大召開前夕，尼克森在記者招待會中，答覆記者有關中華民國在安理會席位問題時公開表示：「……美國政府所持的立場，國務卿與布希大使已經說過去在法理上說的過去的。重視我們的政策是很明白的，我們允許且將投票讓中華人民共和國進入聯合國，自然，這表示將給他們在安理會的席位。我們的目標，反對驅除中華民國出聯合國，我們將盡一切努力，以達成此目標。」[69]尼克森於此時正式宣示了美國的提案內容的重心，美方態度的確定，意味著中方想有所轉圜已不可能了。面對種種不利中方的情況日益發生，18日總統府秘書長黃少谷再度發出國內的最新指示：

> 1. 尼克森已電令其駐外使節宣布以安理會常務理事席位畀匪，而又對於保我部份之措辭則消極無力。
> 2. 美方原謂將DRS〔簡單雙重代表權案〕改為DRC〔複合雙重代表權案〕便可使該案及IQV案〔重要問題案〕多獲聯署者及支持者，現則僅有八國及十三國分別聯署，且澳紐態度迄不明顯，此究係各國謂承認匪共國家躊躇不前，抑另有內幕頗值研究。

《外交部國組司檔案》，外交部北投檔案庫藏，分類號640，卷次號90038。

68 Memorandum From Secretary of State Rogers to President Nixon, Washington, September 11, 1971, in The U.S. Dept. of State, ed. *FRUS*, 1969-1976, Nixon-Ford Administration vol. V, United Nations, 1969-1972, pp. 807-808.

69 王正華編，《中華民國與聯合國史料彙編（二）中國代表權》，頁579。

3. 從墨菲四月來臺時之表示至前日羅吉斯對兄之表示，雖我方節節委曲求全，而美方之誠意則越來越難捉摸。

4. 因此我方除不惜依預定步驟繼續堅忍苦鬥外，一面必須切實提高警覺，於判斷IVQ〔重要問題案〕及DR〔雙重代表權案〕兩案通過無望而阿案通過確成定局時，斷然主動退會，以免完全陷於受辱地位。

5. 退會時須發表正大聲明，以明歷史是非，此聲明之政治性重於外交性。[70]

對於種種不利的情勢不斷呈現，中華民國似乎已有了最壞的打算。周書楷在接獲國內指示後，9月21日聯大正式召開前，給予各接洽人員的最終指示：

> 複合雙重代表權與我基本立場相悖，固非我願接受。但該案主要作用在促成IQV案之通過以徹底擊敗阿案而達保我目的，固友邦為求保我而聯署或贊成該案，我自充分了解，且友邦仍可於大會中以解釋投票方式闡明其基本立場，希即本此意洽請各友邦全力助我。

9月22日第26屆聯合國大會正式召開，尼克森公開支持中華民國的中國代表權席位。[71]布希亦正式提出了「變向重要問題案」以及

70 中華民國長駐聯合國代表團來電No.2424，〈聯大廿六屆常會中國代表權問題代表團收發電〉，《外交部國組司檔案》，外交部北投檔案庫藏，分類號640，卷次號90055；〈總統府秘書長黃少股至外交部長周書楷第三〇三號電〉（民國六十年九月十八日），檔號D2229，「聯合國案」，第一冊，《蔣經國總統檔案》，國史館藏。

71 Memorandum for the President's Files by the President's Deputy Assistant for National Security Affairs (Haig), Washington, October 22, 1971, in The U.S. Dept. of State, ed. *FRUS*, 1969-1976, Nixon-Ford Administration vol. V, United Nations, 1969-1972, pp. 844-846.

「複雜雙重代表權案」。[72]中方於此同時確定支持複合雙重代表權，25日以極機密級電報發布，題為「希駐在國支持DRC案」電文，告知各大使館：[73]

> 查CDR〔複合雙重代表權案〕與我基本立場相悖，固非我願接受。但該案主要作用在促成IQV案〔重要問題案〕，藉以擊敗阿案而達保我之目的。又系一IQV案通過而阿案及CDR案〔複合雙重代表權案〕均遭否決支情況下，敵方極可能續提新案或透過證書委員會謀我。固友邦為求保我而贊成或聯署CDR案〔複合雙重代表權案〕，我均不介意而予充分了解，且友邦仍可於大會中以解釋投票方式闡明其基本立場。見於駐在國對DRC案〔複合雙重代表權案〕不予支持或立場未定，……〔省略為洽助國家〕基於上述點歷洽駐在國政府全力助我，以確保我在聯合國之地位。並盡速訓令其出席聯大代表團照辦。洽辦結果電部並分呈常駐聯合國代表團轉呈部長。外交部。[74]

此電文顯示出，外交部一方面考量到友邦國家可能希望同時支持或聯署變向重要問題案及複雜雙重代表權案，另一方面又顧及即使重要問題案均否決了阿爾巴尼亞案及複合雙重代表權案，卻擔心引發支持中共入會之國家提出其他不可預期之新提案，不如當下決定支持複

[72] 外交部國組司，《中華民國出席聯合國大會第二十六屆常會代表團報告書》，頁53。

[73] 外交部發電總編第9971-9974號，〈廿六屆聯合國代表權問題〉，（中華民國60年9月15日至10月27日），《外交部國組司檔案》，外交部北投檔案庫藏，分類號640，卷次號90031。

[74] 外交部發電總編第9971-9974號，〈廿六屆聯合國代表權問題〉，（中華民國60年9月15日至10月27日），《外交部國組司檔案》，外交部北投檔案庫藏，分類號640，卷次號90031。

合雙重代表權案，至少就中共態度早已表明即使擁有安理會席位亦不接受「兩個中國」政策。[75]

六、結語

25屆聯大會議結束後，中美針對中國代表權案不斷交鋒下，中華民國最終還是放棄了對於安理會席位的堅持，不僅不反對該案，亦不僅表示默許，而是轉變為積極洽助並希望友邦國家全力協助此議案的通過。這是中華民國外交史上極為稀有的一次重大轉變，自第五屆中國代表權爭議肇始，中華民國從來沒有一次如此妥協，連美國國內亦認為此次中方「過去幾個月，臺北已經在發展更務實的外交政策上，有了長足的進展，那變化比我們預期者還大。」[76]將近一整年中美對於聯合國中國代表權問題的協商，歷經了無數次的會談，期間歷經了多次中（共）美關係正常化的情況，美國亦多次修改了提案的方向與立場，最終中華民國還是順從美方的要求並著手向國際間爭取兩提案的通過。

1971年9月21日，聯合國第26屆大會下午正式開幕，中華民國為因應此危急態勢，派遣以外交部長周書楷為首的龐大代表團開赴紐約，總計52位外交人員為維護中華民國之聯合國中國代表權作最大的努力與協助，一同審慎因應任何可能之國際情勢與票數掌握。然而在代表權投票前夕，卻從美國白宮再度公開表示，季辛吉將於10月中旬再度訪問中共，為尼克森將來造訪作最後定案。消息一出讓聯合國各國代表團議論紛紛，中華民國代表團緊急要求美國能公開解釋，盡快找尋停損點。然而此時離投票已日益迫近，所有努力終在10月25日大

75 《星島日報》，香港，1971年9月6日，版2。

76 Memorandum From Secretary of State Rogers to President Nixon, Washington, September 11, 1971, in The U.S. Dept. of State, ed. *FRUS*, 1969-1976, Nixon-Ford Administration vol. V, United Nations, 1969-1972, pp. 807-808.

會投票後化為烏有。中華民國代表中國行使聯合國代表之權利，於阿爾巴尼亞提案後由中華人民共和國取代，長達廿二年之久的中國代表權爭議，在聯合國大會第2758號決議案出爐後劃下休止符。美方態度的轉變，成為左右投票的關鍵。

社會與經濟

明代婦女財產繼承制度探微

龍婉雯[*]

摘要

中國歷史上的婦女應禁於家門之內，漢代班昭著《女誡》已羅列身為妻子者，該如何持家有道，至宋代以後理學家提倡婦女守貞盡節。討論明代婦女地位時，婦人謹守國家的道德標準，必須聽從家訓，安守婦道，形成深閨簡出的形象，常見於士人的文集詩詞。明地方官的劄記條列《禁牽告婦女約》：照得，閨門關係風化，而婦人尤以不出閨門為女德」[1]，婦人既與男性一樣享有律例保障，便能把自身的不滿控訴於官署者。從明代官員載的判例中為數不少的婦女牽涉到不同的訴訟。本文旨在討論明代中晚年間，婦女受家規束縛下，如何透過司法程序，保障自身和家人的財產。

本文共分四部分。首先分析明代家產繼承律令的變遷，突顯明代家產繼承法令為歷朝最嚴苛。第二部分觀察明代婦人私產的來源。第三部分考察明婦人訴訟官府的情況。第四部分據《雲間讞略》、《折獄新語》、《莆陽讞牘》、《盟水齋存牘》、《新鐫官板律例臨民寶鏡》、《塋辭》及《釋音參審批駁四語活套》的案例，析婦人爭產的理據和判決。從個別案例的析述，來論明代法律條文在各地方社會執

* 香港中文大學歷史系碩士生

[1] 毛一鷺撰：《雲間讞略》，載楊一凡、徐立志主編：《歷代判例判牘》（北京：中國社會科學出版社，2005年），第3冊，卷10，頁602。

行時的現況，以了解法律的有效性和影響力。簡言之，本文嘗試討論更多有關明代中晚期，地方婦女如何透過參與地方官府的司法程序，透過訴訟來捍衛自身之權益。

關鍵詞：家產繼承、婦人私產、財產訴訟、法律

一、前言：歷朝至明代家產繼承律令的變遷

周代繼承制度比較簡單，由於爵位不能分割，於是只選家庭內的長子繼承，故有嫡庶之分，多以嫡系長子為最理想的繼承人；而土地是天子所擁有「普天之下，莫非王土」，受田戶不能轉讓土地，土地是公有的，因此也沒有土地繼承的制度，但春秋戰國以後公田漸漸私有化，秦命民「名田」確立土地私有制，而且建立官方的土地登記制度，隨後田產繼承制度由此而來。戰國時代秦行商鞅變法就社會單位行「家富子壯則出分」的理念，明令「父子兄弟同室者為禁」，但法律上也不是一成不變的，破壞此明令者也有「民有二男以上不分異者倍其賦」的折衷方法，只要百姓願繳納多一倍賦稅，也可同居。所謂「生分」意指父母在世時，成年兒子享有分享家業應得的一部分，然後成年兒子可另立門戶，與在生父母異居。一家可能會有兩個或以上的兒子，由於出生時間不一，成年時繼承家產的時限也有所不同，於是父母的家產就會出現多次析產。一家的父母不一定同時間逝世，特別當一家之內的男主人逝世，寡婦雖負起暫管家產的職能，待兒子和女兒成年後，才交還屬於他們的家產和嫁妝。

漢武帝以後，更趨向父母亡故後一次性析產的安排，漢代曾有寡婦於官府見證下訂立遺囑，以確保死後田產得到應有的分配。唐代時更頒布「別籍異財」的律令「諸祖父母、父母在，而子孫別籍異財者，徒三者」，於居喪期間分家析產是違法的，往後宋律承襲唐律，南宋判例明確紀錄女承父分的合法性，宋代地方官判案也會引用朝廷律文為據。由於案中的七姑是汝霖的養女，判官視養女之情同等於親女之情，因此按照宋律析產，結果嗣子伴哥得家產四分之一，養女七姑和孫女秀娘得四分之三[2]。除按律處分「今秀娘既承女分，正宜因

2 （明）張四維：《名公書判清明集》，載楊一凡、徐立志主編：《歷代判例判牘》（北京：中國社會科學出版社，2005年），第2冊，卷8，頁249。

以報德。解勲無知，自謀甚厚，而薄以處人，終訟之招，不為無自。當廳將汝霖田產照條均分，置關三本：一付伴哥，聽從解勲之命，使之繼絕；一付七姑，召人議姻；一付秀娘，收執為業。牒縣尉打量，均作四分申上，以憑抛拈」[3]，兩女所得的家產會受官署認同，由官府分拆田冊付予承分者。元律《元典章》戶律中表明寡婦無子承夫分，戶絕時有女承繼，同時奉行諸子均分[4]。明律也參元律等舊律，奉行戶絕時有女承繼，仍舊以諸子均分家產。

二、明代有關分家析產的律例

明代實行嫡長子繼承制，從明太祖頒布的訓令，已清楚表明家庭內以男性為主要繼承制度的參與者，女性不享有平等的繼承權。雖然晚明有不少牽涉婦女出賣家產的契約文書，地方縣官紀錄婦女和族人相互爭產的官府文書，但從明初修訂戶籍之內各家庭成員的承繼位次，反映明官員就婦人處理家庭財產的合法性，仍以宗祧繼承為主要考慮。明代宗祧繼承與財產繼承並不相同，兩種制度共存而不等同，嫡子同時具有宗祧與財產繼承權，而庶子不享有宗祧繼承權，但獲得財產繼承權，並和長子一樣均分家產。據萬曆十五年大學士申時行奏進，由內府刊行的《大明會典》已有詳細列明[5]。明太祖朱元璋開國時頒布律令實行長子嫡孫繼承制，一戶之中只有是嫡長子和嫡孫才具襲爵資格，無論是妻子正室所生，還是妾侍所生，還是婢女所生，都可獲均分父親財產的資格。庶子均分財產時，他們的數額是相同，除非是私生子，如果是私生子的話，就分得庶子數額的二分之一。但

3 同上註，頁250。

4 《元典章》，載楊一凡、徐立志主編：《歷代判例判牘》（北京：中國社會科學出版社，2005年），第3冊，卷5，頁42-8。

5 （明）李東陽等撰；申時行等重修：《大明會典》（揚州市：廣陵書社，2007年），據明刊本影印，卷19，頁350-351。

如果父死時沒有兒子的話，可以為父立嗣，從父的侄子輩裏挑選一個作為他的後代，並由選立出來的嗣子和私生子平分遺產。如果沒有為父立嗣的話，私生子就可以繼承其父的全部財產。而當中為父立嗣的次序是按照服喪儀禮。家庭內夫死後，若無子，可立嗣，若立嗣後生子，則會由所生子和嗣子平分財產。[6]如遇妻雖無子仍願為夫守節，可經由族長為夫立嗣，然後參與分析夫產。所生之女只會在戶絕出現的情況下，才擁有法律資格繼承父產。若夫死，妻生而子女幼，寡婦會合法獲得夫產暫託權，亦因此而常受同族之人斯凌。

某寡婦被族人逼令改嫁，求助於親兄弟的案例[7]，得見於明中晚期地方縣官輯錄的判例。「先因王氏夫亡身寡，淹留未嫁……且又與叔明二人，硬登門作伐，無非嫁其人，以涎其產耳……喧呼寡嫂門者，殆一自作之尨耳！合與戴叔明各杖以儆」[8]，地方官接納鄉人狀紙，受理欺壓寡婦的案件，亦非助紂為虐，多會判杖於欺凌寡婦的夫族人。夫族人為奪財產欺壓寡婦，因為根據《大明令》曰：「凡婦人夫亡無子……其改嫁者，夫家財產及原有妝奩，並聽前夫之家為主」[9]，妻子一旦改嫁即等同放棄夫產的暫託權。所以若寡婦改嫁，則夫家的財產和原屬她的奩產會被收歸，夫族人可從中分利。但受田產律令的規限，寡婦被奪的田產若超過可上訴的期限，即使官署受理審訊見「鄭庚分授田產，出自繼父繼母之情；而為人後者，毅然奪之，是不有父母之命也。今既奪之田，不可復挽矣！且尚存之房，不許再奪。著李氏子母棲身」[10]，官府也無權判回被奪的田產，但經官

6 同上註。

7 蘇茂相輯；郭萬春註：《新鐫官板律例臨民寶鏡》，載楊一凡、徐立志主編：《歷代判例判牘》（北京：中國社會科學出版社，2005年），第4冊，卷8，頁234。

8 （明）李清撰：《折獄新語》，載楊一凡、徐立志主編：《歷代判例判牘》（北京：中國社會科學出版社，2005年），第4冊，卷1，頁557。

9 （明）李東陽等撰；申時行等重修：《大明會典》，載劉海年，楊一凡：《中國珍稀法律典籍集成》，乙編，第1冊，據明刊本影印，卷19，頁350-351。

10 蕭良泮彙編；康應奎校註：《釋音參審批駁四語活套》，載楊一凡、徐立志

府審議，知縣能下令夫族人不可再侵寡婦房產，否則處罰嚇阻奪產者，以求平息訴訟。寡婦承夫產受騙，同受明律保障。「周戊見卜氏婦人易哄，恒遠夫之族，而別親其親。人情喜貪，每假親之名，而遂利其利。而戊之產遂瓜分於朋奸之手矣」[11]，寡婦如欲追討，也可透過官署審議。當寡婦之女長成或父母雙亡，惟留獨女，稱為「戶絕」，親生女兒會依律獲得分家析產的資格。

在室女兒雖以正名得產，其所得之產已受大明律令保障，但父族人侄叔伯等輩分也有可能乘繼女年幼，而藉詞搶奪[12]。由於明律規定「凡婦人夫亡無子……其改嫁者，夫家財產及原有妝奩，並聽前夫之家為主」[13]，妻子只要改嫁，即等同捨棄夫產的暫託權，夫家的所有財產和原屬她的奩產會被收歸族人處分，因此引起不少寡婦和夫侄、叔、伯之間的訴訟，目的都是為了維護繼承家產的權益。族人為繼承家產而另立嗣子，引起嗣子和在室女承分爭產的情況，明中葉得到廷臣關注，修改律令，配合實況。

> 弘治十三年奏准，凡無子立嗣，除依律令外，若繼子不得於所後之親，聽其告官別立，其或擇立賢能、及所親愛者，不許宗族指以次序告爭，並官司受理，若義男、女婿為所後之親喜悅，聽其相為依倚，不許繼子並本生父母用計逼逐。仍依〈大明令〉分給財產，若無子家貧，聽其賣產自贍。[14]

主編：《歷代判例判牘》（北京：中國社會科學出版社，2005年），第4冊，卷3，頁51-2。

11 同上註，卷3，頁56。

12 同上註，頁54-55。

13 （明）李東陽等撰；申時行等重修：《大明會典》，載劉海年，楊一凡：《中國珍稀法律典籍集成》，乙編，第1冊，據明刊本影印，卷19，頁350-351。

14 同上註，卷19，頁351。

此令強調宗族不可以籍詞繼承位次為由而告官，如意屬養子和女婿，也要聽從其意，被廢的嗣子及其生父母不可用計謀逼使立嗣者服從，如再立嗣後，財產同樣根據《大明令》的繼承次序分配，如遇家貧無子，也有權變賣家產。明洪武年間有關婚嫁令文[15]已有此意。

弦治令文只作更詳細的補充，若招女婿，則規定立同宗繼承者，並過繼視作繼子處理，該繼子能合法成為嗣子的話，便可同時繼承宗祧與財產，如未為女婿立繼已死，則交由宗族族長判斷。嗣子和在室女一樣擁有承分權，但所得的分數與在室女相異。明代父亡，子女依法承分。但根據明律若父親健在，則子、女、孫欲分家自立絕非易事。律例明確規定子孫於祖父母和父母健在時瓜分家產和分居，除非先徵得祖父母和父母同意，否則觸犯法例。〈別籍異財〉曰：

> 凡祖父母、父母在，而子孫別立戶籍，分異財產者，杖一百。須祖父母、父母親告，乃坐。若居父母喪而兄弟別立戶籍，分異財產者，杖八十。須期親以上尊長親告，乃坐。[16]

由明太祖朱元璋敕六部、都察院編的〈別籍異財〉令始頒行於洪武三十年，當中「有《大誥》減等」的量刑標準。明憲宗成化三年張楷注疏令文時，就清楚闡釋律文的立法意義何在。張氏說明律令規定由親尊相告才獲官府受理，是要防止其他人誣告，保障子孫利益，而且如果由親尊相告，已確實觸犯以下犯上、尊卑不分的罪名[17]。當祖父母和父母仍健在，子孫不准分家產和分居，除非先徵得祖父母和

[15] 同上註，卷20，頁366-7。

[16] （明）高舉撰：《明律集解附例》（台北：成文出版社，1969年），據清光緒24（1898年）重刊本影印，第2冊，據清光緒24（1898年）重刊本影印，卷4，頁586-7。

[17] （明）張楷撰：《律條疏議》（哈爾濱市：黑龍江人民出版社，2004年），載楊一凡編《中國律學文獻》，第1輯，第2冊，明嘉靖二十三年黃巖符驗重刊本，卷4，頁383-4。

父母同意的令文，由洪武年間往後一直執行，而明孝宗時才有所增補，從新增內容補充洪武立法時未有提及的廢嗣問題。除應按照洪武年間頒布的律令執行外，如嗣子向後父母做出不孝順之事，可透過告官而另立嗣子，當中不孝父母的事情會交由官府審理，由官府判斷是否不當。

從明世宗嘉靖二十八年，由明人應檟撰《大明律釋義》同載〈別籍異財〉的釋義相同於《大明會典》時收輯的令文，應檟和張楷的說法相近大意[18]都是為了防止他人誣告。一律牽涉到別立戶籍和分產不公的案情，必須有親尊相告的條件才受理。士人解釋律文時，都重點放在立法原意上，就戶絕情況時，由女兒承分父產的情況則欠缺解釋，不同於地方判官的判決文書，《釋義》[19]只解釋律令，而未有就可能出現的案情作更多加說明。同樣的話語可見於王世懋於嘉靖三十八年（1559年）成進士，其撰寫的筆記於萬曆四十年由王肯堂釋〈別籍異財〉[20]。凡家族內發生衝突，子弟要求分戶析產。如子孫選擇告於府衙以求得益者，將視之為類近於不孝的行為。

明人多不建議交由官府處理，而應先交由族長處理。一族之內作為長輩，處理家產均分，須秉公處理，否則子孫可以此訴訟於官府，有例可援「陳萃極為族長，而處分失宜，相應治罪」[21]。成化三年張楷注疏〈卑幼私擅用財〉曰：「凡同居卑幼，不由尊長，私擅用本家財物者，二十貫笞二十，每二十貫加一等，罪止杖一百若同居尊長，應分家財不均平者，罪亦如是」[22]，而從《律條直引》解說〈卑幼私

[18] （明）應檟撰《大明律釋義》（哈爾濱市：黑龍江人民出版社，2004年），載楊一凡編《中國律學文獻》，第2輯，第1冊，明嘉靖二十八年濟南知府李遷重刻本，卷4，頁423-4。

[19] 同上註，卷4，頁424。

[20] （明）王世懋撰，（明）王肯堂原釋，（清）顧鼎重編：《王部儀先生箋釋》（哈爾濱市：黑龍江人民出版社，2004年），載楊一凡編《中國律學文獻》，第2輯，第3冊，清康熙三十年顧鼎刻本，卷4，頁419-22。

[21] 蘇茂相輯；郭萬春註：《新鐫官板律例臨民寶鏡》，卷9，頁263。

[22] （明）高舉撰：《明律集解附例》，第2冊，卷4，頁588。

擅用財〉[23]，由明太祖朱元璋敕六部、都察院編成，並頒行於洪武三十年，當中「有《大誥》減等」的量刑標準。張楷注疏〈卑幼私擅用財〉[24]，此疏議應寫於成化三年，與明人應檟載〈卑幼私擅用財〉釋義曰：「家之政必由尊長所以統於一也。卑幼於財物雖亦得用，但不可不稟命於家長耳！故私擅之罪亦止於杖一百。分財不均平責在家長，故罪亦如之」[25]，兩人年代相距較近，王世懋於嘉靖三十八年（1559年）成進士，其撰寫的筆記於釋義與應檟類同[26]。

當發生分家析產的案件時，縣官除參用與分析家產直接相關的律文外，不少律文與分家產雖沒有關係，但審議時會因應案情而作出引用其他律令。明律《雜犯》〈不應為〉：「凡不應得為而為之者，笞四十。謂律令無條，理不可為者。事理重者杖八十」[27]，常被縣官引用，以懲戒迫害寡婦改嫁，以謀他人之產的好事者。基本上明律已有充足的解釋父死時，妻、子、女持有分家的資格和權限，也有律令防止家人肆意分產自立。

三、明婦人私產種類

明代在室女才有繼承父業的合法資格，不等於出嫁女因此而失去娘家所有資產。因出嫁女有機會取得來自父母的贈予，成為她們的奩產。[28]奩產是婦人的私人財產，即使是其丈夫也不可肆意搶奪。《霍渭厓家訓》曰：「凡婦奩裝布聽自貯，自奩其女。……凡娶婦有

[23] （明）佚名：《律條直引》，頁687。

[24] （明）張楷撰：《律條疏議》，卷4，頁384-5。

[25] （明）應檟撰《大明律釋義》，卷4，頁425。

[26] （明）王世懋撰，（明）王肯堂原釋，（清）顧鼎重編：《王部儀先生箋釋》，卷4，頁422-3。

[27] 黃彰健編：《明代律例彙編》（臺北：中央研究院歷史語言研究所，1979年），頁957。

[28] 詳參蔡智惠：《明代婦女財產權研究》，載《國立中央大學歷史研究所碩士論文庫》，頁10-32。

奩田，以三分之一，聽奩其女，以三分之二歸祠堂。凡婦有奩田百畝以上，歸祠堂者，沒身後，別祀一室，世世享春秋一祭」[29]，妻子所擁有的奩產，非輕易交由丈夫處理。妻身故後，奩產會交回妻家，而不會由夫族人帶走。各地方縣衙如遇婦人狀告失物和奪產，也必須受理，有一案例：「即使王氏失物單開甚多，小丑窮民，家徒壁立。執此為賊，是凡僕皆可以賊名也。況二三之來書尚在，巡檢之原狀足憑。始告背義拐帶，續告移關提賊，兩詞互異，安所適從哉！」[30]，地方官雖懷疑婦人王氏失物數量，但仍雖受理案件，保障婦女財產。從明代《莆陽讞牘》載的各個案例，收輯有關明婦人擁有奩產數量和種類。

表1.　《莆陽讞牘》、《折獄新語》和《新鐫官板律例臨民寶鏡》牽涉到婦人奩產的案例：

	種類	數量
翰鼎原應坐租一百八十石，以四十石付女裝奩。常昷粹原以四十石充氏贍租，今再撥十石共湊五十石，一婦人所用亦足矣[31]	田租	四十石
審得徐秉烈有田一畝二分，原典女婿姚起聖為粧奩之資。[32]	田畝	一畝二分
前廳房並過水二間遺兆美為奩貲，約贅婿歸宗[33]	房屋	前廳房並過水二間
審得蔡台玄以女嫁方南儒，撥田四畝零作奩貲[34]	田畝	四畝零
寡婦生死所倚之業……田還郭氏管業，須都罰穀二石，幫證者姑不究[35]	田畝	／

29　（明）霍韜：《霍渭厓家訓》（上海：商務印書館，1917年），頁9b、14b-15a。

30　蕭良泮彙編；康應奎校註：《釋音參審批駁四語活套》，卷4，頁60。

31　祁彪佳撰：《莆陽讞牘》，載楊一凡、徐立志主編：《歷代判例判牘》（北京：中國社會科學出版社，2005年），第5冊，卷1，頁155。

32　同上註，卷2，頁363。

33　同上註，卷2，頁373

34　同上註，卷2，頁375。

35　同上註，卷2，頁363。

周氏之父士恭買李體吉田七畝五分八厘，與周氏為奩田[36]	田畝	七畝五分八厘
審得傳中無子而貧，伯父撥與田租五十石。中有三女，長女嫁陳奇，次女嫁林芸璚，幼女嫁嚴思獻。林芸璚得奩田三畝，嚴思獻得海辣奩田十石。陳奇以妻之母夏氏主張，共得僊游縣田一十三畝二分。……即僊田稍瘠，亦不應多寡若是懸也。……今即以此田果係奩田，而夏氏婦人愛女，因偏其婿，亦不可為定數[37]	田畝	三畝 一十三畝二分
蔡氏有家貲二十兩，隨帶於征聚。內抽出六兩，已遣嫁長女矣。所餘，原備三女日食粧資。[38]	銀元	二十兩
其既愛女，並愛女夫，人情乎？則舉田八畝田契，而與女夫張禮收執[39]	田畝	八畝
秉同往日與高結讎，故高死立有遺囑，以抱養良主與婿張來鸞承管家業。此雖真情，終非治命也。……合於所遺田地中，量撥三十畝給陳準，其後田業仍聽良主、婿張來鸞管掌承祭[40]	田畝	三十畝
著黃氏領還，俟某服闋，林氏擇配，黃氏收禮。其帶回物件查係妹娘嫁資，免追。[41]	／	／

從上表可以得知，明婦人出嫁時會得到的奩產有田畝、房屋和銀元，當中暫以田畝的記錄最詳細。這可能因田畝較房屋和銀元易於引起業權爭執，故訴訟量為三者之冠，因此許多有關奩田數量的紀錄存於案例。當中養女和女婿和嗣子爭產的案件繁複，參案例，陳秉高生前把田產交付養女良主和女婿張來鸞打理，其後陳秉高身故，繼立為嗣子的是陳秉同的孫陳準，但因秉高生前和秉同不和，引起兩家爭產，最後交由知縣審議，在陳秉高的遺產當中仍必須分田三十畝給陳準，而餘下田畝才給予養女良主和女婿張來鸞繼承[42]。

[36] 同上註，卷2，頁435。

[37] 同上註，卷1，頁19、186。

[38] 同上註，卷1，頁7-9、180-1。

[39] （明）李清撰：《折獄新語》，頁575。

[40] 蘇茂相輯；郭萬春註：《新鍥官板律例臨民寶鏡》，卷9，頁263。

[41] 蘇茂相輯；郭萬春註：《新鍥官板律例臨民寶鏡》，卷7，頁201。

[42] 同上註，卷9，頁263。

除以奩產外，婦人的私產也有其他來源，當中以親子和養子的贍養費為最多。嗣子依照明律合法繼承田產後，也需要遵守合乎社會倫理的規章。所以樊于香雖每年供雜糧三石一斗、綿花十斤和青蚨二百贍給其舅母吳氏至終身，一旦遇期失糧，舅母吳氏隨之告官[43]。案件判決樊于香未有依舊贍養舅母，舅母狀告官府，嗣子須受杖刑。另有案例，有男子周純孝生前已將家產三分，一分給嫡子廷文，一分給庶子參，一分留給兩妻妾自養之用。其後周純孝與嫡妻佘氏皆去年，妾董氏佔田以居，嫡孫周克諧因此而向縣府申訴，其後田歸嫡孫周克諧，但他得田後須每年給董氏十石[44]，所以董氏的私產也來源於嫡孫周克諧的贍養。案例記載：「周標孝子也，尚肯撥田分房於出廟之母」[45]、「合於廷舉名下出田二畝，付陳氏作撫孤貲」[46]和「繼母丘氏有贍，妾林氏有贍，使老依長孫，另分咬奇以己貲婚娶，他產三子均而得焉」[47]，所以婦人的丈夫雖身故，婦人仍在生，其膝下的子女和繼承宗祧的嗣子仍負起供養父母之責，即使依據律令符合分家析產的資格，子女都不能夠忘本，需按時給予田土糧食，讓繼母維生。否則婦人可藉詞告於官府，為她們申辯。

除此之外，明代婦人會自行付錢購置田地和房屋，以求保障。案例記載：「著王氏照數付承旭，田聽王氏收管」[48]和「又其西偏一區係族嬸陳氏房地，陳氏雖故絕，而在時僉契賣之瑞甫，原契可據」[49]都是表明婦人可自行付錢購產。前文已述，明中晚期有不少案例「先因王氏夫亡身寡，淹留未嫁……且又與叔明二人，硬登門作伐，無非

---

[43] 張肯堂：《㽦辭》，載楊一凡、徐立志主編：《歷代判例判牘》（北京：中國社會科學出版社，2005年），第4冊，卷10，頁436。

[44] 蘇茂相輯；郭萬春註：《新鐫官板律例臨民寶鏡》，卷9，頁261-2。

[45] 同上註，卷7，頁201。

[46] 祁彪佳撰：《莆陽讞牘》，卷1，頁98。

[47] 同上註，卷1，頁13。

[48] 同上註，卷1，頁20。

[49] 同上註，卷1，頁139。

嫁其人，以涎其產耳……喧呼寡嫂門者，殆一自作之尨耳！合與戴叔明各杖以儆」[50]牽涉到夫族人迫寡婦改嫁，以圖其產。子承分和女承分都是依法合理，當承分的子女年幼，無力管理家產時，婦人也隨之擁有暫時家產的託管權，這情況常見於明代的各個地區。

然而婦人可否自由賣買家產呢？案例中的任氏曾將己田即屬於自己的田畝賣給生員劉益的父親，而其夫鄭興賢替任氏贖回田畝，然而生員劉益卻把已贖回的田畝重賣給生員謝泰道，最後任氏狀訴於官府，經地方知縣審議後，得以將田歸還給任氏[51]。分析案例，田畝本屬任氏，理應為她的私產，故可以自由賣買。因此明代婦女婚後如遇到經濟困難，會把田土、房屋和山地等出售圖利。明正德十四年胡阿周居住在休寧十二都，就是「因夫在外買賣日久，無錢用度，自情願將承祖胡桂高與嵩孫共業山地一號，坐落十三都七保，土名姚家塢，經理一千二百號，今自情願將前山地並苗木，盡數立契出賣與同都胡德寬名下為業」、「立契人婦徐阿汪，今為戶役無銀支解，自情願將承祖塘，土名赤土塘，系夜字……號，本身合得塘一分六厘五毫有零。四至照依保簿，今將四至內塘，憑中立契出賣與親侄徐明璧名下為業」[52]，這兩名婦女都是因經濟困難，而出售奩產，而無獨有偶兩段史料中，她們的購買者都是和她們有血緣關係的人，即是都是娘家的其他成年男性成員。田土買賣就是把土地擁有權開放至市場上任由所有人爭奪，但由於地方上家產承繼的觀念根深柢固，為了守住「祖業」，當出嫁女要轉讓於本家承父祖的奩產時，很容易引起同一地緣下其他家族成員的制約，既反映出地方宗族對土地擁有權的模糊性和彈性，同族人不惜工本耗資回購田畝和房屋，以維持對所屬地域之內的土地控制權。

50　（明）李清撰：《折獄新語》，卷1，頁557。

51　同上註，頁594。

52　中國社會科學院歷史研究所徽州文契整理組：《明清徽州社會經濟資料叢編》第二集，頁222、411。

根據晚明的契約買賣文書，可以得見寡婦出售家產給夫族人的情況。明宣德十年，休寧十二都第三圖的汪愛民之妻金亥娘本來承夫一畝一厘七毫，但夫亡故後，受到族人缺物支用的對待，結果不得已以苧布二十五匹的價值，把一畝一厘七毫田售予同里人汪希美，而畫押者除了金亥娘本人外，還有親伯汪惠民，親伯汪惠民就是金氏已去世丈夫的親哥哥，為防止外姓人包括金氏取得汪氏的合法土地擁有權，於是以「缺物支用」的理由把親弟的土地轉售於同里人汪希美，契文內也規定所有稅糧歸入由汪戶，到了農作物收成時，歸納汪思濟戶，推測汪思濟是汪惠民和汪愛民的親戚。是次侵吞乃是該妻子夫亡後發生，妻在夫亡故後，如遇上兒未成年時，則兒的家財繼承權可暫時託管於妻的名下，待兒長大後以作歸還，案例「族眾鄭存宰等應勸張氏收回林氏，使其撫育子女，保守玉策家業，無失墮家聲，是族眾事也」[53]，便得到族長和族眾的允許下，把同族之家財暫管寡婦名下。若身為祖母遇兒去世後，男孫未成年時，男孫的家產繼承權也可暫時託管於祖母的名下，待孫長大後以作歸還。

另有類屬情況，就是婦人意圖追回所買奩產和家產。婦人卜氏父卜甲戶絕其女按律親女承分，可得其父全部財產，其後卜氏將房產典賣，而不滿遠房兄弟分有父產，故興訴訟，最後經官府審議，卜氏不果，未有獲得遠房兄弟卜文承父的田產[54]。再有案例載：「翰鼎原應坐租一百八十石，以四十石付女裝奩。常晶粹原以四十石充氏贍租，今再撥十石共湊五十石，一婦人所用亦足矣。其餘應屬嗣子日騰掌管，但不許日騰擅專變賣，須要聽嗣母指使」[55]，當中「四十石付女裝奩」為女兒奩產；同歲付五十石給繼母，而且嗣子不能隨意變買田產，若有人存心以婦人的家產暫管權，以圖謀產，一

53 （明）祁彪佳撰：《莆陽讞牘》，卷1，頁13、63。

54 蕭良泮彙編；康應奎校註：《釋音參審批駁四語活套》，卷3，頁49。

55 （明）祁彪佳撰：《莆陽讞牘》，卷1，頁155。

經地方知縣審核考證家產屬於暫託性質，會把田產原數歸還應繼之人。縱使黃氏侄宜萬手持寡婦遺書也屬違法，最後田產全數交由孫朱須星承繼。

明代婦人私產來源自奩產和子孫贍養費，而且都會得到社會法律上的保障，丈夫和外姓人都不能肆意侵佔。明代戶絕時，在室女能承父業；出嫁女則可獲父母贈予的奩產，兩者皆為婦人的私人財產，但若本有應繼之人，則不論妻、母之生死，婦人因繼子或繼孫年幼，取得的家產暫管權，一般暫管權的期限就是應繼之人成年之時。據案例就是嫡孫長成，祖母須交還田產，而其叔意圖奪產失敗[56]。

四、明婦人訴訟官府的情況

《明律》云「凡軍民詞訟，皆須自下而上陳告」[57]，是故婦人也享有訴訟的權利。據福建興化府推官祁彪佳的判決：「審得吳室有母王氏，室與同族吳呈以會銀相爭，王氏不知何以受傷，室母王氏告之於縣，即統沈芝王在扛擡吳呈及吳華。吳華之死，未知是否有傷。而華以十一月十一日死，王氏亦廿八日死。兩告人命，而族眾吳岑則袒呈而訐室。此其中人命尚可有疑，仰縣細審繇報，且慢發簡」[58]，當中王氏婦人因不甘被毆而狀告地方知縣。另有婦人狀告家翁有姦的記錄：「黃氏所告翁紹德姦情，雖無的據，不無瓜李之疑」[59]。

婦人行使訴訟權，其因甚多，為爭家業，為爭贍養和為保名節等。曲周縣婦人范氏為了兩兒子無力贍養，而訴訟於官衙，交由知縣平息。因爭贍養而訟於官署，知縣認為范氏婦人的供詞帶有誇張失

56 蘇茂相輯；郭萬春註：《新鐫官板律例臨民寶鏡》，卷8，頁233。

57 黃彰健編：《明代律例彙編》，頁853。

58 （明）祁彪佳撰：《按吳親審檄稿》，載楊一凡、徐立志主編：《歷代判例判牘》（北京：中國社會科學出版社，2005年），第4冊，頁499。

59 蘇茂相輯；郭萬春註：《新鐫官板律例臨民寶鏡》，卷7，頁201。

實之疑，故對兩兒從輕判處，而杖罰令兩家產生嫌隙的王繼文[60]。還有婦人離鄉背井，到遠地爭產而相訟之，婦人林氏為取一百三十畝田而告於府衙，知縣雖受理之，但因其疑案重重，欠缺實證，而判斷婦人復歸故里[61]。如前文所述，有婦人追訟賣買田產，見兩案例一成功[62]，一失敗[63]。卜氏和任氏婦人皆因其田產而訟於官府。卜氏敗訴，而任氏勝訴，兩件案件的共同點是婦人為狀告者，兩人同為爭回田畝，但判官的筆錄卻並不一致。卜氏是「尤欲起釁分拆」且「不奪不饜」，知縣認為卜氏沒有理據，告狀的目的是貪得無厭的表現；而相反任氏就是「命苦」之人，她把私產出售圖利後，其夫把田畝贖回，但田畝仍遭人重售，因而引起訴訟。兩案件的判官都未有詳細交代判決的理據。不過若是寡婦迫婚而訟，則知縣將案情仔細地詳述於案卷。有兩宗案例，寡婦不甘近親迫嫁，而訴官申冤。判官對造謠生事者處刑罰，迫使談氏再嫁的王氏婦人「用媒王氏挑引於內，呂一、施二說合於外，強奪成婚。談氏堅執不從，則亦已矣，而舉詞告逼，事屬無恥」[64]治罪，按律：「凡豪勢之人，強奪良家妻女，姦占為妻妾者，絞」[65]，而「宋氏之訟，聲淚俱矣。罪狀既彰，謝過恐後，能免杖哉」[66]，按理解宋氏受夫侄申儀告狀指她與人有染，至此到官府上訴，最後勝訴，故免去之前所判之刑罰。再參照明代各案例，婦人訴訟非易事，不少判官言婦人出告不實，認為婦人之仁是受人教唆而告狀的情況屢見不鮮。

[60] 張肯堂：《塋辭》，卷8，頁389。

[61] 蕭良泮彙編；康應奎校註：《釋音參審批駁四語活套》，卷3，頁55-6。

[62] （明）李清撰：《折獄新語》，頁594。

[63] 同上註，卷3，頁49。

[64] 蕭良泮彙編；康應奎校註：《釋音參審批駁四語活套》，卷3，頁53；蘇茂相輯；郭萬春註：《新鐫官板律例臨民寶鏡》，卷6，頁195。

[65] 黃彰健編：《明代律例彙編》，頁507。

[66] 張肯堂：《塋辭》，卷12，頁455。

表2　《雲間讞略》、《莆陽讞牘》、《按吳親審檄稿》和《新鐫官板律例臨民寶鏡》牽涉到教唆婦人的案例：

原由	教唆者	結果
乃元登唆母告爭[67]	子元登	元登杖
又令張氏出告，皆必忠之狡也。搶告，責之[68]	叔范必忠	田權歸買主
采寅母將田抽出一萬九千步，賣之黃道行，龔氏以原主贖回，此應為龔氏之產矣。……忽而唆母出名，忽而唆義男張明出名，刁誣甚矣。[69]	子倪采寅	牽連之卷十二宗，一筆註銷
托祖母出頭[70]	孫	得田
名藩親手賣田反唆母爭訐，杖之[71]	子名藩	息詞
陳鸞尚復何辭，乃推寡母出頭興詞哉？姑念穉子無知，免罪。[72]	子陳鸞	免罪
故楊禎嘵嘵以母出名告耳[73]	子楊禎	／
周參不當推董氏出頭[74]	子周參	／

明代婦人受子、孫、叔、侄教唆告人的情況，由官府知縣所不恥。當中教唆者雖未處以重罰，更有因其年幼少不更事，「姑念穉子無知，免罪」，因而免罪，但這一類型的案件，婦人雖毋罰，但地方知縣為防興訟之風，而立下告約《禁牽告婦女約》：

> 照得，閨門關係風化，而婦人尤以不出閨門為女德。近見奸棍，或借孀婦出告為奇貨，或篏閨女詞內為詐局，非駕言孤寡被告，即聳告淫污不儉，及至鞫審孀婦，原無切己大痛，而出頭露臉，聽人提弄，成何節操？至於禁牽告婦女尤不相干。無

67　（明）祁彪佳撰：《莆陽讞牘》，卷1，頁10、50。

68　（明）祁彪佳撰：《按吳親審檄稿》，頁490-1。

69　同上註，頁503。

70　蘇茂相輯；郭萬春註：《新鐫官板律例臨民寶鏡》，卷8，頁230。

71　（明）祁彪佳撰：《莆陽讞牘》，卷1，頁190。

72　同上註，卷1，頁192。

73　蘇茂相輯；郭萬春註：《新鐫官板律例臨民寶鏡》，卷8，頁520。

74　同上註，卷9，頁261-2。

賴惡棍意在壞人體面，故意綴入，致使幼婦弱女跰踞公庭，遭稠眾之捱擠，受輿皂之阿斥，婦德閫範廢棄盡矣。今後，除姦拐重情外，凡孀婦不得已訟事許令親屬代投代訴，凡詞內牽及婦女既反坐，仍枷號痛責，以懲薄惡。本廳近出已出示嚴禁矣，望一體行之，亦助風化一首務也。[75]

除重大事件外，婦人告狀雖有代訴者替她議狀紙。這告約不但無助於婦人求助官府，反而對婦人形成阻力，令她們參與地方司法程序的機會減少，多添阻礙，婦人難以維護自身權益。

五、據《雲間讞略》、《折獄新語》、《莆陽讞牘》、《盟水齋存牘》、《新鐫官板律例臨民寶鏡》、《塋辭》及《釋音參審批駁四語活套》的案例，析婦人爭產的理據和判決

明代各判書輯錄不少有關牽涉到婦女分家析產的案例。暫分列各判書的紀錄，以求明代各地區婦人參與爭產的情況。

《折獄新語》中涉及女性財產繼承的案例有七宗。當婦人勝訴取回田產的有三宗，當中有一宗是牽涉房產買賣，最後判決是正室妻和妾侍居住一房，而婦人敗訴的有三宗，其中一宗雖為敗訴，但繼子仍須歲供繼母終身，以存道德倫理，而其餘兩宗，其判詞中云因婦人周氏已再嫁，故依律失暫託權，而另一宗因婦人參與偽造田土買賣契約，失義在先，故失繼承權。

[75] 毛一鷺撰：《雲間讞略》，卷10，頁602。

表3　《折獄新語》中涉及女性財產繼承的案例：

	財產分配	理由
審得已故汪培壽，乃周氏夫，而周昌運則周氏父[76]	田產主之族長，號簿歸之周氏，最後何言返簿	周氏已作他人婦
審得葉超者，乃已故葉戊嫡侄，而葉禮則戊外婦子[77]	超本有一分 茂妻汪氏與妾胡氏合宅居耳	非以兄弟之子猶子乎六尺之孤在抱
審得已故林紹泰者，定海縣[78]	其原田八畝，仍歸女夫張禮為業	父命
審得董二即董義，乃董成嫡侄[79]	舒氏與陳氏內侄陳廷遂密謀將遺產內往字號田，偽立陳氏賣契與廷遂為約，勒義手立一契，田仍斷還董義	但如而父遺耳
審得鍾繼曾、鍾繼孟，皆故民鍾大武子[80]	於大武遺產內，量撥田十四畝	為嫡妻毛氏養老之需
審得傅堯都者，乃生員傅光嗣男，而已故阮圻婿[81]	七十餘田歸阮圻妾生之女 斷十畝予女婿傅堯都	親女承分
審得屠氏者，乃已故杜雲婦，而劉氏則雲外婦[82]	原田四十畝仍歸屠氏	遺囑商榷

《雲間讞略》牽涉到婦人爭產的案例有四宗，當中兩宗勝訴，兩宗敗訴。案件因奩產屬婦人之私產不可隨意買賣，而被告者既持有契約，故能存有奩產。另一宗因養育之恩，故須歸還田畝給婦人。由於應繼之人年幼，因此婦人孫氏合法暫時管理田產，直到嗣子成長才須交還，而因生子繼承，二子合法承分，因此為妾者未有任何託管的理由。至於有關《盟水齋存牘》中涉及女性財產繼承的案例可參另一學者的表列，本文暫略。[83]

---

[76] （明）李清撰：《折獄新語》，頁557。

[77] 同上註，頁568-9。

[78] 同上註，頁575。

[79] 同上註，頁580。

[80] 同上註，頁582。

[81] 同上註，頁583。

[82] 同上註，頁584。

[83] 許克江：《明朝後期廣東女性家庭財產權淺析——《盟水齋存牘》典型案

表4　《雲間讞略》中涉及女性財產繼承的案例：

	財產分配	理由
兵道楊批華亭縣告婦何氏狀[84]	姑留田四十畝暫歸孫門	田歸嗣子，孫氏終年再歸嗣子，此田氏不得而變賣，元不得而覬覦，存田確繼
操院丁批華亭縣告人王家政狀[85]	妹和妹婿姜維熊得回前奩田，同時得王家齊七十銀贖回三十畝田	九十金之價於數頗奢，量除廿金以平其額。其前奩田原有奩約可券，聽管業
兵道蔡批駁本府詳犯李用賓等[86]	斷令耀祖、承祖平分	楊氏通姦，無子，暫著親弟楊曾繼領歸別嫁
操院丁批上海縣呈詳犯人趙恩等[87]	仍斷汝聰共退田十畝給氏	以償舊恩

明代崇禎年末年廣州府推官顏俊彥於任內審理一宗有關方氏婦人求保女兒承夫分的案件，案中方氏只生一女仍能與叔把家產分為兩份，每人各佔一份，明顯方氏的分產的合法性乃是來自於所生女兒的財產繼承權「氏慮其費盡無以自存，且無以奉兩姑饘粥也，赴控前府，分為兩股，給有印單，氏與萬年各執管業矣」[88]。

戶絕的特殊情況仍會存在，有時候即使立繼子為嗣，婦女再得獨生女或兩個以上的女兒，母親於是會重分家產，因而引起訴訟，本來已立了繼子為嗣，但李氏其後有孕得一女，於是平分諸產，但由於女兒為親生，而欲讓女兒取得家產數額多於嗣子。由於分產不公，廣州府推官的判令告者黃良珆仍得原來所分的田畝，但因其不盡孝道，故仍受罰[89]。從《盟水齋存牘》載談遇訟馮維節拐妻一案，最後判決談

例的研究》，載《井岡山學院學報（哲學社會科學）》，第30卷第7期，頁71-2。2009年7月

[84] 毛一鷺撰：《雲間讞略》，卷7，頁521。

[85] 同上註，卷7，頁523-4。

[86] 毛一鷺撰：《雲間讞略》，卷8，頁547-8。

[87] 同上註，卷8，頁556-7。

[88] （明）顏俊彥：《盟水齋存牘》（北京市：中國政法大學出版社，2002年），頁385。

[89] 同上註，頁212。

遇與陳氏離異，因夫妻恩斷義絕，談遇不能再繼續管領前妻的奩田而應退還，而無媒而娶陳氏的馮維節同雖受罰。[90]

地方縣官簡單地把奩田劃作夫家財產，以保存夫族名聲，但夫妻恩斷義絕，非只有丈夫一人承擔，而是兩人共同承擔離婚之責，而這案件上呈至審察院時，批示「陳氏背夫自嫁，馮維節無媒而娶，此與姦拐何異！斷離異而返奩田，情法斯當」[91]，在很大程度上府以上的官員認同夫婦離異不等同於瓜分兩人財產，本屬李氏的奩田仍然在離婚後得到保障。話雖如此，但當婦人經濟困難，潦倒貧困時，求訴訟於兄弟，未嘗不可，「審得林朝相之弟朝輔，未死之前，房產俱已分訖，分書可據。今盧氏之告，蓋孀婦貧苦，二子尚幼，不過求助於伯耳」[92]。從以下兩案例，得見明人子弟為保家產，以視婦人為仇敵。婦人遭遇冷峻，如「燦則惟恐分其有也，白眼相視，不以姊禮事之」[93]和袁氏以族人之議，亦自委身二孫，首願息詞[94]，兩宗案件都是和解終結。事實上成功以女兒身分承分的個案為數不少，有陳氏夫婦的案例，養女和女婿判勝訴取田而還[95]。

婦人與夫婿受父親給予田畝，嗣子不滿告於官府，官府以平衡兩家利益，令婦人在承分田畝中撥出三十田畝給予嗣子，而非全數歸還。不過婦人受壓，而被迫控訴於官衙的案例也不少。雖某氏受官府旌表[96]，但據了解明代女性受地方族人欺壓的情況屢見不鮮。從《塋辭》、《釋音參審批駁四語活套》和《新鐫官板律例臨民寶鏡》等各案例歸納婦人訴訟之由，不外於捍衛家聲、保障財產等，婦人宋氏怕

---

[90] 同上註，頁213。

[91] 同上註，頁213-4。

[92] （明）祁彪佳撰：《莆陽讞牘》，卷1，頁53-4。

[93] 張肯堂：《塋辭》，卷9，頁409。

[94] 同上註，卷9，頁412。

[95] 蘇茂相輯；郭萬春註：《新鐫官板律例臨民寶鏡》，卷9，頁263。

[96] 同上註，卷8，頁234。

姦通蜚語，令婦人失名節[97]、婦人張氏不滿受騙，取回別婦人賺取的利潤[98]、謝氏、卜氏兩婦相爭家翁遺留的樓房二座[99]和婦人董氏向嫡子孫索還棺費和贍養費等[100]。婦人親身狀告，以求透過地方訴訟，爭取和維持現有的家產管理和贍養費用。因此地方知縣在審議案件時，不免有「凡女之出嫁而死者往往訟其婿家，以冀索粧奩之餘潤」[101]的偏見。因此審訊相關婦人爭產的案件時，牽涉田土和房屋買賣都少不免心有芥蒂，婦人狀訴說服力不夠男性狀告者。

王金印妹其夫身故，雖幸有夫族人李邦興負擔李國寶的喪殮費用，但王氏貧窮依賴其兄維生。夫族人李邦興告狀官府，責斥王氏帶走其夫的家產回娘家，官令王氏若再嫁雖付銀伍兩，結果王氏不堪被受辱，又被他人毒死[102]。從明人陳永輯的《法家裒集》中的法律答問簡釋當嫡子、庶子和通房所生子各得一分，而私生者只得他們的一半，這裡並沒有如令文中從及到妻室、妾侍、親女和養女的繼承權[103]，這是因為按服喪儀禮次序立嗣，能夠成功立嗣的機會率高，而且如遇有女無子的情況，都可以透過招養老女婿為後，把他立繼成嗣子，以立契約為證，契約已有定式[104]。

家庭內按服喪儀禮排序後，但找不到合適立嗣人選，而身為女兒未有入贅夫婿，同時決定不嫁與他人的兩種情況同時出現下，才符合法理上女承父分的條件。女性在社會上的身分是多變而固定的，她既是女兒，也會成為別人的妻子，最後也會變為母親。明代婦女婚後，

[97] 張肯堂：《𥁞辭》，卷12，頁455。

[98] 張肯堂：《𥁞辭》，卷3，頁316；蘇茂相輯；郭萬春註：《新鐫官板律例臨民寶鏡》，卷8，頁234。

[99] 蕭良泮彙編；康應奎校註：《釋音參審批駁四語活套》，卷4，頁71。

[100] 蘇茂相輯；郭萬春註：《新鐫官板律例臨民寶鏡》，卷9，頁261-2。

[101] 張肯堂：《𥁞辭》，卷8，頁403。

[102] 同上註，頁401。

[103] （明）陳永輯：《法家裒集》，頁586。

[104] 張傳璽：《中國歷代契約會編考釋》（北京：北京大學出版社，1995年），頁1011。

如娘家經濟能力許可會給予嫁妝，成為她們的奩產，也即是她們的私財，而丈夫死後，婦女也可負起處理夫產的責任，洪武二十二年祁門縣王阿許分產標賬就明確列出對三個親女兒的遺產分配，「五都王阿許不幸夫王伯成身故，並無親男，僅有三女。……今將戶下應有田山、陸地、屋宅、池塘、孳畜等物品搭，寫立天、地、人三張，均分為三，各自收留管業」[105]，就是地方婦女負起處理夫產的例子。從各案例歸納明代女性成為寡婦料理子孫承分財產的機會多於作為親女承分父產的機會，同時明代法律條文在各地方社會執行時，多會按照現況審理，非只遵照法律令文作結了事，但判書中的理據未有突顯明廷立法者的原意，故此有關律令的有效性和影響力未有清晰地表現出來。

六、結語

本文闡述明代家產繼承律令的變遷，突顯明代家產繼承法令為歷朝最嚴苛，並觀察明代婦人私產的來源，考察明婦人訴訟官府的情況，並根據《雲間讞略》、《折獄新語》、《莆陽讞牘》、《盟水齋存牘》、《新鐫官板律例臨民寶鏡》、《塋辭》、《釋音參審批駁四語活套》等地方官員的箚記，輯錄相關婦人訴訟的案例，析婦人爭產的理據和判決。從個別案例的析述，考察明中晚期的女性受地方官表明《禁牽告婦女約》[106]等社會規範，縱然婦人和男性享有律例保障，本能把自身的不滿控訴於官署，但她們受到社會道德的壓力遠勝於男性。

總結明代中晚期地方婦女正積極參與地方官府的司法程序，透過訴訟來捍衛自身之權益，不過就一些問題，本文未有詳加討論，如：婦人取得暫託權後，可否代子或代女出售家產呢？有一案例，嗣子成長，遭族人訴訟指其誇稱田價，而知縣判詞云：「買田時年在八、九

[105] 同上註，頁1086-87。

[106] 毛一鷺撰：《雲間讞略》，卷10，頁602。

歲，豈有八、九歲童子而誘人花聘者乎？」[107]，引伸寡婦暫託繼承權的權限有多少？現據明代律令由頒布到案例紀錄，可以發現明廷中央官員甚少主動討論婦女財產繼承問題，此問題在中央朝廷雖避而不談，但現實在地方上的各道府衙卻是常年要審理的案件類型。應該是一般士子都認為只要丈夫存在，婦人就毋需處理家中財產，而婦人除了奩產，一般家庭的開支費用，會由丈夫承擔。當夫死，士人提倡寡婦守節，需接受婦人不守節的選擇，但法律上守護夫家的財產，不輕易允許繼夫分家，反映明代知識份子思想上對婦女持產傾向保守。同時明代婦女受宗祧繼承限制，由於她們無法合法繼承宗祧，於是財產繼承一般也不易承襲。若比較女兒和妻子，一般律文上女兒的財產繼承權多於妻子，妻一般都被排除在繼承位次之外，而因嗣子女年幼，妻多擁有夫婿財產的暫託權。暫計明代案例，由妻子告發的案件多於女兒，女兒一般受至親不相告的法令限制「恐其出於祖父母、父母之命，或有父母言非外人所得知，故必祖父母、父母與期親尊長親告，始坐以前罪也」[108]，同一概念可能套用在長輩至親分產不公，受規範的女兒絕不能求於外人，必須親告。這也意味著明代女性能啟動地方上的司法程序，以求自身權益，實不易辦到。

107 蘇茂相輯；郭萬春註：《新鐫官板律例臨民寶鏡》，卷8，頁230。
108 （明）應檟撰《大明律釋義》，卷4，頁424。

蘇州水

——明清蘇州用水轉變初探

陳文妍[*]

摘要

本論文論述明清時期蘇州的用水，探討傳統江南地區日常用水方式以及水的觀念。明清蘇州用水並非一成不變，在人口增多及工業發展下，人們對水的使用方式以及認識都在不斷變化。本論文藉以日常用水這一角度，討論「水」這一現代公共資源，在傳統江南地區如何被認識，並成為商品，以及在地方社會中如何管理和分配。

關鍵詞：河水、井水、水灶業、蘇州、公共衛生

* 香港中文大學歷史系博士生

一、前言

水是人類不可或缺的資源之一，在中國傳統文化中，水即被認為是最基本的要素。但在傳統農耕時代，水常常與灌溉、水利、交通聯繫起來，飲水問題較少涉及。直至都市化問題開始呈現，飲水才逐漸被人關注。在西方，工業革命之後的用水已有較多研究。而關注中國用水問題，也常常與近代公共衛生這一議題相關，其中較為系統的研究是Kerrie Macpherson（程愷禮）和Ruth Rogaski（羅芙芸）對上海和天津的研究。程愷禮考察了上海開埠后，英法美在租界區所進行的一系列衛生改革。但她主要是從西方影響這一角度出發，中國傳統模式在本書中沒有占重要位置。[1]而羅芙芸關于天津衛生和疾病的研究，重點則落在「衛生」概念的形成和在近代中國的傳播，很好地闡述了「衛生到底是什么」，對筆者啟發很大。不過羅芙芸的研究並未真正落實到天津這一城市，她更多的是在文化層面理解了衛生現代性，對於這一觀念如何在中國城市裡扎根，仍沒有一個脈絡的梳理。[2]

晚近，中國學者目前對此問題也關注較多，不少在公共衛生抑或現代城市建設框架下討論了自來水的建立，但深入探討中國傳統至現代進程中，用水方式的改變及其背後含義的研究不多。其中較有代表性的有邱仲麟和余新忠二位的研究。邱仲麟在《水窩子——北京的供水業者與民生用水（1368-1937）》用了大量的明清文集和檔案，主要論述了在缺水的京城，水行業的競爭和經營狀況。到了清末，自來水的引進開始提上日程，中間由於與水窩子的競爭，使得自來水引進困難重重。不過北京最終在1910年開始有自來水可供全城使用。[3]余

1 Kerrie Macpherson, A Wilderness of Marshes: The Origins of Public Health in Shanghai, 1843-1893, Oxford University Press 1987.

2 Ruth Rogaski, *Hygienic modernity: meanings of health and disease in treaty-port China.* Berkeley: University of California Press 2004.

3 邱仲麟：《水窩子——北京的供水業者與民生用水（1368-1937）》，載于李孝悌主編；《中國的城市生活》，北京新星出版社2006年。

新忠在《江南的衛生觀念與行為及其近代變遷初探——以環境和用水衛生為中心》一文就認為嘉道以降，公共和國家權力介入衛生的經常性管理，衛生事業逐漸由個別的、缺乏專門管理的行為轉變為系統化的、有組織的、納入官方職權範圍的工作。[4]

筆者在上述研究的基礎上，進一步把焦點集中在蘇州這樣一個有自身用水觀念和方式的城市，理解在這一傳統中國城市用水觀念及技術的轉變。

二、傳統江南地區的飲水觀念

清末以前的水問題，常常被淹沒在水利、灌溉中。唯有養生書偶有提及飲水的問題，「人非飲食不生，自當以水穀為主……更惟水穀不可不精潔……故凡污水、濁水、池塘死水、雷霆霹靂時所下雨水、冰雪水、雪水亦有用處，但要相制耳……」[5]

人們對飲水的清潔還是相當重視，而且日常生活中，哪些類型的水適宜飲用也有所區分。而在一般論及飲食的書籍中，水也常常與其它飲料置於一起，如清代最有代表性的《隨園食單》提到「七碗生風，一杯忘世，非飲用六清不可。」[6]這些食譜願意討論的，往往是茶、酒等更豐富的飲品。特別是唐代以後，喝茶盛行，「唐陸龜蒙於吳中顧渚山置茶園，收其租息。自是而後，人耽水厄，遂列於米鹽日用品之內而不可廢。」[7]喝茶對中國人日常飲食傳統的影響十分深遠。因此，唐代蘇州人陸羽撰寫的《茶經》對水的評點直接影響了往

4 余新忠：《清代江南的衛生觀念與行為及其近代變遷初探——以環境和用水衛生為中心》，載於《清史研究》，2006年第2期。

5 （清）顧仲著：《養小錄》，論水，台北：東方文化書局1975年，卷上，飲之屬，論水，頁一。

6 （清）袁枚，《隨園食單》，清嘉慶元年小倉山房刻本，卷四，茶酒單。“六清”一詞出自《禮記》，鄭注六清：水、漿、醴、醫、酏。

7 （清）袁文瀾著，《吳郡歲華紀麗》，“碧螺茶貢”，127頁。

後歷朝歷代對水的認識。至明代，人們對飲水的分類大致沿襲唐代陸羽的說法，「陸處士品山水上、江水中、井水下」。[8]

而未經煮熟的井水，在明末各種討論水的書中，都是最不可取的。撰于嘉靖年間的《煮泉小品》對江水有如此的評價：

> 江水，江公也，眾水共入其中也，水共則味雜，故鴻漸曰江水中，其曰取去人遠者，蓋去人遠則澄深而無盪瀁之漓耳。[9]

明代著名的養生家高濂所著的《遵生八牋》也引用了《煮泉小品》的看法。[10]巫仁恕認為明末飲食書籍在感官描述上呈現敏銳化的趨勢，在這裡也有所體現。[11]雖然這一對水的分類基本是為了品茗而設，但這種對水質與口感的細化，不能不說可以體現明清傳統士人對水的看法。而且傳統中國品茗的傳統，也使得水有被煮沸再進行飲用的傳統，而非直接飲用。這種喝熟水的生活習慣，降低了很多疾病的發生，更讓取水相當容易的江南地區對河水的使用十分放心。

這種對江河水的偏好，與蘇州位於太湖平原湖蕩棋布，河港縱横，水域廣闊，是傳統的江南水鄉這一地理環境分不開。蘇州素來與水關係緊密，民國《吳縣志》即稱「吳為水國陂澤、碁置川渠網絡、利足於注溉運輸、舟楫四達、豈非富庶之資耶」[12]。

[8] （明）徐獻忠著，《水品全秩》，台北：東方文化書局1975年，卷上，頁十三。

[9] （明）田藝蘅著，樓子匡輯，《煮泉小品》，台北：東方文化書局1975年，頁十一。

[10] 參見（明）高濂著，《遵生八牋》，科學技術文献出版社，2001年，飲饌服食牋。

[11] 巫仁恕，《品味奢華：晚明的消費社會與士大夫》，台北：聯經出版事業股份有限公司，2007年，265頁。

[12] 曹允源、李根源纂：《民國吳縣志》，南京：江蘇古籍出版社，1991年，卷二十，輿地考，225頁。

圖1

由上多則材料可看到，明末江南地區的飲用水是以泉水、雨水為上，但由於較難獲得與貯存，相信更多使用的是江水。而井水的存在更多是生活所用而非飲用，從遠處得來的江水比井水更適合飲用。

這種對水的看法在清代早期被繼承下來。乾隆時期繪製的《姑蘇繁華圖》中，多處可見人們直接從河中取水的情形。[13]取水地點既有人流密集的碼頭，也有城內民居前的河道。雖從圖中難以確定河水是否為飲用，但也能看出使用河水在蘇州這種江南水鄉的便利。

另外，乾隆二年（1797）的《蘇州府永禁虎丘開設染坊污染河道碑》也透露出一個重要的信息，即當時的蘇州地區，河水為主要的飲用資源。就算是文人聚集、以「茗香泉潔」招攬生意的茶坊，也只是就近在山塘河中取水，相信城中觀前手工業者聚集的茶肆乃至普通大眾日常飲水，更是直接從鄰近河道中汲取。這一材料不僅

[13] （清）徐揚，《天堂夢：姑蘇繁華圖》，遼寧省博物館藏，香港商務印書館（香港）有限公司，2009。

讓我們加深蘇州人常飲河水的印象，同時帶出此時期河水開始受到污染的隱患。

> ……姓之饔餐等（中缺七字）且白宮堤畔，口口口口在生（中缺十五字）系民生物命。緣塘花市，紅紫芬菲，口口相承，滋生時口口虎丘口勝概，盪（中缺六字）橋年代口之於水前（中缺六字）茲（中缺八字）概且毒口腸胃。更有甚焉，傍山一帶，到處茶棚，較資（中缺二十五字）味，不堪飲啜……[14]

這段碑文缺省較多，但仍能從中看出大意。即山塘一帶染坊的污水使河道污濁，影響了日常飲水，而山塘街下游的茶棚更因水質變化而不堪飲啜。最終住在虎丘至山塘一帶的120位士民聯名上書，要求「將置備染作等物，遷移他處開張」，強調染坊對河流飲用和灌溉的影响。[15]

此一材料透露出當時蘇州作為全國最大的商業城市，隨著商業化和城市化程度的增加，飲水逐漸顯現出一些問題。明末清初的蘇州商業和手工業十分發達，是當時全國的商業中心。明後期起，蘇州就成為著名的染色業中心。染坊兼染絲綢、棉布和各色色線，凡是湖州和盛澤、濮院等城鎮織就的絲綢生貨，松江、太倉以及常熟等地織就的棉布，通常都要運到蘇州染色，因而作為三大官營絲綢生產中心之一和棉布加工業中心的蘇州，在蘇州染業更加發達。[16]

蘇州河水不僅受到相關行業的污染，同時，城內河道由於城市化而逐漸淤塞。據曹樹基的研究表明，蘇州城內人口由明至清大量

---

14 收于蘇州歷史博物館，江蘇師范學院歷史系，南京大學明清史研究室合編：《明清蘇州工商業碑刻集》，南京：江蘇人民出版社1981年，256頁。

15 同上。

16 范金民著：《清代蘇州城市文化繁榮的寫照——〈姑蘇繁華圖〉》，載於范金民編《江南社會經濟研究（明清卷）》，南京：中國農業出版社2005年，1044-1045頁。

增加，從明代後期的50萬人，增至嘉道年間的百萬以上[17]。人口密度加大，使得「河形盡被居民填佔蓋房」[18]，河道萎縮嚴重。嘉慶二年（1797）疏浚蘇州城河的巡撫費淳就清楚描述了這種景象：「顧其地當都會，市廛闤闠，櫛比鱗差，綮乎隱隱。遂多疊屋構，跨越侵逼。且煙火稠密，穢滯陳因，支流易壅……余於乙卯秋奉命撫吳，公余周覽城市，見所謂四經三緯之水道，淤塞過半。其他小港斷流，有遂成平陸者。心竊軫之。」[19]而之所以會發生這種情況，費淳認為「會余惟東南尤重水利。官斯土者，宜所亟講。顧或以城中水道非利害所繫，姑置緩圖」[20]。在傳統水利觀念中，疏浚河道最重要的原因是農田灌溉。但清代蘇州城早已「不僅是一個政治城市，而且還是一個商業城市，並逐漸變化為一個輕工業城市」[21]。對於早已轉化為手工業城市的蘇州，灌溉的意義已經不存在，城內的水道已「非厲害所繫」，疏浚的動力也自然減少。

對蘇州河道疏通的忽視，卻間接影響了城河交通與汲引的功能。「況停浚已五十餘年，舟楫往來，旦暮飲汲，蘇民方竊竊然慮之。」[22]不過此時的江南養生家們依然沒有放棄尋找清潔河水的方法，嘉慶時期提倡飲食「靜潔」的養生家顧仲認為流通的河道，使用一定的收藏方法，還是可以獲得「與泉水莫辯」的飲用水：

> 不必江湖也，但就長流通港內，於半夜後，舟楫未行時，泛舟至中流，多帶罐甕取水，歸多備大缸貯下，以青竹棍左旋攪百

[17] 葛劍雄主編：《中國人口史》明代卷，上海：復旦大學出版社，2000-2002年，311頁。

[18] （清）馮桂芬纂：同治《蘇州府志》，台北：成文出版社，卷十，水利，136頁。

[19] 費淳：《重浚蘇州城河記》，收於《明清蘇州工商業碑刻集》，305-306頁。

[20] 同上。

[21] 李伯重：《江南的早期工業化（1550-1850）》，北京：社會科學文獻出版社，2000年，65-69頁。

[22] 費淳：《重浚蘇州城河記》，收於《明清蘇州工商業碑刻集》，305-306頁。

> 餘，急旋成窩，急住手箬篷蓋，蓋好勿觸動，先時留一空缸，三日後，用木杓于缸中心輕輕舀水入空缸內，原缸內水取至七八分即止，其周圍白滓及底下泥滓連水洗去淨，將別缸水如前法舀過，又用竹棍攪蓋好三日後，又舀過去泥滓，如此三遍，預備潔淨竈鍋專用煮水，用舊者妙入，水煮滾透，舀取入罐，每罐先入上白糖霜三錢于內，入水蓋好，一二月後，取供煎茶與泉水莫辨，愈宿愈好。[23]

到清中期時，江南地區，特別是繁華的蘇州，由於城市化進程的加劇，人口密度增大，一些手工行業也威脅到河水的飲用。獲得潔淨的河水，已經比明末時期要困難得多了。

三、咸同年間飲水方式的變化

江南飲水方式的變化，其中體現為對井水看法的改變。井在中國傳統社會被廣泛使用，在蘇州也有眾多古井的記載。不過，從下文所引明末文徵明的《長物志》可看到，在水源充裕的江南地區，井水並不被人推崇：

> 井水味濁，不可供烹煮，然澆花、洗竹、滌硯、拭几，俱不可缺，鑿井須於竹樹之下，深見泉脈，上置轆轤引汲，不則蓋一小亭覆之，石欄古號，銀牀取舊製最大，而古置其上，井有神井，傍可置頑石鑿一小龕，遇歲時，奠以清泉一杯，亦自有致。[24]

[23] （清）顧仲著：《養小錄》，台北：東方文化書局1975年，卷二，11-12頁。

[24] （明）文震亨撰，《長物志》，台北：藝文印書館，1964-1975年。

井水更多是日常清潔所用，但明代品泉專家認為，井水與泉水相通，並非不能飲用，只是由於過度使用，靈氣被攪渾，才不堪飲用。「井水，井清也，泉之清潔者也，通也，物所通用者也，法也，節也，法制居人，令節飲食，無窮竭也，其清出于陰，其通入于淆，其法節由于不得已，脉暗而味滯，故鴻漸曰井水下，其曰井取汲多者，蓋汲多則氣通而流活耳，終非佳品，勿食可也」。[25]

這種認為「井水為下」的觀念至道光之後漸漸改變，河流淤塞所帶來的問題逐漸被當時的地方管理者所重視，井水開始被認為是比河水更適宜飲用的水源。至道光以後，井開始被納入了較為大規模的地方事務中，其中潘氏家族的影響最大。道光年間蘇州豐豫義莊的創建者潘曾沂就提到飲污穢河流之水會多病，而提倡鑿井而飲：「蓋鑿井而飲，其語最古，《易》只六十四卦，而有井卦，星有二十八宿，而有井宿，其要可知，而今人乃習焉不察，聽其填塞蔽固，等之無用之地，而別取污穢之河流以自給，宜其飲水而多疾，服藥而不靈，皆不明乎，資一之故也。」[26]

潘曾沂長期經營豐豫義莊，在他生命最後兩年里，他還以義莊的名義，出資鑿井四五十處，以便民用。「咸豐元年夏，宅西得小屋數椽修葺之……外一椽鑿雙井極深，以便鄰里汲水，名之曰雙月泉」，「咸豐二年，濬鑿義井四五十處，唯舊子城之龍王廟前一井最為深大，名之曰萬斛泉。」[27]

開鑿、疏浚如此多的水井，是因為潘曾沂覺得「城市開井，非獨便民，使其地脈疏通且可轉移風水」。潘氏父子開鑿義井的做法，《申報》有如下報導：

[25] （明）田藝蘅著，樓子匡輯，《煮泉小品》，台北：東方文化書局1975年，頁十一。

[26] （清）潘曾沂：《東津館文集》卷二《資一藥房記》，咸豐九年刊本。

[27] （清）潘曾沂、潘儀鳳著：《小浮山人年譜》，北京圖書館出版社，1999年影印本。

> 今年夏，吳郡亢旱不雨，河水臭涸，城中一帶居民乏水，民生不便，元都觀前離河更遠，若由胥江擔水往返，十餘里民力艱辛。幸賴潘東園部郎，相度地勢，乃于觀前吉祥寺門口，獨出己貲，倡浚雙眼官井，深三丈余，寬二丈一尺，名曰望雨泉，以資里中汲水。遠近來取者，終朝不絕，每日得水三四百擔，利濟無窮，民生大便，倘得人人倣行，分力合作，不患無水，不憂亢旱，則功德莫大焉。[28]

這個時期，地方人士抑或公共機構開鑿義井、公井的行為倍受推崇，究其原因，是由於與前代相比，清代江南的環境出現了相對較為明顯的改變，特別是到了嘉道時期，似乎更為顯著。隨著城鎮化進程的展開，在一些人口密集都市，過量的生活垃圾和手工業廢物對環境造成的污染也日見嚴重。[29]除此之外，這與當時霍亂的傳播也有很大的關聯。霍亂第一次世界大流行在1821年由西南經大運河傳入江南地區，由於蘇南浙北是典型的水鄉，很快向周邊地區感染，充分顯示出霍亂的水型傳播方式。[30]道光元年（1821），蘇州府的確也出現了霍亂的記載，「夏秋之交，合郡大疫，邑西鄉尤甚。其癥吐瀉轉筋，兩足麻縮，頃刻間肌肉陡削，堿刺醫藥百無一效，且傳染無已，甚有數日間全家俱斃。」[31]

霍亂在道光初年的傳播，與水的關係還未被重視。但到了咸同年間，由於疫病的傳播帶來的飲水問題，開始引起了有識之士的注意。

---

28 《記吳郡新浚望雨泉》，《申報》同治十二年八月初九日。

29 余新忠，《清代江南的衛生觀念與行為及其近代變遷初探——以環境和用水衛生為中心》，載於《清史研究》，2006年第2期。

30 李玉尚，《霍亂在中國的流行（1817-1821）》，載於《歷史地理》第十七輯，上海人民出版社，2001年第2期。

31 趙詒翼纂：《信義志稿》，南京：江蘇古籍出版社，卷二十九，“災疫”，191頁。

加上天平天國戰爭帶來了嚴重的傳染病問題，民眾的死亡率超過平時數倍。[32]

戰爭加劇了傳染病的傳播，同治元年（1861）江南地區霍亂的流行在此背景下更為嚴重。當時對霍亂研究最有代表性的溫病大家王士雄，通過對此次霍亂傳播的觀察，開始注意到居住環境以及飲水衛生與霍亂之間的關係。成書於同治元年的《隨息居霍亂論》，在提出的防治霍亂的方法中，特別提到疏河鑿井的重要：

> 一、人煙稠密之區，疫癘時行，以地氣既熱，穢氣亦盛也，必湖池廣而水清，井泉多而甘洌，可藉以消弭幾分，否則必成燎原之勢……
>
> 一、……若能效法先賢，不徒為飲食之人，以其余資，量力而行，疏河鑿井，施藥救人，斂埋暴露，掃除穢惡諸事，不但保身而杜病，吾聞積德可回天，不僅可御霍亂也已。

不過水井還是要加以分辨，小心使用，最好經過加工處理，加入明礬等沉澱之後，飲用才更有保障。「食井中，每年五月五日午時，入整塊雄黃，整塊明礬各斤許，以辟蛇蟲陰濕之毒，或以整塊朱砂數兩尤妙。食水缸中，宜浸降香一二段，菖蒲根養於水面亦良。水不甚清者，稍以礬澄之，并解水毒。」[33]

王士雄意識到環境與霍亂之間的關係，他認為「疏河浚井」是很重要的一個預防措施。而他對水的理解不再是以煮茶為目的，更是與生活息息相關的必需品：「人可以一日無穀，不可以一日無水，水之於人，顧不重歟？苟知掘井試水之法，則在在可飲甘泉，而免疾病。

[32] 李玉尚，《傳染病對太平天國戰局的影響》，載於《中央研究院近代史研究所集刊》，2004年第3期。

[33] （清）王士雄：《隨息居飲食譜》，上海：三聯書店，1990年。

余性喜鑿井，而力有未逮，惟藉同志者勉為之……」[34]

王士雄對預防霍亂所提出的種種措施，都寄希望予地方有為之士，「以其余資，量力而行」，將疏河浚井囊括入類似「慈善」的地方事業中。他的這種觀點，恰好與同時代的潘曾沂、潘鳳儀兩父子相似。根據民國《吳縣志》的記載，到民國時期，蘇州義井除卻宣統時期自治籌備處開鑿三十多口外，保存下來仍在使用的，大多為潘氏所開鑿。[35]

在隨後的二十年裡，水與疾病、環境與疾病的關係進一步被重視，如關於蘇城大旱的討論，雖未完全將飲水與霍亂聯繫起來，但也意識到霍亂與環境之間存在緊密的關係：

> ……但久旱枯極，須連霈數次，始可慰農情耳，且未雨前三五日間，街巷多幹，霍亂皆病未終日即亡，今一雨幸可洗淨此疫也，再城中如元妙觀左右，恰在城之中，離有水之河過遠，故皆不來倒糞，所有廁坑盡行傾滿泛溢街衢，加之小街巷居家傾棄垃圾瓜皮堆聚至難容步，而日炙雨淋，腐爛熏蒸，其穢氣被觸口吸以達口發時口為癘為疫也……[36]

除了地方有識之士的看法發生改變，政府也開始將清潔環境、控制疾病納入管轄範圍。至光緒十七年，江蘇布政司下令清理省城街道，「若不重加整頓，轉瞬炎夏穢氣熏蒸，勢必釀成疫病……」[37]一

---

34 同上。

35 曹允源、李根源纂：《民國吳縣志》，南京：江蘇古籍出版社，1991年，卷二十，輿地考。

36 《記蘇城求雨情形並街衢宜及早清理事》，《申報》，同治十二年閏六月十四日。

37 《清理省城街道章程示式》，見於《江蘇省例》，光緒十七年。上海圖書館館藏。

年後，又頒發示令清理省城河道，至此，官方疏浚河道的緣由，已由水利、交通，轉向飲用水與疾病的預防。

> 為出示勸諭，事照得水源本清，勿以傾填而致穢，工程既鉅，當思開浚之維艱，蘇城河道逼窄，兩岸居民櫛比瓦礫灰滓日棄其中，水不流通，氣即惡劣，夏秋之際，每至癘疫侵人，未必不由於此，是以浚治不容稍緩……原期舟楫暢行，居民汲引常享流通之利，期無疾疢之虞，若不約定章程，剴切勸諭，既隨意而任其填積，即逾時即見污淤，殊非本司軫念民瘼之意。[38]

這份示諭清楚表明開浚河道是為水源的清潔。而文中並未提及蘇城人口密集，雖然蘇城光緒之後已重現繁華，但景象絕不可與興盛時期相比，人口密度比清中期下降了一半，而彼時偶有議論的河水清潔問題。但至光緒年間，河水清潔已成為官方十分重視的問題，並有若干相關規定：

> 計開
>
> 一　各家垃圾灰滓每日清晨送過街頭空處，歸清道夫運出，切勿傾入河內，所有瓜皮菜葉即一切堆積之物，尤不宜拋棄入河屋後，臨河者尤須切戒。
>
> 一　染坊染色之水、銅鐵爐房、茶舖酒館煤柴灰渣、以及硝皮各店均最糟蹋河道，從前染坊多在城外，近既漸移城中，其染貨仍應在城外洗淨，至灰渣等類尤不准傾棄河中，如敢故違定即責令挑淨仍將該鋪押遷城外。
>
> 一　現經通飭三首縣暨保甲清道局，並責成地保，隨時查察稟報，倘有故違之人，定即分別重究議罰勸爾，居民當知河

38　《示諭清理省城河道》，見於《江蘇省例》，光緒十八年。上海圖書館館藏。

道潔清，自獲其益，鄰居勸誡，務各留心，切勿隨意積淤俾能，和甘長飲。[39]

由道光開始，直至太平天國以後，由於河水的污穢、疾病的傳播，以及戰爭帶來的種種變化，使得當時蘇州各階層人士對水的理解，特別是飲水與疾病的關係，已經與明末清初時期完全不同了。

四、水作為商品

除了由選取河水轉向井水的轉變，在江南的日常生活中，還有另外一種用水的選擇，即買水。在上部份引用的黃凱鈞《遺睡雜言》一書「藏天泉法」的材料中就提到，「松江府城素稱澤國，東門地接黃浦，因潮水挾沙，來急去緩，積年累歲，近時城河都已淤塞，人家買水以給，居者患之他方莫論矣。」[40]嘉慶年間的松江府，如果直接從河中取水不便，那麼買水也是十分方便的。這也體現當時江南地區存在著一個十分重要的行業：水灶業。蘇州關於水灶業的情況，在尚存的碑刻中有所記載。《蘇州府禁止不安分之徒勾串匪類借端向水爐公所索擾碑》也正式提到水灶公所的建立。[41]

水灶業，在蘇州俗稱老虎灶，本小利薄，僅為下層人糊口的小生意，在各種商業材料中都難以找尋它的影踪，在號稱行業齊全的《姑蘇繁華圖》中也未出現。從現有的材料看，水灶業在蘇州成為一個行業，時間不會早於道光年間。在現代蘇州當地文人所編纂、夾雜著他們生活經驗的文化叢書，對老虎灶有這樣的印象：「老虎灶，其名來

---

39 同上。

40 （清）黃凱鈞著：《遺睡雜言》，嘉慶二十年友漁齋刻本，《四庫未收書叢刊》第6輯第20冊，11-12頁。

41 《蘇州府禁止不安分之徒勾串匪類借端向水爐公所索擾碑》，收于江蘇省博物館編：《江蘇省明清以來碑刻資料選輯》，三聯書店1959年，427頁。

自於水灶史蹲虎，通常位在小巷的街頭巷尾，經營者多為夫妻，遠遠的就看到一個高高的煙筒豎在屋頂上，蘇州人慣到此沖開水，這樣就能省下自家燒水所需的燃料，而且老虎灶的水都是來自城外的胥江水，品質好。」[42]

熱水是老虎灶主要的售賣商品，它的便利在於可選用更為廉價的燃料。據陸文夫筆下的蘇州，至1950年代，城內的燃料來源仍是柴、草、礱糠等，這些都是農民用木船運進城內的，當時只要站在後門口上的石碼頭一喊，談好價錢後就會幫你把柴草堆進屋中。[43]

民国年间，苏州人家的日常燃料（主要是稻柴），由农人从乡间船载而来，也可由柴行送柴上门，都用柴船运载。俞明《船与水》写道："稍后，便是载着稻草和砻糠进城，那时城里人烧灶；除了逢年过节蒸年糕之类要用木柴外，一年四季全烧稻柴。抽一把草，打个结，称之为草把，千家万户都有专门的草间。所有的老虎灶都用砻糠作燃料。老虎灶前排着长长的队，带着铜吊或汤婆子，浓重的水蒸气把老虎灶烘得暖暖的。"满载金黄色稻柴的木船，是水巷里的一道景观，似乎这稻柴上还有着晶莹的晨露。（摄于1928年前）

圖2[44]

[42] 亦然：《蘇州小巷》，蘇州大學出版社，2000年，43頁。

[43] 陸文夫：《老蘇州：水鄉尋夢》，南京：江蘇美術出版社，2000年，67頁。

[44] 王稼句編著，《蘇州舊夢：1949年前的印象和記憶》，蘇州大學出版社，2001年，50頁。

其中老虎灶專用的礱糠，為稻穀脫下的売，價錢最為低廉。但由於過於細碎，只能於老虎灶特製的爐灶使用，一般人家的灶台燃燒不便。因此，使用木柴、稻草為燃料的年代，至老虎灶買熱水，會比自家煮水更為省便。據美國傳教士羅斯觀察，他眼中的蘇州，街道狹窄、臭氣沖天、髒亂不堪，街道為小商販佔據，而城內極為缺乏燃料，即使載滿木柴的小船絡繹不絕的進城來，仍無法滿足需求，遂使得人們普遍運用所有可供燃燒的雜物，而為了節省燃料，養成了人們以大街上所販賣的食物為生的習慣。[45]

不過，對於水灶業具體行規及運作，暫時未見完整的材料，但從《申報》一消息可猜測該行業應有嚴格的管理，「蘇閶洞涇裏七家橋某姓老虎灶蠟底被竊銅杓一把，傳聞此物所值無幾，惟該處行規一文一勺，須由公所領取，不能自製，故被竊雖微，而半日生涯轉為之耽誤矣。」[46]

在蘇州當地人的印象中，水灶業的商品範圍並沒有明確界限，只要與熱水相關，它都可能售賣，「老虎灶除了賣熱水外，還兼著賣茶，茶客多是下層的勞動人口，許多老虎灶還兼著作盆湯，也就是小型澡堂的生意。」[47]

事實上，蘇州茶館林立，它們常常既賣茶又賣水，水灶如若賣茶，也會比單純賣水獲利更多，這使得茶館與水灶二者的競爭時有發生。茶館經營比起水灶，收入和勢力都大得多，在行業之間的競爭中，水灶業公所必然起著舉足輕重的作用：

> 蘇城茶館與老虎灶各業其業兩不相通，近有茶館而賣水者，老虎灶而賣茶者，由是互相爭訟控於府署，府憲斷令兩造個專其

[45] （美）羅斯（Edward Alsworth Ross），《變化中的中國人》，北京：時事出版社，1998，178頁。

[46] 《小竊滋多》，《申報》，光緒五年，正月十四日。

[47] 亦然，《蘇州小巷》，蘇州大學出版社，2000年，58頁。

業，無相侵犯，當時各茶館俱願具結，而老虎灶行中則或以地段繁僻，或以房價貴賤，若止準賣水，實有不敷開銷之勢，府憲復令該行公同查察，如有孤兒寡婦之家，許擺桌椅四張兼行賣茶，其餘仍遵前斷云云，老虎灶行中正擬稟復，而各茶館尤恐其以少報多，有礙生意，又復具呈爭執，以故此案已經累月尚未斷結云。[48]

雖然蘇州水源充足，並非像京師等缺水的城市，水完全成為壟斷性商品。[49]但隨著城市人口的增加和河道的淤塞，加上氣候、降水的影響，蘇州用水逐漸成為問題。從《申報》的材料看，從同治到光緒年間，每隔三四年，蘇州便有乾旱的問題。「同治十二年，蘇城自五月中起，日日亢陽……城內河井盡皆乾涸，皆僱人担城外水飲，甚至百錢一担，尚難喚僱……」[50]「光緒二年，蘇城自七月至今久無雨澤，城中河道淺塞，所有各處官井水俱渾濁不堪，取汲河水亦須由城外挑進，故城中水價亦為之驟昂矣。」[51]「光緒五年，蘇城各道城河近以亢旱日久，河既淤淺，水又渾濁，故日來在城食水各戶均往城外挑取，水價驟昂，每担需錢六十七文不等。」[52]

每當乾旱，蘇州城內水資源緊張，便須至城外胥江取水。水灶業以提供水源作為獲利的手段。而蘇城水灶業經營的手段，是時人覺得值得參考借鑒的模式。在同治年間的《申報》中多次提及上海老虎灶整頓問題，就建議商家應仿照蘇州城內的取水方式：

---

48 《申報》，光緒三年九月十八日。

49 參見邱仲麟：《水窩子——北京的供水業者與民生用水（1368-1937）》，載于李孝悌主編；《中國的城市生活》，北京新星出版社2006年，206-219頁。

50 《記蘇城求雨情形並街衢宜及早清理事》，《申報》，同治十二年閏六月十四日。

51 《乾旱井涸》，《申報》，光緒二年九月十五

52 《城河渾濁》，《申報》，光緒五年七月初五。

> 查凡省城都邑，無不商賈雲集，居民輻輳，而城廂河道必致污惡不堪，皆因人多而作踐過甚，……以致河之愈狹而愈淺，水之愈濁而愈臭。惟河身淺狹，河水污穢，人汲飲之，易染疾病……余見蘇城內河，均有儲水之船停泊埠上，凡茶鋪、老虎灶及民間飲水，均向船內取給，蓋船從城外大河運裝清水入城，以便汲飲，此法最善……惟懇有力好善君子，仿照蘇城倡設水船局，由浦載水入城，便民汲飲……[53]

同治年間，《申報》上對滬城飲水問題的討論頗多。[54]於是，《申報》討論上海城內的河水已經不再適合飲用，先是提出像蘇州那樣建立「水船局」到城外黃浦取水，但由於老虎灶經營者不願多付錢雇用水夫而難以實現。[55]

但是蘇州是否確實存在「水船局」其實也是一個問題。在蘇州地區相關材料中，筆者暫未看到存在「水船局」這一機構。由前稱頌潘氏鑿井的報導看，當時的情形為「今年夏，吳郡亢旱不雨，河水臭涸，城中一帶居民乏水，民生不便，元都觀前離河更遠，若由胥江擔水往返，十餘里民力艱辛。」[56]在這裡，「蓋船從城外大河運裝清水入城」的蘇州「水船局」的說法變成了「民力」。擔水與前文所引「皆僱人担城外水飲」的說法一致，似乎「水船局」並沒有真正存在。

蘇州胥江在近代一直被認為是蘇州最適合飲用的水源，民國時期及解放初，自來水廠的選址也位於此。它直接由太湖流向蘇州城的西南面，繞開最繁華的西北閶門地區，水面寬闊，且污染較少。但是，

---

53 《上海城內宜設水船以便民用論》，《申報》同治十一年十一月初十日。

54 《勸城內紳董辦自來水說》，《申報》同治十二年十二月初五日；《除穢水以免致病論》，《申報》同治十二年十二月初九日；《論飲水清潔之法》，《申報》同治十三年四月初十日。

55 《除穢水以免致病論》，《申報》同治十二年十二月初九日。

56 《記吳郡新浚望雨泉》，《申報》同治十二年八月初九日。

在水鄉習慣了門臨流水、取水便利的生活方式，遠至城外胥江取水，不管僱人抑或用船，都極大提高了成本。老虎灶與茶館是否願意增加成本運水，居民是否願意出錢買水，都是值得探討的問題。也正是這種至胥江取水的不便，才使得水井的作用大為提升。

五、公共衛生意義的飲水方式

清末官方機構開始關注及介入民眾日常生活的清潔衛生這一趨勢，被日本學者稱之為「從養生論到公眾衛生論的轉移。」[57]中國官方意義上的衛生行政直到1905年清政府設立巡警部時才開始開始。清末衛生行政的出現，是與近代衛生概念的傳播，以及清末新政的改革相關。蘇州在1908年「按照部章改巡警總局為警務公所，設警務總辦」[58]，直到清王朝滅亡前一年，蘇州巡警道明確表示設立衛生科，掌管公共衛生事務：

> 宣統二年十月初二日，準提法司移開：……頒奏定巡警道官制，并分科辦事細則，清單第八條內載，警務公所分設四科四衛生科，掌衛生警察之事，凡清道、防疫、檢查食物、屠宰考驗、醫務醫科，及官立醫院各事項，皆屬之等語。[59]

將衛生列入警察執行範圍內，是仿效德國衛生警察的做法。但在光緒三十年（1904）籌辦蘇省警察總局的章程中，各巡捕只負責每家居戶傾倒垃圾、街道整潔等方面的內容，未提及飲水清潔相關

---

[57] （日）飯島涉著：《ペストと近代中国》，東京研文出版2000年，2頁。

[58] 曹允源、李根源纂：《民國吳縣志》，南京：江蘇古籍出版社，1991年，五十四卷，兵防考二。

[59] 《蘇省醫院籌備處照章歸巡警道主管》，見於民國《吳縣志》，五十四卷，兵防考二。

規條。[60]直至民國二年《江蘇省內務行政報告書》所列的「衛生」範疇，以醫療、防疫為主，飲水未正式列入「衛生」管理之中。[61]

在西方公共衛生史上，水是最初也是最重要的管理對象，但在中國的公共衛生管理中，從清末到民國，飲水都置於次要位置。不過，清末的巡警道對水並非無心管理，但由於力量薄弱，他們無法直接介入到用水規範。在宣統三年（1911）一篇由巡警道對蘇城內用水提出了這樣的見解，「……前因城內河道淤窄，水不清潔，居民飲之易染疫癘，而各茶館水灶售賣茶水，每多貪懶省費，並不遵章前往載運清潔河水，僅將水船空系碼頭，仍於城河就近挑水，以致臭濁不堪吸飲」[62]，這種情況下，巡警道制定規矩，敕令水灶茶館往城外取用清潔河水：「當經出示曉諭，各茶館水灶嗣後務須雇備船隻運載城外清潔河水……」[63]

但是這一諭令並沒有得到茶館水灶業的重視，「乃數月以來，各路摺報水船出城運水數目與各該茶館水灶清冊核對，均多缺漏，足見遵辦之戶甚少，且據東路區長稟稱迭飭各區勸諭各茶館水灶一律用船，旋據各區稟報在婁齊兩門附近茶館水灶就近挑取水，尚清潔，臨頓路一帶，亦稱用人出城挑取各等情。」探查其中原因，均因置船運水的成本太高，「區長以事關衛生要政，又督率各巡官親往，曉諭咸稱利息微細，置辦一船價須數十元，大茶館置辦非難，小茶館水灶成本無多，實難置辦，故歷屆夏季河水臭穢之時，常用人出城挑取，現奉憲諭業已添用夫役出城挑運等語……」[64]

巡警道發現諭令難以實行，但是城內水的飲用已成問題，最後，轉向商會尋求解決的方法：

---

[60] 《蘇省警察總局現辦章程》，光緒甲辰年夏頒發。上海圖書館藏。

[61] 江蘇省內務司編輯：《江蘇省內務行政報告書》，民國二年，第一屆。上海圖書館藏。

[62] 蘇州檔案館，檔號I14-001-0118-011。

[63] 同上。

[64] 同上。

查察情形，各茶館水灶均無船隻，現將天氣漸熱，河水必更臭穢，果如茶館水灶所稟用人挑水，於衛生雖無妨礙，然始勞終逸，弊所難免，挑取終非久計，再三勸諭，不遵加以壓力，恐滋事變卑路，大小茶館水灶共有六十戶之多，均無船隻，他路可想而知，一再籌思，擬請移咨商務總會轉諭該水業公所，妥議章程，一面再由區長會同各路區長認真嚴查，大茶館每戶一船，小茶館水灶或二三戶共用一船，統於月內或租或買，一律用齊，倘再陽奉陰違，立提該戶主送請罰辦，懲一儆百，庶可就緒等情，具稟前來查，該路茶館水灶既有六十餘家，何以竟無一船，所稱添夫出城挑水，與雇船運水同一需費，何得諉謂無力，顯系飾詞玩違此事，東路既全無水船，各路又多未遵辦，殊屬不成事體，除批飭各區長嚴行勸諭外，自應飭由該業公同議章酌辦，以重衛生，而全公益，即使各小茶館水灶本利微細無力獨備船隻，亦僅可二三戶各備一船，以期一律實行，為此照會貴總會，請煩查照，希即查明該業如已入會即行傳諭，該業公所遵照公同酌議，妥善辦法，從速復道，以憑核飭遵辦望切之須，至照會者。[65]

前文同治年間《申報》提及蘇州「水船局」似乎并沒有存在。直至清朝最後一年，蘇州水灶茶館這些以水作為商品的行業，都未曾實現往胥江取水的符合「衛生」的做法。巡警道一直呼籲水灶茶館要到城外取水，但效果不佳。最後他們只能轉向商會，而商會的回應是「惟查該業本小利微，向未入會，是以敝會無從傳諭有方」。[66]

蘇州商會與巡警道一樣，是清末新政的產物。它齊集了當時蘇州當地最有名望的士紳，很快就成為地方事務實際的管理者。但是不管

[65] 蘇州檔案館，檔號I14-001-0118-011。

[66] 蘇州檔案館，檔號I14-001-0118-010。

哪個層面的社會管理者，對水行業都無力或者無心控制。

不過蘇州商會並不是完全對水的飲用問題置之不理，它通過1909年成立的市民公社，對蘇州城的衛生和保安事務進行管理。在第一個蘇州市民公社——觀前大街市民公社辦設緣起也清楚地列明市民公社所關注的事務：

> ……夫言地方善舉，寧啻救火一事；言道路、工程，寧啻修街道、通溝渠；言衛生，寧啻清潔污穢；而言自治範圍，寧啻善舉、道路、衛生數端；……[67]

《蘇城觀前大街市民公社簡章》也明確提到衛生上要「清潔街道、鑿井、通溝」。[68]也就是，在衛生用水的問題，市民公社延續了義莊「鑿井便民」的做法。用水問題在這時已經逐步列入「公共」領域，但是套用了現代「衛生」字眼的管理方式，仍未離開傳統蘇州城廂管理的方式。而試圖進行管理的政府力量十分薄弱，管理這些事務，需要轉向地方社會。當時在蘇州占最重要位置的蘇州商會，是以商業為主的機構，即便它有能力管理地方衛生事務，但也不可能是西方或者日本行政意義上的公共衛生。

在這種狀態下，蘇州用水方式似乎沒有太多改變。但是，傳教士抑或來華旅行的外國人，大多對蘇州城留下狹窄而又污濁的印象。著名的日本文學家芥川龍之介，抱著朝聖的心情來到蘇州後，卻對蘇城內污穢的河道感到失望。[69]幾年後，蘇州租界稅務司羅祝謝對蘇州用水問題發出了極大的疑問：

---

67 《觀前大街市民公社辦社緣起》宣統二年（1910），收于蘇州市檔案局編，《蘇州市民公社檔案資料選編》，34頁。

68 《蘇城觀前大街市民公社簡章》宣統元年（1909），收于蘇州市檔案局編，《蘇州市民公社檔案資料選編》，37頁。

69 （日）芥川龍之介著，秦剛譯，《中國遊記》，北京中華書局，2007年，51頁。

……蘇垣河道縱橫，有若棋盤，水之平面頗高，城內居民無須出鉅價購買可飲之水，如上年之困難。查城內各溝渠之穢物，均流入河內，且有時一交冬令，河道低淺，水即滯不流動，何以居民汲用此等河水，竟能免染兇險之霍亂及熱癥等？是誠大奇而不可解者。近今世界文化益進，蘇人士理應開明，洞知自來水之益，按照新法律建造自來水塔，使於公共衛生上有裨，因附郭湖澤甚多，不難吸收多而且潔之水，以供飲料。……[70]

1883年的上海租界早已建成了自來水廠，此後老城區內也逐漸嘗試建造自來水。南京在清末官商督辦中已經有意創辦金陵自來水廠，而且收集的資金大半來自蘇州的商人。但是，蘇州卻從來沒有這樣的聲音，或許正如羅所說，蘇州河水就算不潔淨，卻未曾有十分嚴重的霍亂等疫病。在李玉尚的研究中，蘇州直到1908年才有報告稱因虎疫死近二萬人，而之前的疫病來臨，總是能及時抑制，並未有慘重大量死亡的記載。[71]而且，蘇州在太平天國之後開始衰落，它原本為全國商業中心的位置，逐漸被上海取代。太平天國使得蘇州人數銳減，原本清中前期一百萬的人口降為五十萬。[72]蘇州由於城市化所引發的問題，在這個時期反而變得不太明顯。另外，這一時期在《申報》的宣傳中，水的清潔關乎人的健康的觀念已廣泛傳播，效法西方建立自來水也是最值得借鑒的方法，但是真正實施時，卻與時人的習慣和水灶業的利益產生了衝突：

70 《中華民國七年（1918）蘇州口華洋貿易情形論略》，收于陸允昌編，《蘇州洋關史料》，南京大學出版社1991年。

71 李玉尚：《清代中後期江南地區的傳染病》，收于王利華編，《中國歷史上的環境與社會》，三聯書店，2007年。

72 葛劍雄主編：《中國人口史》清代卷，上海：復旦大學出版社，2000-2002年，125頁。

金陵貢院內自梅方伯創設自來水管及茶水爐兩事，士子深倚賴之，今年闈前即傳聞委辦闈差委員擬將茶水爐裁撤，既而不果，本報亦曾述及，茲得金陵友人書言東西兩文場外照舊一號一爐，至平江府暨姚家巷等處則減成兩號一爐或三號兩爐，承辦委員雖能體撙節動用之意，然士子已多不便，或臉水未熱，或煎茶未沸，以致有腹脹作瀉等疾病云。[73]

清王朝的最後幾年，在官督商辦的促進下，上海、北京、南京、杭州等地區都不同程度地建立起了自來水的供應，但是同為重要城市的蘇州卻遲遲未有動靜。即便新的用水觀念已開始傳播，但在蘇州，卻沒有出現改變用水方式的力量。客民成功進廣州府，新安縣的土、客學額之爭亦告一段落。

六、結論

明清時期的蘇州，在飲水方面有自身的一套理解，既深受喝茶習慣的影響，追求口感的細化，也不忘養生家們提倡的「精潔」，致力於尋找更潔淨的飲用水。但是隨著蘇州這個商業中心的發展，人口增多，以及霍亂的流行，到了咸同以後，人們開始意識到水與疾病的關係，強調用水的乾淨。不管是地方士紳還是醫生，都開始提倡使用井水，並使用一些傳統方式淨化飲用水。他們對用水有強烈的清潔觀念。直至1900年以後，官府開始將民眾用水納入規範管理的範圍內，但此時期蘇州未產生新的用水方式，仍然延續傳統的管理模式，政府難以產生實質性的影響。

73 《闈中減爐》，《申報》光緒五年九月初三。

商業、教育與實用的綜合

「丁氏醫學叢書」與晚清上海西醫知識的大眾傳播

劉玄*

摘要

醫學知識的傳播在近代中國經歷了一個普及化、大眾化的過程。而以豐富的醫學著述而聞名的近代學者丁福保（1874-1952），則是這一過程中的重要人物之一。本文的研究主要建立在丁福保在1909年作為清政府考察日本醫學專員身份回國後於清末（1909-1911）翻譯出版發行的「丁氏醫學叢書」之上，試圖解釋出身傳統文人家庭的丁福保是如何利用政治，商業及人際、社團網絡的影響力，扭轉了當時西醫知識書籍匱乏，銷路不廣的局面，向大眾傳播西方醫學知識；以及丁福保的醫學知識與他對自身的認識及其人生哲學的關係，如何反映了一個傳統文人對以現代醫藥為代表的「現代性」的思考和身體力行。在致力於將醫學知識普及化的過程中，丁福保對源自日本的西醫書籍進行了改編和改寫，以適應中國大眾的需要，顯示出實用性和商業性的特點，反映了當時社會對醫藥的具體訴求。閱讀丁氏醫學叢書的群體既包括對西醫西藥知識感興趣的中醫和醫學學生，也包括未曾接受過醫學專業訓練的普通大眾。

關鍵詞：丁氏醫學叢書、西醫知識傳播、丁福保、晚清上海

* 香港中文大學歷史系博士生

一、前言：從「丁氏醫學叢書」的成名說起

1910年的六月，晚清政府在江寧（南京）舉辦了歷時半年的南洋勸業博覽會，旨在「提倡國貨，鼓勵實業，開啟民智」。參展展品數目宣稱多達百萬件，展品除來自中國的二十二個省份外，還有日本、東南亞各國，號稱是中國歷史上第一個以官方名義主辦的商業博覽會。在這數百萬件涉及農業、工業、教育、衛生、軍火的精美展品中，評出了一等獎六十六件，其中包括一套涉及西方生理、解剖、衛生、內外科、處方學以及中西醫學匯通各方面在內的醫學叢書彙編：「丁氏醫學叢書」，這就是本篇論文的主題。這套總數目達到六十八種，洋洋灑灑的巨著：「丁氏醫學叢書」的出版者，非官辦及教會所辦出版機構，也非如商務印書館這類聞名遐邇的近代商業出版大鱷，而是一間名不見經傳的私人小書局，成立在英租界派克路上的醫學書局；而這套叢書的作者便是這間書局的創辦人，丁福保[1]（1874-1952）。彼時剛獲南洋醫科考試最優等成績，并代表清政府考察日本醫學歸來。隨後，這套叢書又作為中國新醫學的代表，被送往德國及羅馬的萬國衛生博覽會參展，同樣獲得最優等獎勵。儘管丁福保與晚清政府官員有著千絲萬縷的聯繫，但翻譯醫書，向中國大眾介紹西方醫學知識，完全是他個人的行為。他雖然沒有接受過正式的西醫訓練，卻用他的刻苦自學和拜師學醫，以一個傳統中國文人的身份，完成了這項艱辛的譯書經過，不可不謂是近代中國醫學史上的重要人物。

近代以來中國醫學的發展史，是不斷面對西方醫學的挑戰而漸漸失去自信力以致迷失的歷史。中醫之所以面對西醫的挑戰而漸漸迷失，不僅僅是出於醫學知識及實踐療效上的差距，更因為中西醫兩種醫療體系背後的意識形態的爭論，是傳統與現代之辯。儘管回溯西

1 丁福保，字仲祜，又字梅軒，號「疇隱居士」，江蘇無錫人。他不止精通中西醫學，出版了大量醫書；在佛學，國學，算學，錢幣學及收藏方面亦頗有造詣，被後人稱為「百科全書式」的學者。

方醫學的傳統，希臘醫學的奠基者希波克拉底（Hippocrates，公元前460-前377）和蓋倫（Galen, 129-199），他們的許多醫學觀點似乎和中醫有很多相似之處，但與中醫崇尚經典，以古為尊不同的是，西醫在西方以人為本，自由民主文化價值觀的影響下以及生物、物理、化學等自然科學發展的支持下逐漸走向了不同的發展道路。到十九世紀，在西醫的進一步專業化的發展中，解剖學、生理學越來越重要了，伴隨的是在細菌學、細胞學、寄生蟲學、外科手術，公共衛生等領域知識上的重大突破。1882年德國的科赫[2]（Robert Koch, 1843-1910）宣佈發現結核病的致病菌，證實結核病是一種傳染病，受到世界矚目，隨之而來的各種致病病菌發現使得細菌學在十九世紀成為西方醫學的中心和醫學研究的主要目標，帶來了醫學思想在疾病概念及醫學方法上的巨大革命。而中國之東鄰日本，自1868年明治維新開始後便採取了全面西化的政策，包括在醫學方面也要脫亞入歐，全面扶植以德國醫學為規範的西洋醫學，取締來源於中醫的漢方醫，在新醫學的發展上亦取得了矚目的成就。日本於1894年甲午海戰中擊敗中國給中國帶來的衝擊是巨大的，引起中國知識界追求西學，迫切希望更激進的變革。也就是在此時，獲得知識上的突破的西方醫學，挾西方政治經濟軍事的優勢，進入中國後，開始對仍以《黃帝內經》、《傷寒雜病論》等各種古典醫經為本的中醫界形成挑戰。

鄭觀應[3]（1842-1921）於1893年寫作的《盛世危言》中，除主張中國在政治、經濟上需要仿效西方外，醫道亦須改革：「今之醫道，類多讀書不就，商賈無資，稍獵方書，藉謀衣食。偶然奏效，便負神奇。逞其聰明，高其身價，以謬傳繆，以盲傳盲，古法徒存，無能變

[2] 科赫，德國醫師、細菌學家。先後發現炭疽桿菌、結核桿菌和霍亂弧菌，被稱為細菌學之父。1905年獲得諾貝爾醫學獎。由他主持的傳染性疾病研究所成立於1891年，旗下門生繼續發現多種疾病的病原體。

[3] 鄭觀應，字正翔，廣東香山人。清末實業家。《盛世危言》一書由1893年首次刊印，對商、工、農、礦、輪船、鐵路、郵電、貨幣、銀行、財政稅收等均有論述，後多次增訂，重印達二十餘次，影響頗大。

通。西國醫理醫法，……實事求是，推念病源，慎重人命之心，勝於中國之漫無稽考。」又指中醫在臟腑生理，求實洞微，藥物質量，治療手段上都不及西醫。[4]梁啟超（1873-1929）道，「西人醫學，設為特科，選中學生之高材者學焉。中國醫生乃強半以學帖括不成者為之，其技之孰良，無待問矣！」[5]而對中醫的質疑之聲不止來自社會外部，亦來自於中醫內部。如浙江名醫何廉臣[6]（1861-1929）在其所辦《紹興醫藥學報》的《發刊辭》中便引用華陽曾科進[7]之言曰「吾國醫界之腐敗也。以不士不農不工不商之廢人，降而學醫」[8]。除了社會輿論的抨擊之外，中醫界的現狀亦開始受到政府的關注。從1905年開始，清廷對於醫藥衛生方面，首次成立了主管公共衛生事業的衛生部門。[9]而在1907年修訂的新刑律中，則規定「凡未受公署之許可，以醫為業者，處以五百元以下罰金。」[10]在這項政策下，除北京京城之外，各地如南京、蘇州、揚州、杭州、吉林、成都等地亦紛紛舉辦了醫學考試。中醫傳統以來的生存方式開始受到挑戰。而丁福保

[4] 鄭觀應，〈醫道〉，鄭振鐸，《晚清文選》，上海：上海書店出版社1987，頁178。

[5] 梁啟超，《讀西學書法》，黎難秋主編，《中國科學翻譯史料》，合肥：中國科學技術大學出版社1996，頁635。

[6] 何廉臣，名炳元，浙江紹興人。家世業醫，後遷居上海三年，在中國醫學會與丁福保同任副會長，主張吸取西醫知識，折中舊醫。清季回到故里紹興創辦紹興醫藥學社，發行《紹興醫藥學報》，後認為西醫學之未必皆可取，中醫學之未必盡可棄，整理中醫典籍，著述頗豐。

[7] 曾科進，生卒年不詳。曾於1905年在上海出版《家庭衛生》，為丁福保《漢譯臨床醫典》做序，稱其為「改良醫學之第一人」。

[8] 李經緯、鄢良編，《西學東漸與中國近代醫學思潮》，武漢：湖北科技出版社1992，頁97。

[9] 1905年清廷設巡警部，部下首次設立衛生科，考核醫學堂之設置，考驗醫生給照，並管理清道、防疫、計畫及審定一切衛生、保健章程，1906年又將巡警部改為民政部，內設衛生司，衛生司下設保健科、檢疫科與方術科。北京內外城巡警總廳設衛生處。見曹麗娟，〈試論清末衛生行政機構〉，《中華醫史雜誌》2001年02期。

[10] 王書城，《中國衛生事業發展》，北京：中醫古籍出版社2006，頁101。

的「丁氏醫學叢書」在此時應運而出，這套以傳播最新西方醫學知識為主旨的醫學叢書，不止涉及到的西醫學科全面而系統，還包括日本的中西醫學匯通書籍，文筆淺顯，適合中醫教育及家庭大眾之需要，因此自出版之後便不斷再版，丁福保亦因此而有「中國醫界之先進」之稱。

二、丁氏之個人生平及其走上翻譯醫書的過程

丁福保家族祖籍江蘇常州，自元末遷入無錫，為商業起家的書香門第，他少年時也像每個傳統讀書人一樣，幼入家塾，學習經史子集，後入書院，習考據詞章之學。丁福保就讀的是江南一帶著名學府江陰南菁書院，時與丁福保同學者除其兄長丁寶書[11]（1865-1935）之外，還有日後成為國民黨政治元老的吳稚暉[12]（1865-1953），文化界名士如上海文明書局的創辦人俞復[13]（1866-1931），廉泉[14]（1868-1931），「因是子靜坐法」創始人養生家蔣維喬[15]（1873-1958）

11 丁寶書，字雲軒，江蘇無錫人，丁福保之兄。入江陰南菁書院，1889年中秀才，1893年中舉人。善書畫，任上海文明書局美術編輯，編輯影印多部畫冊。

12 吳稚暉，名敬恒。江蘇武進人，丁福保多年之知交。少時入江陰南菁書院，1891年應鄉試中舉。1901年留學日本，回國後在《蘇報》發表反清文章，被清政府通緝，逃往倫敦，1905年加入同盟會，1925年後歷任國民政府內非重要職位，多與文化名流交往。

13 俞復，字仲還，江蘇無錫人。舉人出身,後興辦新學，1898年與南菁書院同學吳稚暉、丁寶書等在無錫創辦三等公學堂，自編蒙學讀本。歷任江蘇省諮議局議員，上海文明書局經理、無錫縣縣長等職。在滬期間與旅滬無錫同鄉廉泉、丁福保等發起成立少年進德會，每季出版《少年進德彙編》，1918年與丁福保成立上海靈學會。

14 廉泉，字惠卿，號南湖居士，江蘇無錫人。舉人出身，與俞復一同參與1895年的公車上書活動。1894年起任戶部主事、戶部郎中。資助俞復等在無錫創辦竢實學堂、三等公學堂。1902年在上海集資與俞復、丁寶書等人創辦文明書局。

15 蔣維喬，字竹莊，號「因是子」，江蘇武進人。1895年起入江陰南菁書院治學。1902年後在商務印書館編譯所工作，編輯小學國文、歷史教科書。民國後歷任教育部秘書長，協助蔡元培制定新的教育制度章程，江蘇省教育廳廳長。信佛，自創呼吸靜坐養生法。

等。出身讀書世家的丁氏，雖十四五歲便能「通治漢魏六朝數百家之文」[16]，但不喜作時文小楷的他在清末的科舉考試上並不似其師長一般如意。1897年丁福保赴南京參加秋試，不中之後決定不再復考，而是拜於近代數學家華蘅芳[17]（1833-1902）、華世芳[18]（1854-1905）門下攻讀算學。後因身體體弱多病往上海拜師學醫于趙元益，并考入盛宣懷所辦之上海東文學堂學習日文及化學。1903年因所編寫的《衛生學答問》、《算學書目提要》得到京師大學堂管學大臣張百熙[19]（1847-1907）的賞識，赴京擔任京師大學堂譯學館算學及生理學教習。不喜官僚生活的丁福保在京就職兩年後，決定往上海行醫刊書。

1909年丁福保赴南京參加兩江總督端方[20]（1861-1911）舉辦的南洋醫科考試，獲得最優等成績，隨即被派往日本考察醫學，在日本的一個月內丁福保不僅參觀了日本各大醫學校、圖書館、醫學實驗室，也買回了日本自明治維新以來所編譯出版的大量醫書。回到上

16 吳稚暉，《寒厓詩集序》，丁福保，《疇隱居士自訂年譜》，《清代民國藏書家年譜》第六冊，北京：國家圖書館，頁300.

17 華蘅芳，字若汀，江蘇金匱（今併無錫）人。精通中國古代算學及西方近代數學。1865年參與籌建江南製造總局，與徐壽（1818-1884）共同主持製造局翻譯館工作。與英人合譯數學、地質書籍。1876年參與創辦格致書院，主講數學。1896年在江南製造總局工藝學堂任數學教習，1898年回鄉在無錫竢實學堂任教。

18 華世芳，字若溪，江蘇金匱（今併無錫）人，華蘅芳之胞弟。受父兄影響，研究算學，肄業於南菁書院，從1894年起先後主講於湖北自強學堂，常州龍城書院、江陰南菁書院等。

19 張百熙，字埜秋，湖南長沙人。同治十三年（1874）進士出身。歷任禮部侍郎、工部、刑部、吏部尚書等職。1901年上新政疏，請變科舉，辦學堂，1902年被任為管理大學堂事務大臣，主持京師大學堂，並總理全國教育事宜。在任期間主持擬定《欽定學堂章程》（壬寅學制），創立醫學及譯學館，主選派學生赴東西洋留學。

20 端方，字午橋，出身滿洲正白旗權貴，參加科舉考試並中舉。1898年起歷任陝西、河南布政司及湖北、湖南巡撫等要職，大辦新學堂，鼓勵出國留學，1905年作為晚清出洋考察政治團成員之一赴歐美諸國考察，回國後任閩浙、兩江總督，實施了一些地方政治、商業方面的改良新政。

海後，丁氏便將它們一一翻譯出版，數目蔚為壯觀，1912年丁氏便將其命名為「丁氏醫學叢書」。之所以將其命名為「叢書」，是因為它們在範圍和廣度上都遠遠超過了之前的西醫譯著，自成系統，既有解剖生理衛生病理學診斷學等基礎知識，也有內外婦科兒科等臨床醫學，還有藥物學處方學等；既介紹當時西醫發展的最新成果，如《德國醫學叢書》、《新萬國藥方》、《赤痢新論》、《免疫學一夕談》，《梅毒六〇六療法》等，如《赤痢新論》的作者便是赤痢菌的發現者，志賀潔[21]（1870-1957）；也有介紹日本漢方醫學的中西醫學匯通類著作，如《新本草綱目》、《中西醫方匯通》、《醫界之鐵椎》，《漢藥法典》等，其中大部份書籍都不斷再版，有的再版次數多到甚至讓人驚訝。如《衛生學答問》，這部丁福保最早編輯的衛生書籍，到1906年便增訂到第十一版，到1911年增訂到十九版再版；再如記錄日本漢醫治療方劑的《漢醫法典》，到1934年增訂至三十版；用中國、日本、英美學說分析中藥藥性的《化學新本草》，到1934年亦增訂到三十版，此外還有護理類書籍，如《育兒談》、《妊婦診察法》，也多次再版。丁福保所譯的醫學書籍，還應選參展，走出國門，在清末的南洋勸業會，民國時期的德國都郎萬國賽會及羅馬萬國衛生賽會都獲得最優等獎勵，得到民國政府內務部的獎證，取得商業上和聲譽上的成功。丁氏醫學叢書在清末民國的讀者市場上取得了成功，一方面反映了中日甲午戰爭之後到民國初年中國譯書市場上針對大眾的西醫書籍的匱乏；另一方面，則是因為丁福保的譯著從選材、著述文筆到發行，都以大眾實用為標準，綜合了商業與教育目的，這些都為其爭取到包括中醫在內的大批讀者。

21 志賀潔，日本醫學者、細菌學者。畢業於東京帝國大學醫學部，後進入北里柴三郎任所長的傳染病研究所工作，於1897年發現赤痢菌，因此該菌也叫做志賀菌。

三、「丁氏醫學叢書」的譯書來源及中譯西醫書籍史

「丁氏醫學叢書」的原本來自於日本醫書，既有日本醫院醫學堂教材，醫學博士著作，亦有社會流行的醫學知識宣傳手冊，在書面包裝、外觀風格、文字排版上也與其原本的風格相似，但譯著的種類類型卻十分複雜，既有直譯，更多的是編譯及由多本書籍的重新組合編寫，可以算得上是日譯西醫的重新包裝。它們之所以造成轟動一時的影響力，首先在於其開風氣之先，率先佔據了中譯醫學書籍的市場。西方醫學知識從明代開始由傳教士傳入中國，有如涓涓細流；但一直對中國社會影響不大。早期漢譯西醫著作主要有英國來華傳教士合信（Benjamin Hobson, 1816-1873）所編寫的醫學五種，包括《全體新論》、《博物新編》、《西醫略論》、《婦嬰新說》、《內科新說》和《醫學新語》（英漢醫學詞典），首次向中國介紹了西醫解剖學和生理學基礎知識。另一個是嘉約翰（John Glasgow Kerr, 1824-1901），他在主持廣州博濟醫院時翻譯了為數眾多的側重于臨床醫療技術知識的譯著，如《化學初級》、《西藥略釋》、《裹扎新篇》、《皮膚新篇》、《內科闡微》、《花柳指迷》、《眼科攝要》等三十四種；而大宗醫書的翻譯主要在北京和上海，代表為上海江南製造局翻譯館內的英格蘭傳教士傅蘭雅（John Fryer, 1839-1928）和趙元益（1840-1902）合作譯述醫書有衛生普及性讀物《儒門醫學》、分論各種疾病及查驗法的《內科理法前後編》以及近代第一部西藥專集《西藥大成》，《法律醫學》等；以及京師同文館的倫敦會傳教士德貞（John Dudgeon，1837-1901）翻譯的解剖學、生理學和臨床治療方面的醫書，如《全體通考》、《西醫舉偶》等。但這些書籍多較專業，銷量不多，尤其是對比十九世紀以來西醫知識在細菌學、病理學等方面的迅猛發展，內容顯已有些過時。

1907年的《醫學報》上刊登了一篇題為《論宜獎勵譯書》的文章，作者仔細說明到當時西醫譯書的匱乏情況及原因，

西醫雖精，然非識和、德文，入醫學校則不能知其源流，得其精蘊。

思其次而求之於譯書，則又不完不備，且為數十年前之舊籍。而中醫之書則汗牛充棟……考從前所譯之醫書，以製造局之體例為最佳，惜其書已舊，如近譯之婦科，則又與婦科精蘊圖說複。至產科等書，又不合中醫之用，其缺點也。次則粵東醫院之所譯，其種類頗多，然多蕪雜之病，甚有一藥而前後異名者。此外所譯如德貞氏之全體通考，柯為良之全體闡微，均為佳本，然皆十餘年前之書。比年以來，譯業頗盛，然醫書則絕少。雖譯和文書較易西文，而和醫書則竟無譯者。惟生理學等書籍，學堂之課程而傳焉。……

為什麼西醫書籍如此匱乏，作者將其歸因於「購者甚少」，「醫書出版之後，其銷路復滯，不但無利，且難免於折閱焉。上海格致書室經售之新書，以醫書之銷數為最少。即如從前製造局所譯，聽人翻印，而從無翻印及醫書者。其銷數之少從可知矣。」[22]但丁福保的譯書卻走出這一怪圈，他創辦的醫學書局所出版的醫學譯著，數量眾多而受到大眾歡迎，獲利豐厚，其生命力一直延續到二十世紀四十年代，這則與丁氏對出版的醫學書籍的精心設計有關。丁氏出版醫書不止量多，更注重門類，而這不同的門類則針對包括中醫、青年學生以及市民在內的讀者市場。與中醫典籍大都成書于古代，使用文言，醫學知識的傳播比較小眾不同的是，丁福保成立的醫學書局，出版發行醫書抱的是「灌輸新學說，謀醫學之普及」的目的，體現了近代醫學知識傳播的大眾化，普及化趨勢。這些書籍中的一部分西醫西藥著作作為其在上海開設函授新醫學課程相關的教材，一部分中醫書籍及中西醫匯通書籍則針對中醫市場，一部分普通衛生健康藥品書籍定價低廉，

22 《醫學報》第七十三期，光緒三十三年（1907）七月朔日第七十四期，第1頁。

文筆粗淺，面對的則是一般市民家庭及青年學生。

四、「丁氏醫學叢書」與中醫補習教育

與在現代成為一名醫生要經過至少五年的正規醫學院學習，加上一年的醫院實習，之間和以後都還要進行無數种的專業考試和培訓不同的是，一百多年前的中國，要成為一名醫生很簡單，拜師於某醫生門下，看過醫書的儒生，藥鋪學徒，甚至只翻過幾本醫藥學入門書籍都可以自稱自己是醫生，開業出診。醫生良莠不齊，水平參差。1910年，從日本考察新醫學歸來的丁福保在上海組織中西醫學研究會，並以該會為依托，辦起了函授新醫學講習社以及醫學選科講習社，都為函授，雖然對報名者不限資格資歷，但是期滿要進行通信考試，合格者給予證書，指定講義都為丁氏所編譯的醫書，面對的群體有一大部分便是那些在當時中國社會中大量存在的自學成才的中醫。函授新醫學講習社歷時一年，共分十二期。每期講義分別為生理解剖學生及醫學總論、病理學、藥物學及處方學、診斷學、內科學、外科學、皮膚病學、花柳病學、傳染病學、肺癆病學、兒科學及細菌學及產科。函授新醫學所授科目並非完全按照西醫學科分類而設，而是與丁氏編譯的醫書相配合。而醫學選科講習社則以已有醫學基礎知識，即閱讀過丁氏所編譯《醫學指南》、《新內經》、《內科學一夕談》這類入門書籍者為對象，為其提供肺癆病學、花柳病學、皮膚病學、內科學、病理學、藥物學及法醫學的專門學習，社員可任選一科或數科進行學習。函授新醫學的意義在於跨越地域阻礙，為未有醫學社團等機構講授新醫學的地方的醫生學習西醫知識的機會，而這種速成的遠程教育法，入學門檻低，相較留學、求學的途徑，自有其經濟和效率方面的優勢。畢業於江蘇省簡字師範，後來成為醫史學家陳邦賢[23]（1889-

[23] 陳邦賢，字也愚，冶愚，江蘇鎮江人。從省師範學校畢業後便隨丁福保學

1976），便是得益於丁福保的醫書成為第一屆函授新醫學講習所的學生。他在寫給丁福保的信函中道出需要函授醫學之因，

> 十年來每有暇，咸涉獵醫書，兼研究普通生理衛生等學。敝校生理衛生講義即係先生所編。每嘆內難經諸書，謬誤者多，嘗思專修西醫，奈無門可入。及至去歲，佳著行世，遂喜羅購讀數种，細玩之餘，獲淺實非益鮮。……今歲設醫學講習所，賢亦欣躍欲往，惜家道寒，素口能言兒身不能行，志有餘而力不能逮，幾有望洋之嘆焉。[24]

丁氏的函授新醫學講習社作為上海唯一的函授醫學社至少堅持了五年，到1916年的《中西醫學報》上還可見其刊登的招生廣告，而之後直到1920年代才有中醫惲鉄樵[25]（1878-1935）再辦函授中醫教育。

除了這些比較系統的新醫學醫書用於函授醫學教育的講義之外，丁福保還為一般中醫編纂了一些如《醫學補習科講義》、《南洋醫科考試問題答案》的書籍，意在使他們接受新醫知識。對於傳統的中醫，丁福保是持批判的態度的，認為古書誤人，中醫需要全面接受包括解剖學、生理學、衛生學、病理學、藥物學以及物理化學知識：1908年，他在出版的《醫學補習科講義》序言中道，

> 吾國醫學四千年來，謬種流傳，以訖今日，不能生人而適以殺人；肺五葉而醫者以為六葉，肝五葉而醫者以為七葉，肺居

醫，並協助其編寫醫學書籍，1919年年出版《中國醫學史》，為中國近代第一部醫學通史。

24 〈陳也愚來書〉，《中西醫學報》1910年4月15日第一期，頁19。

25 惲鉄樵，名樹鈺，江蘇武進人。1906年畢業於南洋公學，長於古文，初為商務印書館《小說月報》主編，後棄文從醫，1920年開始在上海行醫，編纂中醫藥書籍二十餘種，函授講義二十種。於1925、1928、1933年舉辦三次中醫函授，學生近千人。

中而醫者以為居右，肝居右而醫者以為居左。……宜講解剖學。……心為發血之區，而醫者以為君主，不知神明而出於腦也；……宜講生理學。……鴉片為傷身之物，而醫者之吸鴉片，十人有七八也；……宜講衛生學。石膏無清熱鎮燥之性，亦無發吐攻瀉之力，只能作器，不堪入藥，而醫者以為能治中風及傷寒、發狂、牙痛等種種疾病；……宜講藥物學。……瘟疫與瘧疾，由於微生物，而醫者以為神鬼為厲也……宜講病理學內科學。；心屬火，肝屬木，脾屬土，肺屬金，腎屬水，以五臟強配五行，凡稍知物理學者皆能知其謬也。赤入心，青入肝，黃入脾，白入肺，黑入腎，以五臟強配五色，凡稍知化學者皆能知其謬也。[26]

他不止反對中醫的解剖生理學，也否定了作為中醫理論基礎的從《內經》傳承下來的五行學說。另一方面，有深厚中醫學素養的他，仍然選擇編譯出版了相當一部份的他認為符合「科學」的中醫書籍及中西醫匯通書，而且其中有些書籍銷量大的非常驚人。如記錄日本漢醫治療方劑的《漢醫法典》，到1934年增訂至三十版，用中國、日本、英美學說分析中藥藥性的《化學新本草》，到1934年亦增訂到三十版。這些書籍的暢銷，由於中西醫會通的嘗試是吸引中醫的原因之一，但更重要的是書籍的實質內容中有實用的中藥藥方；而且針對西醫、中醫病名病癥、對應的處方用量等解釋都十分清晰，彰顯了中藥對西醫病症的有效性。《化學實驗新本草》還介紹一些新發現的中藥藥性，《漢醫法典》則被稱為「中醫之秘訣」，因此銷量倍增。

中醫出身的丁氏，曾涉獵各種中醫中藥典籍，也希望找到一條中西醫匯通的道路。他編譯的中西醫匯通書籍計有《醫界之鐵椎》、《化學實驗新本草》、《中西醫方匯通》、《中外醫通》、《漢法醫

[26] 丁福保，《醫學補習科講義》緒言，上海：醫學書局1908，頁1-2。

典》、《漢藥實驗譚》以及《中國經驗良方》等。這些書籍，多以日本研究漢醫漢藥著作為原本。如前所述，明治以來，日本的漢醫學派式微，研究漢醫漢藥者日益減少，1909年丁福保赴日考察醫學時拜訪醫學博士青山胤通[27]（1859-1917）時，曾問及日本漢藥研究情況，得到的答案是「研究之漢藥，皆散見於各報，實無專門之書」。[28]在漢醫漢藥研究已非日本醫學發展的主流之時，丁福保仍選擇了不少此類的書籍翻譯，原因並不在於要為中醫辯護，借揚中以抑西，丁福保在積極宣傳新醫學之時，也並不認為中醫中藥全然無用，而是有感，「吾國近時之中醫程度太淺，中西醫學之精奧一無所知，……西醫之術尚未發達至完全之域，中國之藥及藥方亦有突過西人之處。中西各有短長不可偏廢，如將中藥盡力研究，必有最新之發明，可以代西藥之用，可以治西醫所不能治之病。……」出於經濟的考慮，中藥較西藥易取，價廉，種類豐富，因此「病之可以中藥治之則以中藥治之」。[29]正是出於此種考慮，丁福保選擇的《化學實驗新本草》、《中外醫通》、《中西醫方會通》、《漢藥實驗談》以及《漢法醫典》等著作都為比較實用的漢藥經驗良方，與傳統中醫藥書籍不同的是他按照西藥分類法，如以麻醉劑、興奮劑、解熱清涼劑、強壯劑等來給中藥分類（見《化學實驗新本草》），按照西醫疾病分類法如以呼吸器病、消化器病、神經系病、傳染病、全身病、皮膚病等來編排書籍目錄，下列中外藥方，中藥佔主體。如日本醫學士野津猛男訪問漢醫井上香彥，得其五十餘年經驗良方所編寫的醫典《漢法醫典》，原著使用的是日本病名，如胃加答兒、腸窒扶斯之類，各病名之下，不載症候。丁福保鑒于中日病名之異，於各種病名之下詳加案語，解

[27] 青山胤通，日本醫生、醫學博士，精於內科。東京大學醫學部畢業后往德國留學，回國後歷任東京帝國大學附屬醫院院長，醫科大學學醫學教授、校長，傳染病研究所所長等。

[28] 丁福保，《往游日本記》，選自《清代民國藏書家年譜》第六冊，北京：國家圖書館，頁455.

[29] 丁福保，《醫界之鐵椎》緒言，上海：醫學書局1930，頁2-3.

釋病症及中醫名稱，如胃加多兒一症，丁福保案其症狀為，「一不思食，口渴噁心，嘔吐，二嘈雜諼氣，三胃部有厭重膨滿之感，四胃痛，舌上厚苔，五往作下痢」，[30]此外，他對煎藥的分量服藥的次數也都另加說明，確保此書對於習醫業醫者的工具性作用。事實證明，此類方書在中醫市場中頗受歡迎。大抵西醫長於學理外科，中醫長於治療的認知十分根深柢固，丁福保翻譯編輯的對癥方劑醫書恰恰符合了大眾的心理，中醫的需要，風行一時自是當然。除了前已提過的到1930年代增訂三十餘版的《化學實驗新本草》和《漢法醫典》，其他如《中外醫通》、《中西醫方會通》等亦一直不斷再版到1930年代。

五、「丁氏醫學叢書」與醫藥知識的普及

丁福保出版醫書的目的在於普及醫學知識，因此他所編書籍的目標讀者決不僅僅是那些已有一定醫學知識素養，意欲從醫的人，而是擴展到青年學生及普通市民家庭。二十世紀初的上海人口已達到百萬，受過教育的人數也在全國領先，據1909年的學堂數目統計表，全國總計學堂數59,896所，職員數95,820人，教員數89,362人，學生數達到1,626,720人，其中江蘇地區有學堂數1,357所，職員數1,905人，教員數4,336人，學生數44,708人。[31]除上海作為最早開埠的通商口岸，教會學校、中國官方及私人學堂林立外，江浙一帶的中小城鎮辦學亦十分興盛，以丁福保的家鄉無錫為例，1903年其城內有學堂7所，學生各50-60人，所屬堰橋一鎮也有小學7所。[32]據當時海關的統計，1892-

30 丁福保，《漢法醫典》，上海：醫學書局1934年30版，頁3。

31 〈宣統元年教育統計年表〉，轉引自桑兵，《晚清學堂學生與社會變遷》，臺北：稻禾出版社1991，頁148.

32 《考察無錫學堂記》，《彙報》第568號，轉引自桑兵，《晚清學堂學生與社會變遷》，臺北：稻禾出版社1991，頁67.

1901年，估計有人口20,905,000的江蘇省，男子中估計粗識文字者為60%，女子估計為10-30%。[33]這也是一個巨大的文化消費群體。針對這個群體，丁福保一方面翻譯和編輯了不少適合於家庭使用的看護、生育以及基本食物藥品類書籍，如《育兒談》、《看護學》、《竹氏產婆學》、《妊娠生理篇》、《家庭新醫學講本》、《外科學一夕談》、《食物新本草》，《家庭新本草》等，以及可以用作學生讀本的《蒙學衛生教科書》、《衛生學問答》、《生理衛生教科書》、《實驗衛生學講本》、《二十世紀新內經》，《學校健康之保護》等，他一方面將自己出版書籍的序言部份集結成冊，涵蓋醫學各科大略，稱為《醫學指南》，或挑選部份書籍的內容，取其普通病癥和常用藥品等重新編寫命名為《醫學綱要》、《普通醫學新智識》，《公民醫學必讀》等。文筆淺顯，篇幅精煉，定價低廉，多在洋五角以下，作為國民必讀醫學衛生書籍，吸引廣大市民和學生購買。此外，丁福保還將自己所出版的書的提要彙集成冊，命名《醫書提要》，讀者可以前往醫學書局免費領取或來函免費索取，一方面用於普及醫學知識，一方面亦有廣告的效用，發行量頗大，至1916年便重印至十八版。

「丁氏醫學叢書」，編譯考慮的因素是商業、教育和實用的結合，並在當時的大眾媒介如《申報》、《大公報》上廣登廣告，這獨特的編纂方式和大量的廣告宣傳亦為丁氏醫學叢書爭取到大批的讀者。對於日本新醫學及漢醫學的大量著作，已經有一定中西醫基礎的丁福保在翻譯的過程中，或對日本醫書增加中醫病名，藥名及用量進行對照，或調整目錄章節安排，或以「譯者案」形式增補譯者看法，以適應中國市場之需要。以1909年出版後又不斷再版的《家庭新醫學講本》為例，丁福保在日本醫學士系左近原著的基礎上，於每種

[33] 〈海關十年報告之二〉，《上海近代社會經濟發展概況：1882-1931》。上海：上海社會科學出版社1985，頁96。

病名之下，添注中國之舊病名，以及教會醫院中之舊譯名，並且將書中所引五十餘种藥品稱為「家庭必備最和平之良藥」，為其配置家庭衛生藥庫，隨書出售。再如被丁福保稱為「醫家必讀之書，教員學生必讀之書，可為高等小學堂中學堂生理衛生學最新課本。」的《二十世紀新內經》，是丁福保根據數本日本醫藥衛生書籍中所載知識所編寫，將關於疾病、飲食、運動、睡眠、精神修養等西方病理衛生知識套入至「縮短人壽之條件」與「延長人壽之條件」中，匯集為《新素問》，而細胞組織，骨骼解剖等西方解剖生理學知識則匯集成為《新靈樞經》。

此外，通過丁福保所翻譯編寫的肺癆病類書籍，也可以看出他對日本原著進行的改寫和改編來適應中國市場的需要。1912年之前，丁福保翻譯出版的肺癆病的書籍計有《肺癆病救護法》、《肺癆病學一夕談》、《癆蟲戰爭記》、《肺癆病預防法，以及《新撰虛癆講義》這幾本書，在晚清中國醫書市場上造成一時之轟動：如宋教仁在1911年的《民立報》曾化名漁父介紹丁福保的肺癆病諸書，言其「凡肺癆病之原因、症候、病理、療法、預防法、攝生法，皆記述靡遺，而預防法及攝生法尤為詳盡」。「記者夙不究醫學，固未敢輕於月旦，然以為吾國近日醫學頗頹，病夫遍天下，而患肺癆病者，尤號稱不易治，以故一染是疾，舉家惶然，束手視其奄奄以至於斃。……得是書而申警之，使國人皆可藉以獲肺癆病之常識，則有功於群類，……（此書）亦攝生家不可不讀之書也。」[34]丁氏所出版的肺癆病書籍，雖然主體內容都是源於二十世紀初期日本出版的結核病醫書，卻不是全本翻譯，而是在原本基礎上參考各家學說編輯而成。儘管書內已經完全採用了日本譯名肺結核病，然而書名使用的還是「肺癆」、「癆蟲」這樣的舊醫名術語，丁福保這樣做是考慮到當時醫界的認知情況起見。他指出：「或謂是書也搜羅各種結核病多至二十八種，可謂詳

[34] 漁父（宋教仁之化名），〈新刊批評〉，《民立報》1911年7月5日。

備矣，宜名曰結核全書？余曰誠有是。然舊醫界中但知有虛癆，不知其為結核也，書名不過為書之記號而已，呼我為馬者，吾將應之以為馬，呼我為牛者吾將應之以為牛，以虛癆為結核之別名可也，以結核為虛癆之別名亦無不可。」[35]在解釋肺癆病的病名、病因、生理及療法方面，丁福保的譯作基本上完全吸收了日本醫書的觀點，即病因是由於患者肺部受到結核菌的侵害，結核黴菌於肺病患者之痰中混之最多，「結核黴菌自結核患者之體內而排出散佈於空氣中，世間之人日夜被其侵襲。」[36]因此傳染以肺結核患者之咯痰為媒介，患者要消毒咯痰以及改善體質。在療法方面丁福保亦幾乎無保留地吸收了日本的攝生療法，但只限於個人衛生方面，包括營養療法、空氣療法、冷水摩擦法及藥物療法等，卻未收入日本醫書中的公共衛生部分，代之以的是強調精神療法。

日本自1868年明治維新以來，採取了全面學習西方的政策，包括在醫學上，也以德國醫學為藍本，廢止漢醫。除此之外，於1895年及1905年分別戰勝中國及俄國，走上殖民擴張道路的日本，建立起有別於以往的新的西方化的醫藥衛生也成為其建立帝國主義的一個重要工具。[37]迫切希望「脫亞入歐」的日本，在結核病的病理解釋和預防治療上亦完全以歐美西醫為目標，採取了種種公共衛生政策控制結核病，與舊的源於中國的漢醫說法完全脫離。控制肆虐東方的結核病，也成為日本向西方看齊，希望躋身於現代文明國家的一個重要指標。因之在當時的日本的結核病書籍中，有大量的日本人口身體指數與歐美人口身體指數的對比，以及政府法令，學校衛生、治療肺結核的醫院衛生及專門療養所等公共衛生知識的介紹，而這些大多都未見於

35 丁福保，《新撰虛癆講義》，上海：醫學書局1912，頁3-4。

36 見丁福保著作，《肺癆病救護法》（上海：醫學書局1908）、《肺癆病預防法》（上海：醫學書局1911），〈丁福保肺癆病警告十則〉，《申報》1913年6月7日第十版。

37 Bride J. Andrews, *Tuberculosis and the Assimilation of Germ Theory in China, 1895-1937*, Journal of the History of Medicine: Vol. 52, January1997, p.131.

1912年之前丁福保的譯作之中。丁福保有意將這些去掉，以中醫肺癆病古義及養生方法代之，表明他對於自己出版的醫書有著強烈的目的和方向感。從丁氏的譯著中可以看出，他一方面借吸收新知識抨擊中國古書之謬誤及中醫之腐敗，另一方面通過對日本原文進行增補，以表達自己的觀點以及適應自己編書的需要，他增補的內容，除了一些對原著觀點的解釋之外，最主要的是引用中西各家學說參考，如謝洪賚[38]（1873-1916）、伍廷芳[39]（1846-1922）及美國醫學博士的學說，另外還有相關的中醫古典學說，相合者為補充，不合者為參考。

丁福保認可日本西醫對肺癆病原因及治法的學說，但在他的譯著中亦引用中醫典籍，其用意頗為複雜：例如對於肺癆病病因一節，丁福保案以《理虛元鑑》論虛症六因之語，與日本醫士竹中成憲、石神亨之說對比。他之所以引用此論是因為其論虛症之因分為先天之因，後天之因，病後之因，外感之因，境遇之因，醫藥之因，似乎與日本西醫書籍中講肺癆病的誘因相合，但對於《理虛元鑑》中的五行學說，丁氏直斥其非：「蓋肺主皮毛，風邪一感於皮毛，肺氣便逆而作嗽，似乎傷風咳嗽殊不經意，豈知咳久不已，提起伏火上乘於金，則水精不布，腎源以絕且久嗽失氣，不能下接沉涵水子不能救金母，則癆嗽成矣。此說非是（丁福保案語）」[40]，並於文後指出，「《理虛元鑑》內多哲學家語言，以科學之理繩之，往往有不合者，錄之以備參考。」[41]在《肺癆病預防法》一書中，丁福保於書後增加了自撰的「衛生古義」與「虛勞古義」兩節。他是這樣解釋自己的動機的：

[38] 謝洪賚，浙江慈溪人。1892年畢業於蘇州博習書院，1895年任上海中西書院教習，教授物理、化學同時，為上海各雜誌寫稿，包括丁福保所主編《中西醫學報》，大都是根據外國報刊摘譯。因患肺病根據自身經歷著有《免癆神方》，流傳甚廣，亦登載於《中西醫學報》上。

[39] 伍廷芳，字秩庸，廣東新會人。晚清民初外交界名宿，法學家。中年以後注重養生學，提倡養生術。晚年研究靈魂學，著有《靈學日記》。

[40] 丁福保，《肺癆病預防法》，上海：醫學書局1911，頁6。

[41] 同上，頁7。

「余讀日本各種衛生歷史，每侈述西歐古時之文明，曰埃及衛生，曰希臘衛生，曰羅馬衛生而不及中國，余深恥之。回憶十年前患肺癆時鈔錄古書中之關於衛生者頗多，其精卓之理，雖西歐古時之大哲學家亦不能駕乎其上也。」就其所補充的虛勞古義，丁福保則言，「素靈、難經、金匱、巢氏病源、金元四大家及各家之書虛勞一門，尊之曰國粹可也，卑之曰迂論亦可也。仁者見之謂之仁，智者見之謂之智。」[42]由此可見，儘管丁福保反對庸醫及穿鑿附會的五行學說，但傳統文人出身，好讀古書的他還是贊同其中關於個人養生方面的精義的。另一方面，丁福保所譯述的有關肺癆病的書籍面對的主要讀者包括中醫，這些書滿足了他們補充新知，了解結核病病因及治療方法的需要。他為《新撰虛癆講義》所作的序言說，

> 吾願讀此書者由虛癆之舊名進而考其原因，則在結核斯可矣。或又謂舊法之治虛癆也，氣虛者宗東垣，血虛者宗丹溪，陰虛陽虛者宗景岳，虛而成損損而成癆者則奉葛可久《十葯神書》為圭臯。醫者遂睥睨一切新學說，誃然尊己卑物儼然自命為上工人自為師家自為學，強其外，空其中，不跟而植，以錢刀相尚，視書籍若火炭，結核固不知為何物，即虛癆亦無暇研究。

丁福保在1912年以前所出版的肺癆病學的著作，也作為其所辦的函授新醫學講習社及醫學選科講習社中的肺癆病一科的專用教材，因此在日本原著中加入中醫學說及古書精理，可吸引中醫群體的購買和閱讀。

42 同上，頁69。

六、餘論

在晚清中國政治、經濟、文化各方面都走向大變革之時，丁福保的「丁氏醫學叢書」，作為傳統中醫與現代西醫的融合体應時而出。在這套涉及西方解剖生理、病理學，衛生學，傳染病學、藥物學，婦產妊娠育兒，以及中西醫會通等各方面的醫學譯著，編著之中，我們看到的不止是十九世紀以來新的西醫知識在中國的傳入與被接受的過程，更包括醫學背後的社會文化的衝撞，以及當時西醫與中醫兩种醫療文化體系之間的互動。這既在十九世紀以來西學對中學造成巨大衝擊的大背景下發生，也反映了當時中醫乃至社會大眾對醫藥的具體需求，以及近代商業化的出版產業的開始。

就丁福保個人的中西醫學修養而言，他對國學的興趣要高於醫學，出版醫書所得收益中的很大一部份都用來購書藏書，並不計成本的編寫出版了《說文解字詁林》這樣的鉅著。儘管由於譯介西醫知識的突出成就，丁氏在當時便被稱為中國醫學改良的第一偉人。[43]他自己在出診時也以西醫為名，但對於有舊學深厚基礎，曾廣閱中醫經籍，並拜中醫為師學習醫術的丁福保而言，實際上他的中醫修養是要高於西醫修養的，所以他編譯的那些中西醫書籍才能在傳統中國市場裏流行。1909年他在所編寫的《歷代名醫列傳》裏為其師趙元益做傳，有這麼一段話，

> 夫醫之為道，自古以來知之者少，精之者又少、……無惑乎其道若存若亡，陵夷至今，有江河日下之勢也、……西國之醫固秩然有序……用以施之於病，則靡不效。設天假之年，他日者使得盡搜彼國醫書之良者，與君朝夕肆力於此，簡其精者要者，博而大者譯而刊刻之，以壽吾國民，則吾國民之抱病無方

[43] 曾科進，《漢譯臨牀醫典序》，上海：醫學書局1913，頁1。

者庶其有賴爾。……吾國醫方得西國之醫理而益可證明之，溝通中西之學說，醫道庶幾其中興也。[44]

這是趙元益對丁福保的教導，相信也是丁福保日後決定從事翻譯出版事業的重要原因：即面對近代以來日漸衰退的中醫發展，以開明之態度對待西醫，接受西醫，用西醫醫理佐證中國有效的藥方，以促中西醫的溝通。正因為如此，丁氏在日後仍然對中藥抱有極高的研究熱情。

對於丁氏從中獲得名利的那些醫學書籍，他多年之後回顧時候也有日新月異，昨日黃花之歎：「現在醫學神速進步，那些年代已久的書籍，只能作為智識的讀物，於實用上實在已有了更顯著之改進。」[45]醫學作為一門科學，發展日新，但這些所謂「智識的讀物」在清末民初的中國卻風行一時。清末新政時代的政治經濟文化變革，為丁福保從傳統文人走向業醫和編譯出版醫書之路提供了一個大環境，針對中醫、家庭、學生及普通市民醫學用書的不同特點，丁福保對日譯西醫書籍進行了重新包裝和調整，並且在報紙上多刊登廣告，在他編譯的書籍投入到當時西醫書籍相對頗少的中國市場之後，獲得了極大的成功。

[44] 丁福保，《歷代名醫列傳》，上海：醫學書局1909，頁87.

[45] 楊棣，〈丁氏訪問記〉，選自《清代民國藏書家年譜》第六冊，北京：國家圖書館2004，頁585.

日本生命保險業在臺灣市場拓展之阻礙1896-1912

邱繼正*

摘要

近年來臺灣保險產業之發展，在整個國際社會中，不論是在質或量上的成績十分亮眼，尤其在壽險業方面，不但名列前茅甚至超越許多生活水平領先臺灣之已開發國家。壽險產業在現今已成為生活中不可或缺得一部分，其在臺灣近代化之發展上更是一個不容忽視的產業，實有必要釐清壽險業在臺灣之發展脈絡。因此，本文旨在探討在日治初期，日本之生命保險（即人壽保險）傳入臺灣以及在臺之發展情形。首先追溯日本本土之生命保險產業之發展過程以及該產業朝海外發展的契機；而臺灣自甲午戰敗割讓給日本後，日本內地之生命保險產業自始進入臺灣市場，探討其來臺發展之過程，並分析與日本迥異的臺灣市場，對內地生命保險產業在臺灣的發展所產生之影響為何，希望藉此進一步地瞭解臺灣早期壽險產業在臺灣的發展。

關鍵詞：生命保險、臺灣市場、日俄戰爭、治安、疾病、舊慣

* 國立中央大學歷史研究所碩士生

一、前言

根據「財團法人保險事業發展中心」最新調查的統計數據顯示，2010年臺灣地區平均每人每年在保險方面的總花費，達到3296.1美元之多，此保險密度之在全世界中排第十七位，領先許多先進國家，而其中的五分之四，即約8萬臺幣是投保在以人身為標的的壽險業，其成績更是超越美國、加拿大、德國等許多生活水平遠超過臺灣之已開發國家。[1]由此可見臺灣人的人壽保險觀念已相當的普遍，在壽險方面的花費幾乎佔了國民一年總收入的十分之一，幾乎每個人身上都有2-3張保單的保障，可以說壽險業在今天的臺灣已經成為與生活息息相關的一項重要產業。[2]如此重要的產業，其歷史發展的淵源為何，實耐人尋味。

「保險」（Insurance或Assurance）是約在14世紀時歐洲商人為了避免在經商上的損失所衍生出來的一種風險管理方式，經過數百年的演變以及數學和科學技術的改進下才成為近代我們所熟悉的保險，並且在19世紀左右正式地傳入亞洲地區。臺灣最早的生命保險（以下不再用人壽保險）是甲午戰爭臺灣成為日本第一個殖民地，日本內地的生命保險會社來臺灣發展後才逐漸普及開來，在昭和時期（1926-1945年）臺灣的生命保險產業達到最高峰。在史學中目前雖有些許臺灣生命保險業發展史的相關研究，例如黃秉心〈臺灣保險業之史的研究〉[3]對於整個日治時期保險業的發展，雖已有概述性的論述，但許多細節仍沒有詳細的交代清楚。而秦賢次、吳瑞松合著《臺灣保險史

---

1 參考財團法人保險事業發展中心網站：https://fsr.tii.org.tw/iiroc/fcontent/research/research02.asp

2 人壽保險在日本稱之為「生命保險」，為忠於史料上皆以此稱法為主，並且本文主要探討的時間為日治時期，除了前言為行文上的需要，在前言以後的本文皆以「生命保險」稱之而不用人壽保險。

3 黃秉心〈臺灣保險業之史的研究，《臺灣銀行季刊》卷1，期2，1947年，頁46-62。

綱》則大多針對在戰後時期，且對於臺灣早期即日治時期臺灣保險產業的發展雖有述及但大多沿用黃秉心之論述並無新見解，且篇幅以及細節仍然稍嫌不足以及交代不清。而曹慧鈴〈國家與市場：日據時期臺灣壽險市場的發展〉[4]則為第一本針對日治時期臺灣保險產業發展之學位論文，其運用美國早期社會學者的理論為出發點，探討二戰時期臺灣壽險市場蓬勃發展以及臺灣地區契約量達到最高峰的原因。該論文認為由於戰爭時期，保險產業與政府塑造的愛國運動相結合，鼓勵民眾儲蓄救國加入保險，使得臺灣的生命保險事業在昭和時期達到最高峰。此一論述確實可作為此一生命保險業蓬勃發展之現象的合理解釋，但並非獨到並有創見之見解。事實上生命保險與愛國形象的結合早在1894年甲午戰爭以及1904年的日俄戰爭已經出現，若該文能溯及早期日本生命保險產業發展之情形，即可瞭解此一現象並非只發生在二戰期間；更重要的是若忽略二戰以前日本政府以及臺灣總督府對於生命保險產業的重視以及對臺灣保險市場的建構，而將二戰時期生命保險產業之蓬勃發展單單歸因於政府的愛國運動所造成，難免有些武斷且不夠詳細，而應該由其整個脈絡之發展，才能完全且徹底的釐清為何在二戰時期生命保險產業在臺灣出現高度成長的情形。

由於生命保險並不像其他的經濟商品或實物商品一樣，只是簡單的供需而已，消費者保險觀念的有無是生命保險能成功交易的主要關鍵。然而在日治以前臺灣人民普遍對保險制度不熟悉的情況下，生命保險的銷售勢必困難，再加上臺灣與日本各項條件完全不同，亦勢必會碰上諸多難題。這些難題即是本文要探討的主要目標。當然本文的最終目的並不是只在知道這些難題後即止，而是希望可以從由日本內地生命保險業最初來臺灣的發展的情形究竟是如何，徹底釐清為何臺灣的生命保險產業昭和時期的盛況，究竟是從何而來。雖然這個還仍

4 曹慧鈴〈國家與市場：日據時期臺灣壽險市場的發展〉（臺北：國立臺灣大學社會學研究所碩士論文，2001年）。

遙遠目標還不是這一篇短短的文章可以交代清楚的，但跨出第一步，真相就會離我們近一些，這才是本文的目的。

二、「保險」的「渡來」

保險是人類因從事的活動中存在著可能之風險，為了避免蒙受其所造成難以估計的損失而產生其中一種應對策略。在19世紀保險傳入以前，日本人從蓬勃的貿易活動和對於生命無常中發現風險，因此早已有一套屬於自己的風險管理方式。17世紀時，日本的商人運用「抛銀」和「海上承攬制度」的方式，透過契約雙方貨物抵押的借貸關係或是將貨物交給承攬的運輸商，藉由提高運費作為補償，由運輸商人來負責貨物在運輸過程中發生的損失，而商人便能以此方式將貨物運輸過程中的風險移轉，達到降低風險的效果。[5]風險概念除了用於貿易活動、貨物運輸方面，也有以人身（生命）為風險標的的「賴母子講」（たのもしこう）和「無盡講」（むじんこう），是一種由眾人共組以互助共濟為目的的合會，由入會之會員定期繳納所累積一筆金額，如會內某成員家中遭遇白事或其他困難，即以此資金作給予經濟上的協助，達到互助救濟之效果。[6]

[5] 「抛銀」即海上貿易商將貨物或船舶作為抵押，向債主取得一筆資金，藉此將風險移轉的方式。貨物若有發生損失必須由債主承擔。反之，若貨物順利抵達目的地，商人必須償還貸金並付給債主利息。也有認為「抛銀」其實就和歐洲人已行之有年稱之為「船舶押款契約」（Bottomry）和「船貨抵押借款」（Respondentia）幾乎一樣，有可能是17世紀時歐洲人在日本經商時傳入的。參閱日本經營史研究所編著，林芳典、林文峰等譯述《東京海上一百年》（臺北：保險事業發展中心，1993年），頁10-13。關於「船舶押款契約」（Bottomry）和「船貨抵押借款」（Respondentia）請參閱David Jenkins & Takau Yoneyama Eds., *History of Insurance: Volume 3*, London: Pickering Chatto, 2000, pp.8-9.

[6] 賴母子講與無盡講，日本江戶時代（1603-1867）流行，直至明治以後仍是民間常用的互助救濟和資金融通的方式。無盡講最初是為修繕寺廟由眾人捐納所累積之財富，後逐漸演變出濟貧扶弱的功能。除了賴母子與無盡講以外還有木魚講、念佛講和無常講等等，皆是以互助共濟為精神而募集成員的性質

在意義上，這些古老的方法與制度與保險有類似的意義，即為了將不可預期的風險分散或移轉達到減少風險損失之目的。但兩者之間仍存在著極大的差異，那就是近代保險必須依照各年齡層、保險金的額度、或根據風險的經驗等等各項因素經過精確的數理精算與科學統計釐訂出與之相對應以及更合理保險費率，使每一個加入保險者都符合費用與損失公平分攤之原則，這是保險與上述日本傳統的風險管理方式最重要的差異。我們不需要討論兩者之間的優勝劣敗，值得關注的是從日本舊有的制度及其對風險認知，幾乎可以確定在保險進入日本前，日本人的風險概念早已萌芽，雖然這並不能成為我們探討保險在日本得以迅速發軔與擴張的其中一種解釋，但也不可否認其提供了日人對保險的認知提供了一個重要之途徑。

日語「保險」（ほけん）一詞，在1859年（安政六年）日本開港前，仍然是一個尚未發明的辭彙。但根據日人的考據，事實上早在19世紀初期時，日本的外語字典中已經出現，當時日人將西方的「保險」一詞譯為「保證」、「請合」或「請負」等詞。另一方面，1852年（咸豐二年）中國魏源（1794-1856）的《海國圖志》卷八十三的〈貿易通志〉中寫到：「西洋以商立國，故心計之工，如賈三倍。其國所立規則以利上下者，一曰銀票，二曰銀館，三曰挽銀票，四曰擔保會。……此三者，中國皆有此例，惟擔保會則中國無之。」所謂的「擔保會」就是指西方的「保險組織」，其中的「命擔保」即指生命保險。[7]魏源的《海國圖志》後來被復刻成日文版後在1856（日本安政二年）出版，並且受到部份日本知識份子的重視。[8]因此在開港前

或方式不同。參閱石井寬治、原朗、武田晴人等編《日本經濟史（一）幕末維新期》（東京：東京大學，2000年），頁141-142；保險銀行時報社編《本邦生命保險業史》（東京：保險銀行時報社，1933年），頁10-13。

7 〔清〕魏源著，岳麓書社編《魏源全集》（長沙：岳麓書社，2004年），頁1977-1978。

8 宮地哉惠子，「ゼオガラヒー」から「海国図志」へ舶載書籍による西欧政治制度紹介〉《歷史學研究》，期623號，1991年，頁16-28。

西方的「保險」雖然當時有多種的講法，但可以確定這個風險管理方式對某些日本人來說可能已經不是一個陌生的制度。

1859年開港後，隨著貿易發展所帶來市場的需求，嗅到商機的西方保險公司也很快地向日本前進，外國保險公司湧入日本的現象也引起日本著名思想家福澤諭吉（ふくざわゆきち，1835-1901）的對保險這個制度的注意。1867年（慶應三年）福翁將赴美遊覽歸國後將諸西方制度著成《西洋旅遊案內》後出版，在該書的附錄中福翁將「保險」譯為「災難請合の事」和直接以英文」Insurance」音譯成外來語「イシュアランス」，而以生命的生存與死亡為標的之「生命保險」則稱之為「人の生涯を請合う事」。[9]是第一本將西方的保險制度做一個實際介紹的日文文獻，但還仍未出現日語的「保險」一詞。

根據日本人的調查，其實日語的「保險」應是來自於中國，在1866年（同治五年）中國上海出版的《英華字典》中發現該字典可能是最早將英文的」Assurance」或」Insurance」譯為漢字「保險」之文獻，而這部字典隨後被復刻並於1869年（明治二年）在日本出版。[10]即使如此，雖然在19世紀70年代已經有許多的日本文獻中開始使用「保險」一詞，但還仍未成為普遍使用的詞彙。我們從1876（明治九年）年總部設於倫敦的一家生命相互保險公司（Provident Clerks』Mutual Life）[11]在《讀賣新聞》刊登的募集資訊可以看出這個狀況，該

9 福澤諭吉著，慶應義塾編纂《福澤諭吉全集・第二卷》（東京：岩波書店，1969年），頁164-167。

10 森莊三郎〈森博士の保險放送〉《生命保險經營》，卷4，期4，1932年，頁114-115。

11 相互保險公司（Mutual Company）為生命保險組織之一種型態，相互保險公司的資本與盈餘皆歸要保人所共有，這點是與一般發行股票、利益歸股東所有之股份保險公司最主要的差異。參考John R. Ingrisano, Corinne M. Ingrisano著陳彩稚譯《保險字典》（臺北：廣場文化，1999年），頁254；Provident Clerks'是一家總部設於倫敦之生命相互保險公司，於1840年創立。關於該社資料參閱David Jenkins & Takau Yoneyama Eds., *History of Insurance: Volume 6,* London: Pickering Chatto, 2000, p. 86.

公司是首次向日人招攬生命保險業務的公司，日人將之稱為「英國龍動（倫敦）に有之性命會社」，且使用「ライフ・インシューレンス」（英文Life Insurance的音譯），並且以「人の命を保護する法」和「性命請負の依頼擔當」的方式向讀者解釋「生命保険」的意義。[12]以此二則新聞可以看出，除了「保険」以外、「請負」以及「インシュレンス」亦是當時慣用的說法，更可以看出在當時一般的民眾對保險仍十分陌生。詞彙歧異的現象，一直要到19世紀80年代日本本土保險產業出現和文獻的流傳以後「保險」一詞後才逐漸成為統一的用法。[13]

根據初步之統計，明治七年到八年（1874-1875）赴日的外國保險公司已經超過40家，也由於當時蓬勃的貿易，和商人普遍風險觀念較強的影響，這些公司性質大多是以海、火險為主兼營生命保險。專營生命保險的外國公司在19世紀70年代的日本屈指可數，且營業時間皆不長，僅只前文提到的Provident Clerks』Mutual Life一家維持較久。[14]從這樣的情形看來，即便是在西方較為先進的保險技術下，並沒有吸引大量的日人投保，日本的生命保險市場仍舊處於一個很小的規模。事實上這樣的結果並不令人意外，這些外國保險公司雖然有先進的保險技術，但對日本市場以及日本人的生活習慣和壽命狀況皆不熟悉，最重要的是日本民眾對保險仍很陌生且保險觀念仍薄弱。畢竟

12 〈フランス人が營む生命保険日本人の加入契約にも応じる〉，《読売新聞》1876年12月5日，朝刊，版3；〈〔廣告〕生命保険加入募集〉，《読売新聞》1877年5月21日，朝刊，版4。早期《讀賣新聞》本身無標題，該標題是經「ヨミダス歷史館」整理後為方便索引才加上，標題的中出現的「保険」一詞並沒有在新聞內文出現，在此特別說明。

13 亦或許「保險」此一字彙來自於中國，早期的日文文獻和官方文書等都與中文一樣寫作「保『險』」而不寫成今天日語的「保『険』」。前文為了考證保險一詞的來源和避免混淆的需要，因此刻意寫成今天日語的「保険」與中文漢字「保險」做一區別。從本註釋以下「除了引述較為近代之相關研究外」，為了忠於早期日本文獻本身的用字，一律寫作「保險」。

14 保險銀行時報社編《本邦生命保險業史》，頁22-23；田付茉莉子，〈外国生保會社の日本進出と撤退〉，《經營史學》，卷17，期3，1982年，頁8。

和有形的實體商品相較起來，保險作為一種無形的商品，已難以讓人理解與接受，再加上當時教育與資訊仍不發達的年代，對於保險這個新事物都不甚瞭解的一般平民，更毋論其保險觀念的好或壞。

三、日本生命保險業的發展與和前進臺灣市場

保險觀念的建立，保險知識的教育是重要的關鍵，關於這點在日本生命保險事業創立中，很難不再次提到福澤諭吉及其1858年（安政四年）創立的「慶應義塾」（けいおうぎじゅく）。福澤除了前述的《西洋旅遊案內》將西方保險知識的引入外，他在《民間經濟錄》中提到保險的重要性：「人民要有蓄積不外乎勤儉、正直和努力，但對於人生無常和難以預料的災害之防備，即西方國家行之有年的保險，對於人民的經濟來說，是比什麼都重要的。」[15]，以此可以看出其對於保險的重視。福澤讚揚與推廣保險的理念，也影響了他在慶應義塾的學生，他們在1879年（明治十二年）開始投入創設日本第一家本土生命保險公司的工作，經過兩年的籌劃在1881年（明治十四年）6月29日取得東京府知事的許可令後正式成立，[16]即日本第一家也是目前最老字號的「明治生命保險株式會社」（今明治安田生命保險會社的前身），由該會社的創始人之一「阿部泰藏」（あべたいぞう，1849-1924）擔任首任「頭取」（とうどり）。其他共同創始人則擔任「取締役」（とりしまりやく）。創立之初承辦四種「死亡保險」和一種「生存保險」共五種商品。[17]

---

[15] 筆者節錄並翻譯自福沢諭吉著《民間經濟錄》（東京：福沢諭吉，1880年），頁15-16。

[16] 事實上明治生命成立以前已經有一家制度頗為完備的本土的生命保險公司，於1880年9月由若山儀一（わかやまのりかず，1840-1891）所成立的「日東保生會社」，但該公司隨即在隔年1月因招募業務不順與財務困難而夭折。參閱保險銀行時報社編，《本邦生命保險業史》，頁39-57。

[17] 「頭取」與「取締役」相當於中文的董事長與董事。在江戶－明治時代機關首長多稱頭取，後漸只用稱銀行金融業的負責人。今則多以「社長」來稱呼，「取締役」則沒有改變；各險種的說明與方式可參考附錄一。

在明治生命開創的同年，很快地在大阪開設支店，亦學習外商公司運用代理店的模式，與知名商店橫濱的「丸善商社」（まるぜん）簽訂代理契約，作為其在橫濱的業務代理店，藉此擴充市場版圖和也能有效地增加業務招攬的便利性；此外將擁有廣闊人脈的政商名流視為業務募集的重點對象，希望可以因此達到招攬業務和事業宣傳一石二鳥之效，藉著上述的營運手法，再加上慶應義塾的名氣及其同志的支持，[18]日本第一家生命保險會社很順利地在首年度募集到883件保單，其中有死亡保險有646件，生存保險（即子女教育資）有237件。[19]然而，這令人喜悅成績並沒有一直延續下去，在明治生命享受成功創業的歡樂聲中不久，很快地在開業第二年後業務的拓展開始出現長期的阻滯，事業一度面臨危機：

表2　明治生命創業初期死亡保險業務成績1881-1888（明治十四－二十一）。

年（西元）	1881	1882	1883	1884	1885	1886	1887	1888
次（明治）	十四年	十五年	十六年	十七年	十八年	十九年	二十年	二十一年
前一年被保險人總數	0	646	1,322	1,654	2,143	2,160	2,556	3,231
新契約	646	725	432	706	260	676	1,005	1,433
死亡	0	14	15	13	31	51	30	39
解約	0	35	85	204	212	229	300	228
本年末被保險人總數	646	1,322	1,654	2,143	2,160	2,556	3,231	4,397
較前一年增加數	646	676	322	489	17	396	675	1,166

資料來源：明治生命保險株式會社編，《死亡統計表1881-1898》（東京：明治生命保險，1899年），頁5。

[18] 明治保險株式會社編《明治生命保險株式會社六十年史》（東京：明治生命保險，1942年），頁1-5；「丸善商社」1869年由福澤諭吉的學生「早矢仕有的」（はやしゆうてき，1837-1901）所創，即今天日本著名的文化事業「丸善株式會社」之前身。

[19] 中外保險新報社調查部編，《創業以來內國生命保險會社決算統計集・第壹卷》（東京：中外保險新報社，1928年），頁1。田付茉莉子認為明治生命可以順利的成立，有很大的原因由於慶應義塾的名氣和同校關係者的支持，擁有廣大人脈，這點或許是缺乏人脈的日東保生會社和外國生命保險會社募集困難的因素。參考氏著〈外国生保會社の日本進出と撤退〉，頁17的註2。

從表2我們可以看到在1883年到1886年的業務成績很明顯的下降，尤其是1885年不但新契約數量低再加上高解約率，該年度業務的純增加僅只有17件，一度使得明治生命出現「責任準備金」不夠的窘境。[20]業務招攬不順利的原因並不是因為明治生命的制度不夠完善，而是在日本當時的時空背景下，對生命保險的拓展存在著諸多不利的因素。1877年（明治六年）的「西南戰爭」影響，日本經濟陷入長期的不景氣和嚴重的通貨膨脹。此外日本舊有的、有類似保險功能的講會或互助社仍是民眾較為熟悉和親賴的選擇，當時仍有許多這些「類似保險」的組織不斷地成立並且招攬業務，[21]這些組織雖然某種程度上有風險管理的概念，但這些組織通常缺乏科學的數理精算，也不具備最基本的保險知識，因此不用「生命表」來訂定費用，而是採用「賦課式」（加入者皆收取一樣的費用）這種簡便的方式，來徵收費用，此種違背現代保險的徵收方式日後自然容易造成營運上的問題，更甚的是其中也有巧立名目榨取錢財的組織。[22]這些「類似保險」組

---

20 設樂久編《日本生命保險業史》（大阪：保險銀行時報社，1904年），頁40。「責任準備金」（Reserves）：保險公司為反應尚未發生但可能於未來發生的損失，為支付這筆損失，保險公司必須先計算這筆費用，並且先提存準備。通常保險公司會將保險費的收入，按一定比例提撥一部份作為該保單的責任準備金。責任準備金的制度是否完善，對公司的信譽有很大的影響。簡單來說，若一家保險公司沒有完善的責任準備金制度，很可能在保戶要求理賠時付不出保險金的窘境，自然會引起保戶的不信任。關於責任準備金可參考John R. Ingrisano, Corinne M. Ingrisano著陳彩稚譯《保險字典》，頁8「生存者責任準備金」條，以及頁312「保費責任準備金」條。

21 〈病死、災難時に金が下り、積金も借りられる「信友講」警視局が認可〉《読売新聞》1878年，2月7日，朝刊，版3；〈借金の保証人になる「証檢社」が近く開業〉《読売新聞》1879年4月4日，朝刊，版2。這些類似保險組織成立或者是募集新聞，在當時常出現，本文只引幾例。

22 保險銀行時報社編，《本邦生命保險業史》，頁80-84。在生命保險中，每個人負擔的保費會由於個人所面臨的風險不同而有所區別，舉例來說一般年長者生病或死亡的機率本來就比年輕人高，若兩方面收取「不合比例」的費用，就不符合損失公平分攤之原則，亦會影響組織的營運。因此在正規的生命保險公司會依照「生命表」向保戶收取與之相對應且合理的保險費用。「生命表」（Life Table）是指全國從零歲到生存人數為零之間，各年齡每年的

織在19世紀80年代紛紛設立，無疑地對明治生命業務的招募上有一定的影響。不景氣的影響在1886年（明治十九年）明治生命創業滿五年時達到頂點，再加上1885-86年間的「虎疫」（コレラ，霍亂）大流行使得明治生命的事業更加雪上加霜，甚至為了避免公司營運風險，一度停賣「定期保險」這個對當時的公司來說是高風險的險種。以上諸多不利因素，明治生命仍勉強維持，創業五年左右業績銷量終於超越創業時的二倍。然而對於業績緩慢的進步、和募集困難，民眾普遍對保險的認知不足仍是的最主要的因素，[23]我們從一則故事中可以反映出民眾對保險認知：

> 「一天有一位老人和一名七、八歲的小男孩結伴而來，老先生說：『我很不幸地已痛失長子，只剩下這名孫兒繼承香火，但我年事已高旦夕不保，恐怕等不及孫兒長大我已西去，我聽說你們是在受理壽命的保證，你們可否保證能讓我的壽命延長，直到我的孫兒長大成人，這樣的保證你們要收多少錢呢？』我們向老人說：『我們所販售的生命保險並不能延長您的壽命，而是為了不讓死後遺留的親屬生計發生困難所做的準備。』經過我們誠懇地為老人說明生命保險的意義，老先生聽了以後很高興，於是向我們締結契約，投了保險。」……節錄自阿部氏的隨記。[24]

自這則溫馨故事中，可以看到老先生原先將生命保險誤解為一種可以將壽命延長的「仙丹」，其對保險的無知，讓我們忍不住地會心

死亡、生存狀態與平均餘命的報表。

[23] 設樂久編《日本生命保險業史》，頁38-40。日本生命相互保險公司編、周淑燕等譯述《日本生命百年史》（臺北：財團法人保險事業發展中心，1997年），頁7-8。

[24] 明治生命保險株式會社《明治四拾周年紀念》（東京：明治生命保險，1922年），頁25-26。

一笑。但在他真正理解保險的意義後，像是了了心願似的很開心地簽下了保單。另一個例子是一名軍人想要加入保險，他偷偷地到了明治生命，要求公司千萬不可將他的名字公開，若讓軍中同僚知道會被認為「身為一名軍人卻如此怯懦」而被排斥，在知道不會公開後這名軍人才簽了契約。[25]可以看出由於日本當時武士道等等的社會觀念和現代保險的意義，彼此之間是有所衝突，因此生命保險自然會受到許多人的排斥或拒絕投保。

然而，隨著生命保險募集的廣告和書刊雜誌的宣傳，以及為數仍不多的學校教育，[26]緩慢地將保險的知識散播開來。在明治生命在「獨霸」（或是默默耕耘）市場七年後，1888年（明治二十一年）日本第二家生命保險「帝國生命保險株式會社」（今天朝日生命保險相互會社的前身）在東京成立。翌年於大阪「日本生命保險株式會社」（今天日本生命保險相互會社的前身）也成立了日本第三家生命保險公司。這兩家公司成立的條件以及時機都比明治生命來的好，因此不像明治生命創立時那樣地篳路藍縷，[27]且兩家公司各有與明治生命不同的營運制度作為招攬的特色，開業以後業績蒸蒸日上。[28]開啟了日本生命保險史上，第一個蓬勃發展期。

---

[25] 明治生命保險株式會社《明治四拾周年紀念》，頁26-27

[26] 〈〔廣告〕營業報告・生命保險概要〉《読売新聞》1886年，9月22日，朝刊，版4；〈大學通俗講談會帝国大學講義室で藤沢教授の「生命保險論」〉

[27] 19世紀80年代末期，日本經濟終於逐漸好轉。此外這兩家公司成立的資金皆為30萬日圓，比明治生命多了三倍。再加上民眾對於保險的認知逐漸提昇，綜合這些因素，相較於明治生命創立時，這兩家公司的確條件較為優越。保險銀行時報社編，《本邦生命保險業史》，頁86-91。

[28] 有別於另外兩家的專任醫師制度，帝國生命首先運用「囑託醫制」（特約醫生），來為被保險人做健康檢查，此舉有效地降低營運成本。日本生命則聘請學者「藤澤利喜太」（ふじざわりきたろう，1861-1933）編制日本第一部生命表，此表與明治和帝國生命使用的「英國17會社表」相比之下，由於是根據日本本身的生活水平和壽命狀況編製，自然會比英國17會社生命表更加適用於日本的情況。參考設樂久編《日本生命保險業史》，頁44-47。

19世紀90年代可以說是日本生命保險產業發展的一個活躍期，從明治、帝國以及日本三大生命保險公司這個時期的事業成績明顯地成長。1894年（明治27年）的甲午戰爭（日本稱日清戰爭），各家生命保險公司全力的支持戰事，承保軍人保險，博得日本民眾對保險業的好感，為生命保險做了一個極佳的宣傳。[29]然而隨著保險事業的活躍，開始出現許多投機商人覬覦保險市場的利益，紛紛加入創設生命保險事業，希望以此獲得豐厚的利潤，因此從1893開始到1895年（明治26-28年）間，日本各地出現大量的生命保險公司，這些公司幾乎不具備保險的知識與技術，只一昧地壓低保險費以求招攬到業務，引發生命保險市場的激烈競爭，也因此在此時期有不少生命保險會社前往日本剛獲得不久的殖民地市場—臺灣，希望可以在這塊處女地募集到更多的業務。

在過去臺灣保險史的研究一般認為，1902年帝國生命保險是最早派員來台招攬業務，並將之視為臺灣生命保險業史的發軔。[30]事實上並非如此，在日本內地保險業競爭激烈的時期，早已經有不少家生命保險公司來臺發展。1896年9月時「有隣生命保險」與臺北的「日の丸製劑會社」已有代理關係，並且已有45名被保險人；同年12月老牌的「日本生命保險」亦在臺北設置出張所，並且已有47名被保險人；[31]甚至是1897年才來台招募業務的「海國生命保險」，在翌年也已有少數本島人投保的成績；[32]此外1899年的新聞中亦有記載在當時臺北已經有上海的「紐育生命」（New York Life Insurance）和「日

29 森莊三郎〈戰争危険に對する生命保険の沿革〉《生命保険經營》，卷4，期2，1932年。頁28-31。

30 黃秉心〈臺灣保險業之史的研究〉《台灣銀行季刊》卷1，期2，1948年，頁53。秦賢次等著《臺灣保險史綱》（臺北：財團法人保險事業發展中心，2009年），頁35。以上研究皆採此說。

31 〈臺灣の生命保險と被保人〉《臺灣日日新報》，1896年9月1日，日刊，版3；〈台北の生命被保人〉《臺灣日日新報》，1896年12月4日，日刊，版3。日日新報將有隣生命保險，誤植為「有鄰」。

32 〈生命保險の近況〉《臺灣日日新報》，1898年2月4日，日刊，版2。

出生命」（Sun Life Assurance）兩家外國保險公司的代理店，而由日本來台的生命保險會社在臺北也已經有九個代理店或出張所（辦事處）。[33]由這些資料來看，臺灣的生命保險業以1902帝國生命保險派員來台為嚆矢的說法似乎並不正確。

這些生命保險會社在日本內地1893-1895年保險業惡劣競爭的驅使下，很早地赴臺灣發展，然而面對這個陌生的市場和環境，所招攬到的業務不但量非常的少，而且主要仍還是以內地人（在台日人）居多，臺灣並未如他們所想的那樣，是一塊充滿商機的寶地，再加上來臺發展的也不乏一些制度不完備的生命保險公司。日本內地的生命保險業競爭的局勢，演變到後來，猶如英國18世紀初「泡沫公司」之翻版，[34]不但使得當時日本整個保險市場陷入一場惡性競爭的混亂時期。這些混亂的起因乃是由於一般人太過小看生命保險的專業，而最主要的原因還是由於日本政府過去對於保險業未置心力，使得市場缺乏一個完善的保險規範與監察制度。[35]

有鑑於此日本政府開始積極地對生命保險業展開調查和推行保險事業的相關法律規範。最終在1898年（明治31年）頒布新《商法》，明定生命保險的契約規範，[36]同時日本政府亦有意整頓當時保險業混亂的局面，意識到有必要設立一專門監督保險公司之法規與機構，因此日本農商務省在該年也開始對日本國內保險事業的內容展開調查，以及約束各保險會社之相關法規的起草工作，此即後來於1900年（明治33年）3月頒布的《保險業法》；[37]此外日本農商務省亦於同年5月

---

[33] 〈臺北の外國保險會社及商社〉《臺灣日日新報》，1899年12月24日，日刊，版2。

[34] 1720年英國頒布《泡沫法案》（Bubble Act 1720）查禁這些組織後才結束這個亂象。

[35] 粟清津亮，《保險論集》（東京：八尾商店，1899年），頁115-133。

[36] 關於日本《商法》變遷與訂立過程可參考清水明〈我國生命保險法の變遷〉《生命保險經營》卷2，期1，1930年，頁98-112。

[37] 和《商法》規範保險契約不同，《保險業法》是專門約束保險公司之法，對於保險公司申請核准、營運規則和事業成績都有明確的規範。此外農商務省

在商工局內新設「保險課」，作為日本政府專司保險產業的監督與相關行政之機構。首任課長即為負責起草《保險業法》的「矢野恒太」（やのつねた，1866-1951）。[38]

《商法》、《保險業法》和保險課的實施與成立後，保險課開始審查一些國內制度不完備的保險會社，有不少會社因為不合乎《保險業法》的規定，事業搖搖欲墜面臨事業停止的命運，日本內地有不少保戶因此權益受到損害，臺灣雖然在當時的保險業務量不多，但也因政府整頓保險業的政策實施後，亦有少許保戶受到影響，例如前面提到的「海國生命」在保險業法實施後不久後，突然關閉在臺北的出張所，使得當時在臺北的保戶相當的憂慮，後來這家公司隨即遭到日本政府介入調查。[39]雖然經過調查後該保險公司並未因不法事情而歇業，然亦未再度來臺招攬業務，最後由於在1901（明治34年）年政府保險業整頓政策而難逃被整併的命運。[40]

令人驚訝的是，臺灣在日本內地保險業競爭時期，曾經成為不少保險會社拓展業務的新市場，然而隨著日本政府雷厲風行地整頓保險事業後，似乎悄悄地退出臺灣市場。我們從1901年的報紙中除了海上、火災以及家畜保險非常活躍外，我們盡然不見任何一家生命保險會社來台招募業務的新聞，到了1902年亦只見帝國生命保險派一名社員「橋詰久壽彌太郎」和診察醫師「吾妻省吾」，兩名幹員來臺進行業務招攬工作，和1903年紐育生命和加拿大生命兩家外國保險公司來台活動頻繁，不斷設置代理店，[41]仍舊不見帝國生命以外的內地生命

在《保險業法》實行的同年七月，以省令第十五號發布《保險業法施行規則》要求每家保險會社都必須將各年度財產內容、事業成績、新商品發售辦法等造冊，以供審查。參考中井嘉市《保險法規類纂》（大阪：保險時報社，1900），頁1-27；95-120。

[38] 保險銀行時報社編，《本邦生命保險業史》，頁102。

[39] 〈十把一束〉《臺灣日日新報》1900年4月8日，日刊，版7；〈海國生命保險會社取調を受く〉《読売新聞》1900年12月8日，朝刊，版2。

[40] 保險銀行時報社編，《本邦生命保險業史》，頁117-118。

[41] 〈生命保險會社代理店〉《臺灣日日新報》1902年2月9日，日刊，版2；〈臺

保險公司來台發展，直到1907年明治生命和日本生命兩家會社來臺後才陸陸續續有其他內地生命保險會社跟進。究竟為何臺灣在1895年成為日本第一個殖民地後，一度成為不少日本生命保險業亟欲開發的市場，卻又突然的沈寂一時，直到1907年後才再度朝臺灣市場發展的現象？這個問題，值得我們探究。

四、臺灣市場的特殊性與不利因素

日本政府在1900年推行的《保險業法》實施以後，日本內地保險市場混亂的局勢趨於穩定，該法在臺灣亦幾乎同時實施，臺灣總督府亦不曾特別嚴格監督管制，然而在內地與臺灣保險法規較過去較為完善的此時，卻也仍然不見內地生命保險會社來臺，唯獨帝國生命一家內地保險會社1902年單獨赴臺灣招攬業務。以此看來，臺灣生命保險市場的沈寂，並非日本政府的整頓政策，外在因素的影響，而是臺灣市場的內在因素使然。

臺灣在中國甲午戰爭後割讓給日本後，由於日本內地保險業激烈競爭下來到臺灣發展，寄望開拓臺灣市場能夠一舉擴充事業版圖。然而臺灣並不如他們所預想的那樣，是個保險市場仍未開發而充滿商機的寶地，反而發現臺灣特殊的環境和社會條件，使得業務的拓展工作困難重重。因此這些在臺灣成為殖民地之初來臺發展的生命保險會社，在臺事業拓展不順利後紛紛鎩羽而歸，並且將臺灣視為一個「危險地」而不願意來台。[42]事實上，在日本統治初期的臺灣對許多內地人來說的確是一個不安全的地區。首先自1895年領臺以來，臺灣社會治安動盪，武裝抗日大小戰事不斷，即使在1895年11月18日宣稱平定全島後（指救平舊政府官僚所領導的抗日活動）至1902年的這段期

灣三保險會社〉《臺灣日日新報》1903年6月6日，日刊，版3。

[42] 〈帝國生命保險會社の近況〉《臺灣日日新報》1903年10月1日，日刊，版2。

間，武裝抗日事件仍在臺灣島內各地不斷地出現，新政府在各地的行政據點成為反抗份子襲擊的目標，被攻擊的行政據點多達55處，攻擊事件達94件。[43]這些持續不斷地抗日活動和「匪害」[44]，在臺灣山區仍有「蕃害」問題，對許多內地人的生命財產造成威脅：

> 最初土匪最為猖獗時，郵局送信的人必須有警察保護，官吏豪紳旅行時也必定得有警察保戶。若出臺北城一、二里的距離，就一定得隨身攜帶著刀劍和手槍自衛，在明治三十一年初春時，即使在民政長官的官邸都可聽到土匪發出的鎗響。[45]

從上述的描述即可清楚得知在日治初期臺灣治安問題已經嚴重地威脅到內地人在臺從事的各項活動。而對來臺招攬的內地業務員而言，因其工作性質所需的交際和拜訪等，免不了時常在外奔走。然而暴露在如此高風險的社會中，不但得先承受自身安全的風險，更得承擔因社會動蕩所產生的頻繁且不易掌握的危險因子，這些因素皆一定程度地提高了來臺拓展的生命保險業者損失增加的機率。

而除了治安問題外，更重要的一點是臺灣地區的亞熱帶氣候與日本的生活環境完全不同，疾病猖獗、水土不服等亦成為來臺拓展業務首先必面對的諸多問題。[46]由於臺灣地處於與日本內地不同氣候的亞熱帶氣候區，地理環境的迴異使得疾病在兩地盛行的情況有很大的差別，甚至有當地特有之「風土病」。臺灣特有的風土病之中「瘧疾」（Malaria）一直被政府視為最棘手的風土病，因為當時對「瘧疾」的醫療知識仍相當有限，更重要的是瘧疾在日本本土並不常見，兩者相

[43] 翁佳音，《台灣漢人武裝抗日史研究（1895-1902）》（臺北：臺灣大學，1986），頁92-93。

[44] 此不論其出發點為何而泛指以武裝和以暴力之方式影響治安之群眾。

[45] 鶴見祐輔《正伝・後藤新平——台灣時代1898-1906》，頁187。

[46] 清水淺次郎〈保險殖民地の爭奪戰〉《拓殖新報》，第53號，1916年，頁52-53；同卷期，清水彥次郎〈內地と殖民地〉，頁58-59。

加的情況下，更加深其對瘧疾的恐懼。在日治初期時，罹患瘧疾的病人數一直居高不下，在1897年時患者最多，曾有47342人罹患瘧疾，患者數高居所有傳染性疾病之首；甚至在防疫工作已經展開的1905年，患者數雖已明顯下降，但仍還有22572名瘧疾患者。[47]當時駐臺的官廳職員平均每人每年都會罹患瘧疾1-2次；而駐臺的日本軍人之中，瘧疾患者佔了總患者數的三分之二左右；甚至在1910年以前，不論是內地或本島人，因疾病而死亡的人數瘧疾一直是位居第一。比率之高令人咋舌，並且已嚴重影響到人員的行政工作以及日常的活動。[48]

另一方面，由於當時的醫學還未知曉瘧疾的感染途徑是經由瘧蚊傳播時，因好發於熱帶地區，皆以為瘧疾是因吸入地面產生毒氣（瘴氣）而發病。也正因為早期對瘧疾不瞭解的情況下，更加深了內地人對瘧疾甚至是對臺灣的風土氣候感到的恐懼，雖然在1897年以後西方的醫學專家才進一步證實瘧疾是由瘧蚊傳播，國際間瘧疾的研究獲得進展，但這些研究以及瘧疾防疫工作都仍處於摸索和籌備階段，瘧疾問題仍困擾著內臺人相當長的時間。[49]除了政府的行政工作，對於內地的生命保險業來說，瘧疾問題在業務的推展工作上也是一個不小的阻礙，例如帝國生命在臺灣中南部募集業務時，由於當地風土病較為盛行，增加了保險診察的困難，對於契約的核保與否時常令他們猶豫不決。[50]當然，在其業務招攬的過程中，時常暴露在危險的疫區，罹患瘧疾的機率也相當的高，也無疑地增加了招攬工作的危險性。

---

47 臺灣總督府《臺灣統計摘要・第一（明治38年）》（臺北：臺灣總督府官房文書課，1906年），頁192-193。

48 范燕秋〈日據前期臺灣之公共衛生：以防疫為中心之研究（1895-1920）〉（臺北：國立臺灣師範大學歷史研究所碩士論文，1994年），頁126-128。

49 小田俊郎著， 洪有錫譯《臺灣醫學50年》（臺北：前衛，2000年），頁30。范燕秋〈日據前期臺灣之公共衛生：以防疫為中心之研究（1895-1920）〉，頁129。

50 〈生命保險と本島の氣候〉《臺灣日日新報》1903年2月24日，日刊，版2。

表3　1901-1905（明治34-38年）臺灣和日本地區各年度傳染病患者數與死亡數。

臺灣地區										
年（西元）	1897		1898		1899		1900		1901	
傳染病別	患者	死亡	患者	死亡	患者	死亡	患者	死亡	患者	死亡
虎列拉（霍亂）	0	0	1	0	0	0	0	0	1	1
腸窒扶斯（傷寒）	77	32	93	44	69	24	157	37	157	37
赤痢（痢疾）	368	155	253	94	373	96	381	99	658	99
質布塔里亞（白喉）	1	1	7	2	5	2	17	4	13	4
痘瘡（天花）	401	40	282	33	398	5	416	6	416	11
百斯篤（鼠疫）	730	566	1,233	882	2,637	1,995	1,079	809	4,496	3,670
日本地區										
虎列拉（霍亂）	894	488	656	374	829	487	378	231	101	67
腸窒扶斯（傷寒）	27,003	5,872	25,390	5,741	27,745	6,476	24,012	5,399	23,178	5,411
赤痢（痢疾）	91,445	23,344	91,229	22,456	109,086	23,859	46,636	10,263	49,634	10,889
質布塔里亞（白喉）	15,487	5,580	19,699	6,455	21,038	6,669	17,892	5,664	14,882	4,686
痘瘡（天花）	42,347	12,316	2,034	395	1,613	250	527	10	86	4
百斯篤（鼠疫）	1	1	0	0	63	42	168	153	3	3
臺灣地區										
年（西元）	1902		1903		1904		1905			
傳染病別	患者	死亡	患者	死亡	患者	死亡	患者	死亡		
虎列拉（霍亂）	746	613	0	0	1	1	1	1		
腸窒扶斯（傷寒）	124	37	192	41	141	53	189	56		

赤痢（痢疾）	754	188	170	51	153	54	120	47
質布塔里亞（白喉）	4	3	18	8	39	6	57	14
痘瘡（天花）	261	10	285	0	39	0	23	0
百斯篤（鼠疫）	2,308	1,853	885	708	4,494	3,370	2,388	2,090
日本地區								
虎列拉（霍亂）	13,362	9,226	177	91	1	1	0	0
腸窒扶斯（傷寒）	21,094	4,803	18,252	4,292	19,635	4,627	22,879	5,456
赤痢（痢疾）	36,996	8,442	30,331	7,209	22,772	5,166	37,988	8,606
質布塔里亞（白喉）	15,365	4,314	13,702	4,675	12,649	3,720	13,261	3,404
痘瘡（天花）	46	7	72	6	1,188	237	278	62
百斯篤（鼠疫）	14	9	58	50	1	1	282	218

資料來源：內閣統計局編《日本帝國統計摘要（第17-21回）》（東京：東京統計協會1903-1907年），各年度衛生統計整理而成。

除了瘧疾，日本統治臺灣之初「鼠疫」（Pestis）猖獗的問題也頗為嚴重。鼠疫雖然不像瘧疾那樣曾造成數萬人得病的廣泛流行，但鼠疫的可怕之處在於其死亡率高的嚇人，在1897-1905年間罹患鼠疫的總人數達20250人，其中死亡者高達15943人，死亡率將近8成。[51]在1896年臺灣爆發鼠疫疫情時，不少內地人因畏懼在當時幾乎是不治之症的鼠疫而想要盡速返回日本，但很快地基隆也淪為疫區，為了避免疫情擴散，也因此許多內地人被困在臺灣無法返回日本，使他們在臺

[51] 臺灣總督府《臺灣統計摘要・第一（明治38年）》頁，194-195。由於缺乏1896年的官方統計數據，因此從1897開始。但從報紙上可以看出在1896年臺灣已經爆發鼠疫疫情。

灣住也住不得，想回日本也回不得而感到惶恐，不斷地蔓延的疫情更一度影響臺北的工商活動。[52]曾出任臺灣總督府衛生課長的高木友枝（たかぎともえ，1858-1943）回憶臺灣鼠疫疫情時談到，當時就連衛生課的官舍和辦公地點，都有病鼠出現，並引起恐慌，[53]可見當時鼠疫疫情的嚴重程度。疫病問題對內地人在臺的活動與生活造成一定程度的威脅，對生命保險產業也同樣地產生不小的阻礙，因業務活動使得他們時常暴露於危險的地區，使生命保險產業的招攬工作上不但不順利，拓展的工作甚至比其他產業更加的困難。疾病問題除對生命保險業者的拓展工作上造成阻礙，但更重要的是，由於兩地之間的生活及氣候環境存在著相當大的歧異性，因此在疾病的流行的狀況也有所區別，舉例來說，即使我們撇開臺灣的風土病「瘧疾」不談（但它是兩者之間相差最大的），光從日本內地幾個常見的傳染性疾病在臺灣的流行狀況，就可以看出日、臺兩地之間有相當大的歧異性（見上頁表3）。從該表可以看出，日本有許多傳染性疾病在臺灣就不常見，例如霍亂疫情曾在日本多次爆發，但在臺灣幾乎看不到霍亂疫情的出現，只有1902年出現疫情。其他如傷寒、痢疾和白喉等患者數則相當很多，但這些疾病在臺灣卻不常見。反觀鼠疫在臺灣就十分猖獗，而且持續影響相當長的一段時間，而日本地區的鼠疫疫情則受到有效的控制，幾乎很少爆發大規模的流行。當然，此表並不表示臺灣只有鼠疫的問題或是沒有什麼傳染性疾病。由於當時臺人的醫療觀念以及衛生觀念仍相當落後，對西醫的不信任而隱匿病情也時常發生，因此統計的數據也或多或少地有失準確。不論如何，兩地之間的疾病流行狀況存在著一定的歧異性，這點是毋庸置疑的，然而，對來臺的生命保險業者來說，疾病流行的歧異性以及臺灣疾病問題，不但增加了核保

52 〈黑死病彙報　在台人の困卻〉《臺灣日日新報》1896年11月1日，日刊，版3；〈黑死病彙報　諸興業の停止〉《臺灣日日新報》1896年11月3日，日刊，版3。

53 鶴見祐輔《正伝・後藤新平——台灣時代1898-1906》，頁432。

前健康診察工作的困難度，也無疑地增加其在業務招攬上的阻礙，更是內地生命保險業者來臺發展時一個無法忽視且亟待克服的問題。

上述這些臺日間的市場條件的差異，產生許多內地生命保險會社在台發展必須要先克服的各種問題。首先圖1顯示臺日兩地的死亡率，由於兩地之間的疾病、氣候等各項條件不同，自然死亡率也有所別。臺灣地區死亡率較高的問題，意謂著臺灣的風險損失機率高於日本，因此內地生命保險會社適用於日本的生命表並不適用於臺灣地區，若強加套用於臺灣地區，只會增加公司風險理賠的機率而造成虧損，因此需要一個適用於臺灣的保險費率。然而當時並沒有一個適用於臺灣市場收費標準作為參考的依據，有些公司為了降低公司承受的風險，沒有透過精算或是對臺灣市場做一調查後訂出適合的費率，而是直接以契約方式更改理賠方式，例如規定內地人若投保未滿一年或自臺灣回內地未滿一個月內死亡，將扣除兩成保險金額的方式來降低會社所承擔理賠風險，然而這種方式亦使得這些被保險人有受騙上當的感覺。[54]

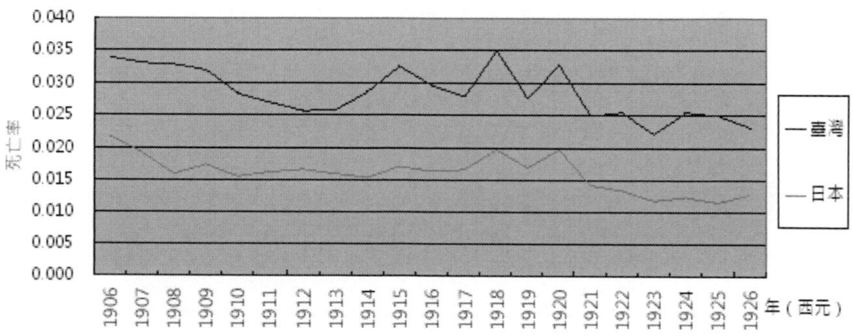

圖1　1906-1926（明治39－昭和元年）臺灣與日本死亡率折線圖。

資料來源：臺灣總督府官房調查課編《臺灣住民ノ生命表（第一回）》（臺北：臺灣總督府官房調查課，1936年）頁1-2。[55]

[54] 〈臺灣の生命保險と被保險人〉《臺灣日日新報》1896年，9月1日，日刊，版3。

[55] 由於缺乏早期資料因此已1906年為始，然而臺灣早期之死亡率低於日本的可能性微乎其微，本表旨在顯示臺灣與日本的死亡率始終有一定的差距。

另一方面，對於本島人的契約該收取多少的費率，沒有一個標準費率，對本島人的業務招攬相當的困難，甚至連最早來台發展的帝國生命在基隆的代理店，直接拒絕承保本島人業務的情形出現，[56]也因此在日本統治初期本島人的生命保險契約始終維持在極少的量（見下頁圖2）：

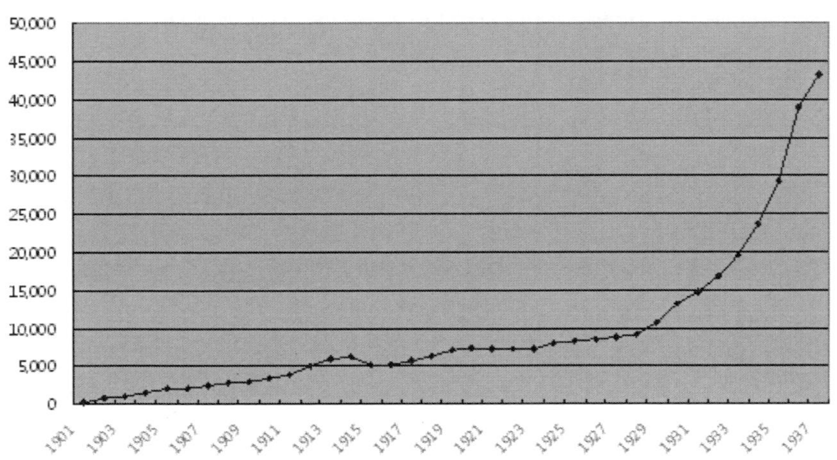

圖2　帝國生命保險會社臺灣地區歷年契約件數折線圖。

資料來源：脇坂虎雄編《帝國生命保險株式會社五十年史》（東京：帝國生命保險株式會社，1939年），頁508。

由圖2可以看出，持續在臺灣奮鬥的帝國生命保險會社，其在臺最初的發展的十年，業績量一直在五千件以下，保險總金額在1911年時雖然已達到三百萬日圓，但對當時約有三百萬人口的臺灣來看，平均下來每人只花1元在生命保險上，可以說是非常的少。

1905年日俄戰爭結束，日本的勝利帶起了一波日本經濟活絡的景氣。生命保險業和1894年一樣由於支持國家戰爭大量認購國家公債，以及為鼓勵戰時投保，紛紛祭出戰爭期間加入保險者給予優惠方案

[56] 〈帝國生命代理店の擴張〉《臺灣日日新報》1907年，3月1日，日刊，版2。

等，因此日本內地生命保險業在日本戰勝後，又再一次進入一個士氣高昂的蓬勃發展期，臺灣也再一次地成為內地生命保險會社的目標，從1906年開始，日本內地的明治、日本以及千代田等許多生命險會社紛紛來臺拓展業務，截止1913（明治44年）短短的幾年內，在臺的生命保險會社數達到14家：

表3　1913年（大正二年）前內地各保險會社來台年份。

會社名	來臺年份
帝國	1902
明治	1906
日本	1906
有隣	1907
東洋	1907
萬歲	1907
日清	1907
真宗信徒	1908
第一相互	1908
千代田相互	1908
東海*	1913
太平*	1913
仁壽*	1913
蓬萊*	1913

資料來源〈生命保險近況〉《臺灣日日新報》1913年3月16日，日刊，版5整理而成。*標記為來臺確切年份不明，但在1913年時在臺灣已有業務成績。

這些來臺的生命保險會社中，除了日本內地幾家老招牌如明治生命、日本生命，絕大多數都是成立不久的年輕會社，如第一相互生命和千代田相互等都是在內地成立不久的生命保險會社。來臺發展的生命保險會社數雖然增加許多，然而臺灣的市場需求量並沒有因此提高，帶來的問題反而是保險業之間的競爭和令人反感的負面印象增加。

對內地人的募集方面，和最初來臺發展的保險業者一樣，面對臺灣特殊的市場條件仍然有許多問題，例如在對「蕃界警官」的認定，各家會社就有所不同。沒有一個統一的共識，由於臺灣「蕃害」問題嚴重，總督府為嚴防「蕃人出草」等治安問題發生，於是在臺灣山區開闢隘勇線並派駐警員或隘丁沿線駐守，這些駐守的警員即「蕃界警官」因為駐守在這些危險區域來防範「蕃人」，若遇到出草，戰鬥原因造成的傷害或死亡必然不少，因此「蕃界警官」的職業風險自然也高，因此有許多保險會社亦開始向他們招攬業務提供保障。然而各家保險會社對於「蕃界警官」的職業風險認同亦各有不同，有的認為應將「蕃界警官」視為「赴戰爭變亂之地」的標準，也有會社不認同這樣的看法。[57]幾乎相同的是，保險會社對「蕃界警官」的條約通常都相當嚴格，如保單猶豫期僅限制短短的30天，對於這些深入山區的警員來說頗為不便。[58]

最初的保險會社如帝國生命募集主要對象以內地人居多，然而在這段競爭時期，為了募集到更多的業績，這些保險會社也開始積極地出現向本島人招攬業務的情況。和在日本的招攬方式一樣，這些保險會社多是地方士紳和保、甲長等這些中上階層為募集目標，希望可以運用這些階層的廣闊人脈來拓展業績，亦因此出現各會社爭相角逐這些中上階層客戶的情勢。[59]或是某些會社為求達成契約，降低核保條件來招攬業務，經百般勸誘簽下契約後，若被保險人欲解約或是請領保險金時，卻開始藉故減扣保險金或加收解約金等這些情形出現，因此有本島人與保險業者之間的時有爭執發生，更使得本島人開始對保險和保險勸誘員有了戒心。但也有出現本島人自動上門來投保的狀況，然而保險公司卻以「本島人不知衛生」而拒絕承保的事情出現。[60]這些問題皆是臺灣市場業績量很少的原因：

57 〈蕃界保險と太平生命〉《臺灣日日新報》1911，11月14日，日刊，版5。

58 〈蕃界警官保險問題〉《臺灣日日新報》1911年7月2日，日刊，版2。

59 〈生命保險人と本島人〉《臺灣日日新報》1907年6月26日，日刊，版2。

60 〈太佔便宜〉《臺灣日日新報》1911年5月2日，日刊，日刊，版5；〈保險謝

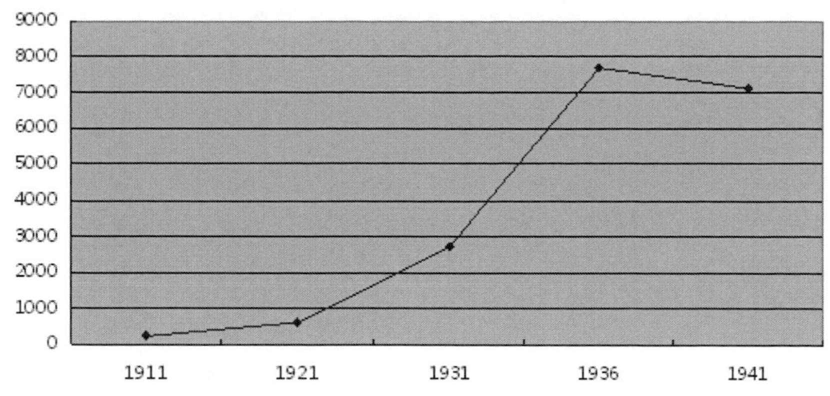

圖3　明治生命在臺灣地區每十年度新契約件數折線圖。

資料來源：《明治生命保險株式會社六十年史》頁353。

面對生命保險會社來臺活動頻繁亦愈來愈多保險糾紛出現，除了前面提到的招募過程所產生的爭執外，一些素行不良的保險詐欺問題也跟著出現。[61]雖然《保險業法》1900年發布後也隨即在台實施作為約束保險會社成立的規範，然而此法主要係針對保險會社成立做出規範，對臺灣的生命保險業而言，此法並沒有足夠的約束力，因為當時的生命保險會社全都是由內地來臺發展，這些會社來臺後，有能力者設支店、出張所，若無則設置代理店作為招募的方式，最初的總督府對於這些內地生命保險會社來臺規定與監督並不十分嚴格，任憑其設置據點招攬業務。這個問題一直到日本政府開始要求內地各會社所設立的支店、出張所、代理店等都必須認可後，[62]總督府也才跟進於1912年（大正元年）下令要求臺灣島內的生命保險會社亦必須向總督府申請營業許可獲准後才可營業之規定。[63]也由此可知，在這之前臺

絕〉《臺灣日日新報》1909年5月11日，日刊，版4。

61 〈保險勸誘員の詐欺〉《臺灣日日新報》，1909年5月29日，日刊，版5；〈保險會社員の不埒〉《臺灣日日新報》，1910年8月18日，版5。

62 〈保險業之檢束〉《臺灣日日新報》1913年1月6日，日刊，版3。

63 〈明治三十三年七月府令第五十八號保險業法施行規則中改正〉《臺灣總督府府報》1912年9月7日，國史館臺灣文獻館藏，典藏號0071020029a001。

灣總督府對於生命保險業的監督作業上未置太多心力。

雖然保險產業的相關法規在1899年以及1900年在日本本土頒布，然而由於臺灣在文化、習俗與日本本土的情況皆有一定的差別及其特殊性，因此這些法規是否適用於臺灣亦是一個問題。在日本統治之初，對於新領地臺灣在統治上應援用何種法制，是應依照日本本國的法律或是依照現行臺灣的慣習，兩派不同主張而產生爭議。最後為了避免攪亂臺人的舊秩序而採取片面施行的折衷方式，例如1898年7月臺灣總督府評議會通過的律令第八號〈民事商事及刑事ニ關する律令〉中第一條規定「關於臺灣民事商事及刑事事項，應依照民法、商法、刑法民事訴訟法、刑事訴訟法及其附屬法律。但本島人及清國人之民事及商事事項在不涉及與內地人以及外洋人相關的情況下暫依現行之慣習。」[64]以「屬人」的方式界定內地人以及本島人適用的規範。在整個日治時期，臺灣的生命保險會社全都來自於日本內地，因此根據律令第八號之規定，臺人若與內地生命保險會社簽訂保險契約時，應依照日本民法及商法而不適用臺人現行之慣習。然而這也產生一些問題。

更重要的是，在民法中的親族以及繼承編，由於牽涉到契約的成立條件以及保險金的請求權利因此與生命保險產業最為相關。然而，臺灣在舊有的慣習上有許多與日本民法中所規定親族關係以及繼承方式有所差異，例如在親族關係方面，臺灣舊有之慣習中有納妾、收養螟蛉子（收非血族之男為養子）、童養媳等等，這些習慣有違背日本民法之虞，是不予承認其親屬關係，因此若依照商法四百二十八條之規定：「保險金額的請求權利限於被保險者之繼承人及其親族」，而民法七百二十五條對親族之規定為：「六等親以內之血族、配偶、三等親以內之姻親」。[65]則可能會有以下的情況：假設某甲為要保人及

[64] 臺灣文獻館藏《臺灣總督府府報》第330號，典藏號：0071010330a001，頁55。

[65] 中井嘉市《保險法規類纂》，頁82-83。

被保險人，某甲亡故後，某甲之妾、螟蛉子或童養媳身份者也因法律上不承認其親屬地位，也就不得成為受益人更沒有保險金請求的權利，若契約中受益方填寫上述身份者，保險人（生命保險會社）依法可拒絕受益人之理賠申請。容易引起契約之爭議；又婚姻方面，舊有臺人之慣習，婚姻的成立通常是以成婚的儀式有無為準，若已經過一定之儀式，其婚姻即具有效力。[66]然而在日本民法中七百七十五條規定：「婚姻關係在向政府之戶籍機關以口頭或書面方式申報後始具有效力。」[67]由此可知，臺日之間顯然對於婚姻之界定有所區別以外，對於戶籍登記在日本本土視為親族身份成立之要件，但在臺灣則不以戶籍之登記作為親族身份成立之要件。若依照律令第八號，臺人與內地人之商事、民事事項需遵照日本民法商法之規定，在臺人與生命保險業者簽訂契約的情況下，儀式婚姻也就因不符合民法第七百七十五條之規定而不具效力。因此保險人也就可以依據該法否認其婚姻關係拒絕賠償。而有關繼承之方式，不同於日本單獨由戶主繼承之「家督繼承」，在臺人舊慣中，通常是由諸子（不含女兒）共同繼承家產。[68]在契約若未指定受益人且要保人以及受益人均消滅時，當被保險人（戶主）亡故，保險金則成為被保險人之遺產。此時，若依照日本民法之規定，新家督（新戶主）擁有單獨承繼被繼承者之遺產的資格，因此也就擁有第一順位的保險金請求權，是無可置喙的。然此不合乎臺灣遺產諸子均分之舊有習俗，因此極易造成紛爭。

由上述這些問題得知，由於日臺之間的「法」與「慣習」上之差異，對於生命保險產業之影響，可謂不小。然而真若依照律令第八號之規定，將臺人之生命保險契約完全依照日本民法及商法之規定忽視

66 黃靜嘉《春帆樓下晚濤急——日本對臺灣殖民統治及其影響》（臺北：商務，2002年），頁150-151。

67 後藤本馬《民法親族編相続編註釈》（東京：金松堂，1898年），頁32。

68 王泰升〈日治時期台灣人親屬繼承法的變與不變〉，《政大法學評論》，期58，1997年，頁30-31。

臺人舊有之習俗，對臺人實屬不利。然而，官方為了尊重臺灣舊有之習俗，常在日本本國法與臺灣舊慣之間游移，臺灣的殖民地法院在對於臺灣親族以及婚姻的舊有習俗，有時也予以承認，例如在許多判決上，承認臺灣納妾的行為；承認儀式婚，不以戶口登記作為婚姻效率之依據。並認為臺灣戶籍簿之記載並不能作為親屬身份之絕對證據；承認螟蛉子及其繼承之權利等，與日本本土民法規定相衝突之判決也時有所見。[69]在法律如此反覆且定調不明的情況下，不但極易形成契約上的紛爭，契約的效力與否完全掌握在法官標準不一的認知當中，對於生命保險產業之發展以及契約雙方而言皆屬不利，進一步使得生命保險業者更不願意承保臺人契約，而臺人為避免產生受騙之感或因慣習與既有之法律相衝突的情況下蒙受損失，自然而然會降低其投保之意願。因此，如何在日本本土的「法」與臺灣之「慣習」間取得平衡，訂出一個能夠保障契約效力之標準，成為生命保險產業在臺灣之發展上亟待解決的課題之一。

五、結語

19世紀西方近代保險產業崛起後，最早藉由貿易上的拓展將近代保險散播開來，直到同世紀中葉以降，西方勢力東來所帶來的衝擊，中國的魏源和日本的福澤諭吉等思想改革者，開始著手於西方制度的考察，生命保險的制度也因此傳入兩國國內，而各有其獨特的發展。日本最初福澤諭吉的大力倡導，對其在慶應義塾的學生產生影響，遂學習西方保險制度，籌措本土第一家本土生命保險公司的創立，即「明治生命保險會社」。然而由於創立初期，人民普遍缺乏對保險的認知和諸多不利因素的狀況下，因此在最初的業務招攬的過程中倍感艱辛。

[69] 黃靜嘉《春帆樓下晚濤急——日本對臺灣殖民統治及其影響》，頁149-165。

明治生命苦心經營7年在保險觀念緩慢地散播的同時，業績業逐漸上升，雖之加入的競爭者帝國與日本生命，日本生命保險產業進入一個朝氣蓬勃的發展階段，也造成了日本生命保險產業的脫序發展，保險市場陷入一個激烈的惡性競爭。生命保險產業秩序的維持，政府始終是一個關鍵性的角色，在歐美的保險發展上皆是如此，英國在18世紀的「泡沫公司」最終在政府的強力介入下頒布各項法條才解決市場混亂的情形。日本政府亦然，在1898年和1900年頒布諸項規範保險業之法條和成立政府專司保險業監督之部門後，市場秩序才逐漸穩定。

在日本內地保險業競爭的同時，當時有不少內地保險會社由於競爭關係的驅使下，赴臺發展，希望藉由臺灣這個新殖民地市場，獲得更多的業績。然而臺灣並非如他們所願，反而充斥著許多與日本市場迴異的環境和臺灣市場獨特的不利因素。由於臺灣治安問題和衛生條件不佳，最初這些赴臺發展的保險會社紛紛離開臺灣，並將臺灣視為一個不適合拓展保險的危險地帶而不願再度來臺，唯獨帝國保險一家會社獨自在臺發展，然而由於臺灣特殊的市場環境，成為業務拓展的主要不利因素，死亡率和好發疾病都與內地不同等問題，以及臺灣之慣習與日本保險相關法規不統一的問題，成為保險產業在臺灣的拓展工作上最大的阻礙，使得是臺灣市場遲遲無法開拓，日本在日俄戰爭勝利後，生命保險產業進入了另一個高峰，臺灣又再次成為日本生命保險業關注的市場，然而這些內地保險產業仍並未克服臺灣市場的不利因素，反而由於過多的保險會社爭相搶入造成了許多競爭，總督府在生命保險業的監督不嚴謹的情況下，發生許多保險業者素行不良的問題，增加本島人對於生命保險的負面印象，而內地人對本島人衛生普遍不佳的刻板印象，也不願意承保本島人業務。兩相交疊作用下，我們從前面圖2圖3，帝國和明治兩家最老牌的生命保險會社在臺灣的發展成績可以看出，日本生命保險業在早期無法克服臺灣市場的特殊性，自然難有顯著之成績，這些原因皆成為其早期在臺灣市場拓展困難，業績量始終不多的主要因素。

六、附錄

早期生命保險主要販售的種類，根據惣崎貞夫著《生命保險提要》（東京：実業之日本社，1906年），頁40-42整理而成。

甲、死亡保險部份：

1. 無利附和利附型尋常終身保險（Whole life Assurance without Profits（& with Profits）：尋常終身保險是最普遍的方法，要保人繳交固定的保險費，與生命保險公司訂定契約後，直至被保險人死亡時，要保人即可依照契約向保險公司請領保險金。保險費的繳納方式可分為躉繳、或年繳、季繳和月繳型。又保險公司年末結算時將公司部份利益按比例公平分配給保戶，此即利附型，若無分配利益則稱為無利附型。通常利附型的保險費會比無利附型稍高。
2. 有限掛金終身保險（Limited Life Assurance）：與尋常終身保險為契約有效，保險費必須一直繳納直至被保險人死亡契約終止為止不同。有限掛金終身保險在規定期限內繳納保險費，滿期後即不必再繳納保險費，直至被保險人死亡向保險公司請領保險金後，契約即終止。若繳納期限內被保險人死亡，保險金請領後，契約即終止，亦不必再繳納保險費。繳納期限有三年期、五年期十年期、十五年期等方式。
3. 定期保險（Short Term Assurance）：又稱短期保險，即並非保障終身，而是保障一年、三年或五年等有期限的保障，被保險人若在規定的保障期間內死亡，可以向保險公司請領保險金。若期限內仍生存，所繳之保費並不會歸還給要保人，不過此種類的保費較為低廉。
4. 養老保險（Endowment Assurance）：又稱生死合險，在被保險人到達一定年齡後仍生存，要保人即可依照契約向保險公司請領滿期保險金。若被保險人未達契約年齡即死亡亦可以依照契約向保險公司申領保險金。由於此險種主要訴求是使高年齡者退休或無能力工作後的生活有所保障，因此年齡限制通常五十歲以上，也由於保障較全面也因此保險費相對較高。

乙、生存保險部份：

1. 子女教育資（Endowment）：為了子女八歲（適學年齡）或十八歲（嫁娶）或二十一歲（徵兵年齡）等約定年齡到達時，為了教育、婚姻或軍旅生活所需要的開銷所積存的一筆資金，在子女到達約定年齡後，保險公司給予這段期間所累積的保險費。若在約定年齡前子女死亡，要保人不得向保險公司申請理賠，但保險公司會返回要保人此期間內累積所繳的保險費。

思想與宗教

康詩瑀／高雄三塊厝一個傳道者的宗教理念與生活：

道德院開山宗長郭騰芳

創造抗清者：以曾靜案中的呂留良為例

史曜菖*

摘要

雍正6至9年間，爆發一場因湖南士人曾靜（1679-1736）、張熙（？-1736）「上書」川陝總督岳鍾琪（1686-1754）事件，造成清初知名文人呂留良的真實樣貌受到嚴重扭曲。透過清官方展開的大規模調查，呂留良從一位地方上知名的士人一躍成為「舉國皆知／後世傳頌」的「逆賊／英雄」。案中呂所擔任的角色，被界定為深富民族情感的激烈反清者，不過這樣的認識並非正確。至於後世產生的誤解，係因藉由清朝論述所發酵出的結果。本文擬就清官方對曾靜案的處理過程，重新檢視後世對首逆分子呂留良的歷史定位。

關鍵詞：呂留良、文字獄、遺民、大義覺迷錄

* 國立中央大學歷史研究所碩士

一、前言

雍正一朝（r. 1723-1736）是清初文人呂留良形象轉變的關鍵時間點。因湖南生員曾靜（1679-1736）遣弟子張熙（？-1736）「上書」岳鍾琪（1686-1754）的事件帶來廣大影響。清官方透過詳細的調查，便將呂留良從一個地方性的「知名士人」升格為「舉國皆聞／後世傳頌」的「逆賊／英雄」。

在「曾靜案」中，呂留良被界定為深富民族主義的反清者，此認識未必正確。之所以對呂產生誤解，正緣於人們依恃清官方論述而產生的解讀所致。歷來討論曾案的文論不勝枚舉，亦不乏大家之作，此雖彰顯本案重要性，但亦因如此，令不少有興趣的研究者望之卻步，不敢對此議題進一步探討。[1]曾案可謂是一起含涉繁雜議題的

[1] 曾靜案最詳盡的敘述即研究屬美國史家史景遷，透過北京、臺北兩地故宮收藏的清代官方檔案，結合各方資訊，建構出案件的整體故事。Jonathan D. Spence, *Treason by the Book*. (New York: Viking, 2001).過去關於呂留良研究均與曾靜案的文字獄議題結合，並單面採納清官方文字紀錄，如《大義覺迷錄》等書，完全忽略呂留良反清與否的本質問題。目前關於呂留良的重要研究者包括：Thomas Stephen Fisher, "Lu Liu-liang (1626-83) and the Tseng Ching Case (1728-1733)." Ph. D. thesis, Princeton University, 1974.王汎森，〈從曾靜案看十八世紀前期的社會心態〉，《大陸雜誌》，第85卷，第4期（1992年10月），頁20-41。陳祖武，〈呂留良散論〉，《清史論叢》，第7輯（北京：中華書局，1986年），頁247；〈呂留良「尊朱辟王」思想的時代特徵〉，《明清實學思潮史（中卷）》（濟南：齊魯書社，1989年）；〈呂留良與浙西學術〉，《清初學術思辨錄》（北京：中國社會科學，1992年）。陳捷先，〈岳鍾琪與雍正朝曾靜、張熙的文字獄案〉，《歷史月刊》，第2期（1988年3月），頁56-61。王俊義，〈雍正對曾靜、呂留良案的「出奇料理」與呂留良研究——兼論文字獄對清代思想文化發展之影響〉，《淡江史學》，第11期（2000年6月），頁135-150。胡楚生，〈「呂留良四書講義」與「駁呂留良四書講義」〉，《文史學報》，第13期（1983年6月），頁1-13；〈黃梨洲與呂晚邨——比論黃呂二人之政治思想〉，〈呂晚邨「四書講義」闡微〉，《清代學術史研究》（臺北：臺灣學生書局有限公司，1993年3月），頁1-15、45-68。另有浙江桐鄉呂留良研究會於2004年成立，編有《呂留良研究》會刊，內容蒐集會員及海內外專家學者論著，現已有四期出版。上述研究多本於呂留良反清的前提立論，與本文欲公允的探討呂並無反清實情顯有差異。

「大案」，故本文在過去堪稱完備的論述裡，固有的官方史料中，擬以「舊瓶裝新酒」的方式，將清朝所建構出的逆犯呂留良試予不同詮解。

二、曾靜案起——張熙投書岳鍾琪

曾案係雍正6年（1728）9月26日川陝總督岳鍾琪回署途中被攔轎陳情，岳奏報雍正，上書者對岳稱為「天吏元帥」。投信者張倬，是其師夏靚令他前往。[2]身為漢裔封疆大吏的岳，感於滿漢角力，且面對民間繪聲繪影謠傳岳先祖即為抗金名將岳飛，於是會同任職西安按察使司、陝西巡撫的滿員碩色（1687-1759）、西琳協同審訊，安排藏匿密室聽取晤談內容。[3]過程中岳和顏悅色、鉅細靡遺的詰問張，得知張受師命，從廣東經貴州、四川抵陝西。因曾聞岳三次奉詔不朝，欲夥同岳起事。至陝西後，張方知傳聞不實，但仍決意遞出逆書。[4]根據張的表示，湖廣地方因天災人禍不斷，故萌反意。至於岳呈遞的奏摺裡，則極力宣示著雍正治下各地的美善，當然也包含岳所轄管的陝西與四川。[5]

其後，面對無法取得張倬的新口供，岳鍾琪便對張施以夾刑。並再次會同西琳，欲誘張供出實情，張卻不為所動。[6]岳轉而指陳在太平世局，即便能在廣東起事，若無他地配合，影響勢必有限。張則是煞有其事的說到能確掌湖廣、江西、廣東、廣西、雲南、貴州等六

[2] 雍正六年九月至十三年十二月，〈陝西總督岳鍾琪奏摺（岳鍾琪奏拿或投書逆犯細訊情形摺）雍正六年九月二十八日（繳回硃批檔）〉，收錄於《清代文字獄檔（以下註釋中省略）》（上海：上海書店出版社，2007年6月），頁533。

[3] 〈陝西總督岳鍾琪奏摺〉，頁533。

[4] 〈陝西總督岳鍾琪奏摺〉，頁533-534。

[5] 〈陝西總督岳鍾琪奏摺〉，頁534。

[6] 〈陝西總督岳鍾琪奏摺〉，頁534。

省。曾駐守四川的岳質問雲貴素來平靜，何會起事？張答覆該地原係吳三桂（1612-1678）舊據，故其麾下可供資協。岳也提問浙江、江蘇、四川與江西、河南等地狀況，張均告不知。[7]為取信於張，岳欲遣眾隨同聘請夏靚。張認為岳不需知其來歷，岳無計可施下，揚言放張走，張卻不肯。[8]

岳鍾琪向雍正稟明遭遇的「奇事」，摺中不斷以張倬之惡對比己身之忠。岳提議押張入京，讓大臣集思廣益，裨將逆黨一網打盡。因考量逆書不堪的內容，未呈君覽，僅附張親攜之書。岳頻向雍正宣示效忠，如對逆書「不敢卒讀，亦不忍詳閱，惟有心摧目裂，髮上衝冠，恨不得立取逆獸夏靚，烹食其肉。」審訊過程，在在提及「今聖明在上」、「今天下承平」等語迎合雍正。岳原可私下抹平止息。不過，奏摺引發雍正興致，更牽動雍正善爭本性。[9]雍正表示欲知情事尚多，更教導岳應處置的步驟，要求岳必當仔細料理以糾舉指使者，切莫妄加刑訊。[10]

兩日後（9月30日），岳鍾琪又呈上第二封奏摺。岳可能感於欲將人犯遣京，會被臆度為推託之辭。為了寬慰君心，岳便要求時任長安縣事咸寧縣丞的李元裝為僕役隨陪張倬，查探張的實際想法。岳同樣延請碩色在密室旁聽岳張對話，為取信於張，岳曾與張盟誓，因此獲得案中主謀夏靚和黨人的真實名姓、住所。[11]岳的作為，既要安雍正的心，亦要安自已的心。岳顯然達成預計目標，不僅受肯定表彰，雍正亦為岳的「愚忠」深感疼惜，應允岳建議，派員前往。[12]

---

7 〈陝西總督岳鍾琪奏摺〉，頁534-535。

8 〈陝西總督岳鍾琪奏摺〉，頁534-535。

9 〈陝西總督岳鍾琪奏摺〉，頁535。

10 〈陝西總督岳鍾琪奏摺〉，頁535-536。

11 〈岳鍾琪奏逆犯已吐造謀之人（陝西總督岳鍾琪摺奏）雍正六年九月三十日（繳回硃批檔）〉，頁536-537。

12 〈岳鍾琪奏逆犯已吐造謀之人〉，頁537。

為能更詳盡向雍正稟告忠實，岳鍾琪的第三份奏摺補充了先提未提及的張倬隨身書籍三冊。[13]因涉及反悖情結重大，岳惴惴不安的迫切要為君父處理是事。[14]張透露曾靜、張熙是師徒的真名。長期掌任重要武職的岳，就張說法並不滿意。因張就黨人名單、構成起事條件的部份，皆無法交代。唯指自己是集團的「後生小子」，無法曉得曾靜、劉之珩（1678-1782）、嚴賡臣（字鴻逵）等人的高深謀畫為何。岳秉明雍正，勢將蠱惑人心的曾靜捕捉到案，方知實情。[15]

於此同時，張熙又供出黨人共崇的關鍵人物——呂留良。張驕傲表示曾赴呂家閱讀過留良不傳之作——《日記》、《備忘錄》[16]等，行李中所抄錄的詩文，亦呂創作。[17]岳查訪呂生平後奏呈雍正，張到過呂家，還指責子孫不肖。一反先人心志入仕清朝，呂氏後人並取出《呂子文集》等書供閱。[18]

今日已亡逸的呂留良《備忘錄》是份富有意義的文本。後世對呂的認識，多是由此作品產生。除《備忘錄》外，呂氏著作今日多可見諸。這份不曾傳抄的《備忘錄》，究竟內容為何？無人得知。但眾人卻樂於轉引清官方的紀錄內容，這確實存在著不少問題。但面對當時不曾刊印的手抄本，實不足造成多大影響。

張熙隨身除攜帶《坐擬生員應詔書》、《握機圖注》，行李中也被搜到《易傳》抄寫、醫方、詩冊等文字。張自云詩冊所抄錄的篇章即為呂作，岳鍾琪則詢問詩內是否涉及清朝。張答以〈錢墓松歌〉、〈如此江山圖歌〉兩詩缺空處皆是。岳雖經閱讀，卻仍提出「詩無關

13 〈岳鍾琪奏逆犯續吐情由摺（陝西總督岳鍾琪奏摺）雍正六年十月初二日（繳回硃批檔）〉，頁537。

14 〈岳鍾琪奏逆犯續吐情由摺〉，頁537-538。

15 〈岳鍾琪奏逆犯續吐情由摺〉，頁538。

16 對呂留良已逸失的《日記》與《備忘錄》余國林懷疑同屬一文本。余國林，《天蓋遺民——呂留良》（杭州：浙江人民出版社，2006年），頁316。

17 〈岳鍾琪奏逆犯續吐情由摺〉，頁538。

18 〈岳鍾琪奏逆犯續吐情由摺〉，頁538。

係本朝語？」的疑問。足見忠清的岳，也無法發現呂的陰謀詭跡。原本或許未帶有反意的呂，經過曾案後，大眾的關注便不曾稍止。透過岳對呂的初步審查，也未窺呂生前任何不法的實際行為。雖然呂子葆中曾涉及「一念和尚案」，後蒙康熙赦罪，但岳卻據此將呂確定為罪匪無疑。

歷史不定罪，也不脫罪，僅在還原真相。張熙所看過的《備忘錄》，仍被呂家收回，勢必無關乎所謂的邪說傳播。隨著以單行本傳世的《備忘錄》收繳、燬禁，呂留良又焉能膺任清官方所給予的罪惡定位？除懇請雍正密飭浙江巡撫李衛（1687-1738）派員前往呂家搜查相關圖書，岳鍾琪還要求對呂戮屍梟示。而雍正也欣然接受這份不涉生人的處罰建議，並諭發浙江、湖南巡撫往赴查察。

呂留良若真著有反清悖逆的《備忘錄》，但作品其實未能廣布流傳；且就遺民人物言之，追思故代是可料的情事，士人批判時政，亦無可厚非。因呂作之中無從窺察眾人印象裡激烈的叛跡。如單以《備忘錄》此類私人著述訂其罪責，是不客觀且不公允。可惜，清官方自此將注意轉向呂，並開啟另條偵辦曾案的主軸。從雍正諭派李衛針對呂，清查所有可能涉案黨羽即是一例。

與雍正的互動中，岳鍾琪一再宣示為國效忠，得獲雍正賞識，逢遇貴人、真主，自身微不足道。[19]為表安慰，雍正對岳張之誓深感不忍，並向上蒼禱告，冀岳能「多福、多子、多壽」。至此，官方紀錄也呈現兩條偵辦脈絡，一是遠在西北的岳，仍續追張熙關於湖廣地區的供詞，欲找尋曾靜及張熙往至陝西沿路聽聞之謠言；另一則為李衛在浙江所持續處置的呂留良等人。[20]身居湖南的曾、張，當地官員也受到動員，包括湖南副督統海蘭（？-1731）、湖南巡撫王國棟（？-1735）皆向雍正奏明當地查辦情形。分派長沙協副將周寶，會

[19] 〈岳鍾琪恭謝聖恩瀝陳感激摺（陝西總督岳鍾琪）雍正六年十月十七日（繳回硃批檔）〉，頁539-540。

[20] 〈岳鍾琪恭謝聖恩瀝陳感激摺〉，頁540。

同永州府知府姜邵湘前往寧遠縣拿獲劉之珩和他的門人陳立安；密遣海蘭帶守備韓祥、撫標中軍遊擊鄔錦、署郴州知州張明敘等人至永興縣查捕曾靜等；長沙知府孫元則至安仁縣提拿張熙父親張新華，並其兄弟張照、張勘；又遣岳州知府尹士份至華春縣拿取譙中翼。考量張熙供詞所云，王國棟更囑命多帶兵丁，務使案犯不能逃脫。[21]

王國棟除了與海蘭的合奏外，王另呈遞逆犯捕獲後的情形。同如岳鍾琪奏摺，王再三表明身為地方要員的缺失，無法察覺張熙、曾靜等蓄謀已久的謀叛，希望雍正體諒王的疏才。[22]但王認定被捕諸人與白蓮教、無為教等叛逆性質有異，曾張等無運用邪佞宗教蠱民。加上地方苗土之人狀況安和，當無匪類匿藏以待孳事，而曾張家中更乏恆產資黨為亂，故事態應不至於太嚴重。[23]

面對湖南爆發大事，中央當然有所表示。王國棟另份奏摺就提到，刑部左侍郎署吏部尚書的杭奕祿（？-1748）親赴長沙宣表雍正口諭，責怪王宣揚德化不力，要他自新。王覆曰上任「一年之餘」，不能杜止叛逆，甚感愧疚。[24]表面上，王雖虛心聆聽上諭，不過筆墨中不乏微詞，強調任時尚短，故不能完全怪罪於他。

杭奕祿關於審理湖南地方涉案者的報告表示：張熙父親張新華提到父子關係惡劣。自張與曾靜讀書後言行誇浮，早被趕出家門；張熙兄弟張照則說，這兩年張除在曾家讀書，其它諸事概無所知；與張熙同赴陝西的堂兄弟張勘，因聽聞張熙欲往總督府投書，便自行逃回湖南。譙中翼並不識曾張二人，只是劉之珩曾請為序。拘提曾靜後坦言上書想法由來已久，並承認指使張熙、張勘到西安，旅費由張典賣家產籌措。劉之珩及其學生陳立安，雖曾晤面，但劉斥責過曾的

[21] 〈海蘭等奏遵旨密捕人犯摺（副都統海蘭等奏摺）（繳回硃批檔）〉，頁543。

[22] 〈王國棟奏地方安靜情形摺（湖南巡撫王國棟奏摺）（繳回硃批檔）〉，頁543。

[23] 〈王國棟奏地方安靜情形摺〉，頁543-544。

[24] 〈王國棟奏敬復訊旨摺（湖南巡撫王國棟奏摺）（繳回硃批檔）〉，頁544。

膚淺，故上書不曾與劉商量，未曾與譙中翼往來僅見過其文章。曾靜喜好程朱性理之學，對呂留良強調「尊朱拒陸、直探濂洛」的學術甚表欣慕。要張熙訪求呂氏書籍，因知嚴賡臣、沈在寬等皆呂門人。二人私下謀定，上書如成，這批人自然一呼百應，但曾靜不曾親訪如施虹玉、毛儀、孫學顏等涉案諸犯。至於在曾家搜出兩冊《呂晚村古文》，篇首「孫學顏編次、孫用克修次」等條，此人可能即是罪犯清單的孫克用。案中首領曾靜，因居偏遠、知見受限，遂有此荒唐行徑。由官員曉以大義後，已對所犯後悔不已。[25]

杭奕祿、海蘭、王國棟的審訊聯摺指，曾靜遣張熙至浙訪求呂留良書籍，見過呂氏九子呂止忠（？-1733，字毅中，號無盡），並讓張參看相關著作。此報告，眾員將前述要證一併附上，包含《備忘錄》、《呂子文集》等。[26]雍正也同意將牽涉人犯押解刑部。[27]案件裡，許多人犯「生成」，是因張熙上書受到的牽連。湖廣總督邁柱也說，除拿獲張新華、張照、張勘、曾靜外，又捕獲劉之珩、陳立安及其子陳達，譙中翼及其子譙大谷。同王國棟，封疆大吏們均負荊請罪，陳述失察。[28]此外，某些毫無關聯者亦常涉其中。如邁柱提到衡州府裡，一名與革職知府金依堯同姓的旗人，宣稱遵奉「誠郡王（雍正三兄）」命令來此，並招搖滋事，已密派新任知府往查。[29]曾案裡，存著數條可尋線索（或雍正關心的幾個焦點），最重要的當屬雍正掛心介意的皇族內鬥。

處置過程裡，陝西不只是岳鍾琪「料理」的唯一地方。如忠於雍正的岳，知悉張勘漏逃後，主動派人依上書路線，沿途追捕。另方面也建議雍正撥遣欽差循水路前往浙江，確保人犯不會聞訊逃脫。果在張勘返家次日縛捉之。而張熙開列的名單，也無人脫逃。為此「大

[25] 〈王國棟奏敬復訊旨摺〉，頁548。

[26] 〈王國棟奏敬復訊旨摺〉，頁549。

[27] 〈王國棟奏敬復訊旨摺〉，頁550。

[28] 〈邁柱奏不能查察地方奸匪之徒於先懇賜曲原摺（湖廣總督邁柱奏摺）雍正六年十二月初六日（繳回硃批檔）〉，頁550-551。

[29] 〈邁柱奏不能查察地方奸匪之徒於先懇賜曲原摺〉，頁551。

捷」雍正龍心大悅，歎服岳的神機妙算，遠在湖南的杭奕祿審訊名單中曾向呂家購書的毛儀，岳亦要求得力助手李元查察。[30]張熙則告云「毛儀係寶鷄縣貢生，前曾路過他家，他已故五、六年了等語」[31]。

因呂家在文化事業上的重要成就，能夠擁有呂留良相關作品的時人，其實不足為奇。[32]但清官方卻恐懼如張熙一樣的人透過閱讀呂氏著作，「啟迪」逆跡。具體考察呂思想，著實未見官方指斥或後人認識的抗清作為。這份原屬「不傳之密」的《備忘錄》即便存在，也只是呂歿之後，後人拿出宣揚而已，無法知悉文本真實內容為何。值得一提的是，雍正違反常理的給予張熙寬待與包容，指示押解路程要用心看顧「好生送到」，「不可令其受苦」。

杭奕祿、海蘭、王國棟奏文，除再次奉告毛儀情事，又說到嚴賡臣、車鼎豐等已分別去提，李衛也將呂留良九子毅中、四子黃中、長孫懿曆密提到案。原欲押解嚴賡臣由浙江至湖南與曾靜、張熙對質，但雍正卻想親手審理此案。經過一個多月，三人提到毛儀之子仍世、延世已監禁陝西。車鼎豐、鼎賁兄弟及孫克用等，解於長沙。曾靜幾經開導後說到，一名自稱王澍（號燕山）者在雍正元年四月二十七日到過他的書館，告知與皇十四子曾同窗讀書，為丙戌科進士，曾將此事紀錄於著作《知幾錄》。張熙云，到陝西投書是曾主使，張不識譙中翼，與劉之珩、陳立安雖有照會，卻無往來。經呂家時聽聞

[30] 〈岳鍾琪奏追緝逆犯之弟張勘情形摺（陝西總督岳鍾琪奏摺）雍正六年十二月初七日（繳回硃批檔）〉，頁551-552。

[31] 〈杭奕祿等奏請將嚴賡臣押發來楚會審摺（刑部左侍郎杭奕祿等奏摺）（繳回硃批檔）〉，頁553。

[32] 呂留良是清朝初年重要的出版商人，出版的作品包括了古今聞人的詩文選評，其中制藝文（八股文）與《四書》思想的廣泛流傳，為呂贏得甚多徒從。與呂同樣具有生員身份的曾靜云，因科考時閱讀呂著，方受啟迪。詳可參史曜菖，〈選家、逆賊到英雄：從文化事業看「呂留良」形象在清代的遞嬗與意義〉，《中極學刊》，第8期（2009年9月），頁45-68。史曜菖，〈清初浙西文士呂留良的文化事業〉，收錄於《張楊園先生逝世四百年暨浙西學術研討會論文集》（將於2012年出版）。

呂門人嚴鴻逵名號，至嚴住所時嚴已亡故，便另尋嚴弟子沈在寬。時沈客車鼎豐、鼎賁家授業，張即前往車家。關於孫克用，是在車家時聽得人物。

明清易代時遭遇的民族問題，歷經近世紀的雍正朝仍普遍存在。漢士人為爭取異族統治者信任，多以「是否為官、具有功名」為判準。[33]每遇統治者的「忠／貳」試煉，士人常以為官、功名作為自我宣示方式，如車氏兄弟便想以此免責，張熙之父張新華也供稱在清朝有過生員資格，只因沒參加定期考試，被除去秀才功名。大家熟悉的逆儒呂留良亦然，眾人總樂於議論呂的「棄衿」行徑，確認呂的反清，卻甚少注意到生員考試的頻繁，以及義務擔負所帶來困擾。科考功名是統治者賜與的恩惠，同樣也是操縱士人的良方。清官方高明的策略，對叛逆者常冠上科考不順致萌怨懟的理由。

三、罪大惡極——不被寬宥的逆賊形成

根據清官方立論，明顯將功名視為高貴神聖的榮寵。眾人營求，卻未必皆如所願，就易將不滿情緒投注於統治者。曾靜、呂留良等人即「考試劣等、萌生反意」的代表。尤其是呂，任清朝生員十餘年後「棄巾不試」，以死抗拒兩次薦舉，甚至以生平最恨的佛徒自居避考。呂也追思故明，號「明朝遺民」，自詡「儀賓之後」。雍正認為呂雖展現考試才華，在歲科競爭列名前茅，以此榮耀鄉里，名氣也助益呂的文化事業。[34]雍正眼裡，呂只是個營利的書商，一無可取之處。但可惡的是，呂杜撰偽文辱及康熙。[35]故連曾任戶部尚書的徐元

---

33 關於明清易代之間，遺民與貳臣遭遇到的各項時代問題，學界已有多方討論。詳可參王成勉，《氣節與變節：明末清初士人的處境與抉擇》（臺北：黎明文化事業股份有限公司，2012年3月），頁1-30。

34 〈呂留良罪大惡極諭（上諭）雍正七年五月二十一日（繳回硃批檔）〉，頁555-556。

35 〈呂留良罪大惡極諭〉，頁556。

夢（1655-1741）也因「八年以前，任浙江巡撫，失察呂留良逆書，應革任……。」遭受牽累[36]

申明天下一統、四海一家的雍正，對《呂留良日記》嚴分夷夏立論最是不滿，認定呂無法瞭解天下一家之理。[37]不過，呂學說中卻也涉及同於雍正的觀點。呂理想中的天下，並不以民族為界線區別之，因天下是建立在「公」的價值體系上。[38]呂被雍正指責為反清的點上，無疑不合實情。此外，傳聞呂與吳三桂（1612-1678）曾有書信往來，查找相關紀錄，不見任何互動。三藩亂中，呂吳或有聯繫，但呂亦不看好三藩戰勢。[39]至於雍正曾敕云：

> 《日記》所載，怪風震雷，細星如彗，日光磨盪，皆毫無影響，妄揑怪誕之處甚多，總由其逆意中幸災樂禍，但以揑造妄幻惑人觀聽為事，其失實不經……其他猖狂悖亂之詞，令人痛心疾首者，不可枚舉。[40]

上述文字陳述的真偽，已無法就失傳的《日記》或《備忘錄》考察。不過，雍正對《呂留良文集》的指責，卻能參照，如：

> 總之，逆賊呂留良於本朝實有徵應之事蹟，則概為隱匿而不書而專以造作妖誣快其私憤，又《文集》內云：今日之窮，為義

36 李元度輯，〈徐文定公事畧〉，《國朝先正事略》，清同治刻本，第9卷，頁39上-44下。收錄於《續修四庫全書》，史部，傳記類，第539冊（上海：上海古籍出版社，1995年）。

37 〈呂留良罪大惡極諭（上諭）雍正七年五月二十一日（繳回硃批檔）〉，頁557。

38 關於呂留良的天下觀，可參自史曜菖，〈抗清者的「天下」：試析呂留良的「天下」觀〉，《暨南史學》，第14期（2012年7月），頁45-76。

39 陳祖武，〈呂留良散論〉，《清史論叢》，第7輯（北京：中華書局，1986年），頁247。

40 〈呂留良罪大惡極諭（上諭）雍正七年五月二十一日（繳回硃批檔）〉，頁557-558。

皇以來所僅見等語。[41]

雍正藉用呂留良《文集》內容大作文章，但對照原文顯然出入甚大，呂用以論詩的言詞，也被解讀為大逆不道的看法。[42]依此類推，勢必對《備忘錄》或《日記》內容高度懷疑。導致缺乏證據的情況下，讓雍正便於恣意解釋，陷呂於萬劫不復。

對文人一向帶有偏見的雍正，尤痛恨江浙士子。[43]弔詭的是，人文薈萃的浙江，被雍正評價為風俗澆灕。雍正提過呂留良居處人文之鄉，非窮僻湖南的曾靜、張熙可並論。[44]雍正製作此說法，是以寬宥曾張作為目的。雍正必知文人匡正施政的期許，但身在上位卻難以易地而處。雍正儘管辯解曾呂異同，並表明他對呂侮辱康熙的在意超越「抗清」層面，但上述講法卻充斥許多曖昧不明的想像。

「無奈」長於浙江的呂留良，隨曾靜、張熙「興風作浪」，令聲名「水漲船高」。呂成為了「犧牲品」是可預期的，原因在於呂始終是被曾張所「緊咬」，而呂和擁有榜眼功名的兒子葆中皆已亡故，只能「無言以對」。只要雍正願意，不憂無理由攻擊呂，一帝之尊的雍正更不畏沒有觀眾叫好或打手替之披掛上陣。即使有在世的呂氏族人、為呂發聲的門徒，或是只因不滿這場「鬧劇」的持平者，最終都只能於龐大政治壓力下，噤住聲音、阻絕想法。

---

41 〈呂留良罪大惡極諭〉，頁557。（底線部分為筆者所加，原文無。）

42 原文「詩窮乃工，今日之窮又不然。義皇以來，僅再見耳。」是呂留良引時人說法描述孫爽身處明清易代時不仕時的詩作文學表現，卻被引做反清證據。呂留良，〈孫子度墓誌銘〉，《呂晚村文集》，第7卷，下冊（臺北：臺灣商務印書館，1977年3月），頁494。

43 如雍正四年，浙人查嗣庭、汪景祺著書悖逆，停辦浙江鄉、會試。趙爾巽等，〈選舉三〉，《清史稿》，民國十七年清史館鉛印本，志九十，頁14上。收錄於《續修四庫全書》，史部，正史類，第299冊（上海：上海古籍出版社，2002年）。

44 〈呂留良罪大惡極諭（上諭）雍正七年五月二十一日（繳回硃批檔）〉，頁558。

雍正眼裡一無是處的呂留良，因教育水準優於曾靜，苛責上也有差別。曾長於清，本應感戴天朝眷顧，但表現卻不如此。雍正將呂的罪惡歸諸批判康熙，而曾僅受呂邪說矇蔽，故可寬宥。其實，雍正單單將呂作為「儆惡懲姦」的輔助角色，最令雍正憂心的仍是皇位繼承所延燒的皇族鬥爭問題。曾案的兩脈絡也由此建構，一是由呂作代表的前朝遺民；另為奪嫡失利的眾位皇子。

遺民身分的認定，可以客觀，也可以主觀。遺民與否，經常表現在遺民的自我心態上。統治者若以「忠／貳」作為標準評判，那追憶過去的治下遺民，必然不屬大清同路人。遺民在新朝一切作為，就易被擴大、誤解。[45]呂留良是最鮮明例子，綜觀呂的生命歷程，幾遭完全錯置，最終被歸併於「反滿抗清」的論述框架。雍正自然將一切「反事」，全部「委由」呂概括承受。如運用「地利之便」，將汪景祺、查嗣庭謗逆案，莫名與呂牽扯，篤定他們同出呂系。統治者恐懼的「謠言」[46]和喜好生事者的訛傳，雍正亦認定盡屬呂遺之毒。如雍正4年海寧縣平湖全城受戮風聲，使人心浮動。雍正解釋：「皆呂留良一人為之倡導於前」，方令鄉人風靡。[47]雍正更憂心呂在地方聲望、黨徒勢力，表示李衛（？-1738）到任浙江總督時，還需要按照往常慣例致贈呂氏祠堂匾額的事件。[48]呂雖聲名不凡，但雍正的描述，似乎言過其實。利用李衛贈匾說明呂雄據地方，不足為憑。贈匾或屬實情，不過此為敬重地方碩儒，並非畏懼當地徒眾迫脅。何況隸屬浙江首員、皇帝寵臣李衛，若非出自本身意願，弗論是大儒或是大逆，又豈能仗勢威逼？

---

[45] 就清朝而言，呂留良的追思故國情感，無庸置疑是明遺民的表現。然而，遺民屬性各異，有著力於積極的政治對抗，當然也有個人心態的消極不認同，甚至有身為貳臣者仍憶念故往，這都是遺民的多元樣貌，難以一概而論之。

[46] 孔復禮也描述過乾隆朝眾人因叫魂者的謠言，造成的舉國譁然。Philip A. Kuhn, *Soulstealers: The Chinese Sorcery Scare of 1768.*（Cambridge, Mass.: Harvard University Press, 1990）.

[47] 〈呂留良罪大惡極諭（上諭）雍正七年五月二十一日（繳回硃批檔）〉，頁558。

[48] 〈呂留良罪大惡極諭〉，頁558。

對呂留良的影響，雍正深覺有革新必要，若不能除此弊病，呂邪說將充塞世界，錮囿人心，成為無君無父者。責難呂學說時，雍正慶幸曾靜、張熙的逆行暴露，讓惡跡彰顯，得以維名教、彰國法。雍正認為呂自居理學家，卻襲披名教外衣包裝邪說，實屬悖逆代表、名教罪人。[49]雍正又說，未曾聽聞呂有何著述。但呂蓄發的悖逆氛圍，卻引爆曾靜事件。呂長子葆中，雖曾及第，子孫亦多功名，但不燬棄悖逆書版文。雍正再啟康熙時「一念和尚案」涉及葆中話題，直指呂氏後人不以此為戒，反私藏逆作，並視為家傳祕珍的錯誤罪行。憤怒難遏的雍正一再強調事件爆發，使遺逆不再漏逃法外，防範「外間逆黨頗眾」堪屬大幸。曾靜、張熙只是聽聞謠逆，更僅謗及雍正，功過已抵。反觀呂，既辱及康熙，不單身為人子的雍正不能原宥，即使稍具良知庶民也必當難與呂共戴天、同履地。

雍正表面對案件無意乾綱獨斷，欲取決天下公心，便讓大員們宣表意見。[50]無異議的，雍正的精心安排，使呂留良窮途末路。因再無一絲聲息，能與雍正主導的官方意志相悖。不斷提示「棄呂保曾」決心的雍正，同集廟堂的「英才」怎會不懂「聖意」？怎會不明「孰是孰非」？寬諒曾靜、張熙，嚴懲呂氏一族。雍正巧妙的處置，除曉以大義的感化、收編曾張，期待二人繼續為雍正發聲、宣傳。呂卻不幸的成為此皇權遊戲的犧牲品。已故的呂，既不能為之宣德頌功，也不能為己辯護平反，而藉由打擊具知名度的呂留良，更是清朝用來宣示權威的最佳手段。

四、附庸徒從——真實的思想啓迪者

若呂留良無罪，究竟曾靜、張熙何起犯意？在另則上諭內閣，雍正表面針對嚴鴻逵下達專令，卻仍以伐呂為主。雍正認為嚴雖充斥

49 〈呂留良罪大惡極諭〉，頁558。
50 〈呂留良罪大惡極諭〉，頁558-559。

悖逆文字且較呂為甚，但邪佞思想是襲自於呂，至於呂放棄在清多年的生員身分，追附明朝儀賓批判清朝，雍正稱作「無端反噬」，是古今叛逆中罕見。[51]嚴生長於清，與呂有別，會追思故國自稱遺民，思故想法當承呂所致。[52]雍正以清朝正統立說，闢正嚴妄言天災地變的說法皆屬無稽。[53]此外，對嚴不應薦修《明史》、以死拒試而獲譽自得，雍正同樣不以為然。[54]清朝皇帝重視《明史》編修，但許多遺民人物卻因政治文化認同不願服務新朝。所以，當清廷徵求山林隱逸時，嚴依舊激烈抗拒前往。

在遺民定義中，「自我認同感」有時也被視為判別的指標之一。此標準常忽略身經世變的外在條件，藉由個人主觀塑造的「另類遺民」。但雍正堅決認定嚴鴻逵不具備身為遺民的外在條件。但試想，嚴處時世，仍存在強烈遺民氛圍，難保不受習染。雍正無法意會呂嚴的真實心態，因二人並非遺民可以概括。雍正視之為「重逆」，乃能在不同時空中與曾靜、張熙等互通鼻息。與呂相同，雍正「形式」要求群臣對嚴定出罰責，此多少意味雍正尋求「同志」背書的不安全感使然。

雍正就嚴鴻逵徒沈在寬的敕諭中令臣工議論呂嚴罪責，表示沈嚴屬清朝臣民，卻反生逆行，如沈詩中「無地避秦人」、「陸沉不必由洪水，誰為神州理舊疆」正是例證。[55]清文字獄中官方常自釋詩文，找出違逆處。而沈言論也讓雍正不安的辯解，表達滿人無異各族，皆有配享天命機會。雍正大力為自身民族平反，以明末紛亂對比清朝君主勵精圖治。雍正不解，清入關近世紀，沈未滿四十，何以效嚴？雍正另據沈和張熙一見如故且處心謀逆之供，令將沈送交刑部。雍正自

---

51 〈呂留良罪大惡極諭〉，頁559。

52 〈呂留良罪大惡極諭〉，頁559-560。

53 〈嚴鴻逵逆跡較呂留良尤甚諭（上諭）雍正七年六月十三日（繳回硃批檔）〉，頁559-560。

54 〈嚴鴻逵逆跡較呂留良尤甚諭〉，頁560。

55 〈沈在寬交刑部訊取口供諭（上諭）雍正七年六月十五日（繳回硃批檔）〉，頁561。

沈在寬上溯嚴鴻逵，但最終的罪魁禍首則是呂留良。上述諭令內容，便是呂作為主軸發展出的脈絡。至於另一條由曾靜、張熙供出聽聞各方謠言的線索。雖只是耳語，要尋得逆徒，似是大海撈針，卻依舊不使雍正對「懲奸除惡」的決心稍有抑挫。[56]

曾靜在雍正5年閏5、6月經衡州，遇發往廣西人犯沿途造謠，雍正命廣西巡撫金鉷（字震芳，1678-1740）徹查。經金訪奏，已羈拿該批罪犯，待查何人所為後即押解刑部。約莫十天，金緝出八犯，係雍正5年5、6月間發往廣西者，金又將雍正4年12月至5年10間，太監劉應試、米兒等悖逆語一同給發。事隔一月，金因鄉試入闈，便將查務暫署各知縣、知撫。雍正以為這批遭放逐的皇族門人、太監，以不實的傳聞蠱民甚久，應詳實開示告知，使人人皆知，方可杜絕阿其那、塞思黑等人之謠。自認沒有對不起皇族兄弟的雍正，對曾為十二子允祹（1685-1763）門人的金表示他應清楚雍正兄弟相處的情形。[57]雍正這樣的提問，其自信並非來自親族的關係，而是確信臣民對皇權的慴服。湖南巡撫後又報告已索拿曾靜供中兩名造謠者，安仁縣生員何忠立、永興縣醫生陳象侯。[58]

歷經兩個月，雍正頒布自撰長文曉諭天下，宣示能膺統天下萬眾，是承天眷顧。雍正視華夷為一，使中外臣民咸尊之，但呂留良喜亂禍，私著述，[59]論及宋恭帝德祐（1275-1276）後天地丕變，係古今未見，此說亦影響嚴鴻逵、曾靜等。嚴曾指云因滿洲入主，令八十餘年天昏地暗、日月無光。雍正自辯說，上古時舜、文王，分屬東、西夷，卻無損昭然功德。在君臣之義上，孔子周遊至楚，若孔子嚴分華

56 〈沈在寬交刑部訊取口供諭〉，頁561。

57 〈金鉷奏查訪充發人犯散播逆語情形摺（廣西巡撫金鉷奏摺）（繳回硃批檔）〉，頁561。

58 〈王國棟奏查拿何忠立等并訊供摺（湖南巡撫王國棟奏摺）、王國棟奏續查陳帝西傳播流言等事摺（湖南巡撫王國棟奏摺）（繳回硃批檔）〉，頁565-568。

59 〈詳示君臣大義諭（上諭）雍正七年六月十二日（上諭）〉，頁568。

夷，如何「應昭王之聘？」刪訂秦穆公霸西戎史事，亦不會列於《周書》之後。是故，將天下分殊，視滿洲為外夷，不明天下一統者，實是最無知者。[60]

雍正解釋華夷說法生成在晉宋六朝偏安，南北相互詆譭為島夷、索虜，因缺乏行仁修德的口舌之快，在一統的清朝妄談分殊，實屬大逆者。同前述，被雍正斥駁的呂留良言論，無從查考是否屬實。即使出自呂氏手筆，亦不過「私作」，何足擔憂，而雍正很多以偏概全、斷章取義的指斥，如引呂《文集》「德祐以後天地大變」是「亙古未經」，論證呂對清的不滿。實際上，該說法僅是呂用以探討學術風氣，其內容不外乎對陸王佛老的一貫攻擊，[61]類似說法充斥呂著作，呂動輒列舉三代、暴秦、漢代、唐宋後的時間，批判風氣不良，也不乏明朝中後期各種流弊。若以同理證之，呂所仇恨，當隸三代後的世界，哪裡只是狹義的清朝呢？雍正特舉該例，又附會為呂批判清朝入主中國，究竟是雍正的解讀問題，或是刻意為之，令人匪夷所思。呂心中的美好世界，或許只存於三代；呂強調的大公無私價值，似乎也只生長在三代。呂經常提及像漢唐一樣後世樂道的大治，都不足為羨。呂幾乎無法接受三代以降的各代，包含他所追憶的明朝，又哪裡只是清代？[62]

雍正繼續就呂留良「八十餘年以來，天昏地暗，日月無光，在逆賊等之意，徒謂本朝以滿洲之君，入為中國之主。……」言論表達敵意，姑且不論呂說法真偽，但以二人對「公」的相同信念堅持見諸，似乎彼此立場未必殊異。呂藉駁斥私心建立「公」的思想，雍正身為國君，更秉持天下為公的態度。當然呂的視野裡，三代後君主的用心皆屬私利，呂的理念涉及整體性的道德問題，並無特定訐難對象，至於呂的傳世著述，亦難窺任何形式的反清文字，是屬本案之疑。[63]

---

60 〈詳示君臣大義諭〉，頁568-569。

61 呂留良，〈復高彙旃書〉，《呂晚村文集》，第1卷，上冊，頁38。

62 〈詳示君臣大義諭（上諭）雍正七年九月十二日（上諭）〉，頁569。

63 如錢穆就指出：「呂留良晚村之四書講義，根據朱子，闡揚民族思想，引起

雍正雖為滿人，但自認以大公行事，申辯世上無夷狄之別。逆賊罔顧天心之公、一統之世、政治之得失、民物之安危、疆域之大小，泯滅彝倫、喪滅人紀。所謂夷狄，常指不能化者，有時空條件，如三代時的苗、荊、楚、玁、狁，即今之湖北、湖南、山西等地，不適於當世，也因分夷狄，方難一統。人喜稱頌漢、唐、宋，尚有邊患無法臣服，因生疆界；清入主中土，納蒙古等極邊部族於版圖，斷絕中外華夷區別，逆賊思維中反截斷彼此，導致逆跡出現。[64]康熙時朱三太子、一念和尚、朱一貴，近日山東人張玉，皆假朱姓為亂。雍正不解道，自古前朝君姓在易代後如非順從後朝，即消聲隱匿，實無假稱前朝姓氏惑蠱人心者。[65]雍正還指稱清朝得國較明為正，因明太祖起事時尚為元臣民，清僅為明朝鄰國，於流寇亡明之際救時人於水火，使天下大安。在康熙4、50年間，尚有目睹明末慘狀者證明之。由於清朝建立使萬千人民保全，雍正深感自豪；關於遺明皇族，清以爵祿冊封，更是歷來僅有，但叛逆者卻反以朱姓起事。至於呂留良身為明儀賓之後，倡導華夷之辨以遂逆心，無疑清朝公敵，明朝罪人。[66]

以外國人入主中土的雍正委屈表示，對待臣民堅持不得以「非人情之事加之」，但逆徒卻反將此事加諸其身。視中國人為赤子的他，更引用孔子對居邦君子不非議「大夫」認為身為國君也不能受臣下詰難。孔子還說到夷狄有君，勝過諸夏之無君。擁百里之國的大夫，猶

曾靜之獄。清廷特為頒發大義覺迷錄於天下學宮，令舉子人人必讀。嗣又禁絕，不許流行。而晚村乃遭斲棺判屍之奇禍，其家人亦遣戍關外，成為文字獄中最特出聳聽聞者。」錢穆，〈呂晚村學述〉，收錄於《中國學術思想史論叢》，第8輯（臺北：東大圖書有限公司，1980年3月），頁135。關於錢賓四先生對呂留良的論述，筆者以為尚有空間討論。可參史曜菖，〈民族主義之外：再探錢賓四先生論述下的清儒呂晚村〉，收錄於黃兆強主編，《錢穆研究暨當代人文思想國際學術研討會論文集》（臺北：東吳大學錢穆故居，臺北市政府文化局，2010年11月），頁381-400。

64 〈詳示君臣大義諭（上諭）雍正七年九月十二日（上諭）〉，頁569-570。

65 〈詳示君臣大義諭〉，頁570。

66 〈詳示君臣大義諭〉，頁570。

不得非難，何況是塑造太平盛世的清朝君上？孔子身在華夏，尚讚許夷狄有君；呂留良身為清朝臣民，竟會無君無父。[67]

雍正援韓愈（768-824）說，夷狄與否取決「文化」不以種族，並引元代例，後世對元的認識常有錯誤。表示元當時載記的政治規模係史冊罕見，但後人卻恣意貶抑，使大家覺得元時沒有能人、事功可錄。雍正認為卑鄙者因懷私心，便將諸惡盡歸外來君主，著述應持平而論，重視「信今傳後」，對外國君主更當秉公直書。中土君主方能思齊、內省，外國君主方能自警自戒。但對外國君主一味「揚惡」，甚至汙造惡行的現況，使中國君主毋需修德行仁，外國君主雖竭心謀國，卻不見史冊，也勢將怠惰。[68]雍正對夷君身分不以為然，僅以鄰國、外國定位自身，不斷澄清夷狄無原罪，天下亦無夷狄、中國區分。至於清既不屬明朝臣民，也非夷狄，只是緊鄰國家，故無需接受叛逆指責。

上述說法明指呂留良罪無可赦，呂因忽略清朝美善，更妄加杜撰、憑空橫議、誘惑人民、顛倒曲直，實千古罪魁。雍正看重君臣大義，即便世運衰微身為臣者亦不應倡亂，起事者因不知君臣大義、悖逆天命，多自取屠戮。[69]同呂一樣，雍正也重視五倫，但對君臣看法並不一致。過去強調呂對民族思想的堅持，但關於夷夏之防的論題，其實未曾出現呂的留存文本。查看二人最大的思想衝突，實是表現在忠君上。不管在君臣探討、五倫排序，兩者均顯不同看法。雍正說，五倫缺一不可，但卻有高下的判別。呂對君臣性質的理解不合乎貴君思想，君臣概念類似朋友，去留無妨，故夫婦之倫還勝於君臣。[70]呂因批判中央集權，反對君主至上遭清迫害，呂在公私、封建議題的討

67 〈詳示君臣大義論〉，頁570。

68 〈詳示君臣大義論〉，頁571。

69 〈詳示君臣大義論〉，頁571-572。

70 史曜菖，〈悖逆者之「忠」：試析清儒呂留良對「忠」的詮解〉，桃園：國立中央大學哲學研究所，2009年11月26-27日，「第五屆校際研究生論文發表會」。

論亦能見諸類似看法。[71]不過君主獨斷，並納天下為私有，與呂信仰相違。雍正認為帝王因受天命有別流寇，不顧君臣之倫的逆天行徑終將遭譴。呂認為三代之人內心淳樸，毋需過多宣諭，殷周之後因人心不古，君主的告誡文字，就趨於詳盡。雍正對呂嚴曾張等邪說不採消極隱蔽、片面防堵，反大張旗鼓讓受矇騙的世人知道逆賊言行，早日覺醒、免觸國法，於是一部少見的宮中「誨史」《大義覺迷錄》，在雍正「出奇料理」下被炮製出。[72]

《大義覺迷錄》集結曾案中官員奏摺、皇帝上諭、逆犯供狀陳詞等詳細內容，不但不隱晦事件資訊，且大肆頒行各地學宮。罪無可赦的曾靜幾經感召，更成為替皇帝宣傳功績的最佳代言人，赴各地負責宣講《大義覺迷錄》。雍正的特殊處置方式，公諸眾人感興趣的宮廷秘辛，但欲曉諭的大義卻多成空言，極力辯駁的奪嫡鬥爭反為大家關注。雍正也透過皇家御用學者群攻訐呂氏思想，編著《駁呂留良四書講義》[73]。自此之後，呂不論被視為反清的逆賊人物，或清末被革命派以抗清英雄角色平反，其形象均得力於雍正的成功建構。[74]

[71] 史曜菖，〈以私倡公：清儒呂留良對「公」的看法與思想策略〉，《史匯》，第13期（2009年11月），頁95-108。史曜菖，〈儒者的理想：呂留良的「封建」詮釋〉，收錄於李瑞騰主編，《繼承與超越》（桃園：國立中央大學文學院，2009年04月），頁95-117。

[72] 〈詳示君臣大義諭（上諭）雍正七年九月十二日（《實錄》、《東華錄、《大義覺迷錄》》）〉，頁572。

[73] 對於《駁呂留良四書講義》的內容討論，可參胡楚生，〈「呂留良四書講義」與「駁呂留良四書講義」〉，《文史學報》，第13期（1983年6月），頁1-13。史曜菖，〈單面的攻伐：試析朱軾斥駁下的呂留良〉，《史匯》，第12期（2008年9月），頁57-79。

[74] 史曜菖，〈操作反清：以《民報》中「呂留良案」論述為例〉，《中國歷史學會史學集刊》，第41期（2009年11月），頁243-279。

五、後續處置——被諒宥的曾靜、張熙及《大義覺迷錄》的頒行

面對猛烈的砲火，呂留良被由白染黑，死無葬身之地。但曾靜、張熙卻獲雍正慈宥開罪。上諭提及因岳鍾琪與張盟有重誓，故須為之著想，開恩兩人，並覓得代罪羔羊。像是雍正皇族兄弟阿其那、塞思黑，因懷恨遣門人、太監造謠，使無知的曾張投遞逆書。雍正指稱就國家立場而言，應當嚴懲以彰國法，然而考量此等至逆情事，不可能再現後世，便無殺戮必要，還引用《尚書》「寬過無大」，且衡量康熙對待「三藩」的態度，能自新者皆予以從犯機會。曾張既非罪首，更無叛黨同謀，幾經曉諭，也無不悔悟。[75]

此外，處置案件時捕風捉影的作法，尚可在尹繼善（1696-1771）積極追捕曾靜夢中罪犯王澍見諸。雍正雖表毋需認真，[76]但此「鬧劇」若非不斷延伸，即不會有尹體聖的迎合作為。李衛除接受雍正解釋，視曾張事敗是使預謀者警戒的祐清之兆，另外交待了呂氏子孫已在府縣查點後分別監管，包括身歿的呂氏及子葆中同樣駐員看守。[77]但雍正最掛心的似乎是被解在浙的曾，並在諭告裡表現無興致瞭解呂氏一族，僅詢「曾靜之感服情形如何？」正因曾已是雍正極欲收編的生力軍。

在另則奏摺，李衛續就曾靜、張熙外的搜捕行動提出報告。如自云認識張熙、師承嚴鴻逵與往來呂東陽的陳銓，經審皆屬謊妄。至於雍正刊發曉諭各學官的《大義覺迷錄》，就連帝國邊陲的臺灣也同受恩沾。此案的要角岳鍾琪接獲此書後，除對君上表達崇敬，也暗示自身委屈與貢獻，如非他突破張之心防，方可使事件明朗。[78]

---

75 〈擬寬宥曾靜張熙之罪諭（上諭）雍正七年十月初六日（上諭）〉，頁576。

76 〈尹繼善奏訪拿散播流言之王澍等人摺（江蘇巡撫尹繼善奏摺）雍正八年二月初三日（上諭）〉，頁578。

77 〈李衛奏護解曾靜情形摺（浙江總督李衛奏摺）雍正八年二月初八日（上諭）〉，頁578。

78 〈李衛奏查拿審問陳銓呂東陽等事摺（浙江總督李衛奏摺）雍正八年八月初

岳鍾琪找到該案中兩大禍源，一是宮廷鬥爭受整肅的皇族，一為無辜犧牲者呂留良。謠言來源是從阿其那、塞思黑流放門人、太監流出，但涉及敏感內容，岳僅點到即止，至於呂則偏重於曾張對其不當學說的接收。不過，案中記錄卻有不少的不一致，岳指出曾因閱讀「呂留良的講義」，曾張也說思想得自《文集》、《詩選》，然考察呂思想卻無逆跡可循[79]。呂因曾靜的反省和對雍正的頌揚受到污名與誤解，使得大眾廣為接受他反叛清朝的刻板印象。[80]

雍正的如意算盤似有所始料未及處，原欲以寬宥曾靜、張熙期受歌頌並贏取好感，事實卻非想像順利。湖南巡撫趙弘恩（？-1758）、觀風整俗使李徽（？-1736）恐曾至湖南「宣德」反生不良效果，而委婉懇辭「聖意」。曾生於湖南，又蒙「皇恩」眷顧，理受欣羨擁戴，因何會憂慮當地「草野愚民，共生義憤」？[81]趙簡短的奏摺，留下曖昧的內容。雍正大可解釋為人民為天子遭辱的義舉，但同如雍正所說，人文不興的湖南豈有如此「識大體」者？

湖南與各地一樣，對曾張犯行，多數人普遍冷漠以待，但卻有兩種群體感受至深。其一，即是雍正認為凡屬大清臣民所共具的義憤態度，這類份子多是全心投身清朝政治體系或是忠清（君）的小眾。身在政治系統者，表現多數不是出自本身意志，而是一種宣誓和表態，像是官員奏摺痛心疾首的「場面話」，因更重要的是做出有利表態後，再觀望雍正態度，便能安全合乎皇帝意志處理問題。

八日（上諭）〉，頁580-582。

[79] 參史曜菖，〈以私倡公：清儒呂留良對「公」的看法與思想策略〉，頁95-108。史曜菖，〈儒者的理想：呂留良的「封建」詮釋〉，頁95-117。史曜菖，〈萬「惡」之首：試析《呂晚邨先生四書講義》對「私」的詮解〉，《史匯》，第14期（2010年09月），頁67-88。史曜菖，〈試析清儒呂留良的「天下」觀：以《四書講義》為例〉。

[80] 〈岳鍾琪奏恭讀《大議覺迷錄》敬抒虔悃摺（陝西總督岳鍾琪奏摺）雍正八年三月二十六日（上諭）〉，頁579-580。

[81] 〈趙弘恩等奏曾靜來楚宣講情形摺（湖南巡撫趙弘恩奏摺）雍正八年九月十三日（上諭）〉，頁583。

其二，則是與案件背後牽涉整批複雜而數量龐大的無辜者，其展現的感受就多屬真實。呂留良在思想、制義以及「文化事業」的龐大影響，令出版品廣泛流通，曾靜應試時就曾輕易見到呂刊物。頗具規模的閱讀群，使尊呂人們不在少數，他們未必與呂謀識，卻流連於書刊之中，成為另類門人，也或因未能謀面，對嚮往人物就更易產生的崇拜情結，甚至有為數可觀之群眾視呂為當代聖賢。明清八股取士，制義文、四書註皆佔重要市場，呂屬此領域翹楚，求取功名者對呂存有深刻印象，同時伴隨著呂氏文化事業傳播，亦令讓這些人對呂從信服、崇拜到神話。

眾人著墨相同文本，唯「村野鄙人」曾靜、張熙能窺「春秋微言」？自詡呂留良之信從者，焉能信服受宗奉的「聖人」，被定為首惡、禽獸，歿無全屍且後代流離？如何能讓貪生怕死、污陷聖善的曾張留在世上，並大言不慚地到各地宣揚從誤信呂氏邪說到找回自我。趙弘恩正因明白此現象的嚴重性，才委婉拒絕了雍正。

對如何處置呂留良流通市面、數量龐大的著述頗令雍正顧忌，在雍正8（1731）年12月29日上諭指出經刑部臣工擬議，訂下留良、葆中及其族人、子孫之罪，銷毀呂著以一年為限。[82]雍正擔心眾士人未必皆服，改令天下學政匯奏學員看法。或因呂深入士心，所以迫使雍正進行試探，藉此陽謀認清眾人真心實態，至於運用官方學政機構蒐集意見，則是雍正別具用心，用以防範造成反彈聲浪的方式。

認為君臣大義勝過一切倫常的雍正，如此對待呂留良，實因兩者悖離的價值觀，讓呂成為「喪滅倫常」而「託名於理學之林」者。呂所謂的「大逆不道之語」，其非激烈政治意圖，僅於思想中強調淡薄的「君臣」關係。雍正批判呂學剽竊古人，曾靜曉諭後對呂說同感不足一哂。但考量完全焚燬呂氏著述，不免會有燬而不盡，盡後若具相

[82] 〈另直省學政詢問各學生監應否將呂留良等治罪諭（上諭）雍正八年九月十三日（上諭）〉，頁583-584。

闕引述或讚美之詞，即無從查證。幾經提示，雍正仍要各地學政結狀具奏，對「獨抒己見者……不可阻撓、隱匿」。[83]

雍正擔心呂氏著作禁燬有客觀上的困難，因其著作廣泛流傳並深植人心。當時眾多紀錄裡，呂常佔重要正面的位置，欲完全禁止，尚需關照他人的片言段句，故困難度極高。與其弄巧成拙、得不償失，不如讓著作傳行、予人檢視。也許由於雍正查收了最屬關鍵的《日記》、《備忘錄》，加上君臣不時對僅剩文論加油添醋，大眾自然站在清朝立場理解所有過程，即使有本可檢，也不及雍正解釋方便。

雍正不僅將得意之作《大義覺迷錄》送發、曉諭各地，就連文華殿大學士朱軾（1665-1736）亦帶領一批御用文士駁斥呂留良的學術。對於顧成天奏請檢閱呂《四書講義》、《四書語錄》等書，雍正表現出不以為意的態度，認定呂所犯的「朝廷的大法」，不能只在章句「末學」著墨。原不積極的雍正，直至朱請旨刊刻頒行各地學宮，期助各地學子不沉迷呂粗鄙的邪說。雍正則表樂觀其成、姑且從之，實際上卻享受群臣審度其心意所鋪陳的「好戲」。

即使不明禁呂留良著作，呂被清廷視為逆賊，使大眾不敢公開提倡，呂說勢必式微，加上一批御用文士對呂的奮力打擊，確立雍正信心。曾靜雖有利用價值，卻很快成為燙手山芋，在湖南看管他的巡撫趙弘恩、觀風整俗使李徽屢向雍正奏請處置曾靜，如上告曾去年返回永興置產，今期滿回長沙。[84]至雍正10年年底，曾案已進尾聲，涉案人員均被官方確定了該有的罰責與形象。

最先就呂留良而言，上諭要求地方學宮士子具結看法，直指呂氏父子罪無可赦，已故的留良及葆中「著戮屍梟示」，九子「呂毅中著改斬立決」，雍正不忍呂氏孫輩本應處死人數眾多，改遣寧古塔給「披甲人為奴」。呂氏一族雖受打擊，但真受屠戮者僅毅中一人，不

83 〈另直省學政詢問各學生監應否將呂留良等治罪諭〉，頁584。

84 〈趙弘恩等奏曾靜賞假期滿到長摺（湖南巡撫趙弘恩等奏摺）雍正十年九月初七日（上諭）〉，頁591。

似後世傳云的滿門抄斬；被挫骨揚灰的留良與葆中在政治上的宣示意涵也超過實際的懲處，呂詩文則明示不禁燬。更重要的是，雍正規定查抄呂氏家產要用於浙江當地工程。[85]收繳呂家可觀的財產，實仿於整肅曹寅（1658-1712）家族以獲資金援助國家的目的。

曾案中不只呂氏一族遭到迫害，嚴鴻逵一家蒙受的對待，未必比較優渥。刑部對已歿的嚴「戮屍梟示」，同宗男子16歲以上處「斬立決」，15歲以下男子併女眷送「功臣之家為奴……財產入官」。嚴弟子沈在寬處凌遲處死，嫡屬親族按律治罪。自稱呂私塾門人的黃補菴擬斬立決，妻妾子女予功臣為奴，祖孫父母兄弟流放二千里。車鼎豐、車鼎賁兄弟擬斬監候，房明疇、金子尚應革去生員身分杖一百，同妻流放三千里。陳祖陶、沈允懷、沈成之、董呂音、李天維、費定原、王立夫、施子由、沈斗山、沈惠侯、沈林友等則分別革去功名職務，杖責一百，徒三年。幼時從學於沈在寬與嚴鴻逵的諸人，因無真實犯跡，刑部擬釋。[86]至於曾靜、張熙兩人，乾隆在雍正去世後重定其罪，二人雖獲雍正寬宥，但乾隆一反明令凌遲兩人。乾隆或與父親一樣基於孝道，但對皇權宣示更是不言可喻。雍正將康熙諒宥的葆中掘出戮示，乾隆又將雍正明令不准後世追殺的曾、張凌遲。[87]不但見到皇權的繼承及轉移，對逝去先皇徒留名義尊重、形式仰望、口號稱讚。

---

[85] 「呂留良治罪之案，前經法司、廷臣、翰詹、科道及督撫、學政、藩臬、提鎮等，合詞陳奏。請照大逆之例，以昭國憲。……其財產令浙江地方官變價充本省工程之用。」〈將呂留良等戮屍梟示諭（上諭）雍正十年九月初七日（上諭）〉，頁591。

[86] 〈將嚴鴻逵戮屍梟示諭（上諭）雍正十年十二月十七日（《實錄》、《東華錄》）〉，頁591-592。〈將將曾靜張熙即行索拿解京諭（上諭）雍正十年十月初八日（《實錄》、《高宗聖訓》、《嚴法紀門》）〉，頁591-592。

[87] 〈將將曾靜張熙即行索拿解京諭〉，頁593。黃鴻壽撰，〈文字之獄〉，《清史紀事本末》民國三年石印本，第20卷，頁2上下。160-161。

六、結語

呂留良在雍正一朝可謂產生決定性的改變。雍正對曾案始終抱持高調公開風格，面對皇帝的操作，亡約半世紀的呂成為無辜犧牲品。重要的是，呂自此被斷定了罪則和確定了身分，影響至今鮮少受疑。之所以數百年沒有爭議，係因雍正高明手段使然，使人不敢也懶得懷疑。人物往往會有不同評價，但呂堪稱特例。其形象丕變於雍正朝，至此其生前樣貌幾被屏棄，論及的多為曾案所延燒炮製出的呂留良。雍正朝被重視的呂，是種完全以皇帝意向作為依歸的官方態度。在官方文論中，作為無聲者的呂被無情批判、駁斥。雍正以一帝之尊，運用龐大政治資源，主宰著不公平的片面攻伐。呂即使擁有盛名，但也不足保全自身和後代。

或許雍正原本就沒有讓呂家萬劫不復的用心，所以結案判審只有呂毅中就死，成為此案的「受死代表」。像嚴鴻逵等犯者，在處置上相較於呂則更慘烈。嚴號稱呂之弟子，在呂文字雖有交游紀錄，但往來並不密切。疏遠於呂的嚴，或許只為攀附圖名。嚴向張熙陳述的逆言若實，也未能直接推論承自呂說。至於呂文字後除逸失的《日記》或《備忘錄》，幾乎不見任何逆詞。重視罪魁的雍正，何以判決呂輕於嚴？雍正對呂家的不忍，但嚴家卻無一倖免，身為嚴氏門人的沈在寬也有同樣狀況。可見此事非自呂發散，而是嚴沈二人。嚴不但上溯呂，並下傳至沈。

曾案處理過程存有許多瑕疵，過去被人忽視的部份讓本案仍擁有探討空間。曾案在過去是呂研究中最被頻繁提及，但研究顯然不夠細緻。案件的不合理，在漫長時間中受到漠視。涉及呂的官方說法，在雍正主導下讓人們片面採納接收，影響論呂的依據。看似鉅細靡遺的偵辦，卻是漏洞百出。連承辦要員，也常習慣的將曾、張等人與呂併為一談，後人解讀就很難不錯誤的將呂劃歸逆賊行列。

呂留良形象不應被片面解讀，如處理曾案過程就存在很多矛盾處，官方所列舉出的材料也頗具爭議。像是呂的《日記》或《備忘錄》中就載記甚多的悖逆言行，不過，兩文本內容究竟為何？是否呂所親撰？皆是問題所在。略覽《大義覺迷錄》，部分呂的逆言，係引自呂作，經原文對照，卻不難發現文字誤引的頻繁。

官方態度常提到呂留良將「夷夏之防、封建制度」的關注放置評選今古文、《四書講義》、《文集》、《詩集》等著作，有心人善於將呂斷簡殘編的內容截句取義，而這些誇大的指責卻無標準說法。雍正朝的時間點讓呂聲名大噪，影響迄今。今日多可取得呂生前的可觀紀錄以供檢視，像呂般的知名士人如懷存著強烈叛逆思想，終其一生豈能清白的享有盛名，和光明正大的藏匿詭形，並且得到善終？但歷經雍正主導的料理，改變呂原有樣貌，重新賦予後世一名抗清的民族主義者。

「文史互證」：清初天主教小說《儒交信》研究

唐院*

摘要

明清之際，羅馬天主教傳教士在中國展開了又一新的傳教里程。耶穌會士針對中國本土實際境況，制定了以儒耶文化互補為主向的傳教策略。尤其，中國「索隱派」傳教士試圖通過從中國古籍中找尋《聖經》記載之蹤跡，為以天主教為載體的中西文化認同探尋新的契合點，並有不少論著傳世。其中，馬若瑟的《儒交信》被學界視為漢文天主教小說的先驅，它在內容上承載了作者的「索隱」主義和「補儒辟佛」之傳教思想。一方面作者採用小說形式講述中國天主教徒的故事，在敘述中探尋天主教教義與中國古籍精髓的融通。另一方面其借小說中儒生的視角將天主教、儒學和佛教思想納入比較視野，使得這部作品具有豐富的宗教文化解讀性和時代見證意義，為我們研究中國「索隱派」傳教士之辯教思想提供了一個參考。

關鍵詞：《儒交信》、「索隱派」、辯教小說

* 香港中文大學歷史系碩士生

一、前言

明末清初，羅馬天主教耶穌會士開啟了基督宗教在中國傳教的又一里程。[1]由於歷史興衰起伏與時代機緣動態碰撞，加之地域環境、政經文化、人事變數等多重因素，使得這一時期耶穌會士的傳教活動呈現錯綜複雜的局面。為了適應中國的傳教處境，一些耶穌會士把天主教教義與儒學文化傳統放在一個相互調適的視野下加以討論，這在潛移默化中完成了儒耶文化對話或遷移，並產生了一批「文以載道」的宗教文獻。這些著作多採用語錄、問答、格言、評點、條駁、筆記、日抄、序目、學案等文體，借助廣義性的「對話」方式表達自己的思想，具有簡鍊精闢的言說力度。

相比上述論駁性短文，馬若瑟（Joseph Henry Marie de Prémare，1666-1736）署名無名氏（sans nom d'auteur）的《儒交信》[2]（1730）

---

1 在耶穌會士之前，基督宗教曾兩度傳入中國。首次是17世紀唐貞觀年間的「景教」（聶斯托爾派），此教在唐朝流傳三百年，於武宗時期滅佛時受牽連被禁；第二次是13世紀的元代，稱也裏可溫，並設教區。明滅元後，此教又被驅逐。陳垣對此多有考據：「唐景教為聶斯托爾派，非羅馬派，近今東西學者久有定評，餘別有考，茲特述其在元時統稱也裏可溫之例，以概其凡。」又雲：「也裏可溫非國，曰『也裏可溫國人』者，猶雲基督教國人也。也裏可溫非儒，曰『儒者之利者』，猶明季奉天主教之士大夫，其著書立說，仍稱吾儒也。唐人稱景教徒為僧亦此例，或出於隨俗習稱，或出於辨別未細也。然元人之用也裏可溫四字，實含有兩種意義；其先所指者為教名，其後乃用以名其國土。」參陳垣著，陳樂素、陳智超編校：《陳垣史學論著選》，上海：上海人民出版社，1981，頁40；頁13。

2 本文所引《儒交信》文本據鄭安德編：《明末清初耶穌會思想文獻彙編》（第四十五冊），北京：北京大學宗教研究所，2000。此手稿現藏於巴黎法國國家圖書館（Bibliothèque Nationale de France）東方稿本部，漢文原始抄本共計六回，正文63頁，135面，附拉丁文提要5頁，全書25000字，古郎（Maurice Courant）編號為7166。關於《儒交信》的題目，鄭安德在《彙編》內頁載為《儒交信》，但在目錄和封面又寫為《儒教信》，兩者實為同一卷書。本文取用《儒交信》一名。以下文本引文，唯標明頁碼。關於《儒交信》的作者，李奭學教授認為：「《儒交信》或許就是馬若瑟所著，不過情節同樣薄弱，略謂某甲聞得某乙改變信仰，因此問道于某「司馬溫古」氏（證之馬若

是天主教教義與中國本土文化相遇對話的一個頗具文學色彩的中文辯教小說，也是「目前能找到的第一部漢文創作的天主教小說」[3]。小說主要講述康熙年間中國信徒皈依天主教的故事：員外楊順水、舉人李光、進士司馬慎（字溫古）三友人常相往來。楊順水不解司馬慎受洗入天教而疏遠之。李光問教于司馬慎，兩人討論天教道理。李光內心受感召，決意信天教，並隨司馬慎到省城找西師（神父）受洗，又邀西師到家鄉為內子受洗，鄉中鄰居聞聽西師講道後，五十餘人入了教。楊順水本性貪戀財物，不肯信教，最後遭強盜打劫，死於急症；而李光夫婦積善不厭，年過古稀，無病而終。《儒交信》採用中國明清章回體小說的形式講述一個中國信徒的故事，把天主教教義放在與儒學古籍的互文詮釋中加以討論，在某種程度上體現了中國耶穌會「索隱派」傳教士的辯教思想。另外，小說敘述者以中國儒生的身份將天主教、儒學與佛教納入比較視野，使這部作品具有豐富的中西文化交流的時代解讀性和見證意義，為研究明清天主教在中國傳教的思想實況提供了一個側面的佐證。鑒於傳教小說文本的載史護教功能，本文採用「文史互證」的方法，將歷史背景與文學批評相結合，嘗試對《儒交信》作一點分析。

瑟之號「溫古」，這個角色可能就是馬若瑟本人的自我虛構化——雖然這點尚待證實），而後者逐大肆發揮，以天主教道應答之。」參見李奭學：〈觀看的角度：如何閱讀明清兩代的基督宗教文學〉，《道風：基督教文化評論》（第三十一期），2009年秋，頁307。

3 陳慶浩：〈新發現的天主教基督教古本漢文小說〉，徐志平主編：《傳播與交融：第二屆中國小說戲曲國際學術研討會論文集》，臺北：裏仁書局，2006，頁468。李奭學教授在會議論文〈天堂的路要怎麼走？清初耶穌會士馬若瑟著〈夢美土記〉初探〉（2010年香港中文大學文化與宗教研究系「中外宗教與文學裏的他界書寫」國際學術會議論文）中認為：〈夢美土記〉可能是馬若瑟比《儒交信》寫得更早的作品。

二、南京「隱」事與「索隱派」

《儒交信》作者馬若瑟，名龍周，字若瑟，筆名溫古字。他生於1666年，1698年抵中國，在廣州、江西饒州、建昌、北京、九江等地居留，在贛傳教二十餘年。1724年，雍正仇教時，他與其他傳教士被逐還廣州。1726年，他因以「索隱」思想釋經不當，「破壞了對《舊約》的崇拜」[4]，被教廷傳信部召回。後來，他又至中國，並於1736年死於澳門。馬若瑟傳世的著作頗豐，包括《聖母淨配聖若瑟傳》、《六書析義》、《信經真解》、《楊淇園行跡》、《真神總論》、《儒教實義》、《書經時代以前時代與中國神話之尋究》、《中國語言志略》、《經書理解緒論》、以及集中反映其「索隱」思想的拉丁文著作《中國古籍中之基督教主要教條之遺跡》等。[5]

馬若瑟受老師白晉（Joach Bouvet, 1656-1730）的影響，是耶穌會傳教士「索隱派」（Figurtists）[6]的代表人物。1685年，白晉作為法國

4 馬若瑟鼓勵學習漢籍《易經》，認為《老子》十四章中，「視之不見名曰夷（yi），聽之不聞名曰希（hsi），搏之不得名曰微（wei）」，這夷希微（Yihsiwei）就是《舊約全書》中的上帝雅赫維（Yahweh）。參見（法）安田樸，謝和耐等著，耿昇譯：《明清間入華耶穌會士和中西文化交流》，成都：巴蜀書社，1993，150頁。

5 （法）費賴之著，馮承鈞譯：《在華耶穌會士列傳及書目》（上），北京：中華書局，1995頁529-537。其中，費賴之記《信經真解》一卷全文刊入《儒交信》一書之中，中國原文附拉丁文譯文。然載《明末清初耶穌會思想文獻彙編》之《儒交信》中為《信經直解》，估計筆誤之故。

6 中國耶穌會傳教士「索隱派」（Figurtists）或稱「易經派」是中西「禮儀之爭」的產物，該派由白晉創始，成員有馬若瑟、傅聖澤（Jean-Francois Foucquet, 1665-1741）、郭中傳（Jean-Alexis de Gollet, 1664-1741）,另外聶若翰（Jean-Francois Noelas, 1669-1724）也有類似傾向。「索隱派」一說在西文中源自法國學者弗裡熱（Nicolas Fréret, 1688-1749）對法國耶穌會入華傳教士的稱謂。他們採用的所謂「索隱」方法在當時法國思想界頗為流行。他們認為救主耶穌基督通過相關的形象或象徵已在《舊約》中「預先出現」，故《舊約》對《新約》福音有「預表」意義。法國耶穌會入華傳教士中的中國「索隱派」則認為基督教的真理、其彌賽亞救主形象在中國古籍中已「預先出現」，中國遠古傳統中的確留有上帝原始啟示之痕跡。（參卓新平：「索隱派與中西文化認同」，載氏著《基督

路易十四的「數學家」被派往北京宮廷，在京按照康熙的要求學習《易經》。他認識到在中國傳教之關鍵：「承認中國文化的合理性，從而使自己能在中國立足」[7]。但白晉在中國古籍中尋找天學奧秘的思路（中國成了天學之源）受到其他耶穌會士的質疑，故而在京的耶穌會會長要求審查他上交給康熙的文稿。梵蒂剛圖書館藏白晉奉康熙命學《易經》文獻第五件中記載：「臣白晉前進呈禦覽《易學總旨》。即《易經》之內意與天教大有相同，故臣前奉旨初作《易經稿》內，有與天教相關之語。後臣傅聖澤一至，即與臣同修前稿，又增幾端。……臣二人日久曾專究《易》等書奧意，與西士秘學古傳相考，故將已所見，以作易稿，無不合於天教。然不得不遵會長命，俯伏祈請聖旨。」[8]白晉研習《易經》之用意為在中國的文化縫隙間尋找傳教的入口。康熙的用意是通過傳教士的《易經》研究來證實「西學中源學」[9]。隨著「禮儀之爭」的深入，梵蒂岡和清廷的矛盾日益加劇。康熙四十三年，教宗克萊門十一世正式判定「中國禮儀」為異端。四十六年，鐸羅（Charles Thomas Maillard de Tournon, 1668-1710）在南京正式公佈教宗禁止中國教徒祭祖敬孔的聖諭。五十一年，教宗克萊門十一世確認鐸羅在中國所頒發的教令。在這種情勢下，馬若瑟「精究中國經書，知我國古先王昭事上主，有跡可尋，因著書以闡明之」[10]的努力在教內倍受質疑，就連他對漢字系統的熱衷，[11]也遭受

宗教論》，北京：社會科學文獻出版社，2000，頁293-294。）

[7] 張西平：〈《易經》在西方早期的傳播〉，《中國文化研究》（總第22期），1998年冬，頁125。

[8] 方豪：《中國天主教史人物傳》（中），北京：中華書局，1988，頁282-283。

[9] 張西平：〈中西文化的一次對話：清初傳教士與《易經》研究〉，《歷史研究》，2006年第3期，頁80。

[10] 徐宗澤：《明清間耶穌會士譯著提要》，北京:中華書局，1989，頁402。

[11] （丹麥）龍伯格（Knud Lundbæk）認為漢字和漢語對於馬若瑟來說，是他信仰的根源所在，他認為在中國古代的經書中可以找到基督教絕大部分的奧秘，中文的經書寫在大洪水以前的文獻，即便後來這些經書被秦始皇燒毀了很多，但這些漢字保留下來了全部的秘密，所以，他認為漢語和漢字「是人類

冷遇。1730年12月2日，馬若瑟給巴黎的蘇熙業神父寫了一封信，氣惱之情溢於言表：

> 在您告訴我您不想再聽到關於中國書籍的消息後，我就沒有再給您寫過信。可是如果我不談論中國書籍，我寫信又能告訴您什麼東西呢？我聽說南京有一位很有才華的文人皈依了天主教。他的朋友們嘲笑他背離了中國正統。「背離了中國正統？」他反問道，「我從來沒想過要這樣做。恰恰是當我聆聽了天主教的信條之後，我才開始理解了我們自己的正統。」因此他給朋友們看了一本用中文寫成的關於天主教的小書，他自己已經仔細研讀過這本書。這樣一來，他的朋友都沉默了，甚至有些人想要和他一樣信奉天主教。[12]

這封信有兩個關鍵點值得注意：其一、馬若瑟對中文書籍的看法；其二、南京信徒的皈依見證與馬若瑟「索隱」思想的關係。《儒交信》直接點明小說講的是康熙年間的故事，小說中主人翁司馬慎，號溫古。而溫古字是馬若瑟大概在1707年就開始使用的筆名，[13]在其另外兩部作品《儒教實義》和《六書析義》中，都有「溫古字述」的署名。小說亦提到實地「南昌」（頁28），而馬若瑟1699年被派往江西南昌傳教，之後被安置在距南昌以南150公里的建昌城（現今南城），一直住到1721年（其間有兩年不在當地）。[14]我們雖然不能推斷馬若瑟的《儒交信》是以其耳聞的南京文人皈依天主教的本事為原型，加入自己的南昌傳教構想創作而成，更不能推斷小說中插入的大

最高貴的成就」。（參（丹麥）龍伯格著，李真、駱潔譯：《清代來華傳教士馬若瑟研究》，鄭州：大象出版社，2004，頁005。）

12 （丹麥）龍伯格著，李真、駱潔譯：《清代來華傳教士馬若瑟研究》，鄭州：大象出版社，2004，頁195-196。

13 同上，頁193。

14 同上，頁014。

篇幅《信經直解》就是信中提到的「用中文寫成的關於天主教的小書」。但是，從馬若瑟在信中引證南京信徒的觀點來看，他是肯定中文書籍的傳教作用和「索隱」傳教思路的，這在《儒交信》中能找到相似的觀點和證據。

在《儒交信》中，馬若瑟的「索隱」思想時常躍於紙上，小說人物的有些觀點與信中的南京信徒的言論如出一轍，如第二回中，司馬溫古道：「耶穌不滅孔子。孔子倒成全於耶穌」（頁9），隨後解釋：「天主教所有。我儒教都有了。天教言天主。吾儒言上帝。」（頁9）；又舉例：「又天教言善惡不同歸。人在世為善。身後必升天堂。在世行惡身後必下地獄。然按詩曰：文王在上。於昭與天。書曰。殷多光哲王在天。善人如成湯。如文王。果登於帝廷。惡人如桀。如紂。必墜於地獄。西儒中儒，心同理同如此。」（頁10）這種在中國古籍中尋找《聖經》教義對應物的比較進路常與中國「索隱派」傳教士的釋經方法相聯繫。馬若瑟以「索隱」思路鑽研中國古籍達三十餘年，宗旨在從《易經》、《春秋》、《道德經》等古籍中尋得與天主教教義類似的詞句。「索隱派」共同使用的「理解中國文獻的基本方法是對漢字進行寓意和象徵性的解釋」[15]，以此來揭示中國古書中包含的天主教奧義和關於《聖經》事件的記載。馬若瑟於大概寫於1712年至1714年之間的《象形字典的手稿》中多次提到白晉的《易匙》（*Key to the Yi Jing*, 1712），並認可白晉一些解釋，如「卦」，「這是《易經》中三畫卦和六畫卦的名稱。由「、」、「｜」和圭組成，圭是在覲見帝王或獻祭的時候所用的一種牌子。《正字通》中說它上圓下方，象徵著天和地」[16]。1731年8月27日，馬若瑟隨信寄送一份題為《易經理解》的文稿給傅爾蒙，他這樣論述卦

[15] 張國剛等著：《明清傳教士與歐洲漢學》，北京：中國社會科學出版社，2001，頁208。

[16] （丹麥）龍伯格著，李真、駱潔譯：《清代來華傳教士馬若瑟研究》，鄭州：大象出版社，2004，頁172。

一和卦二：卦一的「䷀」是「坤」；卦二中的「䷁」是「順」。「將卦一和卦二看成一個整體的兩個部分時，我們就會發現「聖」，也就是聖人的意思。」[17]與此相似的觀點也出現在《儒交信》小說人物的辯論中，司馬溫古道：

> 我就敢說書越古越奧。這大事豫跡必定越多藏在裡頭」、「譬如書之最古最奧者莫奧莫古於易。大易中六十四卦三百八十四爻。卻像個什麼。凡學易者。就滿口說都是像聖人。前朝徐寒泉作易。或其中明雲。易者無形之聖人。聖人者有形之易。諸儒也無不說乾坤就是易。乾坤就是聖人。若這個聖人。還不是降生的天主。易經的妙文。總不可解矣。若這個聖人。又是人又是天主。聖三上帝所許將來的救世者。一定是他無疑了。（頁24）

小說中司馬溫古認為書之最古最奧者為易，並推論易就是天主。再看，馬若瑟在《中國古籍中之基督教主要教條之遺跡》中論述《易經》圖示時道：「可能你會反對我現在的觀點，也就是早些時候我曾經贊同白晉認為伏羲就是以諾的看法……沒有什麼能夠阻止我們認為伏羲預示了神性，女媧預示了耶穌基督的人性……伏羲創造了天地，女媧又修補了它們。因此這裡說的肯定不是以諾。」[18]這段話中，馬若瑟認為伏羲是天主。如果把《儒交信》中司馬溫古講的「易者無形之聖人。聖人者有形之易。若聖人又是人又是天主。就是將來的救世主」與馬若瑟在《遺跡》中的論點兩相對照，我們很容易看出兩個觀點是呼應的。從這個角度上看，《儒交信》中司馬溫古的論調似乎是馬若瑟的論調，這部小說很可能是馬若瑟為「索隱派」辯論的隱晦小說。

[17] 同上，頁185。

[18] 同上，頁181。

其二、馬若瑟在《儒交信》中插入中文《信經直解》，這種傳教方法並非偶然，乃與當時耶穌會士的傳教條件和處境有關。明清天主教在聖經翻譯上遲滯。1622年教廷傳信部成立，在《聖經》出版和翻譯方面採取保守政策，並於1655年禁止印製出版任何未經批准的經典書籍，這對中文聖經的出版無疑是重大的阻礙。尤其，對於後來像馬若瑟一樣在漢語經典中尋找天主真理的傳教士而言，更是一種對傳教思路和方式的抑制。在明清天主教譯經工作不能深入開展的情況下，一些耶穌會傳教士仍以郵急的方式纂寫了為數不多的中文護教書，如艾儒略（Giulio Aleni, 1582-1649）的《天主降生言行紀畧》[19]，此書基本上是一部耶穌傳，主體內容主要依據《新約》四福音書進行直譯或轉譯，[20]並與他的另一本護教書《天主降生引義》[21]互為輔助。馬若瑟《儒交信》中直接提到《天主降生言行紀畧》這本書：「司馬公道。儒教信孔子的言。怎麼曉得是孔子說的。李光道。昔孔子歿。未有多時。門人記孔子格言。筆之於書。謂之魯論。司馬公道耶穌弟子也然。記著耶穌大訓。集為聖經。（見天主降生言行紀略）」（頁25）傅聖澤在評論馬若瑟的《儒交信》時認為：「被信仰宣佈為罪人的人們卻被置於與天主徒所奉之神平起平坐的地位，這發現是多麼可怕」，並提醒馬若瑟「在皇帝自己的作品中「天」、「上帝」、「太極」和「理」之間沒有區別」[22]。傅聖澤或許是批評馬若瑟在《儒交信》中將孔子與耶穌（三位一體的神）做類比的做法。從傅聖澤花費幾個月來評論《儒交信》的嚴肅態度來看，這篇小說極有可能被傳教

[19] 鄭安德編：《明末清初耶穌會思想文獻彙編》（第十冊），北京：北京大學宗教研究所，2000。

[20] 相關研究可參潘鳳娟：〈述而不譯？艾儒略《天主降生言行紀畧》的跨語言敘事初探〉，《中國文哲研究集刊》（第34期），2009年3月，頁111-167。

[21] 版本可參鄭安德編：《明末清初耶穌會思想文獻彙編》（第十一冊），北京：北京大學宗教研究所，2000。

[22] （美）魏若望著，吳莉偉譯：《耶穌會士傅聖澤神甫傳：索隱派思想在中國及歐洲》，鄭州：大象出版社，2006，頁227。

士們當成一個可嘗試的傳教文本，在小說中插入馬若瑟所作《信經直解》全文更可證明這一點。《儒交信》第二回作者提到司馬溫古向李光傳天主之道：「我這裡有一本書。當信的事。都在裡頭，請兄看一看。待弟回來。省得說那些事。」（頁13）第三回寫李光臨窗坐下，展讀小書，正是署名「極西耶穌會士馬若瑟述」的《信經直解》。此小書共分為十二節。第一至三節分別論信天主、耶穌和瑪利亞；第四至七節論耶穌受難、復活、升天和死後審判；第八至九節論信聖神和聖徒；第十至十二節論赦罪、肉身復活和長生。從某種角度觀之，馬若瑟與艾儒略的傳教方法有其趨同之處，只不過馬若瑟的《儒交信》更具中國的本土色彩。

結合《儒交信》的寫作背景來看，這部小說折射出馬若瑟面對中西「禮儀之爭」和中國傳教形勢所作出的反應和思考。小說人物的言論在某種程度上暗合了馬若瑟在其他論著中的「索隱派」思想，而插入故事中的《信經直解》足見作者在漢語專研基礎上借小說以載天主之道的傳教意圖。中國自古就有「文以載道」的傳統，但借白話文小說以載道卻濫觴於明清。《儒交信》的出現是一個時代的信號：在梁啟超的「小說界革命」[23]之先，明清小說的新舊變革已在醞釀之中，傅聖澤在1709年致馬若瑟的信中認為「任務是艱巨的，因為偏見不能像長袍那樣說扔就扔……不能指望天意，因為它顯然還沒有激發這樣一個勇敢的民族去創作任何東西」[24]。在某種程度上看，在中國新舊文化的變革中，西方的傳教士以「創造性」的思路有意或無意地走在了時代的前沿。

[23] 戊戌變法後，梁啟超逃亡日本，在日本創辦《清議報》，決心實踐其變革小說的主張，翻譯了日本的政治小說《佳人奇遇》在《清議報》上連載，且為此撰寫《譯印政治小說序》，將「政治小說」作為不同於傳統的「新小說」提出來。1902年，晚清小說進入熱潮，梁啟超正式打出「小說界革命」的旗號：「欲新一國之民，不可不先新一國之小說。」（參袁進：《中國小說的近代變革》，北京：中國社會科學出版社，1992，頁31-32。）

[24] （美）魏若望著，吳莉偉譯：《耶穌會士傅聖澤神甫傳：索隱派思想在中國及歐洲》，鄭州：大象出版社，2006，頁146.

三、「補儒辟佛」

《儒交信》產生於明末清初中西文化碰撞的處境之中，我們理解這部小說勢必要結合耶穌士入華的時代格局以觀之。1584年，當第一批耶穌會士利瑪竇和羅明堅入駐中國南方，他們就在傳教區內確立了謹慎的傳教策略：循序漸進的傳教行動輔以必要時的迂迴路線。羅明堅在1584年5月30日致耶穌會總會長的一封書中強調「文雅和巧妙」行事的必要，[25]因為激進的傳教方式將危及他們在中國的全部事業。耶穌會傳教士「索隱」主義的淵源可追溯至利瑪竇，其在《天主實義》中就曾試圖指出天主教與中國經典中所含法則之間的聯繫，後來的耶穌會士多遵循此道。一些深信宗教普遍特徵的耶穌會士曾認為「不幸已變成無神論者的中國人，過去曾對真正的上帝有過某種瞭解的願望很強烈」[26]。馬若瑟等人的「索隱」傳教思路不過是明末第一代耶穌會士利瑪竇等傳教策略的延續和衍生，「索隱派們後來力爭，他們的工作只是在發展利瑪竇關於中國經典之思想的過程中對它的修正提煉」[27]。就《儒交信》而論，這種延續也體現在「補儒」和「辟佛」傾向上。

在對《儒交信》文本解讀中，我們洞察作者的創作思路似乎是力圖擺脫西方正統神學的框架限制，從中國實際情況出發，在與耶穌訓誡文本的對話中進行敘述。它在思想內容上具有明顯的「融儒」和「補儒」傾向，例如，關於天主與上帝的辯識問題。第二回中，司馬溫古答李光道：

[25] （法）謝和耐著，耿昇譯：《中國與基督教——中西文化的首次撞擊》（增補本），上海：上海古籍出版社，2003，頁1。

[26] 同上，頁012。

[27] （美）魏若望著，吳莉偉譯：《耶穌會士傅聖澤神甫傳：索隱派思想在中國及歐洲》，鄭州：大象出版社，2006，頁136。

據西儒說。天主就是無始無終。自有自足。全能全知。全善。至尊無封。至公無私。至一不貳。無形無像。純神妙體。造天造地。生人生物。無所不在。無所不見。無所不聞。無善不賞。無惡不罰。這都是極真的道理。然據儒教的六經。言上天。神天。上帝。皇天上帝。其與西儒言天主。一些也不差。（頁9-10）

此對話本質關涉中國古代的敬天思想與天主教信天主之間的趨同性思考。具體來講，即談到一個對中國傳統文化中的「天」與天主教中的「天主」同一的問題。小說人物的言論立場是顯而易見的，認為中儒的「黃天上帝」與西儒的「天主」一點不差，都是宇宙的主宰。這種觀點在馬若瑟的另一著作《儒教實義》[28]中，我們也能找到一致的論述。在論及「上帝是造物主」時，馬若瑟寫道：

惟皇上帝，萬物之本，萬理之原，為能造成之確矣。諸物猶巨室然，夫室者，必其材料，以成其形；又有定則，以為其理。苟無人以造之，則不可得而成。夫巨室者，天地也；材料者，氣也；清上濁下者，理也；化成之者，上帝也。《易》曰：

[28] 馬若瑟著：《儒教實義》，參鄭安德編：《明末清初耶穌會思想文獻彙編》（第十四冊），北京：北京大學宗教研究所，2000。此書為抄寫本，共77面，現藏於梵蒂岡圖書館（Biblioteca Apostolica Vaticana），文獻編號為Borg.cine.316-I-20-I號。巴黎國家圖書館（Bibliothèque Nationale de France）亦有兩部抄本，古朗氏編目為7152 和7153號。《儒教實義》以問答的形式寫成。馬若瑟假托遠生設問，醇儒作答，由溫古字記述完成。該書附有編序註明作者筆名「溫古字」的文化含義，並指出其寫作意圖：明清之際來華的耶穌會士，多認為中國古代的儒學與天主教不謀而合，只是因為秦火之後，才漸漸失其真傳。其後，佛老並起，雜說紛陳。雖經理學中興，卓然自尊，但也是自成一家，終不能返樸歸真。所以作者以「溫古字」自號，並稱傳道解惑者為「醇儒」，把儒家實義詮釋為侍奉上帝，「依此先儒之明言，則自宋至今，凡為醇儒者，皆信古經大訓，皆事皇天上帝，亦不可疑也。」

「帝出乎震。」《禮》曰：「萬物本乎天。」此之謂也。（頁11）

在馬若瑟看來，儒學中存有天學的啟示，上帝是萬物之本，萬理之原，這些道理在中國古人的典籍《易》、《禮》已經講到了。可見，馬若瑟的思路與利瑪竇等耶穌會士出於一個傳教系統，他們宣稱中國人的祖先知道上帝並遵守著上帝的教誨，他們所傳佈的教義與中國人祖先所擁有的相同。[29]

《儒交信》對明末耶穌會士傳教思路和策略的繼承，還體現在小說的「辟佛」傾向上。如《儒交信》第六回中寫道：

西師道。勸人以言。不若感人以德。不講天主教之美。開口便嗔和尚。鄙菩薩。平白得罪人。非所以救人也。夫和尚。當憐不當嗔。蓋其意原非不好。欲修道行善。但可惜走錯了路。菩薩亦不可鄙。寧可問外教人。拜菩薩有什麼好處。信菩薩有甚證據。使人自己曉得奉事菩薩。荒唐無味。然後好將天主之道之美。講與他們聽。（頁43）

「辟佛」問題是天主教進入中國面臨的重要問題。文中西師對佛僧的態度雖然是溫和的，認為「當憐不當嗔」，只是「走錯了路」，但他沒有講佛僧怎麼走錯了路。他認為世人事菩薩荒唐無味，也沒有分析個中原因。事實上，明清的耶佛相遇衝突多於對話。明清天主教傳教士們僅僅「希望把佛教看成一種粗俗的偶像崇拜，他們拒絕做出任何努力，以理解一種他們覺得是受了魔鬼影響的教理」[30]。利瑪

[29] Michael Cooper, *Rodrigues the Interpreter: An Early Jesuit in Japan and China*, New York: Weatherhill, 1974, p.282

[30] （法）謝和耐著，耿昇譯：《中國與基督教——中西文化的首次撞擊》（增補本），上海：上海古籍出版社，2003，頁195。

竇等忽視佛教的哲學基礎，對佛教毫不含糊地一概否定，「力排釋氏，故學佛者起而相爭。利瑪竇又反唇相詰」[31]。明崇禎時期，艾儒略與佛僧之間也產生過激烈的衝突。由於艾儒略在福建傳教的成就和天主教的「辟佛」行為，引起佛教居士黃貞的強烈不滿。1635年八月，黃貞邀請寧波天堂寺密雲圓悟作《辨天初說》與傳教士展開辯論。[32]並將該作「遍榜武林」。八月二十一日，佛門弟子張廣湉拿著《辨天初說》入杭州天主堂，被拒之門外。圓悟根據張廣湉所述的遭遇，纂寫《辨天二說》。九月，《辨天二說》再被圓悟公之於眾。十月，張廣湉再持《辨天二說》赴杭州天主堂辯論，這次天主教神甫改變了策略，「凡有書出來無不收，然必不答」[33]。可見，明清期間耶佛之間是公開對立的。在《儒交信》中，作者讓李光打碎佛像：「這吳氏在鏡臺前梳洗既畢。出來正要燒香。總然看見這些菩薩。都丟在地下。有打掉了頭的。有弄斷了腿的。七零八落。滿地都是。」（頁30-31）馬若瑟既用小說中人物打破佛像，以顯其「辟佛」立場的堅決，又用西師的寬容「圓寂」了自身對佛學思想的欠缺。另外，《儒交信》的情節雖充斥著「辟佛」情緒，但小說卻以一個佛教意味頗濃的「因果報應」式結局收篇：楊順水不肯信教，最後遭強盜打劫，死於急症。在論及「人性善惡」時，利瑪竇認為「世人之祖已敗人類性根，則為其子孫者沿其遺累……雖然性體自善，不能因惡而滅，所以凡有發奮遷善，轉念可成，天主亦必佑之。但民善性既滅，又習乎醜，所以易溺於惡，難建於善耳」[34]。在論「人的拯救」時，華東天主教徒朱宗元（1609-？）以為「所謂罪人，教外不認真主之人，與

[31] 朱維錚編：《利瑪竇中文著譯集》，香港：香港城市大學出版社，2001，頁102。

[32] 釋圓悟：《辨天初說》，《藏外佛經》（十四冊），合肥：黃山書社，2005，頁623。

[33] 同上，頁626。

[34] 利瑪竇：《天主實義》，轉引自鄭安德編：《明末清初耶穌會思想文獻彙編》（第五十七冊），北京：北京大學宗教研究所，2000，頁122。

被教之士有所過犯而未經悔解者。不認主者，有他善矣；未悔解者，或有後善矣。然既負罪於身，便為真主厭惡，特上帝無量仁慈，不遽絕滅，久容以俟其後改也」[35]。以上前一則資料反映了利瑪竇對待善惡報應的觀點：人的罪性由祖先遺留下來，但人不能因惡而滅，皈依天主則得拯救；而在後一則資料中朱宗元相信：上帝不滅罪人，待其悔改。《儒交信》對小說人物楊順水的「現世現報」的結局構思似乎與這兩則資料反映的一些明清天主徒的觀點矛盾。因此，從理據分析來看，《儒交信》中反映的耶佛對立，在一定程度上基於小說作者主觀性的宗教立場和態度，缺乏有力的哲理依據和教義支持。

總之，《儒交信》中的「補儒辟佛」成分，某種程度上是耶穌會士「文化融入」的反映和回應中國傳教處境的證據。耶穌會士在向中國輸出天主教教義的同時，其所傳揚的「天主」也被中國的「上帝」這個「他者」所賦形，這是一個中西文化互相詮釋也有誤讀的過程。在此過程中，「他者」的身份定位所發揮的功用與「自我」同等重要。最初的傳教士，如利瑪竇等，正是出於對傳教環境外力的無奈，才單方面誇大了天、儒之趨同性與天、釋之間的差異性。此舉深層的根本原因在于「文化上的強制」，而這種隱形的「文化強制」源於西方天主教教義傳統，也源于中國文化處境。故而，西方傳教士所感受到的是同時來自於中國和西方的雙重文化強制，他們「被置身於這種雙重強迫與命令之中，唯一能採取的回應便是在雙重壓迫的纏夾之下，努力以『似是』之『同』來彌合『實異』之鴻溝……這種調和本身便也是在中西文化雙重作用下所達成的一種奇特的文化貫通，其性質，則遠非單純的主動或被動所能概括」[36]。在《儒交信》中，我們常常看到小說作者取天主教的義理，輔以中國上古文獻中的某些儒

[35] 朱宗元：《拯世略說》，轉引自鄭安德編：《明末清初耶穌會思想文獻彙編》（第五十七冊），北京：北京大學宗教研究所，2000，頁150。

[36] 劉耘華：《詮釋的圓環——明末清初傳教士對儒家經典的解釋及其本土回應》，北京：北京大學出版社，2005，頁5。

學觀點進行斷章取義的參照詮釋，努力證明天、儒的同一性。這種生硬的對照闡發使單個的儒學精髓也發生了義理的遷移，可以說，這是「文化強制」在中西文化交流中產生的消極後果。

四、結語

自羅馬天主教傳教士於明正德年間涉足中國沿海城市傳教開始，至清代嘉慶年間，已歷時兩百多年。在這一過程中，西方傳教士將西方文化注入中國大地，打開了中西文化交流的大門。這次發生在中國與歐洲之間的大規模交往無疑既具有文化史價值，也蘊含著深刻的思想史意義。《儒交信》誕生於中西文化碰撞的土壤中，以一種文學的方式記錄了耶穌會傳教士「索隱派」的思想觀點。耶穌會傳教士「索隱」主義者試圖從中國經典中發現《舊約》奧義的嘗試很大程度上出於其在中國傳教的壓力：中國人以為祖先的經書並沒記載天教之事，並對其他民族的文化持有輕蔑之意。故而，他們選擇了「索隱」的做法，從中國古代文化中尋求與天主教的趨同點，甚至將中國文化說成是天主教的派生物。這種傳教策略在某些方面可追溯到第一代耶穌會士利瑪竇，他在思考中國哲學時，堅持以為「四書五經」為基礎，並在《天主實義》中引用《中庸》的一些篇章駁斥朱熹的理解。利瑪竇以後的耶穌會士多遵循他的觀點，越過理學家而回歸古代經典中的純粹儒學。[37]然而，最古老的經典《易經》卻受到許多耶穌會士的排斥。在此背景下，白晉受康熙之邀研習《易經》，他曾於1697年八月至十月間致信當時代理法國省教區長，反駁閻當（Charles Maigrot，1652-1730）在1693年發布的《南京通諭》（主要內容是禁止中國信徒行祭祖祀孔之禮）。他在信中提出關於「索隱派」的三個重要命題：

37 （美）魏若望著，吳莉偉譯：《耶穌會士傅聖澤神甫傳：索隱派思想在中國及歐洲》，鄭州：大象出版社，2006，頁138。

> 在正確理解的前提下，中國人信奉的哲學中沒有違背天主教律令的內容；『太極』即上帝，為萬物之源；《易經》是中國人最上乘的道德與自然哲學的濃縮。[38]

白晉對《易經》持有此觀點大約十年之久，但直到第二批法國耶穌會士馬若瑟和傅聖澤等來華並具備閱讀中文的能力，他才得以創建一個學派來發展他宣稱的發現。傅聖澤和馬若瑟受白晉的影響，對中國古文字都有深入研究。馬若瑟與白晉一樣認為「中國文字不是伏羲所創，而是神創造的，並且中國現行文字已經不是古時文字」[39]。而中國經典是宇宙間最古老不朽的著作，故而他努力在中國經書古籍中尋找最古老的傳說，遇到不明段落或歷代解釋分歧之處則將《易經》之卜卦與《詩經》之譬喻加以互釋利用。在《儒交信》中，我們讀到小說人物常談中國古奧之書，常言「五經四書諸子百家」（頁6）云云，像是「索隱」幽靈透過歷史時空在發表言論。從耶穌會傳教士「索隱派」存在的歷史意義來看，雖然他們的觀點佔少數，但卻「成為在中國和在歐洲的西方人致力於以比較的眼光來理解中西兩種文化的觸媒」[40]。儘管他們通過從中國古籍中找尋天主教和《聖經》記載的蹤跡，從歷史學理解上看似荒唐，但「在思想交流上卻曲徑通幽，達到了一種超越歷史認知的靈性溝通和契合」[41]。由於《儒交信》寫於羅馬天主教會內部「禮儀之爭」且反對傳教士遷就儒家思潮占上風之時，在華傳教士的言論受到羅馬教廷的嚴格控制。[42]在此

---

[38] 轉引自張國剛等著：《明清傳教士與歐洲漢學》，北京：中國社會科學出版社，2001，頁192。

[39] 同上，頁193。

[40] 同上，頁135。

[41] 卓新平：〈索隱派與中西文化認同〉，載氏著《基督宗教論》，北京：社會科學文獻出版社，2000，頁292。

[42] 馬若瑟在給傅爾蒙的一封信中寫道：「從1710年開始，羅馬教廷禁止我們纂寫任何有關中國問題的東西，無論是持贊成還是反對的態度，我們已經保持沉默了18年。然而，難道開口說出真相是如此可怕的罪行嗎？難道替真理和

背景下，《儒交信》並沒獲准發表，直到1942年，河北獻縣天主教會才將此書排印出版，影響甚微。但我們透過小說的蛛絲馬跡，仍能尋見馬若瑟「索隱」思想的星火。從某些層面看，《儒交信》為我們瞭解中國「索隱」傳教士的傳教思想和運作策略提供了另一生動註腳和參照視野。

無辜辯護確實應被壓制嗎？我深信您能理解我的困境，而事實遠比我告訴您的糟糕。」（參龍伯格著，李真、駱潔譯：《清代來華傳教士馬若瑟研究》，鄭州：大象出版社，2004，頁031。）

高雄三塊厝一個傳道者的宗教理念與生活：道德院開山宗長郭騰芳

康詩瑀*

摘要

本文以高雄道德院創建者－郭騰芳的生平與宗教理念為探討重心，除前言與結論部分，內容論述分成三部分。第一部分以郭騰芳的生平做一敘述，及青年時期宏道講經與籌組建廟的過程，建廟後進行的廟務規劃等，藉以探討台灣戰後道教的發展中，在地方社會所扮演的角色與影響力。第二部分敘述高雄道德院建立的經歷，將透過口述歷史的方式，輔以訪問參與創廟時期的地方耆老與相關人物，並結合地方文獻資料、廟誌等，將創建於民國四十九年（1960）的高雄道德院歷史發展之淵源做一記述。第三部分是探討郭氏的宗教理念，以《道德經》、《易經》、《清靜經》、《南華真經》、《太上感應篇》等經典為中心準則，對「太乙救苦天尊」的崇信，及組織玉女組與出家法師的過程，藉以看出其對於宏揚道法的經過與思維的轉變。

關鍵詞：郭騰芳、道德經、易經、高雄道德院、太乙救苦天尊、太乙真蓮宗

* 國立中正大學歷史研究所博士候選人。

一、前言

近來關於近代宗教與地方社會的關係，自清帝國晚期至現代的中國與台灣，在官方、神職人員、地方菁英三者的權力結構產生很大的轉變。在道教議題研究上，以西方學者與日本學者在時間上的研究為較早，後來台灣才逐漸有學者如劉枝萬、丁煌、李豐楙、康豹、蕭登福、謝聰輝等作深入研究，西方學者在道教研究，將龐雜的文章整理成《西方道教研究編年史》一書，[1]按照道教研究的各主題，清楚的列出從1950年到1990年的研究文章及其重點，探討中國文化中的道教單元，指出學者對區別道教及民間宗教與否的論戰，對道士的自我界定裡，認為道教因為有其制度、儀式，所以不同於民間宗教。也有學者認為道教某部分起源於民間宗教，並致力於與上層社會的結合。

台灣在八〇年代中期發揚道教文化的成果，可分幾個部分：（一）創辦道教學校，民國七十七年（1988）高雄道德院開山宗長－郭騰芳創立修真道學院，台灣中華道教總會於民國七十八年（1989）成立中華道教學院。（二）成立研究機構，民國七十六年（1987）成功大學歷史系設立道教研究室，由丁煌負責講授道教神學、道教史專題研究等，與台南道教會合作編印《道教學探索》。民國八十一年（1992）春，淡江大學中文系成立道教研究中心，以劉翰平為首，籌辦道教學報和學術會議。（三）創辦道教學術刊物，《道教文化》創辦於民國六十七年（1978）九月，龔群的《東方宗教研究》，創於民國七十六年（1987）九月，主要刊登道教、佛教、民間信仰方面的論文；《道教學探索》創刊於民國七十七年（1988）十二月，由成功大學歷史系道教研究室與台灣中華道教總會、台南道教會合作編印，《中華大道》創刊於民國七十五年（1986）。此外，還有《臺灣文

[1] 索安，《西方道教研究編年史》，北京：中華書局，2002。

獻》、《臺灣風物》、《民俗曲藝》、《思與言》、《漢學研究通訊》、《漢學研究》、《鵝湖》、《食貨》等。[2]

有關道教的文獻資料，除了《道教學探索》、《宗教學研究》期刊專門探討道教相關的文章，包括道教經典討論、道教義理溯源、道教與道家關係、道教與儒、佛教關係……等，但對於道教與地方社會文化銜接的重要角色——道長卻缺乏深入性的探討與研究。丁煌以台南道的陳、曾兩道長世家作為研究題材，詳細記載兩家系譜與相當人士事略，可稍補充神職人員與地方社會的互動關係與發展。[3]在宗教家與近代都市社會史方面，康豹的〈一個著名上海商人與慈善家的宗教生活：王一亭〉，[4]透過檢視晚清與民國時期一個知名的上海菁英成員－王一亭的宗教生活，嘗試探索在現代中國、社會與宗教史的框架下的個人信仰、行為，討論著宗教如何建構作為上海菁英分子的生涯，宗教與現代性在都市化的中國所呈現的各種議題。然而，郭騰芳身處在戰後的台灣社會，將如何以個人對道教的熱忱，結合對宏揚道法的同道，慢慢由佈教所、道善堂，最終到建廟的過程，與地方上的各方勢力交流，甚至獲得地方士紳與大家族的金援及捐地，這些過歷與王一亭有其共通性與相似之處，亦是本文探討的動機與主旨。

2　參考胡孚琛主編，《中華道教大辭典》，中國社會科學出版，1995，轉引自李養正，《當代道教》，東方出版，2000，頁298-301。

3　丁煌，〈台南世業道士陳、曾二家初探：以其家世、傳衍及文物散佚為主題略論〉，1990。

4　王一亭生平資料，參考蕭芬琪，《王一亭》及所附《王一亭年表簡編》，石家莊：河北教育出版社，2002；汪仁澤，《民國人物傳》，北京：中華書局，1984，頁255-260；于凌波，《中國近現代佛教人物志》，〈白龍山人－王一亭〉，北京：宗教文化出版社，1995，頁346-349。善書事業的發展參考游子安，《善與人同——明清以來的慈善與教化》，北京：中華書局，2005，頁156-164。關於宗教生活部分，參見康豹著、劉永中譯，〈一個著名上海與慈善家的宗教生活：王一亭〉，《從城市看中國的現代性》，台北：中央研究院近代史研究所，2010，頁282-292。

二、郭騰芳的生平（1923-1998）

（一）早年的生活環境

郭氏祖先累世務農，世居高雄市三塊厝，祖籍福建省漳州府龍溪縣。家風純樸篤實，家門之中過去有精通醫藥者，懸壺濟世，在高雄市三塊厝一地頗具聲望。郭騰芳之父名為郭芝，為人厚道、個性儉樸，家中從事農務工作。郭芝育有仁芳、啟芳、騰芳、振芳四子及一女輝碧，因重視教育，故五名子女均擁有高學歷，在宗教、社會、商業等各界，有傑出表現與發展。

郭騰芳生於大正十二年（1923）農曆十一月十五日，家中排行第三，乳名「媽福」，[5]自號藏應。[6]出生時，據聞其母親李亂太夫人臨盆困難，依習俗慣例需延請道士作法祈福。未料當地道士均外出，無人可以操作法事，情急之中巧遇來自岡山的道長來訪，家人因而央求為她作法。道長一至郭府，隨即揮動法器為其施法求順產，在岡山道長施行法事的協助下順利引產，不久瞬聽到嘹亮的嬰兒啼聲。這也是他誕生時的傳奇故事，似乎註定早與神職人員結緣的開端。[7]

---

5 以乳名媽福的原因，即因自郭騰芳出生後，原本身體狀況一直不佳的李亂太夫人，居然漸漸好轉，族人皆認為這樣的小孩會為母親帶來福份，故以乳名媽福名之。（口訪郭國賢，時間：2011.07.07）

6 道號「藏應」二字的出處是源自於《南華經》‧〈應帝王〉篇，「至人之用心如鏡，不將不迎，應而不藏。」

7 早期的台灣社會在醫療環境不發達，每逢遇到婦女產難或嬰孩的疾病問題，都會延請法師或道士為其消災解厄，其中以婦孺守護神之稱的「臨水夫人（陳靖姑）」為顯著，特別是救產難。因其傳說故事及成仙得道的過程與閭山派有關聯，與異姓姐妹李三娘、林九娘合稱為三奶夫人，成為民間信仰上的另一派別「三奶派」。閭山派及三奶派的神職人員更將其視為祖師或守護神。（參見拙著，〈台灣臨水夫人信仰之研究——以白河臨水宮、台南臨水夫人媽廟為例〉，中央大學歷史研究所碩士論文，2007。）另參考高雄道德院、中國性命雙修協會編，〈郭公騰芳藏應道師行誼略記〉，《郭公騰芳藏應道師哀思錄》，1998，頁1-8。口訪翁太明住持、梁太嫻師、黃川田法師、謝富雄師兄（時間：2011.03.19、2011.04.02、2011.05.08、2011.06.09）；口訪郭

他的求學經歷，先從高雄市三民區示範學校畢業後，至屏東高等農業學校（現為屏東科技大學）就讀，年十七歲，在父母親的安排下至日本深造，進入東京經濟大學就讀。此時開始接受與精研儒、釋、道三教聖典，特別對《易經》感興趣。民國三十四年（1945）二次大戰結束，日本戰敗局勢紛亂，奉父命返台協助家業，年二十四歲，在雙親的安排下與高雄市林德官望族－李朝魁保正之孫女，即李天元次女李碧月結婚。李氏家族除了在地方上頗具聲望，也是當地具有保正身份的地主與農戶。[8]婚後育有五子（二男三女），分別是：郭國賢、郭曜豪、郭鳳室、郭貴梅、郭玲妙。郭氏對於子女的教育相當重視，五名子女在父母親的規劃下，皆接受良好教育。

郭騰芳一生謙沖為懷，生活勤儉，生性不與人爭奪，亦不追求功名與顯赫。每逢農事有閒暇之時，以讀書為趣。閱讀的範圍相關廣泛，無論是儒、釋、道三教經文哲理，或是《易經》、占卜、命理等書籍，乃至醫藥、自然、社會、科學等學科均有涉獵亦見精通。早年精通易卜占星、奇門遁甲、地理風水、八字、流年等五術，因受《易經》影響頗深，[9]後來成為當時高雄市五名著名的風水地理師。因精研與活用道藏，應變無停，人們又稱其為「應變師」。[10]但他深感陰

國賢、黃錫鐘、蔡秋菊（時間：2011.07.04）。

8 關於李朝魁的資料，據《台灣日日新報》記載，可見李氏家族在日治時期是重要的農戶與地主：「鳳山賞農：臺南廳農會為農事獎勵農事一策欲表彰管內之篤農。現鳳山事業區管內。已選定篤農五名。由各事業區主任。為申請授與賞金。其人即山仔頂庄簡汝淮、桶仔梓街林土城。大舍甲庄張媽狀。（以上種甘蔗者）桃園庄李因。林德管庄李朝魁。（以上業農者）等是也。」（中央研究院線上資料庫，〈漢文臺灣日日新報〉，明治四十三年四月一日，第五版，第3576號。）

9 《易經》最初是占卜用的書，但它的影響遍及中國的哲學、宗教、醫學、天文、算數、文學、音樂、藝術、軍事和武術。道、儒、墨及諸子各家和後來佛家的學術思想，也源於《易經》「天人合一」之學。《易經》也是古代占卜的書，殷代盛行以燒裂龜甲的紋路象形，占斷吉凶，稱作「卜」，是龜甲爆裂時聲音。（參考劉大鈞，《周易概論》，山東：齊魯書社，1988。）

10 引自謝富雄師兄，〈懷念恩師對弘揚道教之偉業〉，頁133。另據郭國賢與黃

陽五術僅是道教研究中的一種方術，[11]屬於實用型的技能，未能探討道教學理的根底與源頭，後以鑽研中國傳統道學哲理經典與深研義理為目標。其記憶力和推理能力佳，年輕時能將整本《易經》、《道德經》、《金剛經》、《南華真經》默唸與背誦，就其內文靈活應用自如，深入淺出的傳道講經，可見其記憶力、理解力優異，迄今的皈依弟子及門生皆對他過去的授課內容印象深刻。

一生之中除務農之外，並無從事其他的創業與工作經驗，過去曾短暫開設書局、文具店等，期間廣進各類宗教、哲學之書籍，經營之道以不求聞達為精神、不好營利為原則，經常將原本欲出售的書籍挪為自己鑽研的書籍，成為個人修道、講道之資料。開設書局期間更是潛隱探討，修持心性用功尤勤，終究對於自己的使命有所感觸，以佈教講道為一生的志業，可見對弘揚道教義理的熱忱。

（二）組織道德院內部與終生志業

早期台灣的道教發展以民間信仰為其主流，民間信仰隨著移民的關係在台發展成多元的面貌，形成在本質上俱有濃厚的閩粵民間習俗文化，道教神明成為閩、粵兩地移民者的精神支柱與信仰中心。到了日治時期，由於日本政府在台實施「皇民化政策」，抑道揚佛的宗教政策，對台灣道教的打擊甚大，這段時間的發展處於停滯且衰微。日治後期到國民政府來台期間，所實施的宗教自由的政策，鬆綁了日治時期以來的神道教政策，加以社會的變遷，工商業界的進步與繁榮，

錫鐘表示，郭氏早年擅長奇門遁甲之術，尤其是尋找失蹤人口，凡家中有失蹤者，由家屬帶著照片來找他，經屈指一算，可得知此人目前身在何處？多久之後會歸返？亦或者已往生等情況，其準確程度常成為眾人茶餘飯後討論的話題，因其以為民服務且謙虛不居功的態度，頗受當地人民敬重。

11 一般的傳統術數歸為五大類，稱為「五術」，即山，醫，命，卜，相。「山」是堪輿擇日之數，「醫」是身體保健之術，「命」是命運推算之術，「卜」是占卜吉凶之術，「相」是人體徵兆之術。

在社會資源與資金逐漸豐沛的時代背景，新增的宮廟如雨後春筍般的出現，規模日漸壯觀。

戰後台灣新興的宮廟，儘管有良好建築外觀的硬體設備，卻缺乏軟性的道教義理知識的涵養。民國六〇年代經濟起飛的的時空背景下，郭氏為了使道教廟宇能具有教化人心的功能，民國六十四年（1975）成立慈善會，民國六十五年（1976）於道德院內部開辦太乙真蓮宗靜修道場，民國七十年（1981）成立太乙真蓮宗法門，民國七十七年（1988）元月，首辦道教太乙真蓮宗團體第一屆皈依法會活動。太乙真蓮宗的字義，「太乙」意指道教的太乙救苦天尊，「真」指的是以全真道為出家方式的修行人，「蓮」指的是出淤泥而不染，在塵不染塵的在家修行信眾，希望藉由成立太乙真蓮宗，讓更多的皈依者能認識祂的神職性，對於道教的往生救贖、接引與拔度有更深的理解。[12]據筆者的調查記錄截至民國一百年（2011）為止，皈依太乙真蓮宗之在家弟子全台灣約有二～三千餘人，可見郭氏對弘揚正統道教與匡正社會民心，極具深遠的影響。

民國七十七年（1988）十月開辦道教學院－修真道學院，希望藉由各界道教學者、專家的開班授課，落實以道教經典教化人心之功用。為了提供皈依太乙真蓮宗法門的信徒，從學習道法與身體力行的過程中，去體驗「人法天，天法地，地法道，道法自然」的精神，[13]

[12] 郭氏認為一般的道士或信眾以為往生的世界只有西方極樂世界，此為源自於佛教的說法，在這樣不清楚的狀況，許多神職人員都將往生魂魄引領到西方極樂世界，甚至認為亡魂的歸屬之地即是墳墓區，卻不清楚中國道教的東方長樂世界在何處？在《道藏》的三洞・四輔・十二部的經典中有位負責往生救贖、接引、拔度的太乙救苦天尊（青華大帝），住在東方長樂世界（東極妙嚴宮），身坐九頭獅為其造型。郭氏希望弘揚祂的神格性，藉由平日的修持，往生後在祂的引領下，繼續修行成神仙，終能擺脫輪迴之苦，離苦得樂。

[13] 王重陽在《立教十五論》中「第五論蓋造」，明確反對官方敕建道觀的作法，批評「雕梁峻宇亦非上士之作為，大殿高堂豈是道人之活計」，原因是「砍伐樹木，斷地脈之津液；化道財貨，取人家之血脈。」從宇宙環境論反對破壞自然的行為，也從性命論說明「只修外功，不修內行」不足恃。所以

與天人相應的宇宙觀。爾後在民國七十八年（1989），於高雄甲仙區仙梓巷購買山林土地，成立「三清真道修鍊院」以做為出家法師與皈依同道者的靜修道場。在這樣的居住哲學實踐了現代生態學中講究均衡、自然的道理，藉由打坐與修持的方式體悟「天人合一」之道，為正統道教界培育更多優秀人才，承先啟後的教化與培養，俾使能落實道德院具備教化勸善的功能。

三、高雄道德院的建立

（一）地理環境

今高雄市三民區與鳥松區交界的聚落，名為「本館」。因早期赤山一帶民性強悍，以習武為娛，常利用農閒，開館練武，乃以本館名之。[14]本區東北隅，即舊志謂之大灣山，自楠梓延伸入高雄市鳥松區，再分南北兩支輾轉拐入澄清湖畔。南支邁入市境的覆鼎金，謂之「毯山」；其南側又突起一丘，形如伏獅，遂名獅山或獅頭山。據鳳山縣采訪冊載：

> 毯山，在清屬興隆里覆鼎金莊內，脈由大灣出山，距其西四里許的平地，突起如毯狀，乃肖形取名毯。又云：獅頭山在興隆里，縣西北九里，脈由大灣出山，屹立覆鼎金陂中，西、南、北三面環水，堪輿家以為獅子弄毯云。[15]

全真即以「庵」為蓋造的準則，依山度勢，簡潔為宜，重要的就是在求「身中寶殿」。王重陽的理念影響郭騰芳建造高雄道德院，以及甲仙三清真道修鍊院的建築規劃，筆者觀察這兩處的建築結構，亦符合全真道清修簡約的精神，與不破壞原始自然環境為原則。

14 《高雄市各區發展淵源》，高雄市文獻會出版，1992，頁643。

15 清・盧德嘉，〈地輿（二）・諸山〉，《鳳山縣采訪冊》，第三冊，乙部，台灣文獻叢刊第73種，台北：臺灣銀行經濟研究室編，1960，頁23。

獅頭山在興隆里，脈亦由大灣山延出，屹立「覆鼎金埤」中。由於獅山面對毬山，宛如一座巨型的吉祥石雕—獅子弄毬，位於本館之北端；如寶國、寶華、寶民、寶興諸里，位於獅頭山之首，地形如伏獅之首級，乃稱「獅頭」。其北覆鼎金為獅頭山的脊頂，傳說金獅湖畔道德院的後殿，即凌霄寶殿的樓下凹處為「獅喉」所在地，堪輿家認為這是人間罕有的「寶穴」。[16]金獅湖，舊誌叫「覆鼎金埤」，位處獅頭山下，山之西、南、北三面均被潭水所環抱，湖面成一魚勾狀的外形，人們以地緣為由取名為「金獅湖」。此湖廣約十甲餘，早期為灌溉用的埤堰，灌溉面積約六十八甲，采訪冊也記載：「覆鼎金埤，在興隆里獅頭山下，埤環其下，周五里許，源受覆鼎金圳，分注一陂田圳，溉田六十八甲，多產菱芡。」[17]（參見地圖1-1）

據道德院自行刊印的廟誌提及：

> 廟地坐東〔辰山〕向西，來龍是雄偉活潑，全身完整之獅山吉地，廟殿在旺氣呈現之鼻唇。後殿三樓建，象徵天地人三才。尤其是後殿在山地起聳，中殿在平地立基，前殿靠近環水。正符合道教統御三界〔天地水〕萬靈之天然配置。[18]

16 《高雄市各區發展淵源》，頁643。另，筆者走訪這處獅喉所在地，後殿在高起的山坡上，中殿在平地的地基，前殿臨近湖水，可謂上中下三穴齊全。由中殿可看到後山坡之金黃土質，因建在鼻唇處，所以後殿雖為三樓建築物，但地下室後方只留大柱，不設磚牆，使獅鼻之土脈得以吐納地氣。現今道德院將金黃土質處以鐵閘門封住，內部保留原始的泥土堆，不做其他的建設，此風水地的上方，即修真道院與凌霄寶殿所在地。據義工何師兄表示，此處雖屬於獅喉之風水地，為避免獅子大開獅口而傷及無辜，祖師在風水原則的推算下，於民國七十一年（1982）在左側建立一座太乙救苦天尊的神像做為鎮壓。造形是身騎九頭獅，正與金獅穴的地理吻合，此風水地也成為信眾的信仰聖地。（參見附錄圖1-1）

17 《高雄市各區發展淵源》，頁689。

18 《道德院沿革》，廟方自印，1979，無頁碼。

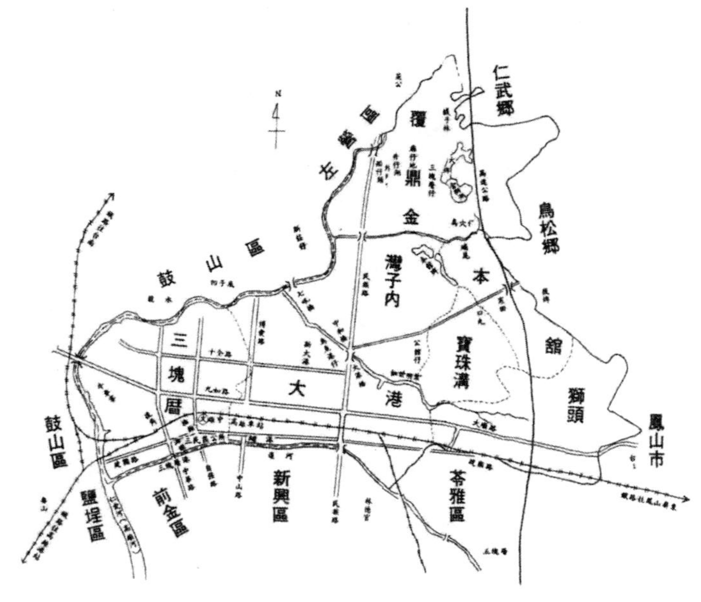

地圖1-1　三民區舊部落舊地名

資料來源：《高雄市舊地名探索》，高雄市文獻委員會編輯，1983，無頁碼。

由此可見廟宇整體的建築方式，充滿著濃厚的陰陽五行與風水地理之說（下文以道德院稱之）。[19]金獅湖與獅頭山造就風水上的「辰山」地形，傳說此一地理是較利於女道士（坤道）或女性出家法師的修行，造就日後道德院除了是信仰中心之外，也成為坤道與在家修弟子的修行地。廟宇的歷史發展過程據廟方自行刊印的簡介如下所述：

> 高雄道德院位在金獅湖畔，主祀太上老君，創院於民國四十九年（1960）。道德院前殿院址為鼎金保安宮信徒所捐，後殿土

19　風水也稱堪輿，是中國人對天體運行及其自然環境的綜合論述，反映在居住生活的思考模式中，以有形的存在實體（空間）與無形的理氣變化（時間）等兩方面，判斷實體建物的吉凶剋應，形成對居住環境的依賴感與價值觀。（轉引自謝耀德，〈道教風水理論與實踐：《黃帝宅經》探究〉，《唐朝道教思想學術研討會會議論文》，2010，頁1。）

> 地係民國五十五年（1966），由士紳陳啟清之母陳孫款捐獻後殿用地。其後又有眾多信徒響應集資興建，始成今日之規模。高雄道德院開山宗長為郭藏應道師，原名郭騰芳，藏應是其道號，早歲留學日本，研究儒道釋三教聖典。開設道教佈教所後，還曾擔任省道教會的傳教師。民國七十年（1981）成立道教太乙真蓮宗法門。民國七十七年（1988）年成立修真道學院，並舉辦道教太乙真蓮宗第一居團體皈依大法會，又創建三清真道修鍊院。其基本主張為正統道教之推行，宏揚正教。[20]

從簡介來看，道德院建廟的前身源自民國四十四年（1955）至四十九年（1960）期間的傳教佈道過程，建廟時受到覆鼎金保安宮信徒，與爾後高雄地方士紳陳啟清家族的捐地，以及四方信眾的捐款，累積一定的財力、人力、物力的資源，民國四十九年（1960）於金獅湖畔建廟。之後憑著郭騰芳對於宏揚道學的熱忱，在道德院內成立道教太乙真蓮宗法門、三清真道修鍊院，主張以宣揚道教義理與經典為修道的方式，結合對太上道祖與太乙救苦天尊的信仰，使之結合修道與信仰的中心。（參見附錄圖1-2）

（二）建廟過程

目前現有的廟址是郭騰芳經過多年努力的結果。他在二次大戰結束自日本返台後，投入道法的鑽研與宏揚，當時經常走訪各處鼓吹道教義理與宣道。[21]在創建道德院之前，總共有三處傳道佈教的地點。最早的佈道時間於民國四十四年（1955），歲次乙未，地點在高雄市

[20] 同上註。

[21] 口訪黃錫鐘，現年70多歲，為皈依太乙真蓮宗的在家修弟子，原居台南縣佳里鎮，現居高雄，國民學校畢業，後加入道德院的信徒組織，是早年郭氏弘揚道法時的追隨者，負責安排交通事宜，亦參與高雄道德院的建廟過程。（時間：2011.07.04）

苓雅區佈教講道。這是一個臨時搭建的佈教場所。最初的傳教方式是以《道德經》做為開場白，傳道內容時而《金剛經》、《華嚴經》，並引用《易經》為講經說道的內容。當時的情況是由一開始無人入座，到後來發展成僅站後排試聽的盛況，可見當年傳道之艱難，爾後因傳道內容豐富才陸續有信徒入座聆聽，首次公開演講論「道」，時年不過三十三歲。[22]

此後，傳道活動遷移至高雄市舊大港保安宮（即今大港保安宮）舉行，傳道地點約在今之高雄市舊火車站前，由其開設全國首創道教佈教所，這也是第二個臨時宣講場所。在當時有一位信徒受靈感之引導，前往高雄縣姑婆村天公廟（已在民國三十四年（1945）前改為佛寺）所奉祀之太上道祖暨三官大帝金身，帶至高雄市大港保安宮奉祀。[23]此一受感應的信徒，即是高雄苓雅一帶祖傳正一派道法的孫番賓與孫全兄弟，他們亦是爾後參與道德院建廟工作以及內部組織運作的重要人物。

在舊大港保安宮所傳道的經典包括：《道德經》、《清靜經》、《玉皇心印經》、《太上感應篇》、《易經》、《定觀經》、《陰符經》、《金剛經》、《六祖壇經》、《列子沖虛經》、《三官經》、《北斗經》。[24]內容涵括儒、釋、道等各教派的經典。經歷一段時間

---

22 口訪翁太明住持。（時間：2011.03.03）

23 關於信徒受感應而至高雄縣姑婆村天公廟所奉祀之太上道祖暨三官大帝金身的細節，參見〈高雄道德院簡介〉，廟方自行刊印，無頁碼。大港保安宮，位於三民區港南里中山一路上，創建於嘉慶七年（1802年），主祀保生大帝，由大港村民自左營區桃仔園青雲宮（已廢）分香而來，至咸豐八年（1815年）另擇地建廟，定名為「大港廟保安宮」。據《鳳山縣采訪冊》載：「光緒六年（1880年），曾經總理盧恭募款重建，有屋八間，頗具規模。」至昭和十二年（1937），日本政府開闢街道，興建高達火車站，乃被迫遷至現址，民國五十六年（1967）再由地方人士鳩資重建。（轉引自高雄市文獻委員會編輯，《高雄市文化資產採訪專輯》，高雄市政府民政局出版，1982，頁70-72。）

24 高雄道德院、中國性命雙修協會編，《郭公騰芳　藏應道師哀思錄》，〈郭公騰芳　藏應道師行誼略記〉，1998，頁7；口訪郭國賢，（時間：2011.07.04）

的傳經講道，當時嗣漢天師府第六十三代張恩溥天師，在臺灣省道教會理事長趙家焯的介紹下，聽聞高雄地區有這樣一位積極的傳道者，便有意借重講經說道的專長來推廣道教。

戰後國民政府時期，省以上之道教團體，一為台灣省道教會，以研究哲學、闡揚教義，聯絡感情，砥礪道德，增進社會福利為宗旨，會址設台北市。另一為道教居士會，其章則第一云「為維護道統，宏揚本教，特組設居士會於天師府內。」道教居士會居士，稱大居士，由天師府就各教派教士中遴選聘之。天師府就大居士中，加聘若干人為常職居士，並就常職居士中，加聘若干人為主職居士，資格限制頗嚴，須有下列資格之一，經審查合格者，方得聘任之；一、對本教研究確有心得者，二、對本教宣揚維護著有成績者，三、曾在各教派中受職者，四、道行高超者，五、曾經開道行教者，六、信奉本教三十年以上者。大居士係終身制，非犯重大教規，不予除名。居士會常會，每年農曆二月十五日舉行一次。[25]在這樣的時代背景，最終聘任郭氏擔任台灣省道教會高雄區佈教所宏道委員會委員，負責傳教佈教的工作，[26]且敦聘其為天師府大居士。[27]由此也可看出與張恩溥天師

---

[25] 趙家焯，《道教概述》，高雄：台灣省道教會高雄區辦事處佈教所，1957，頁10-11。

[26] 台灣省道教會，民國三十六年（1947），嗣漢六十三代天師張恩溥發起成立中華道教總會，民國三十八年（1949），張恩溥隨政府由龍虎山正一祖庭轉進來臺，駐錫臺北市重慶北路覺修宮，除設立「嗣漢天師府駐臺辦事處」，民國四十二年（1953）以正一道士為基礎，依法成立「臺灣省道教會」並推舉其為首任理事長，以臺灣省道教會對外代表全國道教會。民國五十五年（1966）召開成立大會通過章程條文，但與臺灣省道教會並未建立隸屬關係。民國五十六年（1967）臺北市升格為院轄市，同年九月臺北市分會修改章程易名為「臺北市道教會」，與中華民國道教會、臺灣省道教會鼎足而三。其時臺灣省道教會仍由趙家焯擔任理事長，迨民國六十七年（1978），臺灣省道教會第七居理監事任期居滿，在臺中市舉行會員代表大會，通過更名為「中華民國道教會臺灣省分會」，改選理監事且稱第一居，至此國內道教組織始建立完整之統一體系。（引自中華民國道教會網站，作者：張檉。）

[27] 張恩溥，字鶴琴，號瑞齡，譜名道生（又名岩生），生於光緒三十年（1904），為天師道第六十二代天師，張元旭（字曉初）之長子。民國十三

的交情與關係，以及張天師來台之後為鞏固天師府的地位，積極拉攏地方上的道教分屬勢力。

類似的情況也發生在慈惠堂與張天師之間，過去慈惠堂在發展過程也幾經波折，據王見川的研究，民國五〇年代初期，張天師公開認定慈惠堂係道教內的瑤池派的談話，不僅和緩當時的緊張情勢，也為慈惠堂的合法公開發展，打開一條生路，各地慈惠堂逐漸有加入當地道教會的。之後張天師與慈會堂堂主形成共識，發表聯合宣言，經過此次會議的宣示，慈惠堂正式成為中華道教之一派，從此變成合法宗教團體，擺脫官方的取締。王見川認為，張恩溥天師之所以有以上作為，可能與其在台無有力支持者與寺廟有關。也就是說張天師基於尋求群眾與擴張道教勢力考量，才公開為慈惠堂背書。當時，張恩溥正在籌組「中華民國道教會」，成為會中主要支持者，而道教會人員亦參與慈惠堂堂務。慈惠堂至此獲得合法身分，可以公然以道教會名義，發展堂務，擴張勢力。這也是慈惠堂正式成為道教之一派「瑤池派」的緣由。可說張恩溥天師的舉動不僅替慈惠堂開展出生機，亦對道教會在台之活動與延續找到新的路徑，即以合法招牌吸引民間教派，壯大自己。[28]

年（1924）嗣掌天師道之玉印、法劍，道教界按習俗傳統稱之為第六十三代天師，住江西貴溪上清鎮祖傳之「嗣漢天師府」，名義上為當時天師道（亦稱道教正一派）之首領，曾在上海、蘇州一帶展開道教教務活動，抗戰期間退引龍虎山。1946年冬，在上海倡議成立「上海市道教會」，提出產生地方性道教會，後再組織全國性道教會，意圖在於鞏固「襲封嗣漢天師」的地位，擴大道教對社會的影響。1949年來台，攜長子張允賢及祖傳「玉印」、「法劍」一口。1950年在台北創立「台灣省道教會」，出任理事長。設立「嗣漢天師府」駐台辦公處，開展教務，傳授法籙。1957年附設「道教居士會」和「道教大法師會」於府內，聘用道行高深為大居士，委派道行資深之法師為大法師，1968年在台灣省道教會的基礎上建立「中華民國道教會」。（引自李養正，《當代中國道教》，北京：中國社會科學出版，1993，頁247-248。）

28 張天師與閩南道壇的關係與戰後來台的過程，王見川在此部分已有詳細的研究，見〈張天師之研究：以龍虎山一系為考察中心〉，嘉義：中正大學歷史研究所博士論文，2003；〈張天師信仰在臺灣——一個地域的例子〉，《道

民國四十五年（1956）歲次丙甲年二月十五日，即太上道祖聖誕日，於佈教所舉辦全省首屆團體儀式，向太上道祖祝壽大會。後因聽聞郭氏講道的信徒人數越來越多，原有地不敷使用，民國四十七年（1958）十一月，在郭氏之父－郭芝的資助與夫人李碧月變賣嫁飾贊捐下，於高雄市新興區八德一路電信局創立「道善堂」，安奉太上道祖（開基道祖）、釋迦牟尼佛、觀音菩薩、關聖帝君、文昌帝君、至聖先師、福德正神、呂仙祖（呂洞賓）等眾神的金身，至此之後才有固定的講道之處。[29]隨信徒人數逐漸增長，深感有建廟必要的需求，於民國四十八年（1959），歲次己亥年元月一日晨間，因信徒參拜太上道祖，忽見香爐發爐燃燒，時人皆認為神靈顯赫。嗣後奉神降旨建醮，於同年二月十五日舉行建醮大典。[30]

建廟之事在郭氏向多方管道進行募款與宣導建廟活動後開始運作，以及拿出個人部分積蓄後，於民國四十九年（1960）開始展開，在高雄市覆鼎金金獅湖畔發起興建道德院的活動，也獲得高雄地方人士與信眾的響應與支持。鼎金保安宮信徒提供金獅湖吉穴地之部分為建廟基地，於當年建立道德院的主殿，供奉三清道祖、至聖先師、觀音大士等神明。同年十月十四日子時破土，十一月十七日落成，將諸神安置於此。創廟初期發起人有：郭騰芳、朱振財、孫番賓、張德戊、曾耀岳、孫進添、謝宗錕、王順益、郭啟芳、孫清俊、鄭心忠、王守鰡、朱文煌、鄭煒明、陳界、湯春木、鄭明山、陳崘等18名。民

統之美》，1期，2004，頁7-18；王見川、李世偉合編〈慈惠堂與張天師〉，《臺灣的民間宗教與信仰》，台北：博揚文化，2000，頁261-272。

29 當年由郭李碧月夫人變賣金飾所得費用，用於打造道善堂諸神的金身。道善堂時期的眾神金身除了太上道祖（開基道祖）放置於道德院，如來佛祖金身則奉祀於郭騰芳的兄長家中，其他的神明金身則奉祀於郭氏的祠堂。（口訪郭國賢，時間：2011.08.15）

30 「道善堂」外觀以簡單的磚頭搭建，奉祀由大樹鄉姑婆寮請來的太上道祖神像。因發爐經擲筊請示太上道祖後，表示要在道善堂舉行建醮儀式，時任建醮至祭者即是孫番賓道長。（口訪郭國賢，時間：2011.07.04）

國五十二年（1963）在新廟址舉行清醮，恭請天師府第六十三代張恩溥天師舉行拜斗儀式，爾後信徒大增，香火更加興盛。

「道德院」這個名稱是由郭氏所命名，認為舉凡台灣當時到處都是廟宇林立的狀況，但多以燒香、祈福、為人消災解厄的功能性居多，倘若命名為「廟」、「宮」，其目的性則與一般的道教廟宇相同。但當時的台灣社會始終缺乏一間具有以道教經典，並同時能教化信眾、提升自我修持的廟宇，故希望道德院可以成為一座結合民間信仰，且具有教化、勸善普世大眾功能的廟宇，[31]故以「院」字取代「廟」字。取其「道德」二字，是源自於對於老子《道德經》的推崇，傳承中華文化之傳統，以「尊道貴德」為根本教義，[32]也可看出郭氏欲將道德院規劃成具有教化意義的動機。

他一生尊奉老子聖人為師，精研《道德經》，以「清靜道德」為宗旨，對於修道守戒甚嚴，能為道德死，不因犯戒而生。常以「太上度人以道，不聞以丹，神仙度人以丹，未嘗離道，而其他小小羽流，便誇祕保，自古以來，未有以術度人，而可以長生不死，解脫諸趣者，僅卻病延年，理或有之。」又「煉丹總以養性為至上，以了性方求復命，而復命在了性之中，在生可以長壽，壽滿善終之後，其魂魄歸真性，合真常之命（先天道體），即不生不死，永劫不滅，此乃修丹之至秘。」來闡述道學，《抱朴子》也提到：「欲得仙者，

31 民國四十六年（1957），台灣省道教會張恩溥會長，在第三屆會議中曾表示，道教人才缺乏，應積極延攬吸收各道脈人才納入道教組織，加以教育培養，以提高宗教素養與修持，由於嗣漢天師府和道教會未取得共識，無疾而終。使道教在台灣傳播形成偏向發展，對當今台灣社會亂象產生不了扭轉趨正的作用。（引自賴宗賢，《高雄道德院開山宗長郭騰芳藏應道師敬思錄》，無頁碼。）

32 郭氏常告訴弟子，太上云：「道生之，德畜之，是以萬物莫不尊道而貴德。又云：修之於身，其德乃真；修之於家，其德有餘；修之於鄉；其德乃長；修之於國，其德乃豐；修之於天下，其德乃普。」吳筠真人（玄綱論）亦說：「道德者，天地之祖，天地者，萬物之父。又說，道德者，撫亂之宏綱也。治人在乎道德，道德喪則禮樂不可理。」

當以忠孝仁信和順，以德修，若務術者，終不能長生也。」[33]主張「苟不至德，至道不凝焉」、「道無德而不載，德無道而不立」，故遵道述德。認為修道者當首重以心性的修行，且強調道德的重要性，以修養心性的精神做為闡述道學的準則，更將此一修煉的理念傳遞給信眾。

道德院在民國五十五年（1966）的擴建廟宇過程中，主要由徐平和、何局甲、楊登順、張德戊、郭騰芳、郭啟芳、朱振財、孫番賓、林禎祥、湯春木、謝宗錕、鄭明山、陳碖、孫兩和、孫進添、朱文煌、林清、陳蔡秋菊、廖清乾、黃豐恩、劉交、鐘元全、林黨生、黃崑樹、吳石龜等地方善信捐獻。[34]爾後在進行側殿及後殿之興建過程中，部分的後殿有賴於地方士紳陳啟清之母陳孫款夫人（一說為陳孫堯)之協助得以落成，這是源自於民國五十五年（1966）高雄陳家捐地五百坪做為後殿廟地之說。[35]

高雄陳家與道德院的結識，由信徒曾耀岳的引介。曾耀岳是高雄苓雅區人，高雄陳家也是發跡於此，他是唐榮鐵工廠的職員，高雄陳家與唐榮鐵工廠也有合作入股的關係，兩者有其地緣的關係。曾氏在民國四十九年（1960）加入道德院的信徒組織，當年他六十五歲。當時正值廟宇的草創時期，極需要人力與經費的協助，他便開始向外宣

33 引自沈武義（沈太昜），〈道師與太乙真蓮宗〉，《郭公騰芳藏應道師哀思錄》，頁55。

34 參與道德院草創時期的人物，詳見廟方簡介。另於道德院一樓右側偏殿的紀念堂，除了奉祀觀音佛祖殿外，也奉祀林黨生、簡松木、鄭松根、孫兩和、簡拱承、徐平和、陳映琳、劉吳文等八位創廟有功的先人之牌位，以共享廟內的香火。（參見附錄圖1-3）

35 高雄陳家是台灣五大家族之一，因其發跡於台灣高雄地區，而被稱為「高雄陳家」。清末陳中和時期興旺，至日治時期配合日本「米糖王國」政策，於1904年設立「新興製糖」，為台灣最早的本土糖業，後代陳啟川、陳啟清、陳田錨等均從政。（整理自司馬嘯青，《臺灣五大家族（上）》，台北：自立晚報社，1987，頁157-198；另郭騰芳與陳家的淵源，口訪黃川田法師、謝富雄師兄。（時間：2010.02.03-11）

導信奉太上道祖與增建廟之事，之後慢慢打開道德院的知名度，也因此讓高雄陳家知悉道德院的存在。[36]

陳孫款為高雄地方士紳陳中和的夫人，也是前高雄市議長陳田錨之祖母。她的身後事與郭騰芳亦有一段淵源。在陳孫款夫人過世之後，陳家一直尋求不到合適安葬陳夫人的風水地理。當時高雄市有五名著名的風水地理師，郭氏即其中之一，其特點是為人謙遜，經常免費為人服務堪輿之事而著名，因此獲得高雄陳家的賞識。高雄陳家更希望他能利用堪輿專長，為陳老太夫人覓得一處風水寶地。在高雄陳家的央求後，陳田錨便與郭氏不斷踏尋高雄市的風水寶地，某天他們來到道德院附近，適逢大雨而進入道德院內避雨，無意發現廟後方有塊風水地。經過察看與推算之後，發現此地是慈航穴，適合觀音菩薩地理；郭氏並按照陳孫款夫人的生辰八字與逝世時間推算，恰好合適此風水地理，故郭氏替她選擇了道德院旁的風水寶地為長眠之地。[37]

一般的世家大族對於先人的下葬與風水堪輿之事相當重視，因可能會影響後代各房的順遂與發展，也擔心此一風水寶地日後是否會特別偏好某一房的發展。為了確保各房的權益與爾後不必要的紛爭，郭騰芳即以卜筊的方式請示太上道祖，經過多次的擲筊之後，在神明的見證之下，出現了多次允筊的情況，在當時被流傳為一段不可思議的奇蹟，陳孫款夫人最終則以此地做為長眠之地。關於高雄陳家的房派關係與發展，參見下表（1-1）：

[36] 口訪郭國賢，（時間：2011.09.09）；另參考《高雄道德院信徒名冊》，民國四十九年，無頁碼。

[37] 口訪黃川田法師（時間：2011.03.03）、郭國賢（時間：2011.07.04）。陳孫款夫人下葬於道德院右側旁的風水寶地，後因高雄市政府推行保留綠地計畫，由市政府出資徵收多筆土地做為美化與綠化環境之用。為響應政府政策，陳家同意遷葬他處，原安葬陳孫款夫人的墓地，現今規劃成金獅湖風景區，做為民眾休憩與登山步道之用。口訪謝富雄師兄（時間：2010.02.03-11）

表1-1　戰後高雄陳中和家族各房子孫發展

姓名	住址	生卒年	學歷	主要經歷	備註
陳啓峰	苓雅寮	1892 | 1984	慶應大商科	新興製糖會社長、華南銀行董事、陳中和物產會社董事、烏樹林製鹽董事、高雄共營（自動車）董事、高雄製冰會社董事、第一、二屆高雄市協議會員、高雄州協議會員	陳中和四子
陳啓川	苓雅寮	1899 | 1993	慶應大經濟學部	烏樹林製鹽會社常務董事、陳中和物產會社董事、第五、六屆高雄市協議會員、臺灣新生報顧問、興南新聞以及高雄新報董事	陳中和六子
陳啓清	苓雅寮	1904 | 1989	明治大法科	陳中和物產會社常務董事、烏樹林製鹽會社董事、東港製冰會社董事、日治時期高雄市會議員兼苓雅區長、戰後曾任高雄市參議員、全省及全國商聯會理事長、制憲國民大會代表、臺灣省政府委員	陳中和八子

資料來源：吳文星，〈日據時期高雄地區社會領導階層分析〉，《高雄歷史與文化》第一輯，1999，頁144；杜劍峰，《苓雅寮煙雲》，高雄市文獻委員會出版，2005，頁159-160。

可見陳啟峰、陳啟川、陳啟清在日治時期與戰後的政治生涯，影響其家族與南台灣政經脈絡甚鉅；三子陳啟南、九子陳啟安，但二人戰後參與政治活動較不活躍。此外，高雄陳中和家族對於宗教信仰的態度，王見川在〈略論陳中和家族的宗教信仰與勸善活動〉一文中提及，利用陳中和晚年參與的鸞堂「意誠堂同善社」所藏（出版）的文物和《台灣日日新報》等資料，嘗試描繪出陳中和及其家族的宗教信仰和勸善活動。從意誠堂同善社所藏文物的分析，可以看出日治時期陳中和父子積極參與扶鸞和宣講、勸善活動。陳中和父子深信這些善舉，會使個人不朽，家業不敗。似乎是基於這樣的信仰，陳家三代在戰後也投入「同善社」。意誠堂收藏的「中華民國參拾陸年」的同善社匾額，記載「陳田錨」、「陳田仁」亦是該社社員，陳啟清、陳啟南也都曾參與這類的宗教活動。[38]由此看來，高雄陳家對於民間宗教活動的參與態度是積極的，特別是郭騰芳曾有恩於陳家，加以其家族認為行善則有助於家族事業的延續，爾後亦持續支持與協助道德院的發展。

就地緣關係來看，郭騰芳最初開始的佈道場所以高雄苓雅區為起點，本地亦是高雄陳中和家族的發跡地。高雄陳家自日治時期至台灣戰後，在地方社會的發展均有其影響力，政、商關係穩固；加以郭氏為人厚道，廣結善緣，在地方上獲得不少支持的力量。除了高雄陳家的協助之外，與高雄陳家有其深厚交情的鹿港辜家，在道德院爾後的擴建廟過程中，如處理購買廟地的問題上，也是扮演著重要的角色。

（三）廟宇內部結構與擴建概況

民國五〇至六〇年代左右，在經費逐漸豐厚之下，開始要購買主殿後方的土地擴建為廟地之用。但廟後方的土地仍屬於台灣水泥公司所有。[39]因這些土地的質地已風化不再合適製造水泥，才讓道德院有意購買以做為擴建廟宇之用。因所有權屬於台泥的鹿港辜振甫家族，

[38] 同善社著造善書計有三部：一是《龍圖奇書》，著於民國十二年。二、《齊家準繩》，著於民國十八年，於同善社落成完書。三、《警鐘醒夢》，著於民國二十二年，於同善社內。以上三部善書由陳家獨資印贈，頒行宇內。而同善社奉旨更名為慈善社，民國六十五年歲次丙辰年桂月十五日，改組慈善社，以陳啟清、陳啟安、陳啟輝賡續其事。（參見王見川、李世偉，〈略論陳中和家族的宗教信仰與勸善活動〉，《臺灣的民間宗教與信仰》，台北：博揚文化，2000，頁123-146。）

[39] 台灣水泥公司，簡稱台泥，是台灣一家以水泥生產為主的工業公司，始創於1946年5月，其歷史可追溯至日治時期；成立之初為公營事業，1954年11月起轉移民營化，由鹿港辜家接手經營。主要業務包括水泥、紙袋、紙張等生產和貿易。1991年中信企業團更名為和信企業團，由辜振甫所創立。2003年，和信企業團協議金融事業由辜濂松（1933～）率領，傳統產業則由辜振甫（1917-2005）領導。現在和信企業團最主要的事業體為台泥，董事長乃辜振甫次子辜成允（1954～）。（整理自司馬嘯青，《臺灣五大家族（下）》，台北：自立晚報社，1987，頁81-155；另郭騰芳與辜家的淵源，口訪黃川田法師、謝富雄師兄。（時間：2011.2.03-02.11）

高雄陳家與鹿港辜家在商界累積多年的友好關係，加以陳啟清又擔任台泥公司董事，便由郭氏出面向高雄陳家請託。經由高雄陳家做為說客，在兩家世交的關係下，辜家願意賣出台泥公司的部分土地，最終由陳啟清家族出面購得五百坪廟地，以陳孫款夫人的名義捐贈給廟方增建後殿，做為培訓講經道場、兒童圖書館、太乙神宮等等用途。高雄陳家也算償還了郭騰芳先前替陳孫款夫人尋找風水地的恩澤。為感念高雄陳家慷慨的捐地之舉，現今在道德院的旁殿則放置一尊陳孫款夫人的銅像，以做為紀念。[40]

在獲得高雄陳家五百坪的捐地與更多信眾的響應與捐獻，道德院開始進行集資擴建廟宇，於民國五十五年（1966）十一月十二日，破土拆除臨時行宮，並新建前後兩殿，舉行全台首次祭祖功德法會。民國五十七年（1968）舉行聯合道廟祈安清醮七天法會，由道德院擔任主會，其他參與的聯誼廟有：鼎金保安宮、舊大港保安宮、本館龍池宮、灣仔內朝天宮。[41]民國六十五年（1976）歲次丙辰五月，因前殿（無極聖殿及太極聖殿）併廟室東西廳鐘鼓樓落成，遂舉行五天的慶成祈安清醮，前殿完成後，致力於後殿（萬神總元殿）的增建，民國七十三年（1984）歲次甲子十一月完成。因甲子年係六十年一度之甲子頭，又值雙閏十之大科年，在太上道祖指示下，於十一月十一日舉行高雄市各道廟聯合護國祈安大醮。[42]現今廟宇內部的規劃與年度祭典活動，參見下地圖1-2與附錄表1-1：

---

40 口訪郭國賢、黃錫鐘、蔡秋菊，（時間：2011.07.04）

41 道德院目前的交陪境廟宇有數百間，但在建廟初期稱為聯誼廟，當時約有近十間的廟宇參與（如：三鳳宮、鼎金保安宮、舊大港保安宮、本館龍池宮、灣仔內朝天宮等）。主要的功能是協助廟宇之間的醮事活動。因每逢廟宇的建醮活動，需要花費大量的人力與財力，早期的廟宇經費有限，常需要聯誼廟宇四大柱來擔任（即主會、主普、主壇、主醮），分擔醮務工作下，才得以讓醮事順利完成。口訪郭國賢，（時間：2011.09.09）

42 王賢德編，《高雄市寺廟文化專輯》，高雄：高雄市文獻委員會，2003，頁88。

<table>
<tr><td colspan="3">萬神總元殿
（後殿三樓）</td></tr>
<tr><td colspan="3">培訓講經道場、道場教室（修真道學院）、兒童圖書館
（後殿二樓）</td></tr>
<tr><td colspan="3">太乙神宮
（後殿一樓）</td></tr>
<tr><td>建廟有功先人紀念堂
（右偏殿）</td><td>太上道祖無極聖殿
（正殿一樓）</td><td>祖師殿
（左偏殿）</td></tr>
<tr><td colspan="2">太極聖殿
（前殿）</td><td>附設圖書館
（左前三樓）</td></tr>
<tr><td>真武殿
（前殿右側二樓）</td><td></td><td>萬燈會斗姥殿
（前殿左側二樓）</td></tr>
</table>

地圖1-2　道德院內部平面圖

資料來源：筆者自繪。（廟宇內部配置，參見附錄圖1-4～圖1-9。）

道德院主體建築物皆竣工，仍不斷地對外募款以購買廟地、擴建廟宇以擴展宏揚道法的事業。經向各界募得善款累積達一定金額，遂於民國七十八年（1989）在高雄甲仙地區購地，興建「三清真道修鍊院」，在郭氏的規劃下，預定做為道德院出家法師與眾多皈依信徒的靜修道場之用。郭氏畢生最大的心願，就是將三清真道修鍊院做為落實道德院的出家法師，與眾多皈依弟子日常身心靈修行之處，以符合推廣太乙真蓮宗自我修持的精神，並落實性命雙修。目前道德院所擁有的廟地資產是高雄鼎金段與甲仙仙林巷兩處。[43]

[43] 道德院目前的廟地規模是：（一）廟宇主體，即鼎金段：369.59平方公尺，地號0947-0020；（二）三清真道修鍊院，即甲仙仙梓巷5號，4420.2平方公尺，兩處土地面積合計約28甲。（資料來源：高雄市政府民政局宗教禮俗科寺廟登記調查表，公開閱覽時間：2011.03.30。）

四、郭騰芳的宗教理念

（一）對太乙救苦天尊的崇信

郭騰芳以老子為祖師，因感念道教神祈－太乙救苦天尊的神職性因而推崇，畢生致力正道和其所創太乙真蓮宗之闡揚，認為這是道教徒必須了解的重要神祇與法門。

太乙救苦天尊與救苦真人、大惠真人又稱「道教東方三聖」（見圖1-10），郭氏非常痛心道教人士不明教理教義，對於道教徒的歸宿一無所知，故極力鼓吹眾信眾信奉太乙救苦天尊。「太乙（一）」，認為：「太者至極之名，一者不二之意，太一者，上天之載，大道根元，而為理之至極者。」皈依三清道祖、玉皇至尊，太乙保命延生天尊乃是其所推崇的目標，特別強調太一即是代表最高的自然道力，乃是形成天地萬物的元氣，有別於北極紫微的太一尊星及太乙天尊的意義。他曾說，人的一切活動都聽從著體內諸神，而其諸神的組織，好比一座金字塔，由上面發出命令，我們用內觀法所面會的神，並不是散在體內的「三萬六千神」，而是金字塔頂點上的神，這個神叫「太一」。太一並不是有意志的存在，它只靠著「道」的原理活動，太一是生命，因此與太一面會便懂得生命，得到太一的相助，即能有向正當的方向，更著手規劃「太乙法門入道須知」。（參見表1-2）。

他提到人的本性，是自先天之「真」，一名「元始祖炁」，又名「太一」，萬物之生，亦莫不由此來，一本散萬疏是也。天地陰陽二氣，必須受此「元始祖炁」貫注其中，萬物才能獲得生機。人的性命有三個層次，天命就是本性，是人身中的「小太一」，付命構成稟性，由父精母血遺傳而生，自命來自習性，是自己前生與今生，後天造作之業力。修煉三命之際，即是同樣修煉三性，把包在本性外殼之惡業除去，煉到性命真正合一時，一心不亂，身中「小太一」與先天

「大太一」相合，正如《周易》所謂：「同聲相應，同氣相求。」歸根而復命，學道合真。別世後靈魂蒙受太乙救苦天尊接引，到東方淨土修行，修成神仙永脫輪迴。[44]

（二）玉女組與出家法師的培養[45]

在道教人才的培養方面，自建廟開始，郭氏一直在廟宇裡擔任主持傳道授課、闡揚正統道教義理之任務。民國五十五年（1966）道德院完成主體建築結構後，聽經講課者更加踴躍，信徒大增。同年成立「道德院管理委員會」，在管理委員會組織章程條例的規範下，正式受聘擔任道德院第一任住持（即管理人），後人更尊其為開山宗長。然郭氏為促使道德院能落實教化人才的培養，積極組織一個名為「玉女組」的習經誦經、修道的女子團體。當時主要由當地十五、十六歲的年輕女學生（約國、高中的年紀）所組成，大都來自道德院附近的學校或居住在附近者，成立的時間約在民國五〇～六〇年代左右，目的是希望藉由開班授課的方式，透過潛移默化的修道，讓這些女子爾後能出家習道，最終成為道德院的出家法師。

最初成立的玉女組約有十一至十三人參與，但後來這些女子逐漸長大後，有些也嫁作人婦，故產生成員不足的情況，後續有再招收幾名女子加入。[46]玉女組也可以說是現今道德院出家法師的前身。直

---

44 見郭騰芳，〈簡說內觀與太乙〉，《性與命》，第二期，台北中國性命雙修協會編，1995.7；〈淺說三寶與性命〉，《性與命》，創刊號，1995.3。

45 此處所指的女性出家弟子，又稱為出家眾、出家法師、坤道等稱呼。

46 口訪當年照顧這群玉女班的蔡秋菊師姐，生於昭和十一年（1936），國民學校畢業，現年約七十五歲，於民國四十九年（1960）加入信徒組織，民國六十四年（1975）曾受籙於郭騰芳，及曾皈依太乙真蓮宗法門。原是台南縣人，後居高雄市三民區，有婚姻，近年已於南投皈依佛門，法名心觀師。她敘述著當時成立玉女組的辛苦，必須積極的去邀約住在當地的女學生，晚間上課時還要提供點心與茶水給她們，最早的一批玉女組有秀美、美珠、美雲、鳳春、來座、桂華、麗貞、麗妙等，之後新進的成員則有素珠與銀寶。上課的時間是利用中學生放學之後的時間，大約是晚間七、八點的時間，民

至民國八十七年（1998）郭氏去世之前，曾經教導出家法師七人，依時間先後順序分別是：蔡鳳春（法名：太籙；後因還俗而離開）、陳來座：（法名：太悟）、翁素珠（法名：太明）、劉桂華（法名：太陰；後因還俗而離開）、王銀寶（法名：太文）、林金鸞（法名：太任）、梁美珠（法名：太嫻）。當中陳來座與蔡鳳春、劉桂華亦是早期玉女組的成員，郭騰芳的承嗣弟子翁素珠以及王銀寶，她們在玉女組後期才加入。關於出家法師的相關資料，參見下表1-2：

表1-2　道德院出家法師個人資料

姓名	法名	出生日期	原居住地	出家時間	傳度或皈依時間	身分別
翁素珠	翁太明	41.1.1	高雄市	民國六十三年	民國六十五年傳度	住持
陳來座	陳太悟	45.10.2	高雄市	民國六十三年	民國六十五年傳度	法師
林金鸞	林太任	43.1.23	高雄縣	民國七十九年	民國七十七年皈依	法師
王銀寶	王太文	43.6.24	高雄市	民國七十一年	民國七十年皈依	法師
梁美珠	梁太嫻	37.1.18	高雄縣	民國八十一年	民國七十七年皈依	法師
郭玟秀	郭乙乘	57.9.24	高雄市	民國九十年	民國八十八年皈依	法師

資料來源：筆者口訪道德院出家法師。（時間：2011.04.04）；筆者至高雄市政府民政局宗教禮俗科公開閱覽，閱覽時間：2011.03.30。

國五〇年代的台灣社會，社會治安不佳，道德院又地處偏僻的環境，晚間附近常出沒不良份子。晚間修道課程結束後，蔡師姐常肩負起玉女組的安全，這是她當時在道德院的工作。另外，也曾短暫的出現「少年組」，是信奉道德院太上道祖與皈依太乙救苦天尊的在家修男眾，大都已結婚，對廟務相當熱心，平時不居住道德院裡，主要的功能是協助廟宇神誕日的大型活動，如敲鑼打鼓、迎熱鬧，扛神轎等工作。成立時間短暫，大約只有數個月的時間，主因玉女組與少年組同在一個屋簷下，為避免不必要的麻煩，後來少年組就此結束。（時間：2011.07.04）

蔡太籙、陳太悟、翁太明皆於民國六十三年（1974）出家，民國六十五年（1976）受傳度儀式；[47]王太文於民國七十一年（1982）出家；劉太陰約於民國七十年（1981）左右出家；林太任於民國七十九年（1980）出家；梁太嫻於民國八十一年（1992）出家，當時是由郭騰芳負責主持出家儀式。這五人也就是道德院第一代出家法師。郭玟秀（法名：郭乙乘）在民國九十年（2001）出家，由第二任住持翁太明負責舉行出家儀式，她是目前翁住持在道德院裡唯一的出家弟子，也是第二代出家法師。

有關入道的受籙儀式方面，《隋書・經籍志》記載：籙的意義是指秘籍，像是黃籙、玉籙、經籙、符籙等；或指記錄在諸天曹、官屬、佐吏的名冊。道教徒有入道的受籙儀式。受籙儀式的過程為為：「受者必先潔淨，然後金環一，並諸贄幣，以見於師。師受其贄，以籙受之，仍剖金環，各持其半，云以為曰。弟子得籙，緘而配之。」[48]受戒、佩籙，旨在使修道者盟誓遵守戒規、建立決心修道的契約，同時也是道教徒由凡入聖的必要途徑。

玉女組的培訓告一段落後，郭騰芳於民國六十三年（1974）開始培養出家法師，採取部分全真道的出家方式，[49]由其負責道經與義理、哲理的教授與解說。由於郭氏曾深入研究《正統道藏》與道學專書裡各式各樣的簡易科儀，如：「拜斗」、「宿啟」、「神誕祝壽」、「朝真

[47] 道教的傳度是度師傳授經戒法籙給予受度弟子，亦指度師一面向弟子傳戒，用以規範日常生活的行為，另一面向弟子傳授度世之道法，用以濟世救人。入道的弟子接受度師的「依科盟傳」，完成經戒法籙的傳授以後，便成為正式的道教徒。依科盟傳的詮釋，「科」就是科戒、明科（經典傳承之嚴明科法戒律）、科儀，而「盟」就是告盟、盟誓、盟約，「傳」就是傳授、傳度、諦傳，「依科盟傳」，亦即傳授經典的傳度儀式要按照明科的規定盟示天地諸神，以為證盟之意。（謝聰輝、吳永猛，《臺灣民間信仰儀式》，台北：空大，2005，頁61。）

[48] 唐・魏徵等，《隋書・經籍志》，卷35，台北：鼎文書局，1983，頁1092-1093。

[49] 關於現今台灣全真道的流傳與現況，因篇幅有限，將於另一篇章論述。

禮斗」、「祈福」等傳統道教醮事科儀，與一般民間小法術如：「收驚」、「祭改」等，將自身研究多年所習得的醮事傳授給弟子。

在《正統道藏》中，有關科儀式的內容大多收藏在下列各部類：1.洞玄部、戒律類：收錄許多戒經、科儀戒律。2.洞玄部、威儀類：收錄各種道儀、宿啟儀；在早、午、晚不同時間的早朝、午朝、晚朝科儀，或稱朝科、朝儀；又有不同經籙的金籙、玉籙、黃籙齋儀、以及齋儀，或稱設醮科等。[50]3.洞神部、戒律類：有戒經、科戒文等。4.洞神部、威儀類：齋儀、醮儀、壇儀、法懺、懺儀、謝儀等。[51]5.正乙部：存錄修道儀、傳度儀、經戒儀、傳授經戒法籙略說等。[52]

由於郭氏並非神職人員，過去也未曾拜師學法，缺乏在科儀法事的操演與教導能力。為了補足這項缺憾，精心挑選高雄地區著名的道士團家族，做為傳授科儀法術的指導老師。出家法師在法事科儀的培養，以正一道的科儀做為法事的基礎，一開始由苓雅區孫番賓道長負責教授。直到民國七〇年代左右，逐漸淡出參與道德院的廟務工作後，[53]改由高雄左營區的高却道士接手科儀法事的教授。[54]在這兩位

[50] 《正統道藏》，第11冊，洞玄部、戒律類，陶、唐、弔字號；第12-16冊，洞玄部、威儀類。

[51] 《正統道藏》，第30冊，洞神部、戒律類、力字號；正乙部、威儀類，忠、則字號。

[52] 《正統道藏》，第54冊，正乙部、楹、肆字號。

[53] 孫番賓：俗名孫乖，已歿，壇號為「明玄道院」，專修道場畢業，曾參與高雄三鳳宮建醮儀式，中國道教會名譽理事，監察員，高雄道德院符籙部住持，域西里里長，曾獲選為特優里長，司法保護會高雄區輔導員，道教會高雄分會理事，天師府大法師等職。後代子孫仍在高雄苓雅區繼續從事神職人員的工作。口訪黃川田法師，與整理自廖和桐，《台灣道士名鑑》，出版地不詳，道德文化，1977，頁32-48。

[54] 出家法師的培養過程與所學習的科儀與儀式操演，主要師承孫番賓道長、高却道士與郭騰芳之手，正一道的神職人員負責科儀法事的教導（即所謂的經師），後者針對道教傳統經典與教義的解釋與傳授（即所謂的道師），以兩者相輔相成的方式做為培養方法。高却，男，明治三十九年（1906）生，已歿，正一道士身份，居住於高雄左營區，國民學校畢業，民國六十四年（1975）年加入道德院信徒組織，當時已七十歲，目前在左營地區仍有少數

神職人員身上所習得的法事包括：發表、請神、獻敬、分燈、宿啟、豎旗、普渡、拜斗、為往生者誦經、進行超渡等等傳統道教醮事與齋事。另外，出家法師在為廟宇內部、交陪境廟宇所做的醮事則是替神明祝壽、朝真禮斗、祈福等醮事為主；為往生者主要是進行誦經與超度等齋事。

陸修靜在《洞玄靈寶五感文》中提出齋法的兩大分類：一種屬於無為的洞真上清之齋；另一種屬於有為的洞玄靈寶之齋，包括金籙齋、黃籙齋、明真齋、三元齋、八節齋、自然齋、洞神三皇之齋、太一之齋、指教之齋等九種。[55]《隋書・經籍志》說：「潔齋之法，有黃籙、玉籙、金籙、塗炭等齋。」[56]《大唐六典》也記錄七種齋及其功能如下：

> 其一曰金籙大齋，調和陰陽，消災伏害，為帝王國王延祚降福。其二曰黃籙齋，並為一切拔度先祖。其三曰明真齋，學者自齋，齋先緣。其四曰三元齋，正月十五日天官，為上元；七月十五日地官，為中元；十月十五日水官，為下元。皆法身自懺罪焉。其五曰八節齋，修求仙之法。其六曰塗炭齋，通濟一切急難。其七曰自然齋，普為一切祈福。[57]

上述這幾類的齋事類別裡，出家法師為個人或為團體所進行的齋事中，主要是以黃籙齋、三元齋、自然齋較為常見，齋事與醮事所從事的比例，平日則是以齋事較多，遇到例年的祭典活動則以醮事為居多。郭氏期望她們日後能實踐道德院對社會的貢獻，更期盼能秉持修持之心，以宗教力量教化、勸善世人的精神永傳不斷。

的道士壇是師承於他的道法。

55 陸修靜，《洞玄靈寶五感文》，《正統道藏》，第55冊，正乙部笙號。

56 《隋書・經籍志》，卷35，頁1092。

57 唐・唐玄宗御製，《大唐六典》，台北：文海出版社，1974，頁99-100。

（三）宗教理念的傳授

在培養、教導玉女組與出家法師的授課經程，郭氏對道教傳統五大派（即：積善派、經典派、丹鼎派、符籙派、占驗派）之學理亦有獨到的見解。[58]常對弟子門生開示「三清」、「太一」、「性命雙修」真義，勸勉弟子奉行「仁、義、禮、智、信」五常，教導弟子修道要能方圓應世。外圓而能應物，內方而有主宰，事來心應，事去心止，鼓勵弟子當修天爵以代替人爵。天爵是道德仁義，人爵是功名利祿，精進道德仁義以替代功名利祿之追求。常以《道德經》第六十七章所記載：「道有三寶，一曰慈，二曰儉，三曰不敢未天下先。」將它視為為待人處世之道，以此勉勵。

他多年講述譯解《道德經》、《清靜經》、《玉皇心印妙經》、《南華真經》、《太上感應篇》、《易經》、《定觀經》、《黃帝陰符經》、《金剛經》、《六祖壇經》、《列子沖虛經》、《三官經》、《北斗經》、《七真祖師傳》、《樂育堂語》、《太上十三經》、《黃庭經》等各種道教相關經典，整理部分經典做為授課教材，以通俗的字義與道理傳達給信徒門生。更曾言：「講道，乃是我的天命，若有人喜歡聽道理，我願用我生命的每一分鐘替他講道理。」此種為傳道佈教「鞠躬盡瘁，死而後已」的精神令人為之動容。[59]

縱觀郭氏一生對道教的犧牲和奉獻，始終如一。晚年即使身患疾病臥床，信徒門生等相繼探視之時，仍不忘諄諄講述道教正理，將

58 一般人把從事內外丹煉養的道士歸為丹鼎派，從事壇儀符水的道士歸為符籙派，造構經書並注重經法授受的道士歸為經籍派，注重玄理思辯、以玄理闡揚《道德經》的道士歸為重玄派，把從事占卜、星相堪輿的道士歸為占驗派，把在民間從事香會、說善書者歸類於積善派，其實這皆非有嚴格組織的道派。（轉引自李養正，〈道教的宗派、宮觀和規制〉，《道教綜論》，香港：青松觀香港道教學院，2001，頁408。

59 筆者訪問郭國賢、道德院出家法師等人。（口訪時間：2011.12.22）

自身的病痛視為磨煉成仙之過程，不因身體的疼痛而對太上道祖之信念有絲毫的減少。[60]民國八十七年（1998）年初，身體狀況每況愈下，預知將不久於人世，對門生出示其手上不輕易示人特殊痣，即在手上由三粒痣排成「三清」及七粒痣所排成之「七星」，由門生以實際尺寸恭繪保存。告知門生，此係修道者顯現證據之一，即所謂「體證」，勉勵門生弟子，除了信奉三清道祖、太乙救苦天尊外，務必勤修「五常」（即仁、義、禮、智、信），將來亦可能以某種方式「體證」。誠如《抱朴子・黃白篇》提到的：「我命在我，不在天。」此乃郭氏所提出修道有體證之理論。[61]

郭騰芳終其一生的心血投入於傳教佈道，熟讀儒、釋、道等各派的經典，兼容各派經典學說，將所研讀各派的經典融會貫通並取其精華之處，認為各派別的經典中，舉凡有利於心靈的修持與自我的提升之理論，皆列為精神理念，並不特別推崇哪一派別。受禪宗、全真道、《易經》、《三官經》、《太乙救苦護身妙經》影響頗深，更自編成傳教佈道的工具書。生平多篇編著有：《道教信修簡要》、《道教信修簡述》和《真蓮寶誥》等，與多篇文章發表如：〈拜神與信教之真義〉、〈道教之正信－中國人應有之信仰觀〉、〈淺談三寶與性命〉、〈簡說內丹與太乙〉、〈太乙法門的入門須

60 據郭國賢表示：家父終生的志業就是弘揚道法，即使在民國七十五年（1986）卸下住持職務，仍熱衷於傳道佈教，晚年在身體不適的情況，仍堅持每周要至道德院進行講課，數十年如一日、風雨無阻，弘道講課直到生命結束，這也是其對傳道的堅持，更將傳道視為自身的天命。

61 據郭國賢表示：家父出生的生辰八字，經推算與玄天上帝相同，身上也有七粒痣所排成之「七星」體證。據說玄天上帝的源由與北斗七星有關。本為道教中鎮守北方之大神，地位極為崇高，起源北方星宿之崇拜，宋代之後逐漸由自然人轉變為人格神。此轉變由南宋道士張明道所編《玄天上帝啟聖錄》中，可看出將玄天上帝當成淨樂國的太子轉世，誕生於三月初三。（參見蕭登福，〈玄天上帝神格及信仰探源〉，《宗教哲學》，第6卷4期，2000，頁111。）此外，郭氏認為與玄天上帝的緣份深厚，故後來在建廟時，將玄天上帝列為陪祀神。（時間：2011.12.22）

知〉、〈《道德經》蠡測（一）〉等等，刊載在中國性命雙修協會出版之《性與命》期刊。

最終於民國八十七年（1998）五月三十一日清晨因病去逝，享年七十六歲，下葬於高雄市燕巢區，結束其為弘揚道法四十三年的時間。爾後在道德院後殿一樓左側也為其打造一座祖師殿，為之塑立一座銅像，以表示肯定對道德院的貢獻（參見圖1-4）。[62]

五、結論

郭騰芳生於高雄三塊厝的農村子弟，自幼家境良好，青年時自日本求學歸國以後，開始對於宗教產生濃厚的興趣，在家人、親信與貴人的支持下，一步步完成其宏道與興建道德院的理念，前後成立了佈教所、道善堂、道德院、太乙真蓮宗、三清修真道學院、真誠靜修會、甲仙三清真道修鍊院、九陽道善堂宏道佈法的組織單位。[63]終其一生推廣太上道祖與太乙救苦天尊的信仰，特別是太乙救苦天尊（青華大帝），期盼藉由成立太乙真蓮宗法門，讓更多皈的道教信徒了解神職性，使死後的世界能有所歸依。

郭氏早期精讀儒、釋、道各教派的經典寶卷後，吸收各派經典中的精華與特有的宗教理念，以自己的理解力加上淺顯易懂的語法，在高雄地區進行傳道佈教，期間長達四十多年的時間，藉以吸收信眾對道教的認同與支持，可見郭氏對發揚道教的熱忱與努力。最終雖未能

[62] 據道高雄德院編印的《敬思錄》記載，共有來自台灣、中國與日本等地的道教專家學者暨道教團體的懷思文、敬輓聯，諸如龔群、王賢德、賴宗賢、龔鵬程、許洋主、馬炳文、張繼禹、中國道教協會、上海市道教協會、武當山道教學會、江蘇省道教協會、鎮江市道教協會、句容市道教協會、句容市茅山道院、陝西省道教協會、江西龍虎山嗣漢天師府、李遠國、陳耀庭、黃海德、酒井忠夫、窪德忠、今枝二郎、野口鐵郎、宮澤正順、石田憲司、丸山宏等人，共同懷恩郭氏終其一生為台灣道教發展的努力。

[63] 關於郭氏爾後成立三清修真道學院、慈善會、真誠靜修會、甲仙三清真道修鍊院、九陽道善堂過程，因篇幅有限，將於另一篇章論述。

親眼見到太乙真蓮宗法門蓬勃發展，但其子郭國賢所主持的九陽道善堂則成為延續生前遺願的場所，以及承嗣弟子翁太明住持，在她規劃與領導之下，近年來將道德院塑造成進行社會救助的宗教組織，可說是實踐宗教信仰與社會救助的結合，對地方社會產生莫大的貢獻，道德院與九陽道善堂的建立，亦可說是一個宗教家對自我理想的堅持與實踐。

關於宗教家自我實踐的類似經驗，在清末民初的中國社會，也有一位佛教界的代表人物，即是王一亭（1867-1938），名震，號白龍山人，浙江省吳興縣人，是清末民初的慈善家、實業家、畫家。早年喪父，由外祖母撫養成人，長到十歲，外祖母授以《孝經》，內有插圖多幅，引起他的興趣，故自幼喜愛繪畫。受母親影響，信奉佛教，初皈依上海海潮寺應乾和尚，常與太虛、印光、圓瑛等法師切磋佛典禪理。[64]在佛教團體中，曾擔任上海「世界佛教居林士」林長、上海「佛教淨業社」社董、「上海佛學書局」董事長等職。1937年「八一三」事變後，日軍侵入淞滬，上海租界內難民聚集。他發起難民救濟會，籌設難民收容所，後來舉家避走香港，病逝於上海，享年七十二歲。著作有《王一亭選集》、《白龍山人畫集》、《二十四孝畫冊》、《王一亭題畫詩選集》等，在慈善事業與善書方面的貢獻良多。

王一亭與郭騰芳雖身處不同時空背景的兩個人物，各自所屬佛教與道教的立場，但他們都是致力於強調德性、追求心性的修行，為慈善事業付出，以宗教的精神與力量結合信眾，對所身處社會進行關懷與援助。然而他們畢生對宗教事業所投入的心血，不因所處政治環境的侷限而順應自然，反而更進一步的創立新的慈善組織，幫助更多需要援助貧困者。上海與高雄這兩處二十世紀現代化的城市，各自替他們致力實現屬於自我宗教理念的過程中，提供一個良好的管道，藉由比較這兩個宗教家的生平與宗教理念，闡明了近代中國與台灣的知識份子如何在世俗社會中表現對宗教生活的自我實踐。

[64] 張志高主編，《海上名人錄》，上海畫報出版社，1991，頁181。

六、附錄

表1-1　道德院年度祭典

時間	活動項目	內容摘要
國曆一月一日（元旦）	皈依大法會	皈依道、經、師三寶尊、真師太乙救苦天尊
農曆正月初四	敬拜諸天恭接天尊神聖	舉行恭接諸天尊科儀
農曆正月初九	玉皇大天尊聖誕	
玄穹高上帝聖誕	玉皇錫福消災延壽法會	
農曆正月十五日	上元一品賜福天官紫微大帝聖誕	舉行天官賜福元宵乞平安龜神娛活動
農曆二月十五日	太上道祖聖誕	
靈寶祝燈二朝清醮	靈寶祝燈二朝清醮為眾生祈安祈福大法會（十四～十五日兩天舉行過七星平安橋、過滅魔爐）	
農曆七月十五日	中元二品赦罪地官清虛大帝聖誕	陽冥兩利普度大法會
農曆九月初一	南北斗星君聖光神駕降臨	靈寶祝燈朝真禮斗-一朝清醮
農曆十月十五日	下元三官解厄水官洞陰大帝聖誕	祈求消災改厄
農曆十一月十一日	東極青華大帝聖誕 太乙救苦天尊聖誕	舉行祈安祈福科儀
農曆十一月十五日	道教太乙真蓮宗開宗祖師藏應大道師聖誕	舉行祈安祈福科儀
農曆十二月廿四日	恭送諸天尊神聖聖駕	上午恭送諸天尊神聖聖駕
農曆十二月廿五日	敬拜迎接天神聖駕下降	上午恭迎接天神聖駕下降

資料來源：筆者整理自〈道德院簡介〉。

表1-2　太乙法門入門須知

太乙法門入門須知：
甲、萬物發生之原始因緣。 (一) 無極生太極（道生一），太極生陰陽（一生二），就是「因」。 (二) 陰陽、動靜、上下、左右、清濁、造成「緣」。 (三) 先天一炁在陰陽（二）中主宰(1)因；(2)緣。則所謂一生二、二生因緣萬物之三、又可說三生萬物因緣生萬物，此乃道教最初緣起緣生自然論。 乙、一炁化三清，三清生五老則太易（水）、太初（火）、太始（木）、太素（金）、太極（土）之先天五行祖炁五老。此先天一炁稱大太乙。又尊稱無極始祖、玄玄上聖、元始天王大天尊（三名合一）。 丙、惟心淨土是指太極，又謂中天太乙，在人身心中稱小太乙。依據《道德經》第三十九章，天得一以清，地得一以寧，神得一以靈，谷得一以盈，萬物得一以生。而推究之惟心（太乙）淨土其理自明。 丁、堅信《三官感應妙經 》（淨土篇）及《太乙救苦護身妙經》兩本。（《三官經》、《太乙護身妙經》）之經義。 戊、寄往中天太乙淨土應具備之修養。 (一) 應有升天人資格之大人品德（十善）。 (二) 真守五常（仁、義、禮、智、信）或道教六訣（忠、孝、仁、信、和、順）。又以太乙同聲相應、同氣相求、心心相印，毫無退轉。 己、日常一切工作及健身運動時間外，利用休閒將深究徹悟清靜至理（人能常清靜、天地悉皆歸）及實行心身合一坐靜。 庚、修身積善、行功立德、守戒虔誠、慈心廣度、虛心謙讓，為本法門之修鍊總原則。 郭藏應　謹述 民國八十六年九月五日農曆八月初四日

資料來源：九陽道善堂住持郭國賢先生提供；道德院皈依法會資料袋。

圖1-1　太乙救苦天尊

圖1-2　高雄道德院

圖1-3　建廟有功之先人

圖1-4（1）　一樓右偏殿郭騰芳祖師殿

圖1-4（2）　一樓右偏殿郭騰芳像

圖1-5　一樓正殿觀音佛祖殿

資料來源：筆者自攝。

圖1-6　一樓左偏殿陳孫款夫人紀念堂

圖1-7　三樓後殿正殿

圖1-8　三樓後殿右偏殿（北斗星君）

圖1-9　三樓後殿左偏殿（南斗星君）

資料來源：筆者自攝。

圖1-10　太乙救苦天尊圖
（資料來源：九陽道善堂住持郭國賢先生提供。）

新銳文叢22　PG0875

新銳文創
INDEPENDENT & UNIQUE

雙中薈

——歷史學青年學者論壇

主　　編　王成勉
責任編輯　林千惠
圖文排版　王思敏
封面設計　王嵩賀

出版策劃　新銳文創
發 行 人　宋政坤
法律顧問　毛國樑　律師
製作發行　秀威資訊科技股份有限公司
114 台北市內湖區瑞光路76巷65號1樓
電話：+886-2-2796-3638　傳真：+886-2-2796-1377
服務信箱：service@showwe.com.tw
http://www.showwe.com.tw
郵政劃撥　19563868　戶名：秀威資訊科技股份有限公司
展售門市　國家書店【松江門市】
104 台北市中山區松江路209號1樓
電話：+886-2-2518-0207　傳真：+886-2-2518-0778
網路訂購　秀威網路書店：http://www.bodbooks.com.tw
國家網路書店：http://www.govbooks.com.tw

出版日期　2013年1月　初版
定　　價　450元

國家圖書館出版品預行編目

雙中薈 : 歷史學青年學者論壇 / 王成勉主編. -- 初版. --
臺北市 : 新鋭文創, 2013. 1
面； 公分
ISBN 978-986-5915-38-4 (平裝)

1. 史學 2. 文集

607 101023130

讀者回函卡

感謝您購買本書，為提升服務品質，請填妥以下資料，將讀者回函卡直接寄回或傳真本公司，收到您的寶貴意見後，我們會收藏記錄及檢討，謝謝！如您需要了解本公司最新出版書目、購書優惠或企劃活動，歡迎您上網查詢或下載相關資料：http:// www.showwe.com.tw

您購買的書名：＿＿＿＿＿＿＿＿＿＿＿＿＿＿＿＿＿＿

出生日期：＿＿＿＿年＿＿＿＿月＿＿＿＿日

學歷：□高中(含)以下　□大專　□研究所(含)以上

職業：□製造業　□金融業　□資訊業　□軍警　□傳播業　□自由業
□服務業　□公務員　□教職　□學生　□家管　□其它＿＿＿

購書地點：□網路書店　□實體書店　□書展　□郵購　□贈閱　□其他

您從何得知本書的消息？

□網路書店　□實體書店　□網路搜尋　□電子報　□書訊　□雜誌
□傳播媒體　□親友推薦　□網站推薦　□部落格　□其他＿＿＿＿＿

您對本書的評價：(請填代號　1.非常滿意　2.滿意　3.尚可　4.再改進)

封面設計＿＿　版面編排＿＿　內容＿＿　文／譯筆＿＿　價格＿＿

讀完書後您覺得：

□很有收穫　□有收穫　□收穫不多　□沒收穫

對我們的建議：＿＿＿＿＿＿＿＿＿＿＿＿＿＿＿＿＿＿

＿＿＿＿＿＿＿＿＿＿＿＿＿＿＿＿＿＿＿＿＿＿＿

＿＿＿＿＿＿＿＿＿＿＿＿＿＿＿＿＿＿＿＿＿＿＿

＿＿＿＿＿＿＿＿＿＿＿＿＿＿＿＿＿＿＿＿＿＿＿

請貼
郵票

11466
台北市內湖區瑞光路 76 巷 65 號 1 樓
秀威資訊科技股份有限公司 收
BOD 數位出版事業部

（請沿線對折寄回，謝謝！）

姓　　名：＿＿＿＿＿＿＿＿ 年齡：＿＿＿＿ 性別：□女　□男

郵遞區號：□□□□□

地　　址：＿＿＿＿＿＿＿＿＿＿＿＿＿＿＿＿

聯絡電話：(日)＿＿＿＿＿＿＿＿ (夜)＿＿＿＿＿＿＿＿

E-mail：＿＿＿＿＿＿＿＿＿＿＿＿＿＿＿＿